청태종실록 역주

淸太宗實錄 譯註

An Annotated Translation of "Veritable Records of Qing Taizong"

【4권】

청태종실록 역주 淸太宗實錄 譯註 【4권】

An Annotated Translation of "Veritable Records of Qing Taizong"

–

1판 1쇄 발행 2025년 10월 17일

–

역주자 | 이훈 · 김선민 · 이선애

발행인 | 이방원

발행처 | 세창출판사

신고번호 제1990-000013호

주소 03736 서울시 서대문구 경기대로 58 경기빌딩 602호

전화 02-723-8660 팩스 02-720-4579

이메일 edit@sechangpub.co.kr 홈페이지 www.sechangpub.co.kr

블로그 blog.naver.com/scpc1992 페이스북 fb.me/Sechangofficial 인스타그램 @sechang_official

–

ISBN 979-11-6684-442-3 94910

979-11-6684-438-6 (세트)

–

이 역주서는 2022년 대한민국 교육부와 한국연구재단의 지원을 받아 수행된 연구임.

(NRF-2022S1A5A7079888)

–

이 책은 한국연구재단의 지원으로 세창출판사가 출판, 유통합니다.

잘못 만들어진 책은 구입하신 서점에서 바꾸어 드립니다.

청태종실록 역주 淸太宗實錄 譯註

An Annotated Translation of "Veritable Records of Qing Taizong"

【4권】

이훈 · 김선민 · 이선애 역주

세창출판사

청태종실록 역주 4권

○ 차례 ○

○ 일러두기 / 13

천총 8년

권20 천총 8년 윤8월 ~ 10월 ---- 17
권21 천총 8년 11월 ~ 12월 ---- 85

천총 9년

권22 천총 9년 정월 ~ 2월 ---- 133
권23 천총 9년 3월 ~ 6월 ---- 184
권24 천총 9년 7월 ~ 8월 ---- 249
권25 천총 9년 9월 ~ 10월 ---- 287
권26 천총 9년 11월 ~ 12월 ---- 334

천총 10년

권27 천총 10년 정월 ~ 2월 ---- 379

청태종실록 역주

○총 차례○

제1권

○ 해제 / ○ 제국의 건설자 홍타이지 / ○ 태종문황제실록 강희제 서문 /
○ 강희본 실록을 올리는 글 / ○ 태종문황제실록 건륭제 서문 /
○ 건륭본 실록을 올리는 글 / ○ 일러두기

천명 11년

권1 천명 11년 8월 ~ 12월

천총 원년

권2 천총 원년 정월 ~ 3월
권3 천총 원년 4월 ~ 12월

천총 2년

권4 천총 2년 정월 ~ 12월

천총 3년

권5 천총 3년 정월 ~ 12월

제2권

천총 4년

권6 천총 4년 정월 ~ 4월
권7 천총 4년 5월 ~ 12월

천총 5년

권8 천총 5년 정월 ~ 3월
권9 천총 5년 4월 ~ 9월
권10 천총 5년 10월 ~ 12월

천총 6년

권11 천총 6년 정월 ~ 5월
권12 천총 6년 6월 ~ 12월

제3권

천총 7년

권13 천총 7년 정월 ~ 4월
권14 천총 7년 5월 ~ 7월
권15 천총 7년 8월 ~ 9월
권16 천총 7년 10월 ~ 12월

천총 8년

권17 천총 8년 정월 ~ 2월
권18 천총 8년 3월 ~ 5월
권19 천총 8년 6월 ~ 8월

제4권

권20 천총 8년 윤8월 ~ 10월
권21 천총 8년 11월 ~ 12월

천총 9년

권22 천총 9년 정월 ~ 2월
권23 천총 9년 3월 ~ 6월
권24 천총 9년 7월 ~ 8월
권25 천총 9년 9월 ~ 10월
권26 천총 9년 11월 ~ 12월

천총 10년

권27 천총 10년 정월 ~ 2월

제5권

권28 천총 10년 3월 ~ 4월

숭덕 원년

권29 숭덕 원년 5월
권30 숭덕 원년 6월 ~ 8월
권31 숭덕 원년 9월 ~ 10월
권32 숭덕 원년 11월 ~ 12월

숭덕 2년

권33 숭덕 2년 정월
권34 숭덕 2년 2월 ~ 4월
권35 숭덕 2년 윤4월 ~ 5월
권36 숭덕 2년 6월

제6권

권37 숭덕 2년 7월
권38 숭덕 2년 8월 ~ 9월
권39 숭덕 2년 10월 ~ 12월

숭덕 3년

권40 숭덕 3년 정월 ~ 2월
권41 숭덕 3년 3월 ~ 5월
권42 숭덕 3년 6월 ~ 7월
권43 숭덕 3년 8월 ~ 9월
권44 숭덕 3년 10월 ~ 12월

숭덕 4년

권45 숭덕 4년 정월 ~ 3월

제7권

권46 숭덕 4년 4월 ~ 5월
권47 숭덕 4년 6월 ~ 7월
권48 숭덕 4년 8월 ~ 9월
권49 숭덕 4년 10월 ~ 12월

숭덕 5년

권50 숭덕 5년 정월 ~ 윤정월
권51 숭덕 5년 2월 ~ 5월
권52 숭덕 5년 6월 ~ 9월
권53 숭덕 5년 10월 ~ 12월

숭덕 6년

권54 숭덕 6년 정월 ~ 2월

제8권

권55 숭덕 6년 3월 ~ 5월
권56 숭덕 6년 6월 ~ 7월
권57 숭덕 6년 8월 ~ 9월
권58 숭덕 6년 10월 ~ 12월

숭덕 7년

권59 숭덕 7년 정월 ~ 3월
권60 숭덕 7년 4월 ~ 5월
권61 숭덕 7년 6월 ~ 7월
권62 숭덕 7년 8월 ~ 9월

제9권

권63 숭덕 7년 10월 ~ 12월

숭덕 8년

권64 숭덕 8년 정월 ~ 5월
권65 숭덕 8년 6월 ~ 8월

○ 총 색인

일러두기

1 본서의 저본은 한문본 『太宗文皇帝實錄』(건륭 4년본, 1985년 中華書局 영인)이다.

2 번역은 직역을 원칙으로 하되 직역으로 뜻이 통하지 않는 문장은 의역을 하거나 각주에 설명을 더한다.

3 원문의 간지 연월일은 역문에서 서기년과 음력 월일을 병기한다. 예) 기미년(1619), 을묘일(8.22)

4 번역문의 문단은 기본적으로 저본에 따르지만 한 문단이 너무 길어서 읽기에 불편한 곳은 적절히 문단을 나눈다.

5 저본에서 皇帝, 天 등의 존칭어는 줄을 바꾸어 擡頭되어 있지만 본서에서는 이에 대해 별도의 표시를 하지 않는다.

6 모든 번역은 한글을 원칙으로 한다. 다만 고유명사와 개념어 등은 명확한 의미를 나타내기 위해 괄호 안에 한자를 병기한다. 각주의 경우 국한문을 혼용한다.

7 만주어와 몽골어 고유명사는 "한글(로마자 전사, 한자)"의 형식으로 표기한다. 로마자 전사는 묄렌도르프 표기 방식을 따른다. 예) 도르곤(dorgon, 多爾袞), 도니 쿨룩(doni kuluk, 多尼庫魯克)

8 한어와 조선어 고유명사는 "한글표기(한자)"의 형식으로 표기한다. 예) 조대수(祖大壽), 임경업(林慶業)

9 원문에서 고유명사의 한자 표기가 틀린 경우 역문에서 세미콜론(;) 뒤에 바른 표기를 병기한다. 예) 김득간(金得幹; 金大乾), 강계(剛季; 江界)

10 번역문에서 숫자는 아라비아숫자로 표기하지만 특정한 관용적 표현은 한글로 표기한다. 예) 삼궤구고두

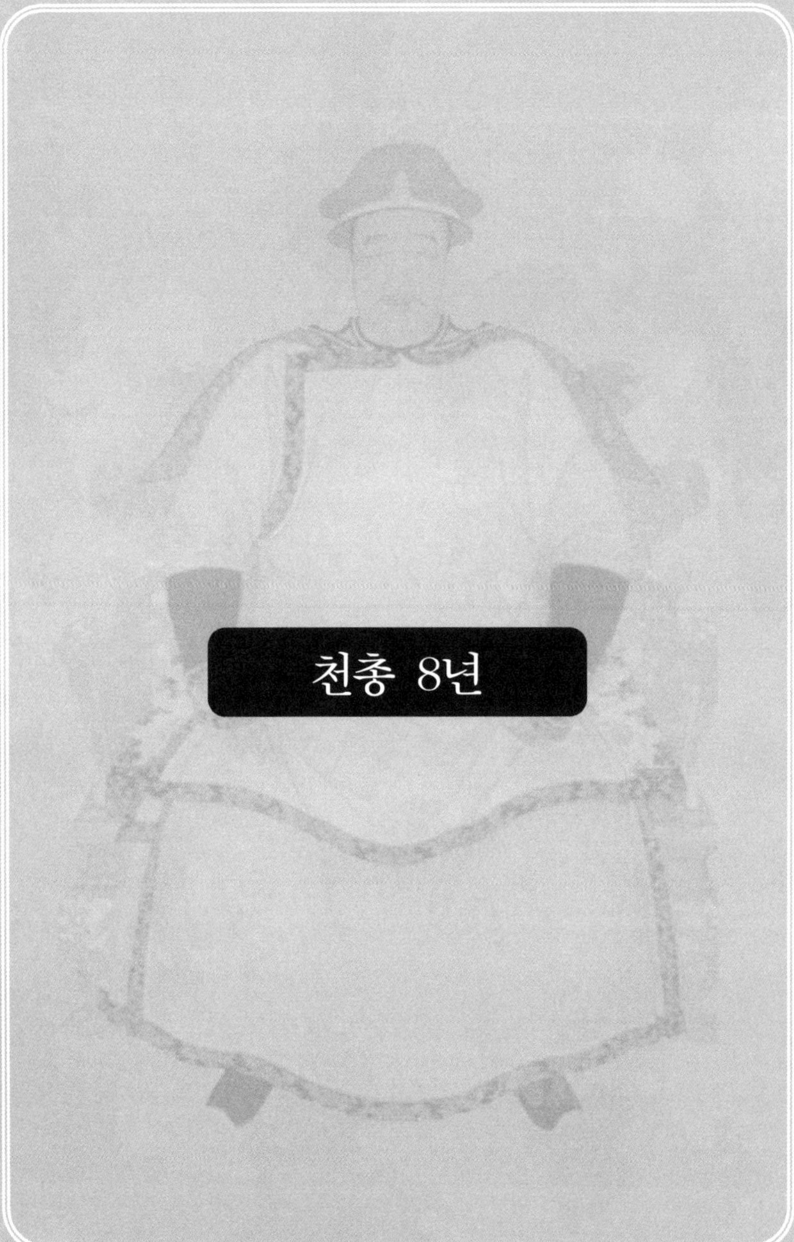

천총 8년

권20

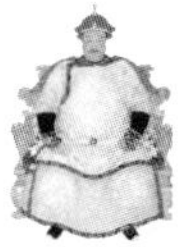

천총 8년 윤8월 ~ 10월

○ 天聰八年甲戌, 閏八月, 甲申朔, 大軍至左衛城東駐營.

○ 천총 8년 갑술년, 윤8월 갑신일 초하루(윤8.1), 대군이 좌위성(左衛城)의 동쪽에 이르러 군영을 세웠다.

○ 乙酉, 前鋒將領圖魯什往宣府偵探, 遇明哨卒十五人, 單騎衝擊之, 矢中圖魯什腹, 猶力戰不休. 我軍繼至, 斬十三人, 擒二人, 圖魯什被創危篤, 事聞, 上迎視之.

○ 을유일(윤8.2), 전봉장령(前鋒將領) 투루시가 선부(宣府)에 가서 정탐하다가 명나라의 정탐병 15명과 마주치자 단기(單騎)로 대적했다. 화살이 투루시의 배에 명중했으나 힘써 싸우고 멈추지 않았다. 우리 병사가 뒤이어 도착하여 13명을 참하고 2명을 생포했다. 투루시가 부상당하여 위독하다는 소식을 듣고 주상이 직접 가서 살폈다.

○ 是日, 前鋒將領吳拜 · 席特庫 · 薩海, 於宣府設伏, 邀擊明哨卒, 斬二人, 生擒其守備一員, 獲馬三匹.

○ 이날 전봉장령(前鋒將領) 우바이(ubai, 吳拜) · 시터쿠 · 사하이(sahai, 薩海)가 선부(宣府)에서 매복하여 명나라의 정탐병을 공격했다. 2명을 참하고 수비 1명을 생포하고 말 3마리를 노획했다.

○ 丙戌, 遺駐宣府太監王某 · 吳某書曰, 爾主以爾等爲耳目親信之臣, 使分駐各省, 理應以兵之強弱, 民之疾苦, 及予屢欲修好之意, 直奏無隱, 以奠安爾國之民. 今爾等迺附合外官, 專欺爾主, 則國罷民困, 何時休息, 且令爾等駐外, 有何裨益耶.

○ 병술일(윤8.3), 선부(宣府)에 주둔한 왕(王) 태감과 오(吳) 태감에게 글을 보내 말했다. 「너희 군주는 너희를 눈과 귀처럼 믿는 신하로 여기고 각지에 나누어 주둔하여 병사의 강약과 백성의 고통을 다스리게 했다. 내가 여러 차례 화친의 뜻을 보였으니 숨김없이 상주하여 너희 나라 백성을 편안하게 해야 할 것이다. 지금 너희는 지방의 관원과 영합하여 너희 군주를 속이고 있으니 나라가 피폐하고 백성이 고통스러운 것이 언제 끝나겠는가. 너희를 밖에 주둔시킨 것이 무슨 쓸모가 있는가.」

○ 是日, 大軍渡左衛河北, 駐營.

○ 이날 대군이 좌위(左衛)의 강 북쪽을 건너 군영을 세웠다.

○ 丁亥, 前鋒將領梅勒章京圖魯什病創, 卒於軍.

○ 정해일(윤8.4), 전봉장령(前鋒將領) 머이런장긴 투루시가 부상을 입고 군중에서 죽었다.

○ 是日, 攻萬全左衛城, 八旗合力, 修整挨牌進攻, 穴其城, 隳之. 正紅旗護軍豎梯, 親軍褚庫 · 布丹 · 孟庫 · 外泰, 先登城, 四面守兵皆潰, 斬其城守守備常汝忠, 我兵入城, 搜剿明兵近千人. 論功, 以正紅旗褚庫首先登城, 賞馬騾各五 · 牛十 · 蟒緞一 · 緞十九 · 布一百五十 · 紅氈一, 布丹第二登城, 賞馬騾各四 · 牛八 · 緞十五 · 布百, 孟庫第三登城, 賞馬騾各三 · 牛六 · 緞八 · 布六十, 外泰第四登城, 賞馬騾各一 · 牛二 · 緞二 · 布二十.

○ 이날 만전좌위성(萬全左衛城)을 공격했다. 팔기가 협력하여 방패를 정렬하고 성에 구멍을 뚫어 무너뜨렸다. 정홍기 호군이 사다리를 세우고 친군(親軍) 추쿠(cuku, 褚庫) · 부단(budan, 布丹) · 뭉쿠(mungku, 孟庫) · 와이타이(waita, 外泰)가 먼저 성에 오르자 사방의 수비병이 모두 흩어졌다. 성을 지키는 수비 상여충(常汝忠)을 참했다. 우리 병사들이 성에 들어가 명나라 병사를 1,000명 가까이 찾아내 죽였다. 공을 논하여, 정홍기의 추쿠는 첫 번째로 성에 올랐으므로 말과 노새 각 5마리 · 소 10마리 · 망단 1필 · 비단 19필 · 포 150필 · 홍전(紅氈) 1개를 상 내렸다. 부단은 두 번째로 성에 올랐으므로 말과 노새 각 4마리 · 소 8마리 · 비단 15필 · 포 100필을 상 내렸다. 뭉쿠는 세 번째로 성에 올랐으므로 말과 노새 각 3마리 · 소 6마리 · 비단 8필 · 포 60필을 상 내렸다. 와이타이는 네 번째로 성에 올랐으므로 말과 노

새 각 1마리 · 소 2마리 · 비단 2필 · 포 20필을 상 내렸다.

○ 庚寅, 上班師, 出尙方堡邊二十里駐營時, 察哈爾國噶爾馬濟農等, 遣三十人至奏言, 噶爾馬濟農 · 多尼庫魯克 · 德參濟王 · 多爾濟達爾漢諾顏等, 率衆六千, 併家口來歸, 上已至木納折忒戶地方, 又察哈爾林丹汗病痘, 殂於打草灘地方, 其子及國人, 皆欲來歸, 先令馳奏.

○ 경인일(윤8.7), 주상이 회군하여 상방보(尙方堡)의 경계를 나와 20리 밖에서 주둔할 때, 차하르국의 가르마 지농(g'arma jinong, 噶爾馬濟農) 등이 30명을 보내 상주하여 말했다. 「가르마 지농 · 도니 쿨룩(doni kuluk, 多尼庫魯克) · 더선 지왕(desen jiwang, 德參濟王)[1] · 도르지 다르한 노얀(dorji darhan noyan, 多爾濟達爾漢諾顏) 등은 무리 6,000명을 데리고 가구(家口)와 함께 내귀합니다. 주상께서 이미 무나 저트후(muna jethu, 木納折忒戶)에 도착하셨고, 또 차하르의 릭단 칸은 천연두에 걸려 타초탄(打草灘)[2]에서 죽었고 그의 아들과 국인들은 모두 내귀

1 더선 지왕: ?-1648. 보르지기트 씨. 차하르의 4대 자이상 가운데 하나. 1634년 후금에 귀부했고 몽고정황기에 예속되었다. 일등 징키니 하판(ujui jergi jingkini hafan) 世職에 봉해졌다. 1646년 수니트 부의 텅기스를 공격하는 전투에 참전했다.

2 打草灘: 지금 甘肅省 張掖市 民樂縣 永固鎭 일대. 명청대 甘州府 이남, 涼州府 서남, 祁連山 이북의 초원지대. 몽골인은 시라탈라(sira tala)라고 했다. 명대 몽골인이 황하 오르도스 지역에서 서쪽으로 명의 변경을 넘어 청해로 진입하는 노선은 두개가 있었다. 첫째는 명의 永昌衛로 경계를 넘어서 大草灘과 扁都口를 거쳐 청해로 가는 것이고, 둘째는 명의 莊浪衛 鎭羌堡로 경계를 넘어서 大通河를 거쳐 청해로 가는 것이다. 릭단 칸은 첫째 노선으로 가다가 병사했다. 達力扎布, 「察哈爾林丹汗病逝之"大草灘"考」, 『民族研究』, 2018년 제5기.

하고자 하니 먼저 급히 상주하게 합니다」.

○ 是日, 前鋒將領席特庫·納海, 設伏於宣府, 遇明哨卒三人, 斬其一, 生擒二人.

○ 이날 전봉장령(前鋒將領) 시터쿠와 나하이가 선부(宣府)에서 매복하여 명나라의 정탐병 3명을 만나 1명을 참하고 2명을 생포했다.

○ 遣敦多惠, 率四十人齎敕二道, 往諭留守諸貝勒. 其一曰, 朕入邊時, 定議七月初八日, 四路並進, 限半月, 會兵朔州. 朕率兩黃旗, 及漢軍·都元帥孔有德·總兵官耿仲明·尙可喜·科爾沁國諸貝勒兵, 從尙方堡入邊, 至宣府南駐營. 兩白旗·翁牛特·喀喇車里克部落, 併土巴濟農, 及新附察哈爾兵千人, 從龍門口入, 次日會朕於宣府. 朕復自宣府新城·東城·西城, 趨應州駐營, 令兩白旗全軍, 及兩黃旗騎兵, 每牛彔甲士五人, 併包衣牛彔人, 自宣府分兵進保安州, 會兵東城. 因水漲阻隔, 已於應州會朕. 兩藍旗·公吳訥格, 及巴林·扎魯特·土默特部落兵, 由獨石口入, 未至長城. 亦隨兩白旗由保安州, 會朕於應州. 兩紅旗·阿代一旗, 及敖漢·柰曼·四子·塔賴·吳喇忒·喀喇沁諸部落兵, 從得勝堡口入, 由大同直趨朔州駐營. 阿代一旗沿邊過殺虎口, 繞道至朔州合營. 兩黃旗護軍, 攻小西城傍一城, 正黃旗先登克之. 貝勒阿濟格·阿巴泰·超品公額駙楊古利, 率兩黃旗·兩白旗兵, 攻靈邱縣, 從城垣傾圮處奮擊. 正黃旗先登克之, 斬其守備知縣各一員. 攻王家莊, 掘其城. 正黃旗復先登克之. 時譚泰等先與和碩貝勒德格類期約, 逾時不至, 因率護軍二百人, 往迎之. 城中守備出戰中傷死, 其子代守城, 亦殺之. 朕與和碩墨爾根戴靑貝勒多爾袞·額爾克楚虎爾貝勒多鐸·貝勒豪格，率科爾沁國爲首諸貝勒，四旗每牛彔護軍二名，及四旗前鋒，往視大同城，其城南有兵結營．因擊敗之，追及城壕而回，獲馬百匹．御前侍衛，及前鋒將領席特庫·納海·洪科等四十人，擊敗陽和騎兵九百，斬首二百級，獲馬六十餘匹．兩紅旗，及阿代一旗攻得勝堡，正紅旗先登克之，斬參將一員．和碩貝勒薩哈廉出畧，至崞縣，於城圯處攻入克之．代州城以馬步兵三百來挑戰，敗之，追至城隅而返．鑲紅旗擊敗朔州城外騎兵二百，追至城下方還，獲馬二十餘匹．兩白旗於入邊後，遇馬步兵，皆擊敗之，獲馬百餘匹．兩白旗全軍，及兩黃旗騎兵，每牛彔甲士五人與包衣牛彔人，攻保安州，正白旗先登克之，斬其守備及知州各一員．鑲藍旗攻拔長安嶺，尚總兵率七人，擊敗代州兵三十騎，獲馬二十匹．復與漢軍郎參將·戴都等，敗其步兵三百，約斬百級．

○ 돈도호이를 보내 40명을 이끌고 칙서 두 통을 가지고 남아서 지키는 여러 버일러들에게 가서 유시하게 했다. 한 칙서에서 말했다. 「짐이 변경에 들어가면 7월 8일에 네 방향으로 함께 진격하여 보름 안에 삭주(朔州)에서 대군이 만나는 것으로 의견을 정했다. 짐은 두 황기, 한군 도원수 공유덕, 총병관 경중명·상가희 및 코르친국 버일러들의 군대를 이끌고 상방보(尙方堡)를 따라 변경으로 들어가 선부(宣府) 남쪽에 이르러 군영을 세우고 주둔했다. 두 백기, 웅니우트, 카라처릭 부락과 투바 지농, 새로 귀부한 차하르의 병사 1,000명은 용문구(龍門口)를 따라 들어갔고 다음날 선부(宣府)에서 짐과 합류했다. 짐은 다시 선부(宣府)의 신성(新城), 동성(東城), 서성(西城)으로부터 응주(應州)로 달려가서 그곳에 군영을 세우고 주둔했다. 두 백기의 모든 군사와 두 황기의 기병, 각 니루의 갑병 5명과 보오이 니루의 인원으로 하여금 선부(宣府)에서 병사를 나누어 보안주(保安州)로 진격하여 동성

에서 대군과 합류하게 했으나 홍수로 길이 막혀 응주에서 짐과 합류했다. 두 람기와 공(公) 우너거 및 바린, 자루트, 투메트 부락의 병사는 독석구로부터 들어갔는데 장성에 이르지 못하고 역시 두 백기를 따라 보안주(保安州)로부터 응주에서 짐과 합류했다. 두 홍기와 아다이의 1개의 기(旗) 및 아오한, 나이만, 사자(四子), 탈라이, 우라트, 카라친 여러 부락의 병사들은 득승보(得勝堡)를 따라 들어가서 대동(大同)으로부터 곧장 달려 삭주(朔州)로 가서 군영을 세우고 주둔했다. 아다이의 1개의 기(旗)는 변경을 따라 살호구(殺虎口)를 거쳐 길을 돌아서 삭주(朔州)에 이르러 군영을 합했다. 두 황기의 호군은 소서성(小西城)과 나란히 있는 한 개의 성을 공격했는데 정황기가 먼저 올라서 함락시켰다. 버일러 아지거, 아바타이, 초품공(超品公) 어푸 양구리는 두 황기와 두 백기 병사들을 이끌고 영구현(靈邱縣)을 공격했는데 성벽이 무너져 기운 곳을 통해 돌파하여 진격할 때 정황기가 먼저 올라서 함락시키고 그곳의 수비와 지현 각 1명을 참수했다. 왕가장(王家莊)을 공격하고 그 성을 파서 무너뜨릴 때 정황기가 다시 먼저 올라서 함락시켰다. 그때 탄타이 등이 이전에 호쇼이 버일러 더걸러이와 약속했었는데 시간이 지나도 오지 않자 호군 200명을 이끌고 맞이하러 갔다. 성의 수비가 나가 싸우다가 부상을 입어 사망하자 그 아들이 대신 성을 수비하고 있었는데 또한 죽였다. 짐은 호쇼이 머르건 다이칭 버일러 도르곤, 어르커 추후르 버일러 도도, 버일러 호오거와 더불어 코르친국의 수장인 여러 버일러들, 4기의 각 니루에서 호군 2명 및 4기의 전봉(前鋒)을 이끌고 대동성(大同城)에 가서 성의 남쪽에 병사들이 군영을 세우고 있는 것을 보고 그들을 격파하고 성의 해자까지 추격했다가 돌아왔다. 말 100마리를 얻었다. 어전시위(御前侍衛) 및 전봉장령(前鋒將領) 시터쿠 · 나하이 · 홍코(hongko, 洪科) 등 40명이 양화(陽和)의 기병 900명을 격파하고 200명을 참수했고 말 60여 필을 얻었다. 두 홍기 및 아다이의 1기는 득승보(得勝堡)를 공격했는데, 정홍기가 먼저 올라서 함락시키고 참장 1명을 참수했다. 호쇼이 버일러 사할리얀이 약탈하러 나가서 곽현(崞縣)에 이르러 성의 무너진 곳을 공격하여 들어가 함락시켰다. 대주성(代州城)에서 마병과 보병 300명이 와서 도발하자 격파했고 추격하여 성의 모서리까지 갔다가 돌아왔다. 양홍기가 삭주성(朔州城) 밖의 기병 200명을 격파하고 추격하여 성 아래까지 갔다가 돌아왔다. 말 20여 필을 얻었다. 두 백기는 변경에 들어간 후에 마병과 보병을 만나 모두 격파했고 말 100여 필을 얻었다. 두 백기의 모든 병사와 두 황기의 기병은 각 니루에서 갑병 5명과 보오이 니루의 인원들이 보안주(保安州)를 공격했는데 정백기가 먼저 올라서 함락시켰고 수비(守備)와 지주(知州) 각 1명을 참수했다. 양람기는 장안령(長安嶺)을 공격하여 함락시켰다. 상가희 총병은 7명을 이끌고 대주(代州)의 기병 30명을 격파하고 말 20마리를 얻었고 다시 한군 랑(郎) 참장·대도(戴都)와 함께 보병 300명을 격파하고 약 100명을 참수했다.

孔有德部下副將黑成功·佟三等, 率三十餘人, 敗代州兵八百人, 獲馬二十匹. 科爾沁國土謝圖濟農巴達禮攻克十堡一臺. 土謝圖濟農·扎薩克圖杜稜布塔齊, 合攻克一堡. 土謝圖濟農復與杜爾伯特部落, 合克一堡. 扎薩克圖杜稜, 克三堡. 扎賴特部落, 克八堡. 杜爾伯特部落, 克十堡. 喇嘛斯希, 克五堡. 額駙孔果爾, 克二堡一臺. 卓禮克圖台吉吳克善, 攻克八堡. 達爾漢巴圖魯滿朱習禮, 克六堡. 伊爾都齊族人, 克十二堡. 綽爾濟, 克二堡一臺. 大妃兵, 克三堡, 衆兵合克一堡. 翁牛特部落杜稜濟農, 克三堡. 東戴青, 克一堡一臺. 塔賴達爾漢, 克四堡一臺. 吳喇忒部落, 克一堡三臺. 敖漢部落濟農額駙瑣諾木, 克一堡. 柰曼部落巴圖魯袞出斯, 克一堡. 四子部落, 克四堡. 扎魯特部落內齊, 克二堡一臺. 達爾漢巴圖魯色本·內齊, 合克一堡. 達爾漢巴圖魯色本, 又獨克四堡六臺. 巴林部落阿玉石 · 滿珠習禮, 合克三堡. 阿玉石, 又獨克五堡. 喀喇車里克部落阿喇納, 克三堡一臺. 噶爾馬, 克四堡. 八旗, 及漢軍, 併兩翼諸旗兵, 所得寨 · 堡 · 臺等多少不一, 書不備悉. 時明大同守吏欲盡殺降明之蒙古, 於是蒙古八百九十五名, 殺其守備來歸. 是日朕自應州還, 右翼諸貝勒兵, 自朔州還, 出畧兵後隊, 入長城, 越山西代州百餘里, 至五臺山頂, 及還. 前鋒將領圖魯什 · 侍衛扈什布 · 胡沙 · 喇都虎 · 羅碩 · 穆徹訥 · 薩哈連 · 車克等, 擊敗祖大弼等兵二百五十人, 斬首三十四級, 生擒把總一員兵三名, 獲馬三十八匹. 又至萬全左衛城, 造挨牌進攻. 八旗四面奮擊. 正紅旗竪梯先登, 拔之. 是役也我師戰則勝, 攻則剋, 風馳霆擊, 所嚮披靡. 是以宣大地方禾稼盡蹂躪, 廬舍盡焚燬, 臺堡之人, 俘斬甚衆. 遇哨卒輒擊, 敗之, 軍威丕振. 明之邊吏震恐, 未嘗敢以大兵攖我鋒者. 我兵計獲牲畜無算. 惟兩黃旗騎兵 · 漢軍, 攻深井城, 竪梯. 正黃旗二人將登, 忽梯折, 後隊不能繼, 遂止. 其守備亦中礮死. 又兩黃旗騎兵, 攻小西城, 不克. 正紅旗攻懷仁縣, 不克. 鑲紅旗夜襲井坪城, 未下. 正紅旗 · 鑲紅旗, 並阿代一旗, 合攻之, 亦未下. 鑲紅旗攻圓平驛, 不克. 其夜駐守之參將, 率城中人, 盡遁走. 兩白旗攻龍門城, 亦不克. 鑲藍旗攻沙城堡, 不克, 拔其郛. 正藍旗 · 鑲藍旗, 及公吳訥格, 合兵復攻之, 亦不克. 凡此不克者, 非我兵盡力攻之而不能克, 乃相機而止耳.

공유덕 예하의 부장 흑성공(黑成功) · 동삼(佟三) 등은 30여 명을 이끌고 대주(代州)의 병사 800명을 격파했고 말 20마리를 얻었다. 코르친의 투시예투 지농 바다리는 10개 보(堡)와 1개 대(臺)를 공격하여 함락시켰다. 투시예투 지농과 자삭투 두렁 부타치는 합하여 1개 보(堡)를 함락시켰다. 투시예투 지농은 다시 두르베트 부락과 합하여 1개 보(堡)를 함락시켰다. 자삭투 두렁은 3개 보(堡)를 함락시켰다. 잘라이트 부락은 8개 보(堡)를 함락시켰다. 두르베트 부락은 10개 보(堡)를 함락시켰다. 라마스히는 5개 보(堡)를 함락시켰다. 어푸 콩고르는 2개 보(堡)와 1개 대(臺)를 함락시켰다. 조릭투 타이지 욱샨은 8개 보(堡)를 공격하여 함락시켰다. 다르한 바투루 만주시리는 6개 보(堡)를 함락시켰다. 일두치의 족인(族人)은 12개 보(堡)를 함락시켰다. 초르지는 2개 보(堡)와 1개 대(臺)를 함락시켰다. 대비(大妃)의 병사는 3개 보(堡)를 함락시켰고 여러 병사들이 합하여 1개 보(堡)를 함락시켰다. 옹니우트 부락의 두렁 지농은 3개 보(堡)를 함락시켰다. 둥 다이칭은 1개 보(堡)와 1개 대(臺)를 함락시켰다. 탈라이 다르한은 4개 보(堡)와 1개 대(臺)를 함락시켰다. 우라트 부락은 1개 보(堡)와 3개 대(臺)를 함락시켰다. 아오한 부락의 지농 어푸 소놈은 1개 보(堡)를 함락시켰다. 나이만 부락의 바투루 군추스는 1개 보(堡)를 함락시켰다. 사자(四子) 부락은 4개 보(堡)를 함락시켰다. 자루트 부락의 너이치는 2개 보(堡)와 1개 대(臺)를 함락시켰다. 다르한 바투루 서분 · 너이치는 합하여 1개 보(堡)를 함락시켰고, 또 다르한 바투루 서분은 홀로 4개 보(堡)와 6개 대(臺)를 함락시켰다. 바린 부락의 아유시 · 만주시리는 합하여 3개 보(堡)를 함락시켰고, 또 아유시는 홀로 5개 보(堡)를 함락시켰다. 카라처릭 부락의 아라나(arana, 阿喇納)는 3개 보(堡)와 1개 대(臺)를 함락시켰다. 가르마는 4개 보(堡)를 함락시켰다. 팔기와 한군 및 양익(兩翼)의 여러 기의 병사들이 얻은 채(寨), 보(堡), 대(臺)의 수가 각기 달라 서신에 모두 적지 않았다.

그때 명나라의 대동(大同)을 수비하는 관리가 명에 투항한 몽고인들을 모두 죽이려고 하자, 몽고인 895명이 그 수비를 죽이고 내귀했다. 이날 짐은 응주(應州)로부터 돌아왔고 우익의 여러 버일러들의 병사들은 삭주(朔州)로부터 돌아왔다. 약탈하러 나간 병사들의 후미부대가 장성 안으로 들어가 산서성의 대주를 100여 리 넘어 오대산 정상에 이르렀다가 돌아왔다. 전봉장령(前鋒將領) 투루시, 시위(侍衛) 후시부(hūsibu, 扈什布)·후샤(hūša, 胡沙)·라두후(laduhū, 喇都虎)·로쇼(lošo, 羅碩)·무처너(mucene, 穆徹訥)·사할리얀(sahaliyan, 薩哈連)·처커(ceke, 車克) 등은 조대필(祖大弼) 등의 병사 250명을 격파하고 34명을 참수했으며 파총 1명과 병사 3명을 포로로 잡고 말 38마리를 얻었다. 또한 만전좌위성(萬全左衛城)에 이르러서 방패차를 만들어 진격할 때 팔기가 사방에서 공격했는데 정홍기는 사다리를 세우고 먼저 올라서 성을 함락시켰다. 이 전투에서도 우리 병사들은 싸우면 이기고 공격하면 무너뜨리는 것이 바람이 불고 번개가 치는 것과 같아 적수가 없었다. 이에 선부(宣府)와 대동(大同) 지방의 곡식은 모두 짓밟혔고 가옥은 모두 불탔으며 보(堡)와 대(臺)의 사람들은 포로가 되거나 참수된 자가 매우 많았다. 초탐병을 만나면 곧 격파하여 군대의 위엄을 크게 떨쳤다. 명나라 변경의 관리들은 벌벌 떨고 두려워하면서 감히 대군으로 우리의 칼날에 다가서는 자가 없었다. 우리 병사들이 포획한 가축은 셀 수 없이 많았다.

두 황기의 기병과 한군이 심정성(深井城)을 공격할 때, 사다리를 세우고 정황기의 2명이 성에 올랐는데 갑자기 사다리가 부러져 후방 부대가 오르지 못하고 멈추었다. 그 수비 또한 포에 맞아 죽었다. 또한 두 황기의 기병은 소서성(小西城)을 공격했으나 함락시키지 못했다. 정홍기는 회인현(懷仁縣)을 공격했으나 함락시키지 못했다. 양홍기는 밤에 정평성(井坪城)을 습격했으나 함락시키지 못했다. 정홍기와 양홍기는 아다이의 1기와 함께 공격했으나 역시 함락시키지 못했다. 양홍기는 원평역(圓平驛)을 공격했으나 함락시키지 못했고 주둔하던 참장이 밤에 성 안의 사람들을 이끌고 모두 달아났다. 두 백기는 용문성(龍門城)을 공격했으나 역시 함락시키지 못했다. 양람기는 사성보(沙城堡)를 공격했으나 함락시키지 못했고 그 주변을 공략했다. 정람기와 양람기 및 공(公) 우너거는 병사를 합하여 다시 그곳을 공격했으나 역시 함락시키지 못했다. 이처럼 함락시키지 못한 곳은 우리 병사들이 힘을 다하여 공격했으나 함락시키지 못한 것이 아니라 상황을 보고 그만두었을 뿐이다.」

其一曰, 察哈爾內亂, 國中自潰, 自和碩貝勒岳託還後, 蒙天佑我, 其國之大臣, 如土巴濟農 · 阿牙克喀塔喜木里克喇嘛寨桑 · 古木德寨臣寨桑 · 衮出克僧格台吉寨桑 · 桑噶爾寨子濟農 · 毛海葉爾登寨桑 · 叟格都喇爾寨桑 · 額林臣戴青寨桑 · 忒濟葉祜伊特格爾圖寨桑 · 噶爾馬青山寨桑 · 卓禮克圖衛寨桑 · 多爾濟塔蘇爾海額齊格寨桑 · 兀伯類扎薩古爾 · 卓果諾達爾漢扎薩古爾 · 雲敦塞臣 · 額布格德墨爾根袍 · 塞冷台吉 · 顏泰阿爾薩蘭 · 塞冷舒冷格等, 俱已來歸. 又克西克騰部落蘇墨爾戴青 · 格根戴青子班珠爾 · 達賴杜稜 · 蒿齊忒部落敦多布台吉 · 喀爾喀部落巴噶達爾漢, 又喀爾喀 · 察哈爾小台吉 · 近二三十人 · 察哈爾汗八大福金內之一福金, 及察哈爾小寨桑 · 舒冷格 · 達魯噶, 來者甚衆. 戶口四千餘, 駱駝六千餘. 又聞其國皆潰散, 國人從察哈爾汗者甚少, 其妹壻朶內額爾克楚虎爾, 殺桑噶爾寨, 擕察哈爾汗所娶葉赫之女, 逃入明國. 又額爾克多克新, 亦擕察哈爾汗之妻, 入明國, 從榆林西甘州之東口而入. 今歸附者, 皆自黃河之外, 邐迤而來, 計程三月. 牲畜無草, 人馬死者甚衆, 餘皆食牲畜肉, 得至此. 聞察哈爾汗出入明邊界時, 其國人未從者, 多在黃河之西. 朕今遣衆於黃河岸招之. 又聞喀爾喀部落塞賽輜重, 俱爲來附人所掠, 惟塞賽夫婦, 乘牛播遷. 饑餒之餘存亡未可知. 其部落石爾胡納克杜稜之妻, 及家口俱來, 石爾胡納克杜稜, 因應差未至. 阿喇克綽忒部落巴圖魯阿拜貝勒 · 喀喇沁部落善彈戲之班第衛徵台吉, 來歸, 死於途. 此來歸之人, 同類中互相殺奪者甚衆. 初七日, 朕出邊時, 有自察哈爾所逃之地來者, 凡三十人. 係其四大寨桑噶爾馬濟農·德参濟王·多尼庫魯克·多爾濟達爾漢諾顔等, 於木納折忒戶地方, 遣之來報, 言察哈爾汗, 在打草灘地方病死, 距西海有十日程. 其子及餘衆不能守, 俱躡歸附人踪跡而來, 并遣巴牙思虎達爾漢塔布囊, 追之欲與同行, 前來者不肯待. 計來歸男子六千名, 內有察哈爾汗兩妻, 先來附之察哈爾國大臣, 鄂爾多斯部落濟農, 自黃河西所遣之人, 與之相左, 令人追之, 尙無音耗.

한 칙서에서 말했다. 「차하르가 혼란하여 나라 안에서 스스로 무너지니 호쇼이 버일러 요토가 돌아온 후부터 하늘의 도움이 우리에게 내려 투바 지농, 아약 카 타힘릭 라마 자이상(ayak ka tahimlik lama jaisang, 阿牙克喀塔喜木里克喇嘛寨桑), 구무더이 세첸 자이상(gumudei secen jaisang, 古木德塞臣寨桑), 군축 셍게 타이지 자이상(guncuk sengge taiji jaisang, 袞出克僧格台吉寨桑), 상가르자이의 아늘 지농, 모오하이 열덩 자이상(moohai yeldeng jaisang, 毛海葉爾登寨桑), 서오거 두랄 자이상(seoge dural jaisang, 叟格都喇爾寨桑), 어린천 다이칭 자이상(erincen daicing jaisang, 額林臣戴青寨桑), 터지여후 이터걸투 자이상(tejiyehu itegeltu jaisang, 忒濟葉祜伊特格爾圖寨桑), 가르마 칭산 자이상(g'arma cingsan jaisang, 噶爾馬青山寨桑), 조릭투 우이 자이상(joriktu ūi jaisang, 卓禮克圖衛寨桑), 도르지 타수르하이 어치거 자이상(dorji tasurhai ecige jaisang, 多爾濟塔蘇爾海額齊格寨桑), 우버러이 자사굴(uberei jasagūl, 兀伯類扎薩古爾),[3] 조고노 다르한 자사굴(jogono darhan jasagūl, 卓果諾達爾漢扎薩古爾), 욘돈 세첸(yondon secen, 雲敦塞臣), 어부거더이 머르건 포오(ebugedei mergen poo, 額布格德墨爾根袍), 서렁 타이지, 얀타이 아르살란(yantai arsalan, 顔泰阿爾薩蘭), 서렁 슐렁거(sereng šulengge, 塞冷

---

3 자사굴은 몽골의 정치와 법령을 집행하는 민정관이다.

舒冷格) 등 그 나라의 대신들이 모두 내귀했다.

또한 케식텐 부락의 수머르 다이칭(sumer daicing, 蘇墨爾戴青), 게겐 다이칭(gegen daicing, 格根戴青)의 아들 반주르(banjur, 班珠爾), 달라이 두렁(dalai dureng, 達賴杜稜), 호오치트의 돈돕 타이지(dondob taiji, 敦多布台吉), 칼카 부락의 바가다르한, 그리고 칼카와 차하르의 소(小) 타이지들 20-30명, 차하르 칸의 8명 대(大) 푸진 가운데 1명, 차하르의 소(小) 자이상 · 슐렁거(šulengge, 舒冷格)[4] · 다루가(daruga, 達魯噶) 등 내귀한 자가 매우 많다. 호구(戶口)가 4,000여 명, 낙타가 6,000여 마리이다. 또한 들으니 그 나라가 모두 흩어져 나라의 사람들 중 차하르 칸을 따라간 사람은 매우 적다고 한다. 그의 매부 도노이 어르커 추후르(donoi erke cūhur, 朶內額爾克楚虎爾)는 상가르자이를 죽이고 차하르 칸에게 시집간 여허의 여자를 데리고 명나라로 도망쳐 들어갔다. 또한 어르커 독신(erke doksin, 額爾克多克新) 역시 차하르 칸의 처를 데리고 유림(榆林) 서쪽 감주(甘州)의 동쪽 입구로부터 명나라로 들어갔다. 지금 귀부해 온 자들은 모두 황하의 밖 지역에서 굴곡진 길을 따라 들어오느라 3개월이 걸렸으며 가축이 먹을 풀이 없어서 사람과 말이 죽는 경우가 매우 많았으며 나머지는 모두 가축을 고기로 먹으며 여기에 이를 수 있었다.

듣자하니 차하르 칸이 명나라의 변경으로 나갔다가 들어갈 때 그 나라 사람들 가운데 따라가지 않은 자들은 대부분 황하의 서쪽에 있다고 한다. 짐은 지금 사람들을 황하 서쪽의 강안으로 보내 그들을 초무할 것이다. 또한 듣자하니 칼카 부락 자이사이의 물건이 모두 귀부한 사람들에게 약탈당했고 자이사이 부부는 소를 타고 이동했다고 한다. 굶주려 죽었는지 살았는지 알 수 없다. 그 부락의 시르후낙 두렁

4 슐렁거는 몽골의 징세관이다. 감찰관인 '덤치'를 보좌하여 오톡의 징세업무를 담당했다.

(sirhūnak dureng, 石爾胡納克杜稜)의 부인과 식구들이 모두 왔는데 시르후낙 두렁에게 파견한 사람은 아직 오지 않았다. 알락초트 부락의 바투루 아바이 버일러(baturu abai beile, 巴圖魯阿拜貝勒)와 카라친 부락의 연주를 잘 하는 반디 워이정 타이지가 내귀했는데 오는 도중 죽었다. 이 내귀한 사람들 가운데 함께 오는 무리들을 서로 죽이고 약탈한 자가 매우 많다.

초7일에 짐이 변경을 나갈 때에 차하르가 도망친 곳에서 온 자가 있었는데 대략 30명이었다. 그 4대(大) 자이상인 가르마 지농(g'arma jinong, 噶爾馬濟農), 더선 지왕(desen jiwang, 德參濟王), 도니 쿨룩(doni kuluk, 多尼庫魯克), 도르지 다르한 노얀(dorji darhan noyan, 多爾濟達爾漢諾顏)이 무나 저트후(muna jethu, 木納折忒戶) 지방에서 사람을 보내 보고하기를, 차하르 칸이 타초탄(打草灘) 지방에서 병으로 사망했는데 서해(西海)[5]에서 열흘 정도 떨어진 곳이라 한다. 그 아들과 나머지 무리들은 버틸 힘이 없어서 모두 귀부해 온 사람들의 종적을 뒤쫓아 오며 바야스후 다르한 타부낭(bayashū darhan tabunang, 巴牙思虎達爾漢塔布囊)을 보내 쫓아가서 함께 가자고 했으나 앞서 귀부한 자들이 기다리려 하지 않았다. 헤아려 보니 내귀한 남자가 6,000명이었다. 그 가운데 차하르 칸의 부인 2명이 있다. 먼저 귀부해 온 차하르의 대신들과 오르도스 부락의 지농이 황하의 서쪽에서 보낸 사람들과 어긋나서 사람을 보내 따라가도록 했는데 여전히 기별이 없다.」

○ 賜察哈爾四大寨桑之使者, 侯痕巴圖魯 · 楊果爾和碩齊 · 克石克 · 布陽古 · 託克他哈 · 扎木蘇 · 喇唐, 及衮濟 · 使者阿泰和碩齊, 並其同來四十人, 馬匹牛羊有差, 仍命達雅齊塔布囊, 率四十人, 於是夜

5 西海는 kūke noor(靑海)를 가리킨다. 『內國史院檔 天聰八年』, p.266.

起行, 往迎之.

○ 차하르의 4대(大) 자이상의 사자인 허오헌 바투루(heohen baturu, 侯痕巴圖魯), 양구르 호쇼치(yangūr hošoci, 楊果爾和碩齊), 케식(kesik, 克石克), 부양구(buyanggū, 布陽古), 톡타하(toktaha, 託克他哈), 잠수(jamsu, 扎木蘇), 라탕(latang, 喇唐), 군지(gunji, 袞濟)의 사신 아타이 호쇼치(atai hošoci, 阿泰和碩齊) 및 그들과 함께 온 40명에게 말과 소, 양을 차등 있게 하사했다. 다야치 타부낭에게 40명을 이끌고 밤에 출발하여 가서 이들과 함께 온 사람들을 맞이하게 했다.[6]

○ 辛卯, 賜都元帥孔有德 · 總兵官耿仲明 · 尚可喜, 各銀百 · 緞五 · 緞衣五襲 · 銀盃盤二. 又賜銀二百, 令其賞部下之有功者.

○ 신묘일(윤8.8), 도원수 공유덕, 총병관 경중명, 상가희에게 각각 은 100냥, 비단 5필, 비단 의복 5벌, 은술잔과 은접시 2개를 하사했다. 또한 은 200냥을 하사하여 부하 가운데 공이 있는 자들에게 상으로 주도록 했다.

○ 壬辰, 遣國舅阿什達爾漢 · 額爾德尼囊蘇, 同前鋒將領吳拜等八大臣, 率兵百名, 往偵察哈爾汗子額爾克孔果爾踪迹. 諭之曰, 聞額

6 허오헌 바투루, 양구르 호쇼치, 케식 히야, 부양구에게 각각 말 1마리와 소 2마리, 톡타하, 잠수, 라탕에게 각각 소 2마리, 군지의 사신 아타이 호쇼치에게 소 1마리, 이들과 함께 온 사람 40명에게 양 300마리를 주었다. 『內國史院檔 天聰八年』, pp.266-267.

爾克孔果爾, 率衆來歸, 爾往探之, 若距黃河西有十日之程, 則遣額爾德尼囊蘇·哈爾松阿前往. 如無音耗, 不必往. 令鄂爾多斯濟農, 收其部衆, 博碩克圖汗子, 集土默特部落人, 各駐於移營處. 俾我遣往圖白忒部落使人得取道於彼. 來歸之察哈爾, 勿令其途中遲延, 其悉以此言諭知之.

○ 임진일(윤8.9), 국구 아시다르한, 어르더니 낭수를 전봉장령(前鋒將領) 우바이 등 8대신과 함께 보내 병사 100명을 이끌고 차하르 칸의 아들 어르커 콩고르의 종적을 정탐하게 했다. 그들에게 유시했다. 「듣건대 어르커 콩고르가 무리를 이끌고 내귀한다고 하니 너희는 가서 알아보아라. 만약 황하에서 서쪽으로 10일 정도 거리에 떨어져 있다면 어르더니 낭수와 하르숭가(harsungga, 哈爾松阿)를 먼저 보내라. 소식이 없다면 반드시 갈 필요는 없다. 오르도스 지농에게 그의 부(部)의 무리를 거두게 하라. 보쇽투 칸의 아들은 투메트 부락의 사람들을 모아 각자 오톡[7]에 있게 하라. 내가 투베트(tubet, 圖白忒) 부락으로 파견한 사신은 그곳을 경유하여 가게 하라. 내귀하러 오는 차하르인들이 도중에 지체되지 않게 하라. 이 말을 모두 그들에게 유시하여 알려라.」

○ 乙未, 兩翼主帥公吳訥格, 率兵來會. 吳訥格等還自得勝堡, 遇蒙古之逃入陽和者, 四百七十人, 攜之以歸, 命分給八旗.

7 원문의 移營은 유목 단위인 '오톡'을 가리킨다. 『내국사원당』에 오톡(otoγ)으로 기록되어 있다. 『內國史院檔 天聰八年』, p.269.

○ 을미일(윤8.12), 양익(兩翼)의 주수(主帥)인 공(公) 우너거가 병사를 이끌고 와서 합류했다. 우너거 등은 득승보(得勝堡)로부터 돌아오다가 양화(陽和)로 도망쳐 들어온 몽고인 470명을 마주쳤다. 이들을 데리고 돌아오니 팔기에 나누어 주게 했다.

○ 運米三百石於克蚌地方, 賜後來歸附諸蒙古.

○ 쌀 300석을 커이붕(keibung, 克蚌) 지방으로 운반하여 뒤에 귀부해 온 여러 몽고에게 하사했다.

○ 丙申, 以出師禮, 竪八纛, 宰八牛, 吹螺鳴角. 上率諸貝勒·大臣, 拜天, 祭纛.

○ 병신일(윤8.13), 출정하는 예로 독 8개를 세우고 소 8마리를 죽였으며 나팔을 불었다. 주상은 버일러들과 대신들을 이끌고 하늘에 절하고 독에 제사를 올렸다.

○ 和碩貝勒德格類, 以所獲馬·騾·牛·羊諸物獻, 上酌收之.

○ 호쇼이 버일러 더걸러이가 획득한 말, 노새, 소, 양 등 여러 물건을 바치니 주상이 헤아려 받아들였다.

○ 喀爾喀部落額駙恩格德爾之姪, 自察哈爾逃來, 爲賊邀, 殺於路.

巴渾之子, 亦被掠去, 惟一人得脫, 來奏, 上遂遣兩翼主帥公吳訥格·阿代, 率將四員·兵百人, 及喀喇沁·土默特部落, 將四員兵百人, 往緝賊之掠巴渾子者.

○ 칼카 부락의 어푸 엉더거르의 조카가 차하르로부터 도망쳐 오다가 도적을 만나 길에서 죽임을 당했다. 바훈(bahūn, 巴渾)의 아들도 잡혀갔는데 오직 한 사람만 탈출하여 와서 아뢰었다. 주상은 양익(兩翼)의 주수(主帥) 공(公) 우너거와 아다이를 보내 장수 4명과 병사 100명 및 카라친, 투메트 부락의 장수 4명과 병사 100명을 이끌고 가서 바훈의 아들을 노략질한 자를 체포하게 했다.

○ 喀爾喀部落額駙古爾布什屬下阿爾賽, 率六人, 及妻子, 自察哈爾來歸.

○ 칼카 부락의 어푸 구르부시(gurbusi, 古爾布什) 속하의 아르사이(arsai, 阿爾賽)가 6명과 처자를 이끌고 차하르로부터 내귀했다.

○ 是日, 上與諸貝勒, 率每牛彔護軍三名, 離大軍行, 至上都河庫格布爾地方, 駐營.

○ 이날 주상은 여러 버일러들과 함께 각 니루의 호군 3명을 이끌고 대군과 떨어져 행군하여 상도하(上都河)의 쿠커부르(kukebur, 庫格布爾) 지방에 이르러 군영을 세우고 주둔했다.

○ 遣超品公楊古利·八旗固山額眞, 率八將, 運載軍中所俘獲, 還京.

○ 초품공(超品公) 양구리와 팔기 구사어전들을 보내 장수 8명을 이끌고 군사들이 노획한 것을 싣고 심양으로 돌아가게 했다.

○ 丁酉, 移營於上都城舊址.

○ 정유일(윤8.14), 상도성(上都城)의 옛터로 군영을 옮겼다.

○ 察哈爾阿蘇特部落男子十二名, 婦人三口, 來歸.

○ 차하르의 아수트 부락의 남자 12명과 부녀자 3명이 내귀했다.

○ 戊戌, 叟格都喇爾·拜戶都喇爾·哈談伊爾都齊·海薩扎爾固齊·吉羅黑褚楊·忒濟葉祜伊特格爾圖·弼木巴古英·星古爾·和碩·拜戶蟒奈·海薩塔布囊·扎木蘇杜稜·吹墨爾根等, 獻珊瑚·琥珀·菩提數珠·金臺盞·金碗·馬匹·名犬諸物, 酌納之.

○ 무술일(윤8.15), 서오거 두랄(seoge dural, 叟格都喇爾), 바이후 두랄(baihū dural, 拜戶都喇爾), 하탄 일두치(hatan ilduci, 哈談伊爾都齊), 하이사 자르구치(haisa jargūci, 海薩扎爾固齊), 길로허이 추양(gilohei cuyang, 吉羅黑褚楊), 터지여후 이터걸투(tejiyehu itegeltu, 忒濟葉祜伊特格爾圖), 빔바 구영(bimba guyeng, 弼木巴古英), 싱굴(singgul, 星古爾), 호

쇼이(hošoi, 和碩), 바이후 망나이(baihū mangnai, 拜戶蟒奈), 하이사 타부낭(haisa tabunang, 海薩塔布囊), 잠수 두렁(jamsu dureng, 扎木蘇杜稜), 초이 머르건(coi mergen, 吹墨爾根) 등이 산호·호박·보리수 염주와 금술잔, 금사발, 말, 명견(名犬) 등의 물건을 바치니 헤아려 받았다.

○ 己亥, 以察哈爾來歸各官, 分隸八旗贍養. 隸正黃旗者, 阿牙克喀塔喜木里克喇嘛寨桑·古木德塞臣寨桑·男子二百四十五·駝二百四十二·馬一百八十·牛三百七十六·羊二千二百七十. 隸鑲黃旗者, 班珠杜稜·布顏代·博爾庫·男子二百七十三·駝二百五十一·馬二百二十二·牛一千一百·羊四千六百四十. 隸正紅旗者, 毛海葉爾登寨桑·男子二百三十三·駝一百三十六·馬八十九·牛四百四十·羊二千三十. 隸鑲紅旗者, 叟格都喇爾·塞冷·男子二百六十八·駝一百九十六·馬一百八十二·牛六百一十七·羊三千六百五十. 隸正藍旗者, 兀伯類扎薩古爾·達爾馬和碩齊·男子二百六十四·駝二百七十六·馬一百七十五·牛七百有九·羊二千九百二十. 隸鑲藍旗者, 顧實寨桑·喇戶·男子二百四十七·駝一百七十六·馬一百七十·牛八百有六·羊三千九十. 隸正白旗者, 卓果諾寨桑·男子二百四十一·駝一百四十三·馬四十八·牛二百五十五·羊一千七百. 隸鑲白旗者, 額林臣戴青·多爾濟塔蘇爾海·達賴杜稜·男子二百四十九·駝一百九十四·馬一百六十一·牛五百八十八·羊三千九百二十.

○ 기해일(윤8.16) 차하르로부터 내귀한 각 관원을 팔기에 나누어 예속시키고 부양했다. 정황기에 예속된 것은 아약 카 타힘릭 라마 자이상, 구무더이 세첸 자이상, 남자 245명, 낙타 242마리, 말 180마리, 소 376마리, 양 2,270마리. 양황기에 예속된 것은 반주 두렁(banju dureng, 班珠杜稜), 부얀다이(buyandai, 布顏代), 보르쿠(borkū, 博爾庫), 남자 273명, 낙타 251마리, 말 222마리, 소 1,100마리, 양 4,640마리. 정홍기에 예속된 것은 모오하이 열덩 자이상, 남자 233명, 낙타 136마리, 말 89마리, 소 440마리, 양 2,030마리. 양홍기에 예속된 것은 서오거 두랄, 서렁, 남자 268명, 낙타 196마리, 말 182마리, 소 617마리, 양 3,650마리. 정람기에 예속된 것은 우버러이 자사굴(uberei jasagūl, 兀伯類扎薩古爾), 다르마 호쇼치(darma hošoci, 達爾馬和碩齊), 남자 264명, 낙타 276마리, 말 175마리, 소 709마리, 양 2920마리. 양람기에 예속된 것은 구시 자이상(gusi jaisang, 顧實寨桑), 라후(lahū, 喇戶), 남자 247명, 낙타 176마리, 말 170마리, 소 806마리, 양 3,090마리. 정백기에 예속된 것은 조고노 자이상(jogono jaisang, 卓果諾寨桑), 남자 241명, 낙타 143마리, 말 48마리, 소 255마리, 양 1,700마리. 양백기에 예속된 것은 어린천 다이칭(erincen daicing, 額林臣戴靑), 도르지 타수르하이(dorji tasurhai, 多爾濟塔蘇爾海), 달라이 두렁(dalai dureng, 達賴杜稜), 남자 249명, 낙타 194마리, 말 161마리, 소 588마리, 양 3,920마리.

○ 辛丑, 上賜阿牙克喀塔喜木里克喇嘛寨桑·古木德塞臣寨桑, 牛百·羊千, 令其均給部下窮乏者, 毋得自取. 其餘七旗所分寨桑等, 令各該貝勒, 給以牛羊.

○ 신축일(윤8.18) 주상은 아약 카 타힘릭 라마 자이상, 구무더이 세첸 자이상에게 소 100마리, 양 1,000마리를 하사하고, 속하의 가난한 자들에게 고루 나누어 주고 자신이 취하지 말라고 명했다. 그 나머지 7기에 배분된 자이상들은 각 기의 해당 버일러들에게 명하여 소와 양을 주게 했다.

○ 管高爾土門固山事察哈爾汗福金來, 謁上. 獻金銀器皿 · 雕鞍 · 貂鑲朝衣 · 琥珀珍珠數珠, 酌納之. 賜宴畢, 復賜貂裘 · 鞍馬 · 牛 · 羊. 先是, 高爾土門福金, 爲察哈爾汗下袞出克僧格塞桑所娶, 上謂諸貝勒 · 大臣曰袞出克僧格, 既叛其主, 又娶其妻, 大失臣子之義, 勒令離異.

○ 고올 투먼 구사(gool tumen gūsa, 高爾土門固山)를 관할하는 차하르 칸의 푸진이 와서 주상을 알현했다. 금은 그릇 · 조각한 안장 · 담비가죽을 두른 조의 · 호박과 진주로 만든 염주를 바치니 헤아려 받았다. 잔치를 베푼 후 다시 담비가죽옷, 안장을 두른 말, 소와 양을 하사했다. 이전에 고올 투먼 푸진(gool tumen fujin, 高爾土門福金)이 차하르 칸 속하의 군축 셍게 자이상에게 시집가자 주상이 버일러들과 대신들에게 말했다. "군축 셍게는 주군을 배반했는데 또 그 처를 취했으니 신하된 도의를 크게 잃었다." 그리고 강요하여 이혼하게 했다.

○ 賜青山, 羊百.

○ 칭산에게 양 100마리를 하사했다.

○ 壬寅, 遣託克退, 率每旗官一員 · 兵十名, 護察哈爾來歸之蒙古家口還盛京. 令席伯德 · 尼堪, 指揮前往.

○ 임인일(윤8.19), 톡토이를 보내 각 기의 관원 1명씩, 병사 10명씩을 이끌고 가서 차하르에서 내귀한 몽고 가구(家口)를 호위하여 성경

으로 돌아오게 했다. 시버더이(sibedei, 席伯德) · 니칸(nikan, 尼堪)에게 앞에서 길을 안내하도록 명했다.

○ 是日, 兩翼主帥公吳訥格 · 阿代等, 率師還, 奏遇掠巴渾子者三十人, 已誅其二十餘人. 上賜阿牙克喀塔喜木里克喇嘛 · 公噶濟農 · 衮出克僧格 · 顏泰阿爾薩蘭 · 忒濟葉祜伊特格爾圖 · 弼木巴 · 拜戶 · 雅珠 · 虎爾蓋齊 · 沙濟達喇, 馬各一.

○ 이날 양익(兩翼)의 주수(主帥) 공(公) 우너거 · 아다이 등이 병사들을 이끌고 돌아와 상주했다. "바훈의 아들을 약탈한 자 30명을 만나 그중 20여 명을 주살했습니다." 주상은 아약 카 타힘릭 라마 · 궁거 지농(gungge jinong, 公噶濟農) · 군축 셍게 · 얀타이 아르살란 · 터지여후 이터걸투 · 빔바 · 바이후 · 야주(yaju, 雅珠), 훌가이치(hūlgaici, 虎爾蓋齊) · 샤지다라(šajidara, 沙濟達喇)에게 각각 말 1마리씩을 하사했다.

○ 癸卯, 命每旗護軍校一員 · 護軍五名, 駐扎騎兵回軍之所, 候達雅齊塔布囊來信.

○ 계묘일(윤8.20), 각 기의 호군교(護軍校)[8] 1명 · 호군 5명을 기병이 회군하는 곳에 주둔시켜 다야치 타부낭이 온다는 소식을 기다리게 했다.

---

8 만주어로 bayara juwan i da(巴牙喇壯達)이다

○ 上都城有廢廟, 爲御前庖人及衆侍衛之厮卒所毁, 上見之怒, 命縛至, 鞭之. 又有伊訥克牛彔下巴石塔·般他海牛彔下莊柰·阿哈碩塞牛彔下白爾泰·巴土·俄庫約, 各鞭一百, 貫耳. 素爾和·額駙滿朱習禮·侍衛阿喇密·胡沙·尼牙哈齊及噶爾噶圖等六人下厮卒, 亦毁廟屋, 取其木, 其主皆謂不知, 使誓於神, 仍各鞭其厮卒一百, 貫耳. 庖人石特庫·薩壁以不行擧首取木事, 各鞭五十. 薩祿知爲廟中木植不敢取, 大藍取之, 鞭一百, 貫兩耳. 宗室吞齊喀之厮卒, 取廟木, 又懼法, 避匿, 鞭一百, 貫耳鼻. 土彦圖牛彔下巴代, 以不行約束新俘漢人, 致竊廟木, 亦鞭五十.

○ 상도성(上都城)의 폐묘(廢廟)를 어전숙수와 시위들의 쿠툴러가 훼손하자 주상이 이를 알고 노하여 포박하고 채찍으로 때리게 했다. 또 이너커(ineke, 伊訥克) 니루 속하의 바시다(basita, 巴石塔), 닌타하이(nintahai, 般他海) 니루 속하의 종노이(jongnoi, 莊柰), 아하쇼서(ahašose, 阿哈碩塞) 니루 속하의 버르타이(bertai, 白爾泰)·바투(batu, 巴土)·오쿠요(okuyo, 俄庫約)는 각각 채찍 100대를 때리고 귀를 뚫었다. 솔호(solho, 素爾和)·어푸 만주시리와 시위 알라미(alami, 阿喇密)·후샤(hūša, 胡沙)·니야하치(niyahaci, 尼牙哈齊) 및 가르하투(garhatu, 噶爾噶圖) 등 6명 속하의 쿠툴러들도 사당 건물을 훼손하고 그 나무를 취했는데, 그 주인들은 모두 알지 못했다 하므로 신에게 맹세하게 하고 각각 그 쿠툴러들을 채찍으로 100대 때리고 귀를 뚫게 했다. 나무를 취한 일을 고발하지 않았다는 이유로 숙수 시터쿠(siteku, 石特庫)·사비(sabi, 薩壁)를 각각 채찍 50대를 때렸다. 사루(saru, 薩祿)는 사당 안에 심은 나무임을 알고 감히 취하지 않았으나 달란(dalan, 大藍)은 취했으므로 채찍 100대를 때리고 두 귀를 뚫었다. 종실 툰치카(tuncika, 呑齊喀)의 쿠툴러는 사당의 나무를 취하고 또 법을 두려워

하여 피하여 숨었으므로 채찍 100대를 때리고 귀와 코를 뚫었다. 투얀투(tuyantu, 土彥圖) 니루 속하의 바다이(badai, 巴代)는 새로 사로잡아 온 한인을 제대로 단속하지 않아 이들이 사당의 나무를 훔치기에 이르렀으므로 또한 채찍 50대를 때렸다.

○ 甲辰, 達雅齊塔布囊遣碩兌等至, 奏歸附諸國, 今已俱至, 於是復遣布哈塔布囊·巴賴山津, 往迎之.

○ 갑진일(윤8.21), 다야치 타부낭이 보내온 쇼도이(šodoi, 碩兌) 등이 도착하여 귀부하는 여러 나라가 지금 모두 도착했다고 상주하니, 다시 부하 타부낭(buha tabunang, 布哈塔布囊)·바라이 산진(barai sanjin, 巴賴山津)을 보내 가서 맞이하게 했다.

○ 乙巳, 達雅齊塔布囊, 遣衛徵齋察哈爾來歸各官名數冊籍至. 冊內開載, 中土門固山巴圖魯噶爾馬濟農·擺牙喇和諾特固山德參濟王·賓土門固山多爾濟達爾漢·多尼庫魯克四人爲首, 次小貝勒·台吉·寨桑·扎薩古爾·舒冷格達魯噶等百餘人. 又從黃河西岸後至者, 祁他特車爾貝·寨撒達爾漢·博爾護必魯達希·畢得庫魯克·額什格庫魯克·額參尼處袞等, 皆來歸. 於是遣戶部承政英俄爾岱·啟心郎布丹·吏部啟心郎索尼, 率每旗三人, 齎冊報於留守貝勒, 令預備糧儲以待.

○ 을사일(윤8.22), 다야치 타부낭이 보낸 워이정이 차하르에서 귀부해 온 각 관원의 이름과 숫자를 책으로 만들어 가지고 왔다. 책에 기록된 것은 둘림바이 투먼 구사(dulimbai tumen gūsa, 中土門固山)의 바

투루 가르마 지농(baturu g'arma jinong, 巴圖魯噶爾馬濟農)·바야라(bayara, 擺牙喇)의 호노트 구사(honot gūsa, 和諾特固山)의 더선 지왕(desen jiwang, 德參濟王)·더오 투먼 구사(deo tumen gūsa, 竇土門固山)의 도르지 다르한(dorji darhan, 多爾濟達爾漢)·도니 쿨룩(doni kuluk, 多尼庫魯克) 4명을 우두머리로 하여 차례로 소버일러·타이지·자이상·자사굴(jasagūl, 扎薩古爾)·슐렁거(šulengge, 舒冷格)·다루가(daruga, 達魯噶) 등 100여 명이었다. 또 황하의 서쪽 강가를 따라 뒤에 이른 자들인 키타트 처르버이(kitat cerbei, 祁他特車爾貝)·자이사 다르한(jaisa darhan, 寨撒達爾漢)·보르후 비루 다히(borhū biru dahi, 博爾護必魯達希)·비더이 쿨룩(bidei kuluk, 畢得庫魯克)·어시거 쿨룩(esige kuluk, 額什格庫魯克)·에센 니추군(esen nicugun, 額參尼處袞) 등이 모두 귀부해 왔다. 이에 호부승정 잉굴다이·계심랑 부단·이부계심랑 소닌에게 기(旗)마다 3명씩을 이끌고 책을 가지고 가서 남아 지키는 버일러에게 보고하고 대비하여 식량을 축적하고 기다리게 했다.

○ 己酉, 貝勒阿巴泰·和碩貝勒德格類·貝勒阿濟格·和碩墨爾根戴青貝勒多爾袞·額爾克楚虎爾貝勒多鐸·貝勒豪格等, 具筵獻上.

○ 기유일(윤8.26), 버일러 아바타이·호쇼이 버일러 더걸러이·버일러 아지거·호쇼이 머르건 다이칭 버일러 도르곤·어르커 추후르 버일러 도도·버일러 호오거 등이 연회를 마련하여 주상에게 바쳤다.

○ 庚戌, 布哈塔布囊·巴賴山津還, 奏察哈爾國寨桑噶爾馬濟農等, 可於二十八日至.

○ 경술일(윤8.27), 부하 타부낭 · 바라이 산진이 돌아와 차하르국의 자이상 가르마 지농 등이 28일에는 도착할 것이라고 상주했다.

○ 是日, 移營於克蚌地方.

○ 이날 커이붕 지방으로 군영을 옮겼다.

○ 辛亥, 察哈爾國寨桑巴圖魯噶爾馬濟農 · 德參濟王 · 多爾濟達爾漢諾顏 · 多尼庫魯克等, 率小寨桑 · 扎薩古爾及貝勒 · 台吉 · 塔布囊等, 送察哈爾汗妻竇土門福金, 攜其國人來降. 上命選良馬四, 加御用鞍轡, 往迎之. 比至, 上率諸貝勒出營, 御黃幄, 噶爾馬濟農等見上, 獻馬匹 · 牛 · 羊. 上出幄, 率噶爾馬濟農等拜天畢, 還御幄. 寨桑等率衆至上前行禮, 噶爾馬濟農復出班, 至上前行抱見禮, 次見大貝勒代善. 上命四大寨桑與諸貝勒同坐於右側. 察哈爾汗妻竇土門福金至幄前, 拜見上, 時察哈爾汗之姑, 亦從之來, 朝見上. 命竇土門福金坐於左側幄內, 設大宴宴之. 令新附諸人, 較射角觝, 以示柔遠之意, 於是上回營, 復召新降諸臣入營, 賜宴.

○ 신해일(윤8.28), 차하르국의 자이상 바투루 가르마 지농 · 더선 지왕 · 도르지 다르한 노얀(dorji darhan noyan, 多爾濟達爾漢諾顏) · 도니 쿨룩 등이 소(小) 자이상 · 자사굴 · 버일러 · 타이지 · 타부낭 등을 이끌고 차하르국 칸의 부인인 더오 투먼 푸진(deo tumen fujin, 竇土門福金)을 보내고 그 나라 사람들을 데려와서 투항했다. 주상이 좋은 말 4마리를 선정하고 주상이 쓰던 안장과 고삐를 더하여 가서 맞이하게 했다. 거의 다다르자 주상이 여러 버일러들을 이끌고 군영을 나가 황

색 천막에 행차하니, 가르마 지농 등이 주상을 알현하고 말과 소·양을 바쳤다. 주상이 천막에서 나와 가르마 지농 등을 이끌고 하늘에 절한 후 천막으로 돌아왔다. 자이상 등이 무리를 이끌고 주상 앞에 나아와 예를 행하였고, 가르마 지농은 다시 반열에서 나와 주상 앞에 이르러 포견례를 행한 다음 대버일러 다이샨을 알현했다. 주상이 대(大)자이상 4명과 여러 버일러들에게 함께 오른쪽에 앉게 했다. 차하르 칸의 부인 더오 투먼 푸진이 천막 앞에 이르러 절하고 주상을 알현하자 차하르 칸의 고모도 그녀를 따라 주상을 알현했다. 더오 투먼 푸진을 천막 안 왼쪽에 앉게 하고 큰 연회를 베풀어 잔치했다. 새로 귀부해 온 사람들에게 궁술을 시합하고 씨름을 하게 하여 먼 곳의 백성을 회유하는 뜻을 보였다. 이어 주상은 군영으로 돌아와서 다시 새로 투항한 여러 신하들을 군영으로 부르고 잔치를 베풀었다.

○ 壬子, 大貝勒代善宴察哈爾歸附諸大臣, 次七旗貝勒各張筵, 宴之.

○ 임자일(윤8.29), 대버일러 다이샨이 차하르에서 귀부해 온 여러 대신들에게 연회를 베풀고, 그다음에는 일곱 기(旗)의 버일러들이 각기 잔치를 열어 연회를 베풀었다.

○ 癸丑, 宴察哈爾汗之姑及噶爾馬濟農·德參濟王·多爾濟達爾漢諾顏·多尼庫魯克·札雅漢詹杜稜·布喇克寨桑等, 賜察哈爾汗之姑貂裘一, 餘各賜甲冑·鞍馬·貂裘·牛·羊·諸物有差.

○ 계축일(윤8.30), 차하르 칸의 고모 및 가르마 지농·더선 지왕·도르지 다르한 노얀·도니 쿨룩·자야한 잔 두렁(jayahan jan dureng,

札雅漢詹杜稜)·불락 자이상(bulak jaisang, 布喇克塞桑) 등에게 연회를 베풀고, 차하르 칸의 고모에게는 담비가죽옷 1벌을 하사하고, 나머지에게는 각기 갑옷과 투구·안장을 갖춘 말·담비가죽옷·소·양·여러 물품을 차등 있게 하사했다.

○ 是日, 大軍起行, 至木湖爾伊濟牙爾地方駐營, 大貝勒代善及衆和碩貝勒等, 公同具奏, 賓土門福金, 率國人來歸, 請選入宮闈, 亦撫慰衆心之道也. 上辭曰, 朕不宜納, 當以予貝勒之家室不睦者. 代善等力請, 上遣文館儒臣巴克什希福·達雅齊塔布囊·兵部啟心郎穆成格, 復宣前諭固辭. 代善曰, 臣等以爲福金委身順運, 異地來歸, 其作合實由於天, 上若不納, 得毋拂天意耶. 皇上非好色多納妃嬪者比, 若上必不宜納, 臣等豈特不敢勸, 且未有不於上前力諫者. 伏念皇上修德行義, 允符天道, 故天於皇上, 特加眷佑, 皇上恩澤所洽, 凡兄弟臣民, 咸獲休養, 羣庶無不愛戴如父. 臣嘗內自思維, 不知當操何術, 即可仰答高深, 俾皇上功德昭宣, 比隆古帝, 且倉庫充盈, 治臻殷富, 然後快於臣心. 夫上豐豫, 則國民康樂, 上匱乏, 則國民怨咨. 臣此言, 若心與口違, 天有不鑒之者乎. 皇上若從臣請, 不但臣心慰悅, 衆意亦莫不懽欣矣. 希福等回奏, 上深念久之, 至三日, 謂文館龍什·剛林·喀木圖·白格曰, 大貝勒等, 堅勸朕納賓土門福金, 朕恐未合於義. 龍什等奏曰, 此天賜也, 大貝勒之請是, 上宜納之. 上因思行師時, 駐營納里特河, 曾有文雉飛入御幄之祥, 今福金來歸, 顯係天意, 於是意始定, 命希福·達雅齊往迎焉. 衛送福金之多尼庫魯克等喜曰, 我等此行, 乃送福金, 非私來也, 皇上納之, 則新附諸國與我等, 皆不勝踴躍歡慶之至矣. 遂望天拜謝, 於是送福金至, 上賜衛送之諸大臣妻各衣一襲.

○ 이날 대군이 출발하여 무후르 이지야르(muhūr ijiyar, 木湖爾伊濟牙爾)[9] 지방에 이르러 군영을 세우고 주둔했다. 대버일러 다이샨 및 여러 호쇼이 버일러들이 공동으로 상주했다. "더오 투먼 푸진이 나라 사람들을 이끌고 귀부해 왔으니, 청컨대 궁궐에 뽑아 들이시면 이 또한 여러 사람들의 마음을 위무하는 도리입니다." 주상이 사양하여 말했다. "짐이 받아들이는 것은 타당치 않다. 마땅히 부인과 화목하지 못한 버일러의 집에 주어야 할 것이다." 다이샨 등이 극구 간청하니, 주상이 문관 유신 박시 히퍼 · 다야치 타부낭 · 병부계심랑 무청거를 보내 앞서 유시한 것을 다시 선유하게 하고 굳게 사양했다. 다이샨이 말했다. "푸진이 천운에 몸을 의탁하여 이역으로 귀부해 왔으니 신들은 그것을 실로 하늘이 맺어 준 부부의 인연이라 여깁니다. 주상께서 만약 받아들이지 않으신다면 하늘의 뜻을 저버리는 것이 아니겠습니까? 황상께서는 여색을 즐겨 비빈들을 많이 들인 자들에 비할 바가 아니니, 반드시 받아들이지 않겠다고 해도 신들이 어찌 감히 권하지 않겠습니까. 또한 황상께 힘써 간하지 않는 자가 없습니다. 삼가 생각건대 황상께서는 덕을 닦으시고 의를 행하시어 천도에 부합합니다. 이 때문에 하늘이 황상을 특별히 보우하시고, 황상의 은택이 넉넉하여 여러 형제들과 신민들이 편안히 살아가니 아버지처럼 사랑하지 않는 백성들이 없습니다. 신이 일찍이 생각해 보아도 어떤 방법을 써야 높고 심원한 뜻에 보답할 수 있을지 알지 못했지만, 황상의 공덕이 옛 제왕에 비길 만함을 밝게 알리고 또 곳간이 가득 채워지고 잘 다스려져 부유하게 된 후에야 신의 마음이 흡족할 것입니다. 대저 위가 풍족하고 편안하면 나라 백성들이 안락을 누리며, 위가 곤핍하면 나라 백성들은 원망하고 탓합니다. 신의 이 말이 만약 마음과 입이 서로 다른 것

9 『내국사원당』에는 muhūr ijar로 기록되어 있다. 『內國史院檔 天聰八年』, p.284.

이라면 하늘이 살피지 않을 리가 있겠습니까? 황상께서 만약 신의 간청을 따라 주신다면 신의 마음이 위로받고 기쁠 뿐만 아니라 여러 사람들의 뜻 또한 즐거워하지 않음이 없을 것입니다."

히퍼 등이 답하여 상주하니, 주상이 오래도록 이를 깊이 생각하고 3일 후에야 문관 룽시 · 가린 · 캄투 · 버거이에게 말했다. "대버일러 등이 짐에게 더오 투먼 푸진을 아내로 맞이하라고 강권했으나 짐이 의에 부합하지 않을까 걱정된다." 룽시 등이 상주했다. "이는 하늘이 보내 주신 것입니다. 대버일러 등의 청은 실로 옳으므로 주상께서는 마땅히 받아들이셔야 합니다." 주상이 이로 인하여 생각해 보니 행군할 당시 나리트 강에 군영을 세우고 주둔할 적에 무늬가 있는 꿩이 주상의 천막에 날아드는 길조가 있었는데 지금 푸진이 귀부해 왔으니 분명히 하늘의 뜻과 관계된 것이었다. 이에 비로소 뜻을 정하고 히퍼 · 다야치에게 가서 맞이하게 했다. 푸진을 호위해 온 도니 쿨룩 등이 기뻐하며 말했다. "우리가 이번 행차에 푸진을 모셔온 것은 사사로이 모셔온 것이 아니다. 황상께서 받아들이셨으므로 이제 새로 귀부한 여러 나라와 우리가 모두 뛸 듯이 기쁨을 참을 수 없으니 지극한 경사다." 마침내 하늘에 절하여 감사했다. 호위해 온 푸진이 이르니, 주상이 호위해 온 여러 대신들의 부인에게 각기 옷 1벌씩을 하사했다.

○ 九月, 甲寅朔, 賜多尼庫魯克 · 多爾濟達爾漢諾顏 · 卓爾齊代 · 波托果 · 綽爾濟庫魯克等馬匹 · 弓刀 · 甲胄等物.

○ 9월 갑인일 초하루(9.1), 도니 쿨룩 · 도르지 다르한 노얀 · 조르치다이(jorcidai, 卓爾齊代) · 보토고(botogo, 波托果) · 초르지 쿨룩(corji kuluk, 綽爾濟庫魯克) 등에게 말 · 활과 칼 · 갑옷과 투구 등의 물품을 하사했다.

○ 戊辰, 巴林部落額駙塞特爾來朝, 獻馬匹 · 牛 · 羊, 酌納之, 賜以御用黃緞補服, 及緞布 · 銀器等物.

○ 무진일(9.15), 바린 부락의 어푸 서터르가 내조하여 말과 소 · 양을 바치니 헤아려 받고, 주상이 쓰던 황색 비단에 흉배를 붙인 의복 및 비단과 면포 · 은그릇 등의 물품을 하사했다.

○ 是日, 留守和碩貝勒濟爾哈朗等, 遣馬福塔 · 代松阿 · 布賽 · 牙爾納 · 錫翰等齎奏至言, 蒙上天庇佑, 皇上洪福. 比年以來, 戶慶康寧, 歲登大有, 天戈遠討, 國無災祲, 境宇寧謐. 捉生五次, 屢有俘獲, 逃人兩次來歸至, 聞明崇禎皇帝, 遣官至錦州, 凡三調祖大壽未往, 因縶其妻孥於獄, 復召之, 大壽乃行, 濱行, 大壽云, 我雖竭力爲國, 其如不我信何, 此行我意, 與滿洲國皇帝可戰則戰, 量力不敵, 則與滿洲國皇帝一言決絕而來. 若入京, 必加害, 我觀時事若此, 是滿洲國皇帝得天下之時無疑也. 復謂其所轄蒙古云, 若殺我必及爾, 殺爾亦必及我, 爾無岐視. 有所徘徊, 遂率蒙古, 沿途縱馬食田禾而去, 至寧遠駐三日, 復縱馬食禾, 餘皆以馬載之行, 其守吏具文陳告, 大壽裂而焚之. 又聞明國皇帝, 以蒙古人雖附明, 實屬無用, 其在大凌河也, 殺人而食, 敗則先奔, 諭大壽殺之凡二次. 大壽子聞之, 竊與父書, 勸其勿殺, 且云若殺蒙古, 害必及身. 蒙古弗知也, 擐甲三夜, 欲執大壽投我國, 事泄, 大壽謂桑噶爾寨曰, 我視爾等如兄弟, 爾等何得如此, 桑噶爾寨曰, 聞諭旨欲盡殺蒙古, 我等故有此謀, 以自救耳, 大壽遂與桑噶爾寨盟. 聞龔圖諸子不與, 且漢人蒙古雖盟好, 終不相親, 臣等偵知之, 隨遣我國蒙古一人, 齎書與龔圖諸子矣. 其自明逃來者, 一係布顏塔布囊之弟, 名吳納海渾齊, 攜妻及其叔至, 其一於從前竊額駙達爾哈馬匹逃去, 今亦攜妻至.

○ 이날 남아서 지키는 호쇼이 버일러 지르갈랑 등이 보낸 마푸타 · 다이숭가 · 부샤이(bušai, 布賽) · 야르나(yarna, 牙爾納) · 시한 등이 상주문을 가지고 와서 말했다. 「상천의 보호에 힘입어 황상께서는 홍복을 누리소서. 근래에 백성들이 편안하여 해마다 크게 풍년이고 제왕의 군대는 멀리까지 정토하니, 나라 안에는 재앙이 없고 강토는 편안하고 조용하며 다섯 차례 포로를 잡아 왔고 여러 차례 노획이 있었으며 도망인들이 두 차례 내귀하여 왔습니다. 듣건대 명나라의 숭정 황제가 보낸 관원이 금주에 도착하여 세 차례나 불렀는데도 조대수가 가지 않았습니다. 이에 그의 처자를 감옥에 가두고 다시 부르니 조대수가 비로소 가려고 했습니다.

갈 때가 되자 조대수가 말하기를 "내가 비록 나라를 위하여 힘을 다했으나 나를 믿지 않으니 어찌하겠는가? 이번에 가서 내 뜻으로 만주국 황제와 싸울 만하면 싸우고, 병력을 비교해서 대적할 수 없으면 만주국 황제와 말 한마디로 결판을 짓고 돌아오고자 한다. 만약 북경에 들어간다면 분명 해를 입을 것이다. 내가 보건대 지금의 일이 이와 같다면 만주국 황제가 천하를 얻을 때임에 분명하다."라고 했습니다. 또 그가 관할하는 몽고인에게 말하기를 "만약 나를 죽이면 너희도 죽고 너희를 죽이면 나도 죽는다. 너희는 갈림길에서 망설이지 말라."라고 했습니다. 마침내 몽고인들을 이끌고 길을 따라 말을 달리고 밭의 곡식을 먹게 하며 갔습니다. 영원(寧遠)에 이르러 3일을 머물고, 다시 말을 달리며 곡식을 먹게 하고 남은 것은 모두 말에 싣고 갔습니다. 지방관들이 문서를 작성하여 알리니 조대수가 이를 찢어 불태웠습니다.

또 듣건대 명나라의 황제는 몽고인들이 비록 명나라에 귀부했지만 실제로 소용이 없고 대릉하에서 사람을 죽여서 먹고 패전하여 앞장서 도망치자 조대수에게 이들을 죽이라고 두 번이나 유시했습니다. 조대수의 아들이 이를 듣고 몰래 아버지에게 서신을 보내 죽이지 말라고 권하여 말하기를 "만약 몽고인들을 죽이면 해악이 반드시 아버지 자신에게 미칠 것입니다."라고 했습니다. 몽고인들이 조대수의 아들이 서신을 보낸 일을 모르고 셋째 날 밤에 무장을 하고 조대수를 잡아 우리나라에 투항하고자 했으나 일이 누설되었습니다. 조대수가 상가르자이에게 말하기를 "나는 너희를 형제와 같이 여겼는데 너희는 어찌 이처럼 한단 말인가?"라고 하니, 상가르자이가 말하기를 "듣건대 황제의 뜻이 몽고인들을 모두 죽이려 한다기에, 우리는 이런 계획을 내서 스스로를 지키려 했을 뿐이다."라고 하므로 조대수가 마침내 상가르자이와 맹세했습니다.

듣건대 궁투(gungtu, 龔圖)의 여러 아들들은 참여하지 않았고, 또 한인과 몽고인이 비록 우호를 맹세했으나 끝내 서로 친밀해지지 못했습니다. 신들이 이를 염탐하여 알게 되었기에 우리나라의 몽고인 1명을 보내 서신을 가지고 가서 궁투의 아들들에게 주었습니다. 명나라에서 도망해 온 자 가운데 하나는 부얀 타부낭의 동생으로 이름은 우나하이 혼치(unahai honci, 吳納海渾齊)이고 그의 부인 및 숙부를 데리고 왔으며, 또 하나는 종전에 어푸 다르한의 말을 훔쳐 달아났다가 지금 또 부인을 데리고 왔습니다.

且自車駕行後, 阿祿部落毛明安擧國來歸, 爲首貝勒楊古海杜稜·巴特瑪戴青及小台吉等二十餘人, 其自察哈爾國與察木察同來之陶類和碩齊·桑噶爾寨伊蘭塔·超代德格齊·古柰·虎爾楚·巴布代衛徵·達都海西勒齊·達爾什·塞冷台吉·蘇濟塔布囊等, 已令喀喇沁·土默特部落供應資糧. 至於恩昆庫魯克·布崖渾津·阿敏代伊爾都齊·俄莫克扎爾固齊·喀喇沁部落庫勒和碩齊等, 俱遵上旨, 自盛京運米給之矣. 其分隷八旗諸蒙古, 俱付各旗給散米糧, 其餘來者甚多, 計察木察一族共百餘人, 恩昆一族亦百餘人. 再臣等令尼堪·卦爾察席特庫率盛京八人·駐防兵十二人, 前往巡瞭, 遇御前所遣之人, 有馬匹疲乏者, 即行護送, 比至濟農城, 見明兵踪跡, 遂躡其後, 追至西拉木輪遼河交界高岡內, 遇明兵, 凡三戰, 擊殺百餘人, 奪衣十餘領, 重傷者逃入柳林, 餘俱潰散, 因我兵亦有被傷及馬力疲乏者, 遂回軍, 獲百總一員·馬十六匹·甲十六副, 陣斬明兵百餘人, 聞俱係各城所選之蒙古也. 又征瓦爾喀部落主將季思哈·吳巴海等, 俘獲虎爾哈部落男子五百六十六名, 婦女·幼稚九百二十四口, 馬牛一百五十一, 犬三十九, 貂·黃鼠·青鼠·猞狸猻·狐·貉·獺裘共一百六十三領, 猞狸猻·虎·狼·狐·獺·水豹·貉·貂·青鼠·黃鼠等皮共二千二百三十張, 貉皮褥三, 銀三十六兩, 人參八十斤, 布一百二十, 緞四, 緞衣二, 俱寄留於寧古塔. 又聞阿祿部落孫杜稜下耕田蒙古, 從田間回於岡內少憩, 有錦州蒙古兵來侵, 殺老弱百餘人而去, 其部落不以報聞, 有來報者, 探之, 果實. 臣等更思祖大壽不應召, 既負罪, 必求容於其主, 或皇上回鑾後, 彼來侵我外藩蒙古, 亦未可知, 惟皇上熟慮之.

또 주상께서 행차하신 이후에 아루 부락의 모오밍간(moo minggan, 毛明安)이 나라를 들어 내귀했으니, 우두머리는 버일러 양구하이 두렁(yanggūhai dureng, 楊古海杜稜)·바트마 다이칭(batma daicing, 巴特瑪戴青) 및 소(小) 타이지 등 20여 명입니다. 차하르국으로부터 참차(camca, 察木察)와 함께 온 토오로이 호쇼치(tooroi hošoci, 陶類和碩齊)·상가르자이 일란 타(sanggarjai ilan ta, 桑噶爾寨伊蘭塔)·초오다이 더거치(coodai degeci, 超代德格齊)·구나이(gūnai, 古奈)·훌추(hūlcu, 虎爾楚)·바부다이 워이정(babudai weijeng, 巴布代衛徵)·다두하이 시

러치(daduhai sireci, 達都海西勒齊) · 다르시(darsi, 達爾什) · 서렁 타이지 · 수지 타부낭(suji tabunang, 蘇濟塔布囊) 등에게는 이미 카라친과 투메트 부락에게 식량을 지급하게 했습니다. 엉쿤 쿨룩(engkun kuluk, 恩昆庫魯克) · 부야이 혼진(buyai honjin, 布崖渾津) · 아민다이 일두치(amindai ilduci, 阿敏代伊爾都齊) · 오목 자르구치(omok jargūci, 俄莫克札爾固齊) · 카라친 부락의 쿠러 호쇼치(kure hošoci, 庫勒和碩齊) 등에게는 모두 주상의 성지에 따라 성경(盛京)에서 운송해 온 미곡을 지급했습니다. 팔기에 나누어 예속시킨 여러 몽고인은 모두 각 기(旗)에 맡겨 미곡을 나누어 주었습니다. 그 밖에 온 자가 매우 많아 헤아려 보니 참차의 일족은 모두 100여 명이고, 엉쿤의 일족도 100여 명이었습니다.

신들이 다시 니칸 · 구왈차 시터쿠에게 명하여 성경(盛京)의 8명과 주둔하여 지키고 있는 군사 12명을 이끌고 앞서 가서 두루 살피게 했습니다. 이들이 주상께서 보내신 사람과 마주쳤는데, 병들고 굶주린 말이 있어 즉시 호송했습니다. 지농의 성 가까이 다다랐을 때 명나라 군사의 흔적을 발견하고 그 뒤를 좇아 시라무렌과 요하가 만나는 지역의 높은 산까지 이르러 명나라 군사와 마주쳐 세 번 싸워서 100여명을 죽이고 의복 10여 벌을 빼앗았습니다. 중상을 입은 자는 버드나무숲 속으로 도망쳐 들어갔으며 나머지도 모두 흩어져 달아났습니다. 우리 군사도 상처를 입은 자와 말의 힘이 다한 자가 있어 마침내 회군했습니다. 백총 1명과 말 16마리 · 갑옷 16벌을 노획했으며 전장에서 목벤 명나라 군사는 100여 명이었는데, 모두 각 성에서 엄선한 몽고인들이었다고 합니다.

또 와르카 부락을 정벌하러 간 주장(主將) 기스하(gisha, 季思哈) · 우바하이 등이 노획한 후르카 부락의 남성 566명 · 부녀자와 어린아이 924명 · 말과 소 151마리 · 개 39마리와, 담비 · 족제비 · 청서(靑鼠) · 스라소니 · 여우 · 오소리 · 수달가죽옷 총 163벌과 스라소니 · 호랑이 · 늑대 · 여우 · 수달 · 물범 · 오소리 · 담비 · 청서(靑鼠) · 족제비 등의 가죽 총 2,230장과 오소리 가죽 깔개 3장 · 은 36냥 · 인삼 80근 · 면포 120필 · 비단 4필 · 비단옷 2벌은 모두 닝구타에 남겨 두었습니다.

또 듣건대 아루 부락의 순 두렁(sun dureng, 孫杜稜) 속하의 경작하던 몽고인이 경작지에서 산 속으로 가서 잠시 휴식하던 중에, 금주(錦州)의 몽고인 군사들이 공격해 와 노약자 100여 명을 죽이고 갔습니다. 그 부락은 이를 보고하지 않았으나 와서 따로 보고한 자가 있어서 살펴보니 사실이었습니다. 신들은 거듭 생각건대 조대수가 부름에 응하지 않아 이미 죄를 지었으니 반드시 그 군주에게 용서를 구할 것입니다. 혹여 황상께서 환궁하신 뒤에 그가 와서 우리의 외번몽고를 침범할지도 또한 알 수 없으니 황상께서는 잘 생각하십시오.

至阿祿部落人, 嚮無逃叛之事, 今吳納海自錦州逃至, 具言四子部落孫杜稜之人, 逃叛不絕. 兵部和碩貝勒岳託因差蒙古一人, 匿書鞾內, 致錦州蒙古多爾濟哈談 · 綽木 · 扎木蘇 · 諾木齊塔布囊四人, 書言, 聞爾多羅特部落人, 共稱爾等爲豪傑. 夫豪傑識時, 爾宜乘時應運, 與我皇上爲羽翼, 不宜依庇明人, 執迷不悟可惜. 奇男子, 何故與旦夕將亡之明人謀同斃乎. 爾等當自審之, 勿失機會. 觀之於古, 順天者存, 逆天者亡, 況爾等既非漢人苗裔, 又非漢人臣僚, 明國皇帝, 亦不視爾等若子弟, 無專城統兵顯要爵秩, 其隨從效力之人, 又盡爲漢官所占. 爾等更何所恃而必從明人也, 天下蒙古諸貝勒擧國歸我, 爾等數人, 如離羣之鳥, 何爲入漢人網羅耶. 即如明之臣子, 亦有審觀天時, 知明運將終, 叛歸我國者, 如水之就下. 爾等豈不知之. 夫所謂天時者, 豪傑能審之, 予試爲爾言, 明國之君心志驕盈, 不念人民死亡, 其大臣復貪黷賄賂, 肆行姦詭. 又濫用閹人, 以致閹人復恐嚇在外武臣, 索取財物, 人皆重足而立, 危亡可待. 不但此也, 自古相傳,有興有廢, 鮮有傳至二十世者, 豈明之子孫, 百世爲君乎. 且今乃明國將亡之時, 顯然易見. 何以知其然也, 察哈爾國無道, 其大族臣僚, 已來歸我, 其主孤身奔喇嘛圖白忒國矣. 往年我國出兵, 猶恐察哈爾襲我之後, 故不久旋師, 今察哈爾已亡, 我攻城掠地, 縱淹留逾年, 不必返顧駐軍郊原. 爾等勢不得耕種, 國無儲蓄, 何以能久, 且交戰時, 彼必令爾蒙古在前, 進則爲我戮, 退則被彼誅, 勢難自全. 今我皇上進兵大同, 儻擒獲大同王子, 以易爾各城蒙古, 爾等將如之何. 不然, 圍困明主所居燕京, 堅不退師, 聲言盡索蒙古, 明人在危急之際, 豈惜爾等乎. 彼時雖悔, 何所稗益, 爾等可自裁度. 此言非故恐嚇, 諒爾亦明知也. 今宜乘時起事, 如欲我兵接應, 我兵即往, 如爾等招撫城堡來降, 即將此城付爾駐守, 如不能招撫城池, 當聚諸蒙古合謀來歸. 我國必與貝勒 · 大臣, 一體相待, 爾豈不聞我愛養歸順之漢人乎. 豈惟歸順之人, 即陣前俘獲者, 亦加恩育, 想爾亦皆聞之. 速宜乘時舉事, 若失此時, 恐生後悔, 惟深思之. 大丈夫一心圖事, 何事不成, 若猶豫不決, 雖衆何濟. 書詞如此, 謹一併奏聞.

아루 부락의 사람들은 이전에 도망치거나 모반한 일이 없었는데, 이제 우나하이가 금주에서 도망쳐 와서 말하기를, 사자(四子) 부락의 순 두령의 사람이 도망치거나 모반함이 끊이지 않는다고 합니다. 이로 인해 병부의 호쇼이 버일러 요토가 몽고인 1명을 파견하여 서신을 신발 안에 감추고 금주의 몽고인 도르지 하탄 · 춤(cūm, 綽木) · 잠수 · 놈치 타부낭(nomci tabunang, 諾木齊塔布囊) 4명에게 전했습니다. 서신의 말은 다음과 같습니다.

『너희 돌로트 부락의 사람들은 모두 너희를 호걸이라고 칭한다. 무릇 호걸은 시세를 잘 아는 자이니 너희도 시운을 따라 우리 황상을 보좌해야지 명나라에 의지하는 것은 마땅치 않다. 고집만 부리고 깨닫지 못하면 애석하다 할 만하다. 뛰어난 사내가 무슨 이유로 하루 사이에 망해 버릴 명나라 사람과 함께 죽을 것을 모의하는가? 너희는 스스로 살펴서 기회를 놓치지 말라. 살펴보건대 예로부터 천명을 따르는 자는 보전했고 천명에 거역하는 자는 멸망했다. 하물며 너희는 한인의 후예도 아니고 한인의 신하도 아니다. 명나라 황제 또한 너희를 자제와 같이 여기지 않아 성을 전담하고 병사를 통솔하는 고관대작도 없고 따르며 힘을 다하는 자들 또한 한인 관리들이 차지하고 있다. 너희는 무엇을 믿고 반드시 명나라 사람을 따르려는가? 천하의 몽고 버일러들이 나라를 들어 우리에게 귀부하는데, 너희 몇 사람은 마치 무리를 벗어난 새와 같이 어찌 한인의 그물 안으로 들어가려 하는가? 명나라의 신하라 하더라도 천시를 살펴보고 명나라의 운수가 곧 끝날 것을 알고 배반하여 우리나라에 귀부해 오는 자가 있다. 이는 물이 아래로 흐르는 것과 같음을 너희는 어찌 알지 못하는가? 대저 천시는 호걸이 살필 수 있는 것이니, 나는 너희의 말을 시험해 보겠다. 명나라의 군주는 심지가 교만하여 백성들이 죽는 것을 돌아보지 않고, 대신들은 거듭 탐욕스럽게 뇌물이나 받으면서 방자하고 간교하게 속이기를 일삼는다. 또 환관을 지나치게 중용하여 환관이 외지에 나가 있는 무신을 협박하여 재물을 수탈하니 사람들이 모두 두려워하며 망하기를 기다리고 있다. 이뿐만이 아니라 예로부터 나라가 전해지면서 흥성할 때도 있고 피폐할 때도 있어 20대에 이르기까지 전해 주는 경우는 드물었으니, 어찌 명나라의 자손이라고 100대에 걸쳐 임금 노릇할 리가 있겠는가? 또 지금은 이내 명나라가 망할 시기임이 뚜렷함을 쉬이 볼 수 있다. 그러함을 어찌 아는가 하면, 차하르국이 무도하여 그 나라의 세력 있는 부족과 신료들은 이미 우리에게 귀부해 왔고, 그 군주는 홀로 라마의 투베트국으로 달아났다. 왕년에 우리나라가 군사를 일으켰을 때 차하르가 우리의 후미를 칠까 우려했기 때문에 오래지 않아 군사를 돌렸지만, 지금 차하르는 이미 멸망했고 우리는 성을 공격하고 각지를 약탈하면서 1년이 지나도록 오래 머물러도 뒤를 돌아보며 군사를 교외 지역에 주둔시킬 필요가 없다. 너희의 세력은 농사조차 짓지 못해 나라에 저장된 것이 없으니 어찌 오래가겠는가. 또 전투가 있을 때는 저들이 분명 너희 몽고인들을 최전방에서 싸우게 할 것인데 전진하면 우리에게 도륙될 것이고 퇴각하면 저들에게 주살될 것이니 스스로를 보전하기도 어려운 형세이다. 지금 우리 황상께서 대동으로 진군하시어 만약 대동의 왕자를 사로잡아 너희 각 성의 몽고인들과 바꾸고자 하면 너희는 장차 어찌할 것인가? 그렇게 하지 않고 명나라 군주가 기거하는 연경을 포위하여 굳게 지키고 군사를 퇴각시키지 않으면서 몽고인들을 모두 색출하겠다고 한다면, 명나라 사람들이 위급함에 처한 순간에 어찌 너희를 아끼겠는가? 그때 가서 후회해도 무슨 이익이 있을지 너희는 스스로 헤아려라. 이 말이 협박하려는 의도가 아님을 너희가 분명히 알 것이라 믿는다. 지금 기세를 타서 군사를 일으켜야 할 것이니, 우리 군사가 호응하기를 원하면 우리 군사가 즉각 갈 것이다. 만약 너희가 성보를 초무하여 투항시키면 이 성을 너희에게 맡겨 주둔하면서 수비하도록 할 것이고, 만약 성을 초무하지 못하면 몽고인들을 규합하여 투항을 공모해야 할 것이다. 우리나라는 반드시 버일러와 대신들과 다를 바 없이 대우할 것이다. 너희는 어찌 우리가 귀순해 온 한인들을 아끼고 부양하는 것을 듣지 못했는가? 어찌 귀순한 자들뿐이겠는가? 전장에서 포로로 잡은 이들 또한 은혜를 더하여 양육한다는 것을 너희도 모두 들었으리라 생각한다. 속히 시세를 좇아 군사를 일으켜라. 만약 이 시기를 놓치면 후회하게 될 것이니 심사숙고하라. 대장부가 한마음으로 도모하면 무슨 일인들 이루지 못하겠는가. 만약 망설이며 결정하지 못하면 비록 많은 수가 있더라도 무슨 도움이 되겠는가?』 서신의 글은 이와 같습니다. 삼가 함께 상주합니다.」

○ 辛未, 大軍渡遼河, 自十方寺入邊. 留守和碩貝勒濟爾哈朗·岳託, 率群臣出邊迎謁. 上駐蹕十方寺城南山岡, 設幄坐. 濟爾哈朗·岳託, 率衆行禮, 令刑部啟心郎額爾格圖奏曰, 皇上與諸貝勒, 出兵行間, 俱安否. 上命兵部啟心郎穆成格答曰, 蒙天眷佑, 所向皆吉. 濟爾哈朗·岳託, 以次謁上, 行抱見禮, 次謁大貝勒代善, 次諸貝勒互相見. 賜大宴.

○ 신미일(9.18), 대군이 요하(遼河)를 건너 십방사(十方寺)로부터 변경에 들어왔다. 남아서 지키던 호쇼이 버일러 지르갈랑과 요토가 여러 신하들을 이끌고 변경으로 나아가 맞이하고 알현했다. 주상은 십방사(十方寺)의 성 남쪽 산등성이에 머물러 장막을 설치하여 자리했다. 지르갈랑과 요토는 무리를 이끌고 예를 행하고 형부계심랑(刑部啟心郎) 어르거투에게 상주하게 했다. "황상과 버일러들께서 출병하여 행군하는 내내 모두 평안하셨는지요." 주상은 병부계심랑(兵部啟心郎) 무청거에게 답하게 했다. "하늘의 보살핌을 받아 가는 곳마다 모두 좋았다." 지르갈랑과 요토는 차례로 주상을 알현하여 포견례를 행하고, 그다음으로 대버일러 다이샨을 알현하고 그다음으로 버일러들과 서로 인사했다. 큰 연회를 베풀었다.

○ 壬申, 申刻, 入城. 謁堂子畢, 還宮.

○ 임신일(9.19), 신시(申時)에 성에 들어왔다. 당자(堂子)에 배례한 후 궁으로 돌아왔다.

○ 正白旗姚塔, 有莊田二, 在撒爾湖地方, 離本牛彔屯另住, 被明兵犯境, 掠去滿洲一名, 漢人二名, 漢婦人三口, 牛一頭. 興京城守季思哈·扈什塔, 率十餘人追之, 殺明千總一員, 兵二人. 以敵兵由正白旗·鑲白旗汎地入, 擬兩汎哨長罪, 應死, 從寬各鞭一百, 穿耳鼻, 餘各鞭一百, 姚塔坐離本牛彔居住, 罰男婦六人, 牛一頭.

○ 정백기 요오타(yoota, 姚塔)는 사르후(sarhū, 撒爾湖) 지방에 장전(莊田) 두 개를 보유하고 본 니루의 마을에서 떨어져 따로 살고 있었는데, 경계를 침범한 명나라의 군사에게 만주인 1명, 한인 2명, 한인 여자 3명, 소 1마리를 약탈당했다. 홍경성(興京城)을 지키던 기스하와 후시타가 10여 명을 이끌고 명나라의 군사를 쫓아 명나라의 천총 1명과 군사 2명을 죽였다. 적병이 정백기와 양백기의 주둔지로 들어왔기 때문에 두 기의 주둔지의 초장(哨長)에게 죄가 있으므로 사형에 처해야 하지만, 관대하게 각기 채찍 100대를 치고 귀와 코를 뚫고, 나머지는 각기 채찍 100대를 치도록 했다. 요오타는 본래 니루가 거주하던 곳에서 떨어져 있었다는 죄를 물어 남자와 부녀자 6명 · 소 1마리를 벌주었다.

○ 甲戌, 上以季思哈征瓦爾喀, 所俘人民, 未經分撥, 遣英俄爾岱·龍什·穆成格, 與大貝勒代善及諸貝勒等會議, 諭之曰, 此俘獲之人, 不必如前八分均分, 當補壯丁不足之旗. 八旗制設牛彔, 一例定爲三十牛彔. 如一旗於三十牛彔之外, 餘者即行裁去, 以補各旗三十牛彔之不足者. 如有不滿三十牛彔旗, 分擇年壯堪任牛彔之人, 量能補授, 統領所管壯丁別居一堡. 俟後有俘獲, 再行補足. 朕意舊有人民, 不便均分, 新所俘獲, 理應撥補旗分中不足者. 若八旗不以晝一, 間有一旗多於別旗者, 其意欲何爲乎. 代善等皆曰, 如此分撥最當. 重分舊人, 似屬未便. 今後俘獲之人, 自應分補不足旗分. 於是英俄爾岱等還奏. 上命戶部和碩貝勒德格類·兵部和碩貝勒岳託, 會同分撥. 二貝勒於戶部, 揀婦人五口·女子五口·貂裘四領·貂皮百·猞狸猻皮五, 供應內廷. 上曰, 察哈爾新附蒙古甚衆, 八家費用甚繁, 朕止留一人, 餘皆發還, 分給八貝勒可也. 二貝勒復固請曰, 蒙古雖有供應, 但皇上統爲撫養, 較之臣等費用更多, 即分給八家, 其何能遍. 上終不納, 命以無夫之婦及皮張等物, 八分均分, 以所編戶口五百五十七丁, 撥補不足旗分.

○ 갑술일(9.21), 주상은 기스하가 와르카를 정벌하여 노획한 인민을 분배하지 않고, 잉굴다이·룽시·무칭거를 보내 대버일러 다이샨 및 여러 버일러들과 의논하게 하며 유시했다. "이 노획한 사람들은 이전처럼 여덟 등분하여 균등히 나누지 말고 장정이 부족한 기(旗)에 보충해야 한다. 팔기에서 니루를 설치하는 것을 일률적으로 30니루로 정한다. 만약 한 기(旗)에 30니루 외에 남는 것이 있으면 즉시 떼어 내어 각 기(旗)에서 30니루가 차지 않은 곳을 보충한다. 만일 30니루를 채우지 못하는 기(旗)가 있으면 젊고 니루를 담당할 만한 사람을 골라서 능력을 헤아려 보충하고, 관할하는 장정들을 이끌고 따로 하나의 보(堡)에서 살게 한다. 이후에 노획이 있을 때를 기다려 다시 보충한다.[10] 짐이 생각건대 이전부터 있던 백성은 균등히 분배하기 불편하

10 『내국사원당』의 기록은 상이하다. 이에 의하면 여분의 니루 인원을 각 기(旗)의 안에서 재배치했다. "gūsin niru ci fulu niru bisire gūsa efulefi gūsin nirui dolo ya ekiyehun nirude icihiyakini. gūsin niru ekiyehun gūsa, asihata niru bošome mutere be tuwame tucibufi ini hahai teile be gaifi encu fu [gašan] de tekini. amala bahaci jalukiyaki." (30니루 외에 여분의 니루가 있는 구사는 헐어

니, 새로 노획한 자들을 뽑아서 기 가운데 부족한 곳을 보충해야 한다. 만약 팔기를 똑같이 하지 않고 그중에 한 기를 다른 기보다 많게 한다면 무엇을 하겠다는 뜻인가."

다이샨 등이 모두 말했다. "이렇게 나누는 것이 가장 합당합니다. 옛 백성을 다시 나누는 것은 편하지 않습니다. 지금부터 노획한 사람들은 부족한 기에 보충해야 합니다." 이에 잉굴다이 등이 돌아와 상주했다. 주상이 호부 호쇼이 버일러 더걸러이 · 병부 호쇼이 버일러 요토에게 명하여 회동해서 분배하게 했다.

둘째 버일러가 호부에서 뽑은 부인 5명 · 여자 5명 · 담비가죽옷 4벌 · 담비가죽 100장 · 스라소니 가죽 5장을 내정(內廷)에 올렸다. 주상이 말했다. "차하르에서 새로 귀부한 몽고인이 많아 팔가(八家)의 비용이 매우 크므로 짐은 한 사람만 남기고 나머지는 모두 돌려보낼 것이니 여덟 버일러들에게 나누어 지급하는 것이 옳다." 둘째 버일러가 다시 청하여 말했다. "몽고인들에게 비용을 지출하지만, 황상께서 이끌고 보살피는 자들이 신들의 비용보다 더욱 많습니다. 팔가(八家)에 나누어 주는 것을 어찌 실행할 수 있겠습니까." 주상은 끝내 받지 않고 남편 없는 부인과 가죽 등의 물건을 여덟 등분하여 편제한 호구 557정(丁)을 인원이 부족한 기에 보충했다.

○ 壬午, 國舅阿什達爾漢 · 前鋒將領吳拜等, 攜察哈爾國代噶爾塔布囊 · 塞冷台吉至. 復奏黃河西祁他特車爾貝 · 塞冷布都馬爾, 率千

서 30니루 가운데 어떤 부족한 니루에 처분하고자 한다. 30니루가 안 되는 구사는 젊고 니루를 관리할 수 있는 것을 보고 보내서 그 장정만을 데리고 별도의 담장[마을]에서 살도록 한다. 후에 얻으면 채우자.) 『內國史院檔 天聰八年』 천총 8년 9월 21일조, p.302.

人渡河而來, 并有衆寨桑, 率四千人, 待冰結時, 渡河來歸.

○ 임오일(9.29), 국구(國舅) 아시다르한과 전봉장령(前鋒將領) 우바이 등이 차하르국의 다이가르 타부낭(daigar tabunang, 代噶爾塔布囊), 서령 타이지를 데리고 도착했다. 또 상주하기를 황하(黃河) 서쪽의 키타트 처르버이(kitat cerbei, 祁他特車爾貝) · 서령 부두말(sereng budumal, 塞冷布都馬爾)이 1,000명을 이끌고 강을 건너오고 있으며, 또 많은 자이상들이 4,000명을 이끌고 얼음이 단단해지기를 기다려 강을 건너 내귀한다고 했다.

○ 癸未, 以凱旋, 賜留守和碩貝勒濟爾哈朗 · 岳託 · 杜度, 緞布 · 衣服 · 銀兩, 衆公主及烏喇國外祖母 · 輝發國姨母, 各金帛 · 銀器 · 衣服等物. 遣人齎送土謝圖額駙奥巴所尚公主, 緞布 · 食物. 賜大凌河歸降各官, 銀兩有差.

○ 계미일(9.30), 전쟁에서 이겼기에 남아서 지키던 호쇼이 버일러 지르갈랑 · 요토 · 두두에게 비단과 면포 · 의복 · 은량을, 모든 공주들 및 울라국의 외조모(外祖母) · 호이파국의 이모(姨母)에게는 각각 황금과 비단 · 은그릇 · 의복 등의 물품을 하사했다. 사람을 보내 투시예투 어푸 오오바에게 시집간 공주에게 줄 비단과 먹을 것을 가지고 가도록 했다. 대릉하에서 귀항한 각 관리들에게는 차등 있게 은량을 하사했다.

冬十月. 甲申朔.

○ 겨울 10월 갑신일 초하루(10.1).

○ 己丑, 禮部和碩貝勒薩哈廉, 傳諭工部曰, 太祖山陵, 應建寢殿, 植松木, 立石獅·石象·石虎·石馬·石駝等. 俱倣古制行之.

○ 기축일(10.6), 예부의 호쇼이 버일러 사할리얀이 공부(工部)에 유시를 전했다. "태조의 산릉(山陵)에 마땅히 침전(寢殿)을 건설하고 소나무를 심고, 돌로 만든 사자·코끼리·호랑이·말·낙타 등을 세워라. 모든 것은 옛 제도를 따라 행하라."

○ 壬辰, 索倫部長京古齊·巴爾達齊·哈拜·孔恰泰·吳都漢·訥赫徹·特白哈爾塔等, 率三十五人來朝, 貢貂狐皮.

○ 임진일(10.9), 솔론 부장(部長) 깅구치(gingguci, 京古齊)·발다치(baldaci, 巴爾達齊)·하바이(habai, 哈拜)·콩키야타이(kongkiyatai, 孔恰泰)·우두한(uduhan, 吳都漢)·너허처(nehece, 訥赫徹)·터버하르타(tebeharta, 特白哈爾塔) 등이 35명을 이끌고 내조하여 담비가죽과 여우가죽을 바쳤다.

○ 是日, 論征大同·宣府諸將士功罪, 集諸貝勒將士於殿前宣諭之. 授尼噶里等三十三人職, 碩翁科羅巴圖魯圖魯什征大同陣亡, 授其子巴世泰三等昂邦章京, 給以敕書, 准襲十四次. 禮部承政巴都禮, 督攻王家莊城陣亡, 贈三等梅勒章京, 以其子卓羅襲職, 給以敕書, 准襲七次. 正黃旗安楚蘭, 先與譚泰立軍令狀, 約先登, 及攻城, 登梯不進而退，處死．正白旗額爾弼赫·明蓋·梅赫，攻左衛城，先登陣歿，席爾泰在第四隊，不相繼登城，處死，沒其妻子家口，與先登三人之子爲奴．八旗合攻左衛城時，鑲紅旗扈習禮·馬式先登，札零阿在第三隊不繼，處死，沒其妻子家口，與先登者二人爲奴．兩黃旗合攻小西城時，前軍先登，薩喇納不繼，處死，沒家產給與本旗貝勒．鑲黃旗納蓋·庫特戶禮·俄博諾·巴爾達納·圖爾哈·雅發喀，從本旗雲梯而上，即從正黃旗雲梯而下，納蓋先下，應死，以其叔父奉使葉赫被殺有功，免死，鞭一百，割兩耳，餘五人各鞭一百，貫耳鼻，奪所俘物，給本旗貝勒．正黃旗護軍校牙薩，護軍統領譚泰，令彼豎梯城下即回，牙薩違令擅登，又不力戰而退，鞭一百，貫耳鼻．德內，先與譚泰立軍令狀，約先登，及攻城登梯，被微創，即回，應鞭一百，貫耳鼻，以其爲超品公楊古利族姪，准折贖．鑲紅旗尼喀納無馬，向本旗貝勒索馬，約必先登，既得馬，未嘗力戰，無重傷，又不登城，鞭一百，貫耳鼻，奪所俘物，給本旗貝勒．正白旗孔科，攻城時在第五隊，不相繼登城，鞭一百，貫耳鼻．吳訥格旗下馬齊格·碩洛庫·博洛·俄彌渾·安息·特痕·護軍校車徹克圖·薩哈連，遇科爾沁逃人，不戰而遁，車徹克圖·薩哈連，處死，其馬齊格以攻城自贖有功，釋之，餘五人各鞭一百，貫耳鼻．正藍旗瓦固達不戒，失火，革職，沒所俘物入官．鑲黃旗托爾弼，正紅旗博爾代·范察，鑲紅旗伊爾格尼·托希納，正白旗席三，鑲藍旗英格訥，以不能管理牛彔，革職．正黃旗尤天成，鑲紅旗巴爾巴圖魯，鑲白旗伊喇沁，以病故，追奪牛彔章京職．鑲白旗牛彔章京厄參，有病革職．正藍旗牛彔章京敖塔，初貝勒德格類·阿濟格·墨爾根戴青貝勒多爾袞語之曰，聞赤城有兵，爾勿於彼經過，敖塔違令亂行．又滿闢·倫退，亦謂敖塔云，有兵至，當吹螺收兵，以俟後隊，又不從而前，時德特在後，見兵至，使人招敖塔，又不來．因革牛彔章京職，沒所俘物入官．其被敵掠去人馬，俱令賠補．正黃旗牙賴·喀邇喀瑪, 匿其俘獲, 誑言無所得, 革牛彔章京職. 正紅旗託和齊, 鑲白旗莽果·阿納塔, 以無子承襲, 優卹其妻, 免其家四丁差役.

○ 이날 대동(大同)과 선부(宣府)를 정벌한 장수와 병사들의 공적과 죄를 논하고자 버일러들과 장수와 병사들을 전(殿) 앞에 모이게 하여 유시했다. 니가리(nigari, 尼噶里) 등 33명에게는 직책을 주고, 숑코로 바투루 투루시(šongkoro baturu turusi, 碩翁科羅巴圖魯圖魯什)는 대동을 정벌하다가 전사했기에 그의 아들 바시타이(basitai, 巴世泰)에게 삼등 암바장긴을 제수하고 칙서를 내려 14번 습직을 허락했다. 예부승정 바두리는 왕가장성(王家莊城)을 공격하는 것을 지휘하다가 전사했기에 삼등 머이런장긴에 추증하고, 그의 아들 졸로(jolo, 卓羅)에게 습직시키고 칙서를 내려 7번 습직을 허락했다.

정황기 안추란(ancuran, 安楚蘭)은 이전에 난나이와 군령장(軍令狀)을 정하여 먼저 성에 오를 것을 약속했는데, 성을 공격할 때가 되자 사다리에 올라 진격하지 않고 후퇴했기에 사형에 처했다.

정백기 얼비허(elbihe, 額爾弼赫)·밍가이(minggai, 明蓋)·머이허(meihe, 梅赫)는 좌위성(左衛城)을 공격할 때 먼저 성에 오르다가 죽었는데, 네번째로 오르기로 한 시르타이(sirtai, 席爾泰)는 뒤를 따라 성에 오르지 않았기에 사형에 처하고 그 처자와 가구를 몰수하여 먼저 성에 오른 세 사람의 아들에게 주어 노예로 삼게 했다. 팔기가 좌위성을 함께 공격할 때에 양홍기 후시리(hūsiri, 扈習禮)·마시(masi, 馬式)가 먼저 성에 올랐으나 제3부대에 있는 잘링가(jalingga, 札零阿)는 따라가지 않았기에 사형에 처하고 그 처자와 가구를 몰수하여 먼저 성에 오른 두 사람에게 주어 노예로 삼게 했다.

두 황기가 소서성(小西城)을 함께 공격할 때 선봉부대가 먼저 올랐으나 살라나(salana, 薩喇納)가 따라가지 않았기에 사형에 처하고 가산을 몰수하여 본 기(旗)의 버일러에게 주었다. 양황기 나가이(nagai, 納蓋)·쿠터후리(kūtehuri, 庫特戶禮)·오보노(obono, 俄博諾)·발다나(baldana, 巴爾達納)·투르하(turha, 圖爾哈)·야파카(yafaka, 雅發喀)는 본 기(旗)의 운제(雲梯)를 타고 올라갔다가 정황기의 운제(雲梯)를 타고 내려왔다. 나가이가 먼저 내려왔기에 사형에 처해야 했으나 그 숙부가 사명을 받들고 여허에 갔다가 피살된 공이 있어 사형은 면해 주고 채찍 100대를 때리고 양쪽 귀를 베었다. 나머지 5명은 각각 채찍 100대를 때리고 귀와 코를 뚫고 노획한 물품을 빼앗아 본 기(旗)의 버일러에게 주었다.

정황기의 호군교(護軍校) 야사(yasa, 牙薩)는 호군통령(護軍統領) 탄타이가 성 아래에 운제(雲梯)를 세우고 즉시 돌아오게 했으나, 야사는 명령을 어기고 멋대로 올랐고 또 힘써 싸우지 않고 후퇴했기에 채찍 100대를 때리고 귀와 코를 뚫었다. 더너이(denei, 德內)는 이전에 탄타이와 군령장(軍令狀)을 정하여 먼저 오를 것을 약속했는데, 성을 공격하여 사다리에 오를 때에 작은 상처를 입고 즉시 돌아왔기에 채찍 100대를 때리고 귀와 코를 뚫어야 했으나, 그가 초품공(超品公) 양구리의 족질(族姪)이기에 속(贖)을 납부하는 것을 허락했다.

양홍기 니카나(nikana, 尼喀納)는 말이 없어 본 기(旗)의 버일러에게 말을 구하며 반드시 먼저 성에 오를 것을 약속했으나, 말을 얻고 나서 힘써 싸우지 않았고 중상이 없는데도 성에 오르지 않았기에 채찍 100대를 때리고 귀와 코를 뚫고 노획한 물품을 빼앗아 본 기(旗)의 버일러에게 주었다.

정백기의 콩코(kongko, 孔科)는 성을 공격할 때 제5부대에 있었는데 뒤따라 성에 오르지 않았기에 채찍 100대를 때리고 귀와 코를 뚫었다. 우너거의 기(旗) 아래의 마치거(macige, 馬齊格)·숄로쿠(šoloku, 碩洛庫)·볼로(bolo, 博洛)·오미훈(omihūn, 俄彌渾)·안시(ansi, 安息)·터헌(tehen, 特痕)·호군교 처척투(cecektu, 車徹克圖)·사할리얀

(sahaliyan, 薩哈連)은 코르친에서 도망친 자를 만났는데 싸우지 않고 도망갔기에 처척투와 사할리얀은 사형에 처하고, 마치거는 성을 공격하여 스스로 속죄한 공이 있기에 풀어 주고, 나머지 5명은 각각 채찍 100대를 때리고 귀와 코를 뚫었다. 정람기 와구다(waguda, 瓦固達)는 조심하지 않아 실수로 불을 내었기에 혁직하고 노획한 물품을 관에 몰수했다. 양황기 톨비(tolbi, 托爾弼), 정홍기 보르다이(bordai, 博爾代)·판차(fanca, 范察), 양홍기 이르거니(irgeni, 伊爾格尼)·토히나(tohina, 托希納), 정백기 시산(sisan, 席三), 양람기 영거너(yenggene, 英格訥)는 니루를 관리할 수 없었기에 혁직했다. 정황기 우천성(尤天成), 양홍기 바르 바투루(bar baturu, 巴爾巴圖魯), 양백기 일라친(ilacin, 伊喇沁)은 병사했기에 니루장긴의 직책을 사후에 삭탈했다.

양백기 니루장긴 어선(esen, 厄參)은 병이 나서 혁직했다. 정람기 니루장긴 오오타(oota, 敖塔)는 이전에 버일러 더걸러이·아지거·머르건 다이칭 버일러 도르곤이 그에게 "적성(赤城)에 병사가 있다고 하니 너는 그곳을 지나지 말라"라고 말했으나 명령을 어기고 마음대로 행동했다. 또한 맘피(mampi, 滿闢)와 론토이(lontoi, 倫退) 역시 오오타에게 군대가 도착하면 반드시 나팔을 불어 군대를 모으고 후방 부대를 기다리라고 말했는데 따르지 않고 전진했으며, 그때 후방에 있던 더터가 군대가 도착한 것을 보고 사람을 시켜 오오타를 불렀는데도 오지 않았다. 이에 니루장긴에서 혁직하고 노획한 물품을 관에 몰수하고, 적에게 약탈당한 사람과 말은 모두 배상하여 채우게 했다. 정황기 얄라이(yalai, 牙賴)와 카르카마(karkama, 喀邇喀瑪)는 그들이 노획한 것을 은닉하고 얻은 것이 없다고 거짓말을 했으므로 니루장긴에서 혁직했다. 정홍기 토호지(tohoji 託和齊), 양백기 망고(manggo, 莽果)·아나타(anata, 阿納塔)는 직책을 이어받을 아들이 없기에 그의 처를 후하게 진휼하고, 그 집에 4정(丁) 분의 차역을 면해 주었다.

○ 癸巳, 遣布顏·鄂碩, 往十三站一帶捉生.

○ 계사일(10.10), 부얀(buyan, 布顏)과 오쇼(ošo, 鄂碩)를 보내 십삼참(十三站) 일대에 가서 포로를 잡도록 했다.

○ 己亥, 科爾沁國卓禮克圖台吉吳克善, 送其妹至. 上偕皇后·諸妃迎至, 設大宴, 納之.

○ 기해일(10.16), 코르친국 조릭투 타이지 욱샨이 그의 여동생을 보내 도착했다. 주상이 황후와 왕비들과 맞이하러 가서 큰 잔치를 열고 그녀를 받아들였다.

○ 辛丑, 阿祿毛明安部落來歸, 見上. 設大宴, 宴之. 楊古海杜稜·胡稜都喇爾·吳巴海達爾漢巴圖魯·巴特瑪額爾忻戴青·東卓爾台吉·阿布泰台吉等, 獻貂裘·馬駝, 酌納之.

○ 신축일(10.18), 아루의 모오밍간(moominggan, 毛明安) 부락이 내귀해서 주상을 알현하니 큰 연회를 열어 잔치했다. 양구하이 두렁(yangguhai dureng, 楊古海杜稜)·쿠린 두랄(kurin dural, 胡稜都喇爾)·우바하이 다르한 바투루(ubahai darhan baturu, 吳巴海達爾漢巴圖魯)·바트마 어르힌 다이칭(batma erhin daicing, 巴特瑪額爾忻戴青)·동조르 타이지(dongjor taiji, 東卓爾台吉)·압타이 타이지(abtai taiji, 阿布泰台吉) 등이 담비가죽옷과 말과 낙타를 바치자 헤아려 받았다.

○ 癸卯, 前鋒將領布顔·鄂碩, 於十三站捉生, 斬首十級, 獲馬三匹, 生擒把總一員來獻.

○ 계묘일(10.20), 전봉장령(前鋒將領) 부얀과 오쇼가 십삼참(十三站)에서 포로를 잡아 10명의 목을 베고 말 3마리를 얻었으며, 파총(把總) 1명을 생포하여 와서 바쳤다.

○ 賜科爾沁國次妃雕鞍馬·蟒素緞·貂裘·貂鑲朝衣·豹裘·銀器等物, 國舅吳克善·額駙滿朱習禮, 各雕鞍馬·貂裘·豹裘·蟒鑲貂裘·緞布·銀器等物, 以其送妃至也.

○ 코르친국의 차비(次妃)에게 조각한 안장을 갖춘 말·망단(蟒緞)과 소단(素緞)·담비가죽옷·담비가죽으로 테를 두른 조의(朝衣)·표범가죽옷·은그릇 등의 물품을 하사하고, 국구(國舅) 욱샨과 어푸 만주시리에게는 각각 조각한 안장을 갖춘 말·담비가죽옷·표범가죽옷·망단(蟒緞)으로 테를 두른 담비가죽옷·비단과 면포·은그릇 등의 물품을 하사하여 그것을 왕비에게 전송하게 했다.

○ 戊申, 上以征宣大軍凱旋, 及察哈爾諸臣擧國來附, 又科爾沁國卓禮克圖台吉吳克善送妃至, 行慶賀禮, 召大貝勒代善, 及諸貝勒·大臣進宮, 備陳樂舞, 設大宴. 上見諸貝勒擧觴跪獻, 悽然淚下. 和碩貝勒岳託曰, 皇上何故悲傷. 皇上承太祖遺業, 踐阼以來, 日見興隆, 未有陵替, 命將興師, 所至克捷, 不庭諸國, 四面嚮風. 如蒙古扎魯特及喀爾喀五部落, 敖漢·柰曼·喀喇沁·土默特·阿祿諸部落, 俱已降順, 朝鮮稱弟納貢, 及征燕京, 圍其城, 敗十三省援兵. 又攻克宣大城堡, 蹂躪其地方, 俘獲無算, 至五臺山而還. 蒙古察哈爾國人, 以我兵威, 擧國來歸. 此皆皇上盛德, 上天眷佑, 是以境宇淸寧, 臣民蒙福, 臣等實不勝慶幸. 且自古行師, 有勝有敗, 未有如我國之全勝者. 今天眷維新, 大業可定, 我速進則速成, 緩進則緩成, 皇上何爲傷感乎. 上曰, 非爲此也. 朕幸享太平, 得與諸貝勒奉觴於此, 朕之至願, 第念大業未成之先. 諸貝勒中, 或有一二不諱, 將若之何. 思及於此, 故不禁悽然耳. 代善曰, 吾兄弟子姪同心一德, 以圖國事, 必爲上天之所佑. 方今天命在我, 大概可見, 無容過慮爲也. 和碩貝勒薩哈廉曰, 創業垂統者在皇上, 戰力輔弼者在諸貝勒. 若諸貝勒同心爲國, 天必庇之, 若諸貝勒不盡心, 王室陰萌亂志, 天必不佑也. 今此酒雖人所造, 而皇上與諸貝勒, 得相聚歡飮者, 乃天也. 天旣庇佑我, 何爲弗豫耶. 上曰, 爾等之言誠是. 宴畢, 賜代善貂鑲朝衣 · 貂鑲猞狸猻裘 · 貂帽. 代善出, 上出宮門外送之.

○ 무신일(10.25), 주상은, 선부(宣府)와 대동(大同)을 정벌하러 간 군대가 이기고 돌아왔고, 또 차하르의 신하들이 나라를 들어 내부했으며 또 코르친국의 조릭투 타이지 욱샨이 왕비를 보내어 왔으므로 경하례(慶賀禮)를 행하여, 대버일러 다이샨 및 버일러들과 대신들을 궁에 불러서 음악과 가무를 펼치고 큰 잔치를 열었다. 주상은 버일러들이 잔을 올려 무릎 꿇고 바치는 것을 보고 슬프게 눈물을 흘렸다. 호쇼이 버일러 요토가 말했다. "황상께서는 어찌 비통해하십니까. 황상께서 태조의 유업(遺業)을 이어 제위를 이으신 이래로 나날이 흥성하고 번영하여 혼란이 없고, 장수들에게 명하여 군사를 일으켜 가는 곳마다 승리하시어 알현하지 않던 국가들이 사방에서 귀의했습니다. 예를 들어 몽고 자루트와 칼카의 다섯 부락 · 아오한 · 나이만 · 카라

친·투메트·아루의 부락들이 모두 이미 귀순했고, 조선은 동생을 칭하며 공물을 바치고, 연경(燕京)을 정벌할 때에 그 성을 포위하고 13성(省)의 지원병들을 패퇴시켰습니다. 또 선부와 대동의 성과 보(堡)를 공격하여 부수고 그 지방을 유린하여 노획한 것이 무수히 많고, 오대산(五臺山)까지 이른 후에 돌아왔습니다. 또 몽고 차하르의 나라사람들은 우리를 두려워하여 나라를 들어 내귀했습니다. 이 모두가 황상의 성덕(盛德)과 하늘의 보우하심이고, 이로 인해 온 나라가 평안하고 조용하며 신민(臣民)들은 복을 입어 신들은 실로 경사스러움을 금치 못할 따름입니다. 또한 예로부터 군대를 일으킬 때에는 승리할 때도, 패할 때도 있는 것인데 우리나라처럼 모두 이긴 경우는 없었습니다. 지금 하늘의 은혜가 새로이 나타나 대업은 이미 정해졌으니, 우리가 빠르게 나아가면 빠르게 달성되고 느리게 나아가면 느리게 달성되는데, 황상께서는 어찌 슬퍼하십니까." 주상이 말했다. "그것 때문이 아니다. 짐은 다행히 태평을 누려 이곳에서 버일러들이 올리는 잔을 받게 되었으나, 짐의 지극한 바람은 단지 대업의 이루지 못한 부분을 먼저 생각할 뿐이다. 버일러들 중에서 만일 한두 명이라도 죽는다면 장차 어찌하겠는가. 이렇게 생각하니 슬픔을 금치 못할 뿐이다." 다이샨이 말했다. "우리 형제와 아들, 조카가 모두 한마음 한 덕으로 국가의 일을 도모하는 것은 필시 하늘이 보우하시기 때문입니다. 지금 천명(天命)이 우리에게 있음을 대체로 알 수 있으니 너무 염려하실 필요가 없습니다." 호쇼이 버일러 사할리얀이 말했다. "나라를 일으키고 그 계통을 후손에 전하는 일은 황상께 있고, 전쟁을 하여 황제를 돕는 일은 버일러들에게 있습니다. 만일 버일러들이 한마음으로 나라를 위한다면 하늘은 반드시 우리를 비호할 것이고, 만일 버일러들이 마음을 다하지 않고 왕실이 몰래 반란의 뜻을 가진다면 하늘은 반드시 보우하지 않을 것입니다. 지금 이 술은 비록 사람이 만든 것이나, 황상과 버일러들이 함께 모여 기뻐하며 마실 수 있는 것은 하늘 덕분입니다.

하늘이 우리를 비호하는데 어찌 즐겁지 않겠습니까." 주상이 말했다. "그대들의 말이 진실로 옳다." 잔치를 마치고 다이샨에게 담비가죽으로 테를 두른 조의(朝衣)·담비가죽으로 테를 두른 스라소니가죽옷·담비모자를 하사했다. 다이샨이 나갈 때 주상이 궁문 바깥으로 나와 배웅했다.

○ 庚戌, 上以太祖升遐後, 八年以來, 征討克捷之事, 爲文以告太祖之靈. 上親率諸貝勒·大臣, 跪讀祝文, 焚楮幣. 祝詞云, 甲戌年, 十月二十七日. 孝子嗣皇帝敢昭告於皇考之靈曰, 臣自受命以來, 夙夜憂勤, 惟恐不能仰承先志之重, 凡八年於茲矣. 幸蒙天地鑒臣, 與管八旗子孫等, 一德同心, 眷顧默佑. 復仗皇考積累之業, 威靈所至, 臣於諸國, 懾之以兵, 懷之以德, 四境敵國, 歸附甚衆. 謹述數年來行師奏凱之事, 奉慰神靈. 迺者, 朝鮮素未輸誠, 今已稱弟納貢. 喀爾喀五部, 擧國來歸, 喀喇沁·土默特以及阿祿諸部落, 無不臣服. 察哈爾兄弟, 其先歸附者半, 後察哈爾汗擄其餘衆, 避我西奔, 未至湯古忒部落, 殂於西喇衛古爾部落打草灘地. 其執政大臣, 率所屬盡來歸附. 今爲敵者, 惟有明國耳. 臣躬承皇考素志, 踵而行之, 撫柔震疊, 大畏小懷, 未成之業, 俱已就緒. 伏冀神靈, 始終默佑, 式廓疆圉, 以成大業. 語不盡意, 曷勝感愴. 上告.

○ 경술일(10.27), 주상이 태조가 승하하신 이후 8년 동안 토벌하여 이긴 일을 글로 적어 태조의 혼령에 고했다. 주상이 직접 버일러들과 대신들을 이끌고 무릎을 꿇고 축문(祝文)을 읽고 지전을 태웠다. 축문의 글. 「갑술년, 10월 27일. 효자(孝子)가 황제를 계승하여 감히 황고(皇考)의 혼령에 밝혀 고합니다. 신이 천명을 받든 이래 밤낮으로 근심하고 부지런히 일하며 오직 선조의 뜻을 받들지 못할까 두려워한 것

이 8년이 되었습니다. 다행히 천지(天地)가 신(臣)을 살피시고 팔기의 자손들을 주관하시어 하나의 덕과 한마음으로 돌보고 묵묵히 도왔고, 황고(皇考)께서 쌓으신 업적에 의지하여 위엄이 미치니, 신은 여러 나라를 군대로 위협하고 덕으로 위로하니 천하의 적국에서 귀부하는 자가 매우 많았습니다. 삼가 수년 동안 군대를 일으켜 승리한 일들을 서술하여 신령을 받들어 위로하고자 합니다. 이전에 조선은 성의를 보인 적이 없었으나 지금은 동생을 칭하며 조공을 바칩니다. 칼카 5부는 나라를 들어 내귀했고, 카라친 · 투메트 · 아루 부락들은 신하가 되어 복종하지 않은 자가 없습니다. 차하르의 형제들 중 먼저 귀부한 자가 절반이고, 그 이후 차하르 칸이 나머지 무리를 이끌고 우리를 피해 서쪽으로 달아났으나, 탕구트 부락에 가기도 전에 시라 위구르(sira uigur, 西喇衛古爾) 부락의 타초탄(打草灘) 지역에서 죽으니, 집정대신이 소속민을 모두 이끌고 와서 귀부했습니다. 지금 적은 오직 명나라뿐입니다. 신은 황고(皇考)의 뜻을 이어 뒤따라 행하며 부드럽게 어루만지고 위세를 떨치며 큰 것을 두려워하고 작은 것을 품어 주니, 이루지 못했던 일이 모두 잘 정리되었습니다. 엎드려 바라건대, 신령께서는 한결같이 묵묵히 도와주시고 국경을 넓혀 주시어 대업을 이루도록 해 주소서. 말로는 뜻을 다할 수 없으니 비통한 감회를 어찌 견디겠습니까. 이렇게 고합니다.」

○ 壬子, 大貝勒代善及七旗貝勒, 行慶賀禮, 盛陳樂舞, 具筵獻上.

○ 임자일(10.29), 대버일러 다이샨과 7기(旗)의 버일러들이 경하례(慶賀禮)를 행하고 음악과 가무를 성대하게 열어 연회를 갖추어 주상에게 바쳤다.

○ 朝鮮國王李倧, 遣兵部侍郎羅得憲, 齎書問安. 書曰, 秋風漸高, 興居珍重. 瞻企之私, 殊不自任, 玆憑信使, 循例致候. 不腆土儀, 聊表微忱, 幸惟照諒. 上年定約時, 止敝邦使臣之行, 例帶商賈, 以資兩國通貨而已. 乃者貴國使臣, 亦有所持貨物, 責貿於邊不穀. 初以有違前約爲訝, 既而思之, 此亦不至害理. 但春秋使臣外, 復有貴國差人, 持貨來市, 頗無限節, 敝邦物力, 甚難以應, 自今以後, 春秋兩使外, 再勿齎貨來, 爲長久之道可也. 且青布 · 蟒緞 · 大緞 · 倭緞 · 天青緞 · 閃緞 · 硼砂 · 水銀, 彩色等物, 原係中朝所產, 近來禁令特嚴, 絕不得貿. 六月貴使來時, 適值詔使至, 尚有所齎, 故敝邦悉以所得應之, 此則出於偶然耳. 若貴國以爲恒有之物, 每責市易, 是不知敝邦情事也. 須以本國土產, 依約交易, 其或商賈間有所得別貨, 不售於貴國, 更用於何處. 要之土產爲主, 其他不出於敝邦者, 隨所得而應之, 乃兩國交易之常道也. 且兩國使臣既有春秋交易之事, 則會寧開市, 不宜疊行以滋弊端. 事理甚明, 貴國必能諒之. 又金愛守, 原非臨陣所獲, 兩國通好之後, 自當解送, 故前此累累言及, 至今未見聽允, 愛守一人. 得與不得, 無甚關係, 其於兩國和好之道, 豈不大有所損哉. 更須思度, 便即押付, 使臣方見貴國信義也. 此數事俱係緊要, 故特及之, 其餘使臣口稟. 幸諒.

○ 조선국왕 이종이 병부시랑 나득헌(羅得憲; 羅德憲)을 보내 서신을 가지고 와서 문안했다. 「가을바람이 점점 심해지니 기거에 조심하시기를 바랍니다. 앙망하는 마음이 한이 없어 이 사신을 통해 관례대로 문안을 묻습니다. 토산물로 부족하나마 작은 정성을 표하니 살펴 주시기를 바랍니다. 지난해 약조할 때에 폐방(敝邦)의 사신이 가면서 관례대로 장사꾼들을 데리고 가서 양국이 교역하게 했을 뿐입니다. 이에 귀국의 사신도 화물을 소지하고 변경에서 무역을 요구했습니다.

나는 이전에 했던 약조를 어기는 것을 의아하게 여겼지만, 이어 생각해 보니 이 역시 도리에 어긋나는 것은 아니었습니다. 하지만 봄가을의 사신 외에도 또 귀국이 사람을 보내 화물을 가져와서 무역하는 정도가 자못 한정이 없어 폐방의 물력으로 대응하기가 매우 힘이 드니, 지금 이후부터 봄가을 두 차례의 사신 외에 다시 화물을 가지고 오지 못하게 하여 오래 지속되는 도리로 삼아야 합니다.

또 청포(青布)·망단(蟒緞)·대단(大緞)·왜단(倭緞)·천청단(天青緞)·섬단(閃緞)·붕사(硼砂)·수은(水銀) 등 다양한 물건은 본디 중국에서 나는 것으로, 최근 무역을 특별히 엄격하게 금지했기에 절대로 무역할 수 없습니다. 6월 귀국의 사신이 왔을 때에, 마침 명나라의 사신이 오면서 가져온 것이 있었기에 폐방이 얻은 것을 모두 귀국의 사신에게 주었습니다. 이는 우연히 얻은 물건입니다. 만일 귀국이 이를 항상 가지고 있는 물건이라고 여겨 매번 무역을 요구하면 이는 폐방의 사정을 모르는 것입니다. 반드시 본국의 토산물로 약조에 따라 교역해야 합니다. 만약 상인들 사이에 특별한 재화를 얻으면 귀국에 팔지 않고 어디에 쓰겠습니까. 요컨대 토산물을 주로 하되 기타 폐방에서 나지 않는 물건은 얻은 것에 따라 무역하는 것이 양국 교역의 상도(常道)입니다. 또 양국의 사신들은 이미 봄과 가을에 교역하고 있으니, 회령(會寧) 개시를 (의주 개시에 더하여) 거듭 시행하여 폐단을 일으키지 않아야 합니다. 사리가 매우 명확하니 귀국이 반드시 살필 수 있을 것입니다. 또 김애수(金愛守)[11]는 본래 전쟁에서 잡은 것이 아니어서 양국이 통호(通好)한 후에 풀어 돌려보냈어야 했습니다. 이전에 그것을 계속해서 언급했으나 지금까지 윤허하지 않았습니다. 김애수 한 명을 얻든 얻지 못하든 관계가 없으나, 이는 양국이 화호하는 도리에

11 김애수(金愛守)는 조선 예부(禮部)의 통사(通事)이다.

어찌 손해가 크지 않겠습니까. 반드시 다시 생각하여 곧바로 김애수를 보내면 사신이 비로소 귀국의 신의를 볼 수 있을 것입니다. 이 여러 가지 일들은 모두 꼭 필요하므로 특별히 언급했고, 나머지는 사신을 보내어 구두로 보고하겠습니다. 살펴 주시기를 바랍니다.」

○ 上見書詞悖戾，遣英俄爾岱·龍什等，往訊朝鮮來使，以口稟之事. 英俄爾岱·龍什等訊得憲答曰，我王謂，此後皇上遣去使臣，撤其坐椅，可令坐於地，在我國大臣之末. 英俄爾岱·龍什等還奏. 上大怒，拒其使臣，不令朝見，不納貢物，與諸貝勒議作報書. 遣其來使及商人還，因命英俄爾岱等謂得憲曰，爾王以巧言誑我，大違命令，是以遣爾等歸，諸所當言者，盡載書中，爾等亦觀之. 得憲讀畢，變色大懼曰，皇上諭旨誠是，王與我等俱未思及於此. 但其咎在王與諸臣，來使與商民何知，嚴寒至此，攜來貨物，幸容交易，我當遣人持皇上復書還報，俟我王再遣使齎書來，若當上意，或令我朝見遣還，或不令朝見遣還，惟在上裁耳. 今或令我親往，或另遣人往，總以齎到. 皇上復書爲準. 英俄爾岱曰，我等若復市爾貨，將又謂我國恐嚇強買也. 得憲曰，今之欲貿易者，是我國商人圖利，情願互市，與公等無涉，我亦作書達知我王. 英俄爾岱等，以其言還奏，上許之曰，若此，任彼遣人. 於是得憲遣七人，齎上書還朝鮮.

○ 주상이 서신의 말이 그릇된 것을 보고 잉굴다이·룽시 등을 보내어 조선에서 보낸 사신에게 가서 아뢴 일에 대해 구두로 따져 묻게 했다. 잉굴다이·룽시 등이 나덕헌(羅德憲)에게 물으니 답했다. "우리 왕께서 이르시기를, '이후 황상이 보낸 사신은 그 의자를 치우고 바닥에 앉게 하고 우리나라 대신의 끝에 있게 하라.'라고 하셨습니다." 잉굴다이·룽시 등이 돌아와서 상주하니, 주상이 크게 노하여 그 사신

을 물리쳐 알현하지 못하게 하고 공물을 받지 않았으며 여러 버일러들과 의논하여 답서를 쓰게 하고 사신과 상인들을 돌려보내게 했다. 이에 잉굴다이에게 명하여 나덕헌에게 말했다. "너희의 왕이 교묘한 말로 우리를 속이는 것이 명령에 크게 어긋나기에 너희를 돌려보내는 것이다. 말해야 할 여러 것들은 모두 서신 안에 있으니 너희도 보라." 나덕헌 등이 읽은 후 얼굴색이 변하여 크게 두려워하면서 말했다. "황상의 유지가 진실로 옳습니다. 왕과 우리 모두 여기까지는 생각이 미치지 못했습니다. 다만 그 허물은 왕과 신하들에게 있는 것이지 보내온 사신과 상인들이 어찌 알았겠습니까? 매서운 추위가 이와 같으니 가져온 재화를 다행히 교역하도록 허용해 주시면 우리는 마땅히 사람을 보내어 황상의 답서를 가지고 돌아가 보고하게 하겠습니다. 우리 왕이 다시 사신을 파견하여 서신을 가져오기를 기다렸다가 만약 황상의 뜻에 합당하면 우리에게 알현을 허락하고 돌려보내실지, 혹은 알현을 허락하지 않고 돌려보내실지는 주상께서 결정하실 뿐입니다. 지금 우리에게 직접 가게 하시든 다른 사람을 파견하시든, 결국 황상의 서신을 가져갈 것입니다." 황상이 답서를 허락했다. 잉굴다이가 말했다. "우리가 만약 다시 그대들의 화물을 교역한다면 또한 우리나라가 강매한다고 비난할까 걱정이다." 나덕헌이 말했다. "이번에 무역하고자 하는 것은 우리나라의 상인들이 이익을 도모하여 호시(互市)를 원하는 실정이니 공들과는 관계가 없습니다. 우리도 역시 서신을 작성하여 우리의 왕께 알리겠습니다." 잉굴다이 등이 돌아와 그 말을 상주하니 주상이 허락하여 말했다. "만약에 이와 같다면, 저들이 보내온 사람에 맡겨라." 이에 나덕헌이 7명을 보내어 주상의 서신을 가지고 조선으로 돌아가게 했다.

書曰, 王來書云, 我國違背前約, 使臣持貨物責貿於邊, 紬繹王言, 實不知我國違背之由. 初時定約, 除使臣外, 每年四大市, 於義州交易, 予遵約, 遷居積至義州, 而貴國之物不至. 是貴國弗踐前言而違定約也. 其後又定約, 每年二次於義州交易, 貴國不踐前言而復違之. 後又約市物與春秋使臣同來, 兩國遵行, 至今未改. 由此觀之, 貴國渝約則有之, 予實未也. 又以春秋使臣外, 我國遣人持貨往市, 頗無限節, 王言無乃謬乎. 所言無限節者, 係何月日, 往市凡幾次, 係何姓名. 曷不明白開說, 而徒以空言傷和好, 果何謂耶. 六月間, 曾遣使至貴國, 蓋取春市未完之價耳. 去人或有貿易, 不過因兄弟之國, 乘便少攜貨物, 有無相易已耳. 今竟執此以爲口實, 是爾不樂交市之意, 豈有他哉.

서신에서 말했다. 「왕이 보내온 서신에서 우리나라가 이전의 맹약을 위반하고 사신이 가져온 물화를 변방에서 억지로 팔게 했다고 말했다. 왕의 말을 풀이해 보면 실로 우리나라가 위반한 이유를 알지 못하는 듯하다. 처음에 약속을 정하면서 사신 이외에 매년 네 차례 큰 시장을 열어 의주에서 교역하자고 했으므로 나는 약속을 준수하여 쌓아둔 재물을 옮겨 의주로 보냈지만 귀국의 물화는 오지 않았다. 이는 귀국이 이전의 말을 이행하지 않고 정해진 약속을 어긴 것이다. 그 뒤에 다시 매년 두 차례 의주에서 교역하는 것으로 약속을 정했으나 귀국은 이전의 말을 지키지 않고 다시 어겼다. 나중에 또다시 교역할 물화를 봄과 가을의 사신에게 주어 가져오게 하는 것으로 약속했고 두 나라가 준행하여 지금까지 바꾸지 않았다. 이를 보건대 귀국은 약속을 저버렸으나 나는 실로 그러지 않았다. 또 봄과 가을의 사신 이외에 우리나라가 파견한 사람이 화물을 가지고 교역하는 것이 자못 한정이 없다 하니 왕의 말이 그르지 않은가? 한정이 없다는 말은 어느 달, 어느 날에 해당하는가? 여러 차례 교역했다는 것은 누구를 가리키는 것인가? 명백하게 말하지 않고 한갓 빈말로 화호를 해치려 하니 과연 무엇을 말하려는 것인가? 6월 중에 귀국에 사신을 보낸 것은 대개 봄 시장에서 완납하지 않은 값을 받으려 한 것뿐이다. 간 사람이 무역을 했지만 형제의 나라이기 때문에 가는 편에 약간의 물건을 가지고 가서 서로 있고 없는 것을 교역했을 뿐이다. 지금 끝내 이것을 가지고 구실로 삼으니 이는 그대가 교역하지 않으려는 뜻을 가진 것이다. 어찌 다른 이유가 있겠는가.

又云, 會寧開市, 不宜疊行以滋弊端, 此言或王誤記而偶言之耶. 明明貿易, 恐滋弊端, 若與我國逃匿之民竊市, 反不虞滋弊端乎. 王果畏上天, 守和議, 豈有出此言之理. 貴國之人, 從慶興·慶源·撫彝·阿吾地·阿山·乾源·安源等處地方, 與予逃匿居民竊市, 已經察出. 將貨物并其人與貴使面質, 似此弊端, 豈非起自貴國乎.

또 말하기를, "회령에서 개시하는 일은 (의주 개시에 더하여) 거듭 시행하여 폐단을 일으키므로 마땅하지 않습니다."라고 했다. 이 말은 왕이 잘못 기록했거나 실수로 말한 것이리라. 정당한 무역에서 폐단을 일으킬까 두렵다면 우리나라의 도망쳐 숨은 백성들과 몰래 교역하는 것이 도리어 폐단을 일으키리라 염려하지 않는가? 왕이 과연 상천을 두려워하고 화의를 지키고자 하면 어찌 이러한 말을 할 리가 있겠는가. 귀국 사람들이 경흥(慶興)·경원(慶源)·무이(撫彝; 撫夷)·아오지(阿吾地)·아산(阿山)·건원(乾元)·안원(安原)[12] 등의 지방에서 나의 도망쳐 숨은 백성들과 몰래 교역했음을 조사해서 밝혔고 화물과 사람

12 두만강 유역의 육진과 그에 부속된 鎭과 堡를 가리킨다. 이 가운데 撫夷·阿吾地·阿山·乾元·安原은 堡이다.

들을 귀국 사신과 대질했다. 이러한 폐단을 귀국에서 일으키지 않았는가?

又云, 金愛守原非陣獲, 若不解送, 其於兩國和好之道, 大有所損. 愛守固非陣獲, 亦非我兩國通好後, 所遣來者. 第因己未年, 王無故以兵助明, 侵犯我國, 至丁卯年, 我兩國和議始成, 愛守之事, 在未和以前, 奈何執以爲言耶. 且一愛守, 何關重輕於兩國. 予曩亦還爾陣獲多員, 豈因爾以大損和好之言相脅, 而始與之耶. 多員盡已歸還, 愛守不過一小人耳, 即弗與, 於和好之道何遽損乎. 今不以愛守與爾, 王於和好之道, 將欲如之何. 王以愛守爲言, 不過以此藉口, 欲不還我瓦爾喀逃人耳. 夫瓦爾喀逃人, 在己未以前, 兩國無事之時, 愛守乃己未以後, 初開釁隙之時, 己未之釁, 起自貴國, 豈起自我國耶.

또 말하기를, "김애수(金愛守)는 원래 전투에서 사로잡힌 것이 아니니 풀어 보내지 않으면 양국의 화호하는 도리에 큰 손상이 있을 것입니다."라고 했다. 김애수는 실로 전투에서 사로잡힌 것이 아니니며 우리 두 나라가 화호한 뒤에 파견되어 온 자도 아니다. 다만 기미년(1619)에 왕이 이유 없이 군사를 동원하여 명나라를 도와 우리나라를 침범했고 정묘년(1627)에 이르러서야 비로소 우리 두 나라가 화의를 이루었다. 김애수의 일은 화친이 이루어지기 이전인데 어찌 이러한 말로 고집을 부리는가. 또 김애수의 일 한 가지가 어찌 두 나라의 중대한 사안이겠는가. 내가 저번에 전장에서 사로잡은 너희 관원들을 많이 돌려보냈는데, 어찌 그대가 화호를 크게 손상한다는 말로 협박한다고 해서 김애수를 그대에게 주겠는가. 많은 관원들은 이미 돌려보냈고 김애수는 일개 평민일 뿐이니 주지 않는다고 하여 화호의 도리에 어찌 갑자기 해가 되겠는가? 지금 김애수를 그대에게 주지 않는다 하여 왕은 화호의 도리를 어찌 하려 하는가? 왕이 김애수를 이야기하는 것은 핑계에 불과하고 우리 와르카 도망민을 돌려보내지 않으려는 것일 뿐이다. 와르카의 도망인들은 기미년(1619) 이전 양국에 일이 없을 때이고 김애수는 기미년 이후 흔단이 처음 열렸을 때이다. 기미년의 흔단을 귀국에서 일으켰지 우리나라에서 일으켰는가.

書末, 又遣使臣口禀, 欲令我國使臣至貴國, 撤其坐椅, 令坐於地, 列於貴國大臣之末, 予思數年之間, 貴國未見其盛, 我國未見其衰, 奈何無故出此言. 昔丁卯年, 予遣兵至貴國, 王避竄島中, 我使臣前往議和, 不惟坐椅, 且與王平行抗禮矣. 其後以與我既爲昆弟, 抗禮非宜, 故令拜跪. 若使臣坐次, 何關輕重, 設椅列坐, 亦敬兄及使之意. 故定爲成例, 似此七八年來已定之成例, 而復議於今日, 守和議者, 果如是乎.

서신의 말미에서 말한 사신이 구두로 보고하기를, 우리나라의 사신이 귀국에 가면 의자를 치워 바닥에 앉게 하고 귀국의 대신 반열의 끝에 앉히려고 한다고 했다. 내가 생각하기에 여러 해 동안 귀국은 융성하지 않았고 우리나라는 쇠락하지 않았는데 어찌하여 까닭 없이 이러한 말이 나오는가. 지난 정묘년(1627)에 내가 보낸 군대가 귀국에 이르니 왕이 섬 안으로 달아나 숨었고 우리 사신이 화친을 의논하러 갔을 때 의자에 앉게 했을 뿐만 아니라 또한 왕과 대등하게 예를 행하였다. 그 후에 나와 형제가 되었으니 대등한 예가 적당하지 않기에 절하고 무릎 꿇게 한 것이다. 사신이 앉는 순서가 어찌 경중에 관계되겠는가. 의자를 두고 순서대로 앉도록 하는 것이 또한 형이 보낸 사절을 공경하는 뜻이다. 그러므로 성례(成例)로 정했다. 이와 같이 7-8년 동안 이미 성례(成例)가 되었다. 이제 와서 다시 의논하게 되니 화의를 지키고자 하는 것이 과연 이러한가?

予今年往征明國, 畧宣府·大同兩巨鎭, 克其城七八屯堡不勝計, 人民牲畜, 俘獲無算, 爲時三月, 徧歷明邊, 明國將帥, 未見一介胄而出者. 燕京曁各城, 俱塞門避匿, 不顧億兆之生全, 不惜疆土之蹂躪. 及予欲與議和, 而彼又漠然弗應, 國勢顚危, 恬不爲意, 豈非昏聵將亡之驗乎. 察哈爾國主, 畏避我兵敗走身死, 其國人先後來附, 予盡爲收集安全之. 王果篤兄弟之誼, 當言兄汗擐甲遠征, 跋履勞苦, 所向皆克, 盪滌仇讎, 撫綏遠邇, 或恐衣屨糗糧之不贍, 特相齎助, 遣使稱賀, 此理之宜也. 乃旣不出此, 反將久定之禮, 輒欲變更, 造烏有之言, 憑空相誣, 復爲大言以相迫脅, 是從前和好之情, 一旦速之使敗也, 觀來書, 護助明國之意, 已盡見矣.

나는 금년에 명나라를 정벌하면서 선부와 대동 두 거진(巨鎭)을 공략하여 성 7-8개와 수많은 마을과 보(堡)를 점령했고 노획한 사람과 가축은 셀 수 없이 많았다. 3월이 되어 명나라의 변경을 두루 공략했어도 명나라의 장수는 한 사람도 갑옷을 갖추고 나온 자를 보지 못했다. 연경과 각 성이 문을 닫고 달아나 숨어 억조 생령의 보전을 돌아보지 않았고, 강토가 유린됨을 애석히 여기지 않았다. 내가 화의하고자 할 때는 막연히 응하지 않아서 국세가 엎어질 위기에 처하고 평화를 생각하지 않았으니 어찌 우매하여 장차 망하려는 징조가 아니겠는가. 차하르국의 군주는 우리 군대를 두려워하여 도망치다가 자신은 죽고 그 나라의 백성들은 전후로 내부하니 내가 모두 거두어 안전하게 했다. 왕이 진실로 형제의 우의를 돈독히 하려거든 형인 한(汗)이 갑옷과 투구를 두르고 원정에 나가 노고를 겪으면서 가는 곳마다 모두 이겨서 원수를 씻어 내고 멀고 가까운 곳의 이들을 무휼하니, 혹 입을 옷과 먹을 음식이 넉넉하지 않을까 걱정하여 특별히 돕고 사신을 파견하여 축하하는 것이 마땅한 도리이다. 이것은 하지 않고 오히려 오래전에 정해진 예를 갑자기 바꾸려 하고 헛된 말을 지어내고 거짓에 기대어 속이고 다시 큰 말로 협박하니, 이는 종전에 화호한 정리를 하루아침에 어그러뜨리는 것이다. 보내온 서신을 보고, 명나라를 도우려는 뜻을 이미 다 알았다.

意者貴國厄運未除, 將以明國之禍, 引爲己禍, 而不能自由耶. 予仗天庇佑, 至於今日, 尙重惜舊好, 不欲輕渝, 乃毁盟之事, 何王反速之耶. 王之計慮, 予求而不得, 大可驚異. 我兩國講好時, 除明白遣使交易外, 不許私自越境. 今貴國之人, 每年私入我地採參打獵, 我國之人, 曾有一入貴地採取者乎. 似此諸事將欲悉言, 筆不能盡, 今止言其大畧而已. 昨年春首, 貴國與我守船之兵, 爭戰三次, 王試思之, 此非構怨而何. 予惟壤地相接, 以和好爲重, 終不以此介懷. 又念貴國民苦, 我使臣定額供費, 俱行減省, 乃無一善言相報, 反誣我以違約, 脅我以敗好, 誑我以弊端滋開, 更藐視我國, 欲坐使臣於爾大臣之末, 此皆厭太平而樂有事也. 予實疑於此, 故以書問, 王若反躬自責, 於此月速遣使來. 若置之罔聞, 則不必遣使. 向日與貴國議和時, 曾焚書告天. 今不將敗盟之故, 告之於天, 以釋前誓, 可乎. 予將明告於天, 天自鑒其曲直也.

생각건대, 귀국이 액운을 제거하지 못하는 것은 명나라의 화를 끌어들여 자신의 화로 만들고 스스로 말미암지 못하기 때문이다. 내가 하늘의 도움에 의지하여 오늘날에 이르렀고 여전히 옛 화호를 매우 애석히 여기고 가벼이 버리지 않고자 하는데, 맹세를 훼손하는 일을 어찌 왕은 도리어 앞당기려 하는가? 왕의 생각을 내가 알지 못하겠으니 매우 놀랍다. 우리 두 나라가 화호를 맺었을 때, 명백히 사신을 보내어 교역한 것 이외에 사사로이 변경을 드나드는 것을 허용하지 않았다. 지금 귀국의 사람이 매년 사사로이 우리 땅에 들어와 인삼을 채취하고 사냥을 하지만, 우리나라 사람이 일찍이 한 번이라도 귀국의 땅에 들어가 채취한 경우가 있는가? 이러한 여러 일들을 모두 말하고자 해도 능히 다 쓸 수 없을 것인데 지금은 다만 그 대략을 말한 것일 뿐이다. 작년 초봄에 귀국이 배를 지키는 우리의 군사들과 더불어 세 차례나 싸웠는데 왕은 한 번 생각해 보라. 이것이 원수를 맺은 것이 아니고 무엇이란 말인가? 나는 땅이 서로 접하고 있는 것을 생각하여 화호를 중히 여기는데 끝내 (너희는) 이를 생각하지 않는다. 또한 귀국 백성들의 노고를 생각하여 우리 사신을 접대하는 비용으로 정해진 액수를 모두 줄였는데도 귀국은 한 마디 좋은 말로 답하지 않고 오히려 내가 맹약을 어겼다고 무고하고 내가 화호를 어그러뜨렸다면서 협박하고 내가 폐단을 열었다고 속였다. 더욱이 우리나라를 업신여겨 사신을 너희 대신의 말단에 앉히고자 하니 이는 모두 태평을 싫어하고 사단을 즐기는 것이다. 내가 실로 이를 의심하므로 서신으로 물으니 왕이 만약 반성하고 자책한다면 이 달에 속히 사신을 파견해 보내오라. 만약 듣지 않고 내버려두겠다면 사신을 보낼 필요가 없다. 지난날 귀국과 화호를 의논할 때 일찍이 맹약서를 불사르며 하늘에 고했으니 지금 다시 맹약을 어긴 이유를 하늘에 고하지 않고 전의 맹세를 저버릴 수 있겠는가? 나는 장차 하늘에 명백히 고할 것이니, 하늘이 옳고 그름을 살피실 것이다.」

권21

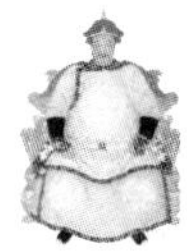

천총 8년 11월 ~ 12월

天聰八年, 甲戌, 十一月, 癸丑朔, 賜毛明安部下吳巴海 · 胡稜 · 楊古海 · 吳班代, 甲冑 · 雕鞍 · 緞布 · 銀器有差.

○ 천총 8년 갑술년 11월 계축일 초하루(11.1), 모오밍간(moo minggan, 毛明安) 속하의 우바하이(ubahai, 吳巴海) · 쿠렁(kureng, 胡稜) · 양구하이(yanggūhai, 楊古海) · 우반다이(ubandai, 吳班代)에게 갑옷과 투구 · 조각한 안장 · 비단과 면포 · 은그릇 등을 차등 있게 내렸다.

○ 初, 巴林部落達爾馬什里, 往科爾沁國噶爾珠塞特爾所視其親戚, 父死不歸, 離其兄弟, 依附噶爾珠塞特爾叛去. 至是, 悉奪其牲畜, 執還盛京, 給和碩貝勒岳託轄之.

○ 이전에 바린 부락의 다르마시리(darmasiri, 達爾馬什里)가 인척인 코르친국의 갈주 서터르(galju seter, 噶爾珠塞特爾)를 방문했는데, 아버

지가 죽은 뒤에도 돌아가지 않고 형제들과 떨어져 갈주 서터르에게 의탁하여 이반했다. 이때에 그 가축을 모두 빼앗아 성경(盛京)으로 가져오니 호쇼이 버일러 요토에게 주어 관리하게 했다.[1]

○ 丙辰, 敖漢部落額駙班第, 偕公主歸寧. 皇后率諸貝勒福金, 迎宴之, 入城.

○ 병진일(11.4), 아오한 부락의 어푸 반디(bandi, 班第)가 공주와 함께 처가를 방문했다. 황후가 여러 버일러들의 푸진들을 이끌고 맞이하여 연회를 베풀고 성으로 들어갔다.

○ 丁巳, 額駙班第, 偕公主見上, 進筵宴, 獻馬駝·牛羊, 酌納之.

○ 정사일(11.5), 어푸 반디가 공주와 함께 주상을 알현하여 연회를 베풀고 말과 낙타, 소, 양을 바치니 헤아려 받았다.

○ 壬戌, 先是, 遣國舅阿什達爾漢·塔布囊達雅齊, 往外藩蒙古, 與諸貝勒分畫牧地, 并會審巴圖魯袞出斯等罪. 至是, 還奏稱, 本年十月二十二日, 臣等二人, 與兩黃旗下多諾楚虎爾·達賴, 兩紅旗下塞桑巴克什·吳巴里山津, 兩白旗下塔布囊塞冷·阿都海, 兩藍旗下衛

---

1 『내국사원당』에 의하면 다르마시리가 갈주 서터르와 함께 이반하여 가겠다고 하며 가축을 모두 가지고 성경에 왔고 이들은 요토에게 보살피라고 맡겨졌다. 『內國史院檔 天聰八年』, p.348.

徵侍衛·班扎爾, 敖漢·奈曼·巴林·扎魯特·翁牛特·四子·塔賴·吳喇忒·喀喇沁·土默特 各部落管事大小諸貝勒, 大會於碩翁科爾地方, 分給蒙古諸貝勒地. 翁牛特與巴林, 以胡喇虎·胡虎布里都爲界, 巴林與鑲藍旗, 以克里葉哈達·胡濟爾阿達克爲界, 兩紅旗與奈曼, 以巴噶阿爾合邵·巴噶什魯蘇忒爲界, 敖漢與正黃旗, 以扎噶蘇台·囊家台爲界, 鑲黃旗與四子部落, 以杜木大都藤格里克·倭朶爾台爲界, 塔賴達爾漢與兩白旗, 以塔喇布喇克·孫島爲界, 正藍旗與扎魯特, 以諾綽噶爾·多布圖俄魯木爲界. 合計地界大勢, 西南至噶古爾蘇, 西至納喇蘇台, 西北至哈爾占, 北至胡喇虎·克里葉哈達·巴噶阿爾合邵·扎噶蘇台·杜木大都藤格里克·塔喇布喇克·諾綽噶爾, 東北至納噶台, 東至兀藍達噶胡里也圖, 東南至哈爾巴噶爾. 南至多布圖俄魯木·胡得勒·烏訥格圖莽喀·布木巴圖·胡魯蘇台·古爾班克谷爾·庫痕哈喇合邵·噶海·茅高阿大克·門綽克·什喇虎·敖塔孛羅·兀喇漢哈達等處. 既分之後, 儻有越此定界者, 坐以侵犯之罪. 至於往來駐牧, 務彼此會齊同時移動, 不許參差.

其分定地方戶口之數, 正黃旗二千戶, 鑲黃旗六百戶, 正紅旗八百二十戶, 鑲紅旗八百三十戶, 鑲藍旗六百七十戶, 正白旗六百四十戶, 鑲白旗七百戶, 正藍旗七百戶, 敖漢一千八百戶, 奈曼一千四百戶, 巴林塞特爾八百戶, 滿珠習禮八百戶, 達爾漢巴圖魯土巴二千四百五十戶, 內齊·土巴濟農二千戶, 四子部落土門達爾漢二千戶, 塔賴達爾漢·車根塞冷三千戶, 杜稜濟農二千戶, 東戴青二千戶, 共計二萬五千二百餘戶.

其會審各罪案, 謹分款奏聞, 一奈曼部落巴圖魯袞出斯, 於征大同·宣府時, 爭奪俘獲, 斫傷喀喇沁塔布囊瑣諾木部下布顏圖, 達賴吳巴什·塔布囊脫固·護衛納恰·喀喇沁部落布牙什里渾津·巴克什博第等五臣, 不以其事, 赴告於會審之所, 乃私於達賴吳巴什家, 議罰以牲畜十六, 均違律令. 臣等今議坐巴圖魯袞出斯以擅傷人罪, 離其部衆, 達賴吳巴什等五臣, 違例私議, 應論死, 妻子入官, 山津於彼等私議時, 不行諫止, 亦擬罰牲畜二十七. 又袞出斯於圍大同·朔州·井坪三城時, 不依汛地, 私駐營外, 亦屬未合. 臣等今議, 罰馬三千·駝三百. 又塔賴楚虎爾部下向有一人, 入奈曼俄齊爾部落, 依其親戚業農爲生, 畜二牛, 俄齊爾不問其主, 私殺其一食之. 初議罰牲畜二十七, 俄齊爾誣臣阿什達爾漢, 審斷不公, 蒙上命與諸貝勒·大臣覆審, 竝無徇庇, 臣等今議, 罰俄齊爾馬百·駝十. 又翁牛特部落塔喇海·班第二人, 越所限地界, 私至哈爾占哈喇木輪地方, 臣等今議, 罰馬千·駝百. 凡各罪案, 謹已會同審斷, 是否有當. 伏候聖裁.

○ 임술일(11.10), 이전에 국구 아시다르한, 타부낭 다야치를 파견하여 외번몽고에 가서 여러 버일러들과 더불어 목축지를 나누어 구획하게 하고, 아울러 바투루 군추스(baturu guncus, 巴圖魯袞出斯) 등의 죄를 회심(會審)하게 했다. 이때에 돌아와 상주했다.

「올해 10월 22일 신들 두 사람이 두 황기의 도노 추후르(dono cuhur, 多諾楚虎爾)·달라이(dalai, 達賴), 두 홍기의 자이상 박시(jaisang baksi, 寨桑巴克什)·우발리 산진(ubali sanjin, 吳巴里山津), 두 백기의 타부낭 서렁(tabunang sereng, 塔布囊塞冷)·아두하이(aduhai, 阿都海), 두 람기의 워이정 시위(weijeng hiya, 衛徵侍衛)·반자르(banjar, 班扎爾)와 함께, 아오한·나이만·바린·자루트·옹니우트(ongniot, 翁牛特)·사자(四子)·탈라이(talai, 塔賴)·우라트·카라친·투메트 각 부락의 일을 관장하는 크고 작은 버일러들을 숑코르(šongkor, 碩翁科爾) 지역에 모두 모이게 하여 몽고 여러 버일러들에게 땅을 나누어 주었습니다.

옹니우트와 바린은 후라후(hūrahū, 胡喇虎)[2]와 쿠커 부리두(kuke buridu, 胡虎布里都)[3]를 경계로 삼았습니다. 바린과 양람기는 커리어 하다(keriye hada, 克里葉哈達)[4]와 후지르 아닥(hūjir adak, 胡濟爾阿達克)[5]을 경계로 삼았습니다. 두 홍기와 나이만은 바가 알 호쇼(baga al hošoo, 巴噶阿爾合邵)[6]와 바가 실루수터이(baga silusutei, 巴噶什魯蘇忒)[7]를 경계로 삼았습니다. 아오한과 정황기는 자가수타이(jagasutai, 扎噶蘇台)[8]와 낭기야타이(nanggiyatai, 囊家台)[9]를 경계로 삼았습니다. 양황기와 사자(四子) 부락은 둠바두 텅걸릭(dumbadu tenggelik, 杜木大都藤格里克)[10]과 오돌타이(odoltai, 倭朶爾台)[11]를 경계로 삼았습니다. 탈라이 다르한(talai darhan, 塔賴達爾漢)[12]과 두 백기는 탈라 불락(tala bulak, 塔喇布喇克)[13]과 손도오(sondoo, 孫島)를 경계로 삼았습니다. 정람기와

2 후라후의 위치는 현재 내몽고 赤峰市 巴林右旗 西拉沐淪蘇木. 烏力吉木仁河의 우안. 『蒙古遊牧記』에 扈拉琥山으로 기록되어 있다. 이하 이 단락의 몽고 지명의 위치 비정은 아래 논문 참조. 薩出日拉圖, 「愛新國指授歸順蒙古諸部遊牧地考述」(http://www.cfxy.cn/xlml/xzky/30569.htm) 赤峰大學 〈西拉沐沦流域文化研究院〉 2017-03-02.

3 쿠커 부리두의 현재 위치는 알 수 없다.

4 커리여 하다의 위치는 현재 내몽고 赤峰市 阿魯科爾沁旗 巴拉奇如德蘇木.

5 후지르 아닥의 위치는 현재 내몽고 赤峰市 阿魯科爾沁旗 巴拉奇如德蘇木.

6 바가 알 호쇼는 커리여 하다(keriye hada, 克里葉哈達)의 동쪽에 있다. 『蒙古遊牧記』에 기록된, 아루코르친기의 서남 120리에 있는 阿特和碩山일 가능성이 있다. 현재 위치는 알 수 없다.

7 바가 실루수터이의 위치는 현재 遼寧省 彰武縣 일대. 『大淸一統志』에 기록된, 養息牧牧場 동북 160리에 있는 巴漢西魯蘇忒山이다.

8 자가수타이의 위치는 현재 내몽고 赤峰市 阿魯科爾沁旗 扎嘎斯台蘇木. 『昭烏達盟阿魯科爾沁全圖』에는 齊哈蘇台廟(jihasutai)로 기록되어 있다.

9 낭기야타이는 현재 위치는 알 수 없다.

10 둠바두 텅걸릭은 강 이름이다. 『蒙古遊牧記』에 의하면 자루트 좌익기 북쪽 180리에 있는 天河이다.

11 오돌타이의 위치는 현재 내몽고 通遼市 科爾沁左翼後旗 吉爾嘎朗鎭 敖都勒台嘎查이다. 오돌타이는 몽골어로 "부들풀(蒲草)이 있는"의 뜻이다.

12 탈라이 다르한(talai darhan, 塔賴達爾漢)은 아루 코르친 부의 수령인 탈라이 추후르이다.

13 탈라 불락(塔喇布喇克)은 『蒙古遊牧記』에 의하면 코르친 우익중기 서쪽의 塔勒

자루트는 노초가르(nocogar, 諾綽噶爾)와 도부투 올룸(dobutu olum, 多布圖俄魯木)을 경계로 삼았습니다.

모든 지계(地界)의 큰 형세는 서남쪽으로 가구르수(gagūrsu, 噶古爾蘇)에 이르고, 서쪽으로 나라수타이(narasutai, 納喇蘇台)에 이르며, 서북쪽으로 갈잔(galjan, 哈爾占)에 이릅니다. 북쪽으로 후라후 · 커리여하다 · 바가 알 호쇼 · 자가수타이 · 둠바두 텅걸릭 · 탈라 불락 · 노초가르에 이르고, 동북쪽으로 나카타이(nakatai, 納噶台)에 이르며, 동쪽으로 울란다가 허리여투(ulandaga heriyetu, 兀藍達噶胡里也圖)에 이르고, 동남쪽으로 하르바갈(harbagal, 哈爾巴噶爾)에 이릅니다. 남쪽으로 도부투 올룸 · 쿠터러(kutere, 胡得勒) · 우너거투 망카(unegetu mangka, 烏訥格圖莽喀) · 붐바투(bumbatu, 布木巴圖) · 훌루수타이(hūlusutai, 胡魯蘇台) · 구르반 충구르(gurban cūnggur, 古爾班克谷爾)[14] · 쿠헌 하란 호쇼오(kuhen i haran hošoo, 庫痕哈喇合部)[15] · 가하이(gahai, 噶海)[16] ·

布拉克 혹은 코르친 좌익중기의 동북 120里에 위치한 他拉泉이다. 이곳은 청대 코르친 우익중기와 코르친 좌익중기의 접경지로서 현재 내몽고 通遼市 札魯特旗 塔拉寶力皋蘇木이다.

14 『내국사원당』에는 3을 의미하는 몽고어 '구르반'을 만주어 일란(ilan)으로 바꾸어 일란 충구르(ilan cūnggur)라고 기록되어 있다. (『內國史院檔 天聰八年』, p.351.) '충구르'라는 발음으로 보아 원문의 克谷爾는 充谷爾의 오기이다. 강희본『청태종실록』에는 古爾班充谷爾로 기록되어 있다. 충구르에 대한『大淸一統志』권409의 기록은 아래와 같다. "冲古爾河, 在牧廠東北一百餘里. 自科爾沁左翼前旗流入境, 西南流會養息牧河."(충구르 강은 양시무[養息牧] 목장의 동북쪽 100여 리에 있다. 코르친 좌익전기로부터 경계로 흘러들어서 서남쪽 양시무 강으로 합류한다.) 즉 충구르의 위치는 현재 내몽고 通遼市 코르친 좌익후기와 요녕성 彰武縣 교계에 있는 大靑溝 저수지이다. 본서 권4 천총2년 12월 2일 무자조에는 삼와(三窪)로 기록했다.

15 kuhen i haran hošoo의 i는 몽골어가 아니고 만주어의 속격 조사이다. 즉 'kuhen의 haran hošoo'이다. 몽골어로 쿠헌은 쿠헌강, 하란은 黑山, 호쇼는 산의 튀어나온 끝자락을 의미한다. 위치는 현재 쿠헌강(庫崑河, 庫痕河) 유역의 通遼市 庫倫旗 三家子鎭 哈拉胡紹嘎査이다.『內國史院檔 天聰八年』, p.351.

모오 가오 아닥(moo gao i adak, 茅高阿大克)[17] · 몬촉(moncok, 門綽克) · 시라후(sirahū, 什喇虎)[18] · 우오타 보로(uota boro, 敖塔孛羅)[19] · 울라간 하다(ulagan hada, 兀喇漢哈達)[20] 등지입니다. 이렇게 나눈 후에 만약 이때 정한 경계를 넘는 자가 있으면 침범한 죄에 처합니다. 왕래하며 머물러 목축하는 것은 서로 함께 모여서 동시에 이동해야 하며 제멋대로 행동하는 것을 허용하지 않습니다.

분할하여 정한 지방의 호구(戶口) 수는 정황기 2,000호, 양황기 600호, 정홍기 820호, 양홍기 830호, 양람기 670호, 정백기 640호, 양백기 700호, 정람기 700호, 아오한 1,800호, 나이만 1,400호, 바린의 서터르 800호, 만주시리 800호, 다르한 바투루 · 투바(tuba, 土巴) 2,450호, 너이치(neici, 內齊) · 투바 지농(tuba jinong, 土巴濟農) 2,000호, 사자(四子) 부락의 투먼 다르한(tumen darhan, 土門達爾漢) 2,000호, 탈라이 다르한(talai darhan, 塔賴達爾漢) · 처건 서렁(cegen sereng, 車根塞冷) 3,000호, 두렁 지농(dureng jinong, 杜稜濟農) 2,000호, 둥 다이칭(dung

---

16 가하이의 위치는 현재 내몽고 通遼市 庫倫旗 哈日稿蘇木의 噶海山이다.

17 moo gao i adak의 i는 몽골어가 아니고 만주어의 속격 조사이다. 즉 'moo gao의 adak'이다. 1632년 후금이 차하르를 원정할 때 지나간 莫霍爾郭勒일 가능성이 있다. 가하이(gahai, 噶海)와 몬촉(moncok, 門綽克)의 사이에 있지만 정확한 위치는 알 수 없다. 『內國史院檔 天聰八年』, p.351.

18 시라후의 위치는 현재 내몽고 通遼市 奈曼旗 太和鄕 舍利虎村 舍力虎水庫. 『蒙古遊牧記』에 의하면 아오한기(敖漢旗) 동쪽 60리에 沙爾呼가 있다. 什喇虎는 沙爾呼의 異譯이다. 〈昭烏達盟敖漢旗圖〉에 의하면 아오한기(敖漢旗) 동북쪽에 什勒哈灘(xirqa yin tala)이 있다. 이곳은 아오한기와 나이만기의 교계지였다.

19 우오타 보로의 위치는 현재 내몽고 赤峰市 敖漢旗 敖潤蘇莫蘇木이다. 『蒙古遊牧記』에 의하면 아오한기(敖漢旗) 북쪽 45리에 鄂達木波羅山이 있고 寬山이라고도 한다. 〈昭烏達盟敖漢旗圖〉에 기재된 아오한기 북쪽의 興仁寺 옆에 있는 烏都博洛(odu boro)가 우오타 보로이다.

20 울라간 하다는 『蒙古遊牧記』에 기록된, 아오한기(敖漢旗) 북쪽 70리에 있는 畢齊克圖烏蘭哈達이다. 우오타 보로(uota boro, 敖塔孛羅)의 서쪽, 가구르수(gagūrsu, 噶古爾蘇)의 동쪽에 있었다. 현재 위치는 내몽고 赤峰市 紅山水庫이다.

daicing, 東戴靑) 2,000호로 모두 합쳐 25,200여 호입니다.

그 죄안(罪案)을 회심(會審)한 것을 삼가 항목을 나누어 상주합니다. 하나, 나이만 부락의 바투루 군추스(baturu guncus, 巴圖魯袞出斯)는 대동(大同)·선부(宣府)를 정벌할 때 노획을 다투어 카라친의 타부낭 소놈 속하의 부얀투(buyantu, 布顏圖)를 베었습니다.[21] 달라이 우바시(dalai ubasi, 達賴吳巴什), 타부낭 토구(togū, 脫固), 호위(護衛) 나키야(nakiya, 納恰), 카라친 부락의 부야시리 혼진(buyasiri honjin, 布牙什里渾津), 박시 보디(bodi, 博第) 등 다섯 신하는 그 일을 회심하는 곳에 와서 고하지 않고 사적으로 달라이 우바시 집에 벌로 가축 16마리를 취하기로 논의했습니다. 이는 모두 율령(律令)을 어긴 것입니다. 신들이 지금 의논했는데, 바투루 군추스는 함부로 사람을 죽인 죄로 판결하여 그 부중(部衆)으로부터 떨어뜨려야 합니다. 달라이 우바시 등 다섯 신하는 관례를 어기고 사적으로 논의했으니 사형에 처하고 처자를 관에 몰수해야 합니다. 산진(sanjin, 山津)은 저들이 사적으로 논의할 때 간언하여 그치게 하지 않았으니 또한 가축 27마리를 취하는 벌을 내려야 합니다. 또 군추스는 대동(大同)·삭주(朔州)·정평(井坪) 세 성을 포위했을 때, 주둔지에 있지 않고 사적으로 군영 밖에 주둔했으니 또한 합당하지 않습니다. 신들이 지금 의논하여 말 3,000마리, 낙타 300마리를 벌로 취했습니다. 또 탈라이 추후르(talai cūhur, 塔賴楚虎爾) 속하의 한 사람이 나이만의 오치르(ocir, 俄齊爾)의 부락에 들어가 그 친척에 의지하여 농사를 짓고 살면서 가축으로 소 2마리가 있었는데, 오치르가 그 주인에게 묻지도 않고 사사로이 그 가운데 1마리를 죽여서 먹었습니다. 처음에 가축 27마리를 취하는 벌을 내렸는데 오치르가 신 아시다르한의 심리 결과가 공정하지 못하다고 무함하니 주상의

---

21 『내국사원당』에는 "머리를 베었다(uju be saciha)"라고 기록되어 있다. 『內國史院檔 天聰八年』, p.352.

명을 받들고 여러 버일러들 및 대신들과 함께 다시 심리했으나 아무도 그의 편을 들어주지 않았습니다. 신들이 지금 의논하여 오치르에게 말 100마리, 낙타 10마리를 벌로 부과합니다. 또 옹니우트 부락의 탈라하이(talahai, 塔喇海), 반디 두 사람은 정해진 경계를 넘어 사적으로 할잔(haljan, 哈爾占)과 하라무렌(haramuren, 哈喇木輪) 지방에 갔으니 신들이 지금 의논하여 말 1,000마리, 낙타 100마리를 벌로 부과합니다. 각 죄안(罪案)을 삼가 회동하여 심리했습니다. 적절한지 여부에 대해 황상의 재결을 엎드려 기다립니다.」

上曰, 爾等所議良是, 但事屬外藩, 且從寬宥. 巴圖魯衮出斯斫傷布顔圖一案, 姑免離部衆, 可罰馬百 · 駝十. 五臣亦免死, 達賴吳巴什 · 護衛納恰, 各罰牲畜八十一, 塔布囊脫固 · 布牙什里渾津 · 巴克什博第, 各罰牲畜二十七, 山津罰牲畜九. 仍令給被傷之布顔圖, 牲畜八十一. 至衮出斯離汛駐營, 亦罰馬百 · 駝十, 俄齊爾, 罰牲畜二十七. 塔喇海 · 班第, 各罰馬百 · 駝十. 概從末減, 以昭朕議罪惟輕之意. 衮出斯 · 塔喇海 · 班第所罰駝馬, 可酌給八旗及杜稜濟農 · 東戴青 · 達爾漢卓禮克圖 · 塔賴 · 吳喇忒, 各一分, 車根半分. 其衮出斯斫傷布顔圖一案, 所罰馬駝, 亦給八旗及審事之蒙古諸貝勒, 各一分, 車根半分.

주상이 말했다. "너희가 의논한 것은 진실로 옳다. 다만 외번(外藩)에 관련된 일이니 관대히 용서한다. 바투루 군추스가 부얀투를 벤 한 가지 죄안에 대해서는 우선 그 부(部)의 무리를 빼앗는 것을 면해 주고 말 100마리, 낙타 10마리를 벌로 취한다. 다섯 명의 신하들 역시 사형을 면해 주고 다르한 우바시 · 호위 나키야에게 가축 81마리를 벌로 취하고, 타부낭 토구 · 부야시리 혼진 · 박시 보디에게 각각 가축 27마리를 벌로 취하고, 산진에게 가축 9마리를 벌로 취한다. 또 상처를 입은 부얀투에게 가축 81마리를 지급한다. 군추스가 정해진 장소를 떠나 주둔한 것에 대해서는 또 말 100마리, 낙타 10마리를 벌로 취하고 오치르에게 가축 27마리를 벌로 취한다. 탈라하이 · 반디에게 말 100마리, 낙타 10마리를 벌로 취한다. 가장 가벼운 죄로 처벌하여 짐이 죄를 의논함에 오직 가벼이 하려는 뜻이 있음을 보인다. 군추스 · 탈라하이 · 반디에게 벌로 취한 낙타와 말은 팔기(八旗)와 두렁 지농 · 둥 다이칭 · 다르한 조릭투 · 탈라이 · 우라트에 1분(分)씩 지급하고, 처건에게 반분(半分)을 지급한다. 군추스가 부얀투를 벤 사안에 대해 벌로 취한 말과 낙타 또한 팔기와 심리한 몽고의 여러 버일러들에게 1분씩 지급하고, 처건에게 반분을 지급한다."

○ 乙丑, 以六部各官三年考績, 分別陞授官職. 吏部承政圖爾格, 先經革職, 復授二等甲喇章京. 李延庚, 由三等甲喇章京, 陞二等甲喇章京. 啟心郎索尼, 以白身授牛彔章京. 參政庫拜, 由牛彔章京, 陞三等甲喇章京. 禮部承政金玉和, 由三等梅勒章京, 陞二等梅勒章京. 啟心郎祁充格, 以白身授牛彔章京. 參政穆祜, 由牛彔章京, 陞三等甲喇章京. 工部承政孟阿圖, 由三等甲喇章京, 陞二等甲喇章京. 兵部承政葉克書, 由三等梅勒章京, 陞二等梅勒章京. 額駙蘇納, 由牛彔章京, 陞三等甲喇章京. 參政恩格圖, 由三等甲喇章京, 陞二等甲喇章京. 參政阿爾津, 由三等甲喇章京, 陞二等甲喇章京. 參政傅喀, 授牛彔章京. 啟心郎穆成格, 以白身授牛彔章京. 刑部承政車爾格 · 參政郎球, 先俱革職, 復竝授牛彔章京. 啟心郎額爾格圖, 以白身授牛彔章京. 戶部承政英俄爾岱, 由一等甲喇章京, 陞三等梅勒章京. 薩璧翰先經革職, 復授牛彔章京. 金礪, 由三等梅勒章京, 陞二等梅勒章京. 啟心郎布丹, 以白身授牛彔章京. 參政馬福塔 · 庫禮, 先俱革職, 復竝授牛彔章京. 吳守進, 由二等甲喇章京, 陞一等甲喇章京. 薩木哈圖, 初以驍騎校從征大同, 率本甲喇兵攻保安, 有第四登城功, 擢戶部參政. 至是, 考滿, 以稱職, 陞牛彔章京. 喀愷, 以白身從攻廣寧北三寨, 身先擊敵, 又代吳巴海管牛彔, 撫字有方, 陞牛彔章京.

○ 을축일(11.13), 육부(六部) 각 관원들의 3년 고과를 분별하여 관직을 올려 주었다. 이부승정 투르거이(turgei, 圖爾格)는 앞서 혁직되었는데 다시 이등 잘란장긴을 제수했다. 이연경(李延庚)은 삼등 잘란장긴에서 이등 잘란장긴으로 승진시켰다. 계심랑 소닌(sonin, 索尼)은 백신(白身)이었는데 니루장긴을 제수했다. 참정 쿠바이(kūbai, 庫拜)[22]는 니루장긴에서 삼등 잘란장긴으로 승진시켰다. 예부승정 김옥화(金玉和)는 삼등 머이런장긴에서 이등 머이런장긴으로 승진시켰다. 계심랑 키충거(kicungge, 祁充格)는 백신(白身)이었는데 니루장긴을 제수했다. 참정 무후(muhu, 穆祜)는 니루장긴에서 삼등 잘란장긴으로 승진시켰다. 공부승정 뭉가투는 삼등 잘란장긴에서 이등 잘란장긴으로 승진시켰다. 병부승정 역슈(yekšu, 葉克書)는 삼등 머이런장긴에서 이등 머이런장긴으로 승진시켰다. 어푸 수나(efu suna, 額駙蘇納)는 니루장긴에서 삼등 잘란장긴으로 승진시켰다. 참정 엉거투(enggetu, 恩格圖)는 삼등 잘란장긴에서 이등 잘란장긴으로 승진시켰다. 참정 아르진(arjin, 阿爾津)은 삼등 잘란장긴에서 이등 잘란장긴으로 승진시켰다.

---

22 쿠바이: kūbai, 庫拜. ?-1640. 뇨후루(niohuru.鈕祜祿) 씨. 청태조 누르하치의 외손자. 조부는 라이루훈(lailuhūn, 賴盧渾), 父는 索塔蘭이다. 쿠르찬(kūrcan, 庫爾纏)의 동생. 무순, 요양, 심양 공격전에서 공적을 세워서 니루어전에 임명되었다. 1631년 와르카 공격에서 공을 세웠다. 그해 육부를 설치할 때 이부참정에 임명되었고 니루장긴 世職을 수여받았다. 1634년 삼등 잘란장긴이 되었고, 흑룡강 공격에 참전했다. 1635년 이등 잘란장긴이 되었다. 숭덕 원년 조선 공격에 참전했다.

참정 푸카(fuka, 傅喀)는 니루장긴을 제수했다.[23] 계심랑 무청거(mucengge, 穆成格)는 백신(白身)이었는데 니루장긴을 제수했다. 형부승정 처르거이, 참정 랑키오(langkio, 郎球)는 앞서 모두 혁직되었는데 다시 모두 니루장긴을 제수했다. 계심랑 어르거투는 백신(白身)이었는데 니루장긴을 제수했다. 호부승정 잉굴다이(inggūldai, 英俄爾岱)는 일등 잘란장긴에서 삼등 머이런장긴으로 승진시켰다. 사비간(sabigan, 薩璧翰)은 앞서 혁직되었는데 다시 니루장긴을 제수했다. 김려(金礪)는 삼등 머이런장긴에서 이등 머이런장긴으로 승진시켰다. 계심랑 부단(budan, 布丹)은 백신(白身)이었는데 니루장긴을 제수했다. 참정 마푸타(mafuta, 馬福塔), 쿠리(kuri, 庫禮)[24]는 앞서 모두 혁직되었는데 다시 모두 니루장긴을 제수했다. 오수진(吳守進)은 이등 잘란장긴에서 일등 잘란장긴으로 승진시켰다. 삼하투(samhatu, 薩木哈圖)는 앞서 효기교로서 대동(大同) 공격에 종군하여 자신의 잘란 병사들을 이끌고 보안(保安)을 공격하고 네 번째로 성에 오른 공으로 호부참정에 발탁되었었다. 이때에 고만(考滿)에서 칭직(稱職)으로 평가되었으므로 니루장긴으로 승진시켰다. 카카이(kakai, 喀愷)는 백신(白身)으로 광녕(廣寧) 북쪽의 세 성채를 공격할 때 참가하여 앞장서서 적을 공격했고 또 우바하이(ubahai, 吳巴海)를 대신하여 니루를 관리하면서 무휼을 적절히 했다고 하여 니루장긴으로 승진시켰다.

---

23 『내국사원당』에 의하면 푸카는 본래 백신(白身)이었다.

24 쿠리: kuri, 庫禮. ?-1650. 히타라(hitara, 喜塔臘) 씨, 만주정백기. 태종 홍타이지 시기에 활동했다. 1636년 조선 공격전에 참전했다. 1640년 도르곤을 수행하여 명의 금주를 포위공격했다. 1641년 鄭親王 지르갈랑을 수행하여 금주 공격전에 참전했다. 1642년 호부참정이 되었다. 1644년 입관 후 戶部右侍郎, 雲騎尉, 總理漕儲, 三等輕車都尉, 一等輕車都尉 등의 관직을 역임했다. 시호는 僖恪이다.

○ 三等梅勒章京石國柱病故, 以其子達爾漢襲職, 仍准襲七次. 三等梅勒章京孫得功年老, 以其子有光襲替, 仍准襲九次. 牛彔章京李廷國病故, 以其子大虎襲職, 仍准襲一次. 三等甲喇章京張士彦年老, 以其子朝璘襲替, 仍准襲三次. 三等梅勒章京劉世勳年老, 以其子漢英襲替, 仍准襲五次. 牛彔章京楊春華病故, 以其子煦襲職.

○ 삼등 머이런장긴 석국주(石國柱)가 병사하여 그의 아들 석달이한(石達爾漢)에게 습직시키고 7번 습직을 허락했다. 삼등 머이런장긴 손득공(孫得功)이 연로하여 그의 아들 손유광(孫有光)이 이어서 대신하게 하고 9번 습직을 허락했다. 니루장긴 이정국(李廷國)이 병사하여 그의 아들 이대호(李大虎)에게 습직시키고 1번 습직을 허락했다. 삼등 잘란장긴 장사언(張士彦)이 연로하여 그의 아들 장조린(張朝璘)이 이어서 대신하게 하고 3번 습직을 허락했다. 삼등 머이런장긴 유세훈(劉世勳)이 연로하여 그의 아들 유한영(劉漢英)이 이어서 대신하게 하고 5번 습직을 허락했다. 니루장긴 양춘화(楊春華)가 병사하여 그의 아들 양후(楊煦)에게 습직시켰다.

○ 戊辰, 和碩額爾克楚虎爾貝勒多鐸, 請上及皇后·諸妃幸其第, 備陳樂舞, 具盛筵. 復獻雕鞍馬·貂鑲朝衣·元狐裘·黑貂裘·貂帽·鞓帶等物, 上納馬二匹.

○ 무진일(11.16), 호쇼이 어르커 추후르 버일러 도도가 주상과 황후, 여러 비(妃)들에게 그의 집으로 행차할 것을 청해 주악과 가무를 갖추고 성대한 연회를 준비했다. 다시 조각한 안장을 갖춘 말·담비가죽을 두른 조의(朝衣)·흑황색 여우가죽옷·흑담비가죽옷·담비

가죽 모자 · 가죽띠 등의 물품을 바치니, 주상은 말 2마리를 받았다.

○ 先是, 遣額爾德尼囊蘇喇嘛 · 哈爾松阿, 往迎察哈爾國歸附之衆. 至是, 還, 奏稱, 渡黃河三日, 方遇塞冷車臣寨桑 · 祁他特車爾貝寨桑 · 塞冷布都馬爾寨桑 · 沙布古英寨桑 · 阿玉石台吉 · 巴特瑪台吉 · 古魯思希布台吉兄弟 · 班第庫魯克 · 阿爾薩虎墨爾根巴圖爾扎薩古爾 · 吹爾扎木蘇塔布囊扎薩古爾 · 吳孫泰都喇爾 · 扎薩古爾 · 巴陽阿扎爾固齊 · 祁類都喇爾 · 薩馬克談達爾漢喇嘛 · 戴青囊蘇喇嘛 · 達爾漢囊蘇喇嘛 · 俄托齊額木齊, 率四百戶來歸, 攜之渡黃河, 留居於西拉木輪地方. 又有未渡黃河, 俟冰結後至者, 巴賴都爾莽賴寨桑 · 摩羅爾額爾德尼寨桑 · 溫多額爾德尼寨桑 · 邁喇寨桑 · 詹泰舒冷格兀蘭巴圖魯 · 塞薩木冰圖古英 · 布達習禮台吉 · 博爾和扎薩古爾 · 額世格庫魯克 · 巴吉爾扎薩古爾 · 古英塔蘇爾海 · 衛徵囊素喇嘛等, 計五千戶, 二萬口.

○ 이전에 어르더니 낭수 라마 · 하르숭가(harsungga, 哈爾松阿)를 보내 차하르국에서 귀부하는 무리를 맞이하게 했다. 이때에 돌아와서 상주했다. 「황하를 3일간 건너서 만났습니다. 서렁 체첸 자이상(sereng cecen jaisang, 塞冷車臣寨桑) · 키타트 처르버이 자이상(kitat cerbei jaisang, 祁他特車爾貝寨桑) · 서렁 부두말 자이상(sereng budumal jaisang, 塞冷布都馬爾寨桑) · 샤부 구영 자이상(šabu guyeng jaisang, 沙布古英寨桑) · 아유시 타이지(ayusi taiji, 阿玉石台吉) · 바트마 타이지(batma taiji, 巴特瑪台吉) · 구루스힙 타이지(gurushib taiji, 古魯思希布台吉) 형제 · 반디 쿨룩(bandi kuluk, 班第庫魯克)[25] · 아르사후 머르건 바투루 자사굴(arsahū mergen baturu jasagūl, 阿爾薩虎墨爾根巴圖爾扎薩古爾) · 초이르 잠수 타부낭 자사굴(coir jamsu tabunang jasagūl, 吹爾扎木

蘇塔布囊扎薩古爾), 우순타이 두랄 자사굴(usuntai dural jasagūl, 吳孫泰都喇爾扎薩古爾) · 바양가 자르구치(bayangga jargūci, 巴陽阿扎爾固齊) · 킬로이 두랄(kiloi dural, 祁類都喇爾) · 사막탄 다르한 라마(samaktan darhan lama, 薩馬克談達爾漢喇嘛) · 다이칭 낭수 라마(daicing nangsu lama, 戴靑囊蘇喇嘛) · 다르한 낭수 라마(darhan nangsu lama, 達爾漢囊蘇喇嘛) · 오토치 엄치(otoci emci, 俄托齊額木齊)가 400호를 이끌고 내귀했습니다. 이들을 이끌고 황하를 건너 시라무렌(sira muren, 西拉木輪) 지방에 머물렀습니다. 아직 황하를 건너지 않아서 얼음이 언 후에 올 사람들은 발라이두르 망라이 자이상(balaidur manglai jaisang, 巴賴都爾莽賴寨桑) · 몰로르 어르더니 자이상(molor erdeni jaisang, 摩羅爾額爾德尼寨桑) · 온도 어르더니 자이상(ondo erdeni jaisang, 溫多額爾德尼寨桑) · 마일라 자이상(maila jaisang, 邁喇寨桑) · 잔타이 슐렁거(jantai šulengge, 詹泰舒冷格), 울란 바투루(ulan baturu, 兀蘭巴圖魯) · 자이사무 빙투 구영(jaisamu bingtu guyeng, 寨薩木冰圖古英) · 부다시리 타이지(budaširi taiji, 布達習禮台吉) · 보르호 자사굴(borho jasagūl, 博爾和扎薩古爾) · 어시거 쿨룩(esige kuluk, 額世格庫魯克) · 바기르 자사굴(bagir jasagūl, 巴吉爾扎薩古爾) · 구영 타수르하이(guyeng tasurhai, 古英塔蘇爾海) · 워이정 낭수 라마(weijeng nangsu lama, 衛徵囊素喇嘛) 등으로, 5,000호(戶) 2만 명입니다.」

○ 先是, 征大同時, 攻克保安州, 宗室巴布泰獲財帛甚多, 匿不以聞. 上問之, 詭言毫無所得, 其帳內緞幣布疋之屬, 堆積充棟. 又私送於其子噶布喇所, 上察得其實. 至是, 下法司議. 坐巴布泰欺上罪, 照竊盜律革職. 噶布喇坐受其父所匿財物, 亦照竊盜律, 竝奪其屬員.

25 내국사원당에는 bedei kuluk으로 기록되어 있다.

○ 이전에 대동을 정벌할 때, 보안주(保安州)를 공격해 함락시켰다. 종실 바부타이(babutai, 巴布泰)는 재물을 매우 많이 얻었으나 숨기고 보고하지 않았다. 주상이 묻자 거짓으로 조금도 얻지 못했다고 말했으나, 그 장막 안에 비단과 무명필들이 가득 쌓여 있었다. 또한 그의 아들 가불라(gabula, 噶布喇)의 처소에 몰래 재물을 보냈는데, 주상이 그 실상을 알았다. 이때에 법사(法司)에 내려 의논했다. 바부타이는 주상을 속인 죄에 처하고 절도죄에 의거하여 혁직했다. 가불라는 아버지가 재물을 은닉한 죄에 연좌하고 또한 절도죄에 의거하여 그 소속된 사람들을 빼앗았다.

○ 己巳, 以正藍旗戴噶爾, 撥給塞勒二屯, 敖塔一屯, 席白圖一屯. 田地浮於人丁, 又令所撥給之人, 離本牛彔別住, 革職.

○ 기사일(11.17), 정람기 다이갈(daigal, 戴噶爾)과 설러(sele, 塞勒)의 2촌락, 오오타(oota, 敖塔)의 1촌락, 시버투(sibetu, 席白圖)의 1촌락에게 인정(人丁)보다 더 많은 토지를 지급하고 또 지급해 준 사람을 본 니루에서 벗어나 따로 살게 했으므로 혁직했다.

○ 壬申, 使犬部蓋清屯僧格, 率五十人來朝, 貢貂皮.

○ 임신일(11.20), 사견부(使犬部) 가이칭 촌락(g'aicing gašan, 蓋清屯)의 성거(sengge, 僧格)가 50명을 이끌고 내조하여, 담비가죽을 바쳤다.

○ 初, 牛彔章京傅喀, 從征大同攻城時, 不運致雲梯於城下, 棄置中途. 至是, 爲塔克珠所訐, 遂革其職, 奪所俘獲給塔克珠.

○ 이전에 니루장긴 푸카(fuka, 傅喀)가 대동에 정벌을 가서 공성할 때 운제(雲梯)를 성 아래에 운반하지 않고 중도에 버려두었다. 이때에 탁주(takju, 塔克珠)가 고발했기에 푸카의 관직을 혁파하고 노획물을 빼앗아 탁주에게 지급했다.

○ 時考察管轄漢民, 各官以撫養之善否, 戶口之繁減, 分別優劣. 甲喇章京殷廷輅所轄, 耗損甚多, 詰其故, 則稱俱在諸貝勒·大臣及民人之家. 已造漢人姓名及容留人姓名冊籍, 送於考察大臣. 後復佯爲遺忘, 更改一冊. 詭稱逃亡病故, 與前冊絕不相符, 所司校對, 知屬假造, 事聞. 上以其不善撫恤, 既致民數耗損, 且素行詭譎, 遂誅之. 筆帖式席喇布, 爲廷輅改造冊籍, 亦鞭一百, 貫耳鼻.

○ 이때 한민(漢民)을 관할하는 관리를 고찰(考察)하여 각 관원이 보살피기를 잘했는지 여부와 호구의 번성함과 감소함으로써 우열을 분별했다. 잘란장긴 은정로(殷廷輅)가 관할하는 곳의 인원이 매우 심하게 감소하여 그 이유를 묻자 모두 버일러들과 대신과 민인의 집에 있다고 말하고, 한인의 성명과 구류인을 받아들인 사람의 성명을 책적(冊籍)에 기록하여 고찰하는 대신에게 보냈다. 후에 다시 잃어버린 것으로 꾸며 다시 한 책적을 고치고 도망하거나 병으로 죽었다고 거짓으로 속였다. 이전의 책과 전혀 맞지 않아 관할 관청이 대조해 보니 거짓으로 작성한 것임을 알고 사건을 상주했다. 주상은 그가 제대로 보살피지 못하여 민인의 수가 감소했고, 또 평소에 행실이 간사했으므로 그를 주살했다. 비트허시 시라부(sirabu, 席喇布)는 은정로를 위해

책적을 고쳤기에, 또한 채찍 100대를 때리고, 코와 귀를 뚫었다.

○ 癸酉, 先是, 往征宣大時, 上令御前說書筆帖式, 卜蘭 · 胡球 · 託布齊等, 各隨本旗出略. 及師還入境, 竟不即至, 且怠於所職, 嘗失誤直宿. 至是, 文館大臣, 議罪送禮部. 和碩貝勒薩哈廉以聞, 上曰, 卜蘭等誠有罪, 然直宿有誤, 其失尚小. 朕固不欲以燕寢之故而罪人也. 遂赦之.

○ 계유일(11.21), 이전에 선부와 대동을 정벌할 때 주상이 어전설서(御前說書)[26] 비트허시 부란(buran, 卜蘭) · 후키오(hūkio, 胡球) · 톱치(tobci, 託布齊) 등에게 각각 본 기(旗)를 따라 출동하게 했다. 이들은 군대가 국경에 돌아올 때 즉시 이르지 않았고 맡은 일에 게으르고 숙직에 실수한 적이 있었다. 이때에 문관(文館)의 대신들이 죄를 논의해 예부로 보냈다. 호쇼이 버일러 사할리얀이 알리자 주상이 말했다. "부란 등은 진실로 죄가 있지만 숙직에 실수가 있더라도 그 실수는 오히려 작다. 짐은 한가롭게 잤다는 이유만으로 죄인을 삼지 않겠다." 마침내 용서했다.

○ 甲戌, 上偕和碩額爾克楚虎爾貝勒多鐸, 和碩貝勒薩哈廉, 貝勒阿巴泰 · 阿濟格, 率每牛彔護軍三名, 每甲喇章京一員, 獵於蒙古地方. 是夕, 駐蹕上榆林.

26 어전설서(御前說書)는 『내국사원당』에 "kooli alara niyalma"(例를 설명하는 사람)로 기록되어 있다. 『內國史院檔 天聰八年』, p.370.

○ 갑술일(11.22), 주상이 호쇼이 어르커 추후르 버일러 도도, 호쇼이 버일러 사할리얀, 버일러 아바타이 · 아지거와 함께 니루마다 호군 3명씩, 잘란장긴마다 1명씩 데리고, 몽고 지방에서 사냥했다. 이날 저녁에 상유림(上榆林)에서 묵었다.

○ 乙亥, 諭從獵者曰, 蒐苗獮狩, 古人原以之講武, 須有紀律. 若猝遇猛獸, 不可輕射, 毋許一二人逗留在後, 有逗留者執之. 若遇黃羊, 勿逼近追逐. 恐逼逐之, 反致從後逸出. 爾等各按汎地, 分圍駐守. 帶傷之獸, 不可隱藏. 馬之羈靮鞍韉, 毋相私竊. 違者罪之.

○ 을해일(11.23), 사냥에 참여하는 자들에게 유시했다. "몰이사냥은 본래 옛사람들이 무예를 익히는 일이었으니 기율이 있어야 한다. 갑자기 맹수를 만나면 가볍게 쏘지 말라. 한두 명을 뒤에 남겨 두지 말라. 남겨지면 맹수에게 잡힌다. 만약 황양(黃羊)을 만나면 가까이 다가가지 말라. 가까이 가면 오히려 뒤돌아서 도망간다. 너희는 각각 배치된 곳에서 살피고 나누어 포위해 자리를 지키라. 상처를 입은 짐승을 감추어서는 안 된다. 말의 고삐와 안장을 몰래 훔치지 말라. 이를 어긴 자는 죄에 처할 것이다."

○ 丙子, 駐蹕察罕諾爾塔地方.

○ 병자일(11.24), 차간 노르 수바르간(cagan nor subargan, 察罕諾爾塔) 지방에 머물렀다.

○ 是日, 喀喇沁部落蘇布地杜稜之子古魯思希布, 具筵進 上獻馬駝, 卻之.

○ 이날 카라친 부락 수부디 두렁의 아들 구루스힙(gurushib, 古魯思希布)이 연회를 준비하고 주상에게 말과 낙타를 바쳤으나, 이를 물리쳤다.

○ 壬午, 駐蹕張古臺河口. 是夕, 賜群臣宴.

○ 임오일(11.30), 장구타이(janggūtai, 張古臺) 하구(河口)에 머물렀다. 이날 저녁에 여러 신하들에게 잔치를 베풀어 주었다.

十二月, 癸未朔, 朝鮮國王李倧, 遣使臣李廷顯, 同二十人齎復書至.

○ 12월 계미일 초하루(12.1), 조선국왕 이종(李倧)이 보낸 사신 이정현(李廷顯)이 20명과 함께 답서를 가지고 왔다.

○ 丙戌, 令朝鮮國前使羅德憲, 偕李廷顯朝見, 二使臣奉書跪拜獻上. 前書曰, 春時兩國使臣往還後, 不復聞貴國動靜, 甚深瞻企, 秋間聞汗有師旅之役. 雖傳言未確, 而傾溯益切. 今蒙惠書, 始審旌旆返國, 體膺萬福, 何慰如之. 書中縷縷, 無非愛我之言也. 兩國既成一家, 凡有難處事, 宜盡情相告, 無所蘊蓄. 乃兄弟相親愛之意, 如是然後, 和事可永. 故前書有所云云, 亦令使臣面奏. 今見來書, 頗相致訝, 簡末有意慮不及之言, 此必敝邦誠意未孚而然, 無任慚靦. 吾兩國和好, 今幾年矣. 初告天時, 所誓云何, 信使往來, 隨事論難, 非一再矣. 儻意有所未便, 宜明言之, 何至遽生疑阻耶. 前所告若干條, 旣被貴國督過, 今不必更爲縷悉. 但敝邦北邊之民, 因會寧開市, 及江北人刷還等事, 往往流離, 漸至空虛. 身爲國主, 使三百年祖宗境土, 一朝盡棄, 不惟不穀得罪於祖先, 亦兄弟之間, 所宜動念者也. 然止伸說我情, 其可否惟俟教耳. 兩國和事, 天所鑒臨, 如有一念欺誑, 心生毁渝, 將如欺天何哉. 初信使發程時, 實未知貴國有征役, 及使臣至平安道, 被漢兵截住, 淹滯多日. 其間雖有所聞而, 不敢以未確之言, 書於簡牘中, 此亦情勢使然也. 來書見責, 實出相厚之意, 深謝深謝. 聞敝价方留館所, 待敝邦答書, 方許發回, 故專使以往, 餘不多及, 伏乞照亮. 上覽書, 始納李倧前使羅德憲所獻禮物.

○ 병술일(12.4), 조선국에서 먼저 보낸 사신 나덕헌(羅德憲)에게 이정현(李廷顯)과 함께 알현하게 했다. 두 사신은 서신을 받들어 무릎 꿇어 절하고 주상에게 바쳤다. 이전의 서신은 다음과 같다. 「봄에 양국 사신이 왕래한 후 귀국의 동정을 듣지 못해 고개를 들고 우러러 기다리다가, 가을에 한(汗)께서 정벌에 나가신다고 들었습니다. 비록 전언이 확실하지 않지만 한(汗)을 향한 마음이 더욱 간절해집니다. 지금 보내 주신 글을 받고 비로소 군대가 돌아왔고 만복을 받으셨음을 알게 되었으니 이만한 기쁜 일이 어디 있겠습니까. 글 중 누누이 저희를 아끼지 않는 말이 없습니다. 양국은 이미 한 집안을 이루었으니, 어려운 일이 있으면 모든 상황을 서로에게 말해서 쌓인 것이 없어야 합니다. 형제가 서로 친애하는 뜻이 이러한 후에야 화의가 영원할 것입니다. 이전의 편지에서 말한 바가 있기 때문에 또한 사신으로 하여금 직접 면담하고 상주하게 합니다. 지금 온 편지를 보고 자못 놀랐으니,

글의 말미에 생각하지 못했던 말이 있었습니다. 이는 필시 폐방의 성의가 부족해 일어난 것으로 부끄럽습니다. 우리 두 나라가 화호한 지 지금 몇 년이 되었습니다. 처음 하늘에 고할 때 맹세한 말이 무엇이었습니까. 사신이 왕래할 때 논의하기 어려운 일이 한두 가지가 아니었습니다. 만일 뜻에 불편한 것이 있으면 분명하게 말해야 할 것이니 어찌 갑자기 의심을 품겠습니까? 앞서 알린 몇 가지의 항목은 이미 귀국에게 질책을 받았으니 지금 다시 여러 번 말할 필요 없습니다. 다만 폐방의 북쪽 경계의 백성들은 회령 개시와 강북인(江北人)을 쇄환하는 등의 일로 흩어져 점차 빈 땅이 되었습니다. 나라의 주인 된 몸으로 삼백 년 조종 국토를 하루아침에 버리는 것은 제가 조상에게 죄를 짓는 것일 뿐만 아니라 또한 형제지간에 마음을 바꾸는 것입니다. 그래서 다만 저의 상황을 말씀드리니, 그 가부는 오직 전교를 기다릴 뿐입니다. 두 나라 화의는 하늘이 살펴보고 계시니, 만약 하나라도 속이려 하고 해칠 생각을 한다면 어찌 하늘을 속이는 것과 같지 않겠습니까. 예전에 사신이 길을 떠날 때 귀국에 정벌이 있음을 알지 못했으니, 사신이 평안도에 이르렀을 때 한인 병사에게 길이 막혀 여러 날을 지체했기 때문입니다. 그 사이 비록 들은 바가 있었으나 확실한 말이 아니라 감히 서신에 적지는 못했으니 이 또한 사정이 그렇게 되었습니다. 보낸 편지의 책망은 실로 잘 지내자는 뜻에서 나온 것이니 깊이 감사합니다. 폐방의 사신이 관소에 머무르며 폐방의 답서를 기다린 후에 비로소 돌아가라는 허락을 받을 것이라고 듣고, 이에 특사를 보냅니다. 나머지 말은 많이 하지 않습니다. 엎드려 혜량을 바랍니다.」 주상은 편지를 보고 비로소 이종(李倧)의 먼저 보낸 사신 나덕헌이 바친 예물을 받았다.

○ 是日, 宴朝鮮使臣羅德憲·李廷顯於禮部.

○ 이날 조선 사신 나덕헌(羅德憲)과 이정현(李廷顯)에게 예부에서 연회를 베풀었다.

○ 三等甲喇章京蘇爾東阿, 故以其子舒恕襲職, 仍准襲五次.

○ 삼등 잘란장긴 술둥가(suldungga, 蘇爾東阿)가 죽었으므로, 그의 아들 슈슈(šušu, 舒恕)에게 습직시키고 이어서 5번 습직을 허락했다.

○ 戊子, 賜朝鮮使臣羅德憲·李廷顯鞍馬·貂·參·銀兩, 及其從役銀兩貂皮有差. 設宴於十里外, 公署餞之, 遣還. 并遺朝鮮國王李倧書曰, 王後遣使臣至, 得覩來書, 始登厚餽, 并見前使至於問候書及復書, 俟後遣使, 并致.

○ 무자일(12.6), 조선 사신 나덕헌(羅德憲)과 이정현(李廷顯)에게 안장을 갖춘 말·담비가죽·인삼·은량을 하사하고, 종역(從役)에게도 은량과 담비가죽을 차등 있게 하사했다. 10리 밖에 잔치를 열어 관청에서 전별해 돌려보냈다. 아울러 조선국왕 이종(李倧)에게 보낸 서신에서 말했다.「왕이 후에 보낸 사신이 도착하여 가져온 서신을 받아보고 비로소 후하게 대접했고 전에 온 사신도 함께 만났다. 왕의 문후를 묻는 서신과 답서를 이후에 내가 파견한 사신이 가지고 갈 것이다.」

○ 黑龍江地方杜莫訥·南地攸·賈爾機達·喀拜·郭爾敦, 率從者六十九人, 松阿里地方擺牙喇氏僧格額駙·喇東格, 率從者五十人, 來朝, 貢貂皮.

○ 흑룡강 지방의 두모너(dumone, 杜莫訥)・난디오(nandio, 南地攸)・기야르기다(giyargida, 賈爾機達)・카바이(kabai, 喀拜)・골돈(goldon, 郭爾敦)이 수행인 69명을 이끌고, 또한 숭가리(sunggari, 松阿里) 지방의 바야라(bayara, 擺牙喇) 씨(氏)의 성거 어푸(sengge efu, 僧格額駙)・라둥거(ladungge, 喇東格)가 수행인 50명을 이끌고 내조하여 각각 담비가죽을 바쳤다.

○ 陞三等甲喇章京季思哈, 爲二等甲喇章京, 准世襲二次. 季思哈, 原係瓦爾喀馮家屯人, 先歸烏喇國, 後復孑身來歸, 命管牛彔. 尋授三等甲喇章京. 至是, 以攻取遼東時, 率本甲喇首先豎梯功, 故有是命.

○ 삼등 잘란장긴 기스하(gisha, 季思哈)를 올려 이등 잘란장긴으로 삼고, 2번 습직을 허락했다. 기스하는 원래 와르카(warka, 瓦爾喀)의 풍기야 촌락(funggiya gašan, 馮家屯)의 사람인데, 먼저 울라국에 귀순했다가 후에 다시 혈혈단신으로 내귀했다. 니루를 관할하게 하고 얼마 후 삼등 잘란장긴에 제수했다. 이때에 요동을 공격할 때 자신의 잘란을 이끌고 먼저 사다리를 세운 공이 있으므로 이러한 명이 있었다.

○ 壬辰, 命管步兵梅勒章京霸奇蘭・甲喇章京薩穆什喀, 率章京四十一員, 兵二千五百人, 往征黑龍江地方. 諭之曰, 爾等此行道路遙遠, 務奮力直前, 愼毋憚勞而稍怠也. 俘獲之人, 須用善言撫慰. 飮食甘苦, 一體共之, 則人無疑畏, 歸附必衆. 且此地人民, 語音與我國同, 攜之而來, 皆可以爲我用. 攻略時. 宜語之曰, 爾之先世, 本皆我一國之人, 載籍甚明. 爾等向未之知, 是以甘於自外. 我皇上久欲遣人, 詳爲開示, 特時有未暇耳. 今日之來蓋爲爾等計也. 如此諭之, 彼有不翻然來歸者乎. 爾等其勉體朕意. 大丈夫凡受委任, 當圖報. 稱語云, 少壯不努力, 老大徒傷悲, 誠哉是言. 若此時不力圖建樹, 異日雖悔何益耶. 諭畢, 賜食.

○ 임진일(12.10), 보병을 관할하는 머이런장긴 바키란 · 잘란장긴 삼시카에게 장긴 41명과 병사 2500명을 이끌고 흑룡강 지방을 정벌하게 하며 유시했다. 「너희가 이번에 가는 길이 머니 성실하게 힘을 다해 나아가고, 삼가서 수고로움을 꺼려 하거나 조금도 나태하지 말라. 사로잡은 사람들에게 좋은 말로 위로하고, 좋고 나쁜 음식을 함께 나누면 의심과 두려움 없이 반드시 많이 귀부할 것이다. 또 그 땅의 사람들은 언어가 우리나라와 같으니 그들을 데려오면 모두 우리가 쓸 수 있다. 공격할 때 이렇게 얘기해야 한다. "너희의 조상은 본래 모두 우리와 한 나라 사람이라는 것이 책에 분명히 기록되어 있다. 너희는 그것을 모르고 스스로를 밖의 사람으로 보고 있다. 우리 황상은 오래전부터 사람을 보내어 자세히 알려 주고자 했으나 겨를이 없었다. 오늘 온 것은 모두 너희를 위한 계획이다." 이렇게 유시하면 저들이 변하여 내귀하지 않을 자가 있겠는가? 너희는 짐의 뜻을 힘써 실천하라. 대장부는 임무를 받으면 보답을 도모해야 한다. 옛말에 '젊어서 노력하지 않으면 늙어서 헛되이 슬퍼한다.'라고 한 것은 진실로 옳다. 만약 이때 힘을 다해 공적을 쌓지 않으면 훗날 후회한들 무슨 이득이겠는가?」 유시를 마치고 음식을 하사했다.

又諭曰, 入略之後, 或報捷, 或送俘, 必令由席北綽爾門地方, 經過爲便. 將來遣人往迎, 及運送軍糧, 亦必於此處相待. 其應略地方, 須問鄕導人. 有夏姓武因屯長喀拜, 從役二人, 庫魯木圖屯長郭爾敦, 從役三人, 及納屯一人, 適已偕至, 今俱令其從軍矣. 爾等可率之以往, 經行道路, 詢彼自知. 若彼處已經略定, 此歸附三屯, 不可稍有侵擾, 宜令留於本處. 仍諭以因爾等輸誠來歸, 故使復還故土. 自後宜益修恭順. 儻往來稍間, 必譴責立至矣. 若所略不獲如願, 則不必留此三屯, 當盡攜來. 凡器用之屬有資軍實者, 亦無使遺棄. 軍還, 務令結隊而行, 不可分散. 爾等其凜遵焉. 諭畢.

또 유시했다. "들어가 공략한 이후 승전을 보고하거나 노획물을 보낼 때, 반드시 시버(sibe, 席北)의 촐몬(colmon, 綽爾門)[27] 지방을 통해서 보내라. 앞으로 사람을 보내 맞이하러 가고 군량을 운송할 때도 반드시 그곳에서 기다려라. 공략하는 지방은 반드시 지역의 길잡이에게 물어보라. 히야(hiya, 夏) 성(姓)의 우연(uyen, 武因) 촌락의 수장인 카바이(kabai, 喀拜)의 종역(從役) 2명, 쿠룸투(kurumtu, 庫魯木圖) 촌락의 수장인 골돈(goldon, 郭爾敦)의 종역 3명, 나(na, 納) 촌락의 1명이 내귀했는데 그들을 모두 종군시켰다. 너희는 그들을 데려가서 가야 할 길을 그들에게 물으면 저절로 알게 될 것이다. 그곳이 평정되면 귀부한 세 촌락민을 조금도 침탈하지 말고 고향에 머무르게 하고 다음과 같이 유시하라. '너희가 성심을 다해 내귀했으므로 고향으로 돌아가게 하니 이후로 더욱 공손하게 행하라. 만약 왕래가 뜸해지면 반드시 질책할 것이다.' 만약 공략하여 원하는 만큼 얻지 못하면 세 촌락에 남겨둘 필요가 없으니 모두 데리고 와야 한다. 군사 물자로 쓰는 기물은 버

27 『內國史院檔 天聰八年』, pp.380-381에 의하면 '시버의 촐몬 촌락'(sibei colmon i gašan)은 코르친의 욱샨에 속해 있었다. 시버족의 거주지이기 때문에 '시버의 촐몬'이라고 기록했다. 위치는 송화강과 눈강 합류지의 북쪽 5km에 있는 현재 흑룡강성 肇源縣 當權村으로 추정된다. 薩出日拉圖, 「清初嫩科爾沁部牧地變遷考」, 『西域歷史語言研究集刊』 2019年 第2輯.

려서는 안 된다. 군대가 돌아올 때 힘써 대열을 지어 가야 하고 분산되면 안 된다. 너희는 이를 준수하라." 유시를 마쳤다.

命貝勒薩哈廉·杜度·固山額眞納穆泰·額駙達爾哈及葉克書·葉臣·阿山·伊爾登·色勒·篇古·兵部承政伊孫車爾格竝參政等官, 送於二里外, 按旗分列. 簡士卒閱器械畢, 集出征諸將, 宣讀敕諭. 仍各給將帥一道, 遂令起行.

버일러 사할리얀·두두, 구사어전 남타이, 어푸 다르한, 역슈, 아산, 일던, 설러, 피양구, 병부승정 이순·처르거이 및 참정 등의 관리에게 2리 밖에서 전송하게 했다. 기(旗)에 따라 나누어 배열하여 사졸과 무기를 검열한 후, 출정한 여러 장수를 모아 칙유를 선독(宣讀)하고 각 장수들에게 각각 한 통씩 주고 출발하게 했다.

○ 是日, 召屯長喀拜·郭爾敦等及其從人, 進宮, 賜食. 既出, 命沙爾虎達·穆成格傳諭喀拜等曰, 爾地方僻陋鄙野, 不知年歲何如. 率衆來居我國, 共霑聲教. 朕久欲遣人往諭爾部, 但國務殷繁, 未得暇耳. 人君各統其屬理也, 爾等本我國所屬, 載在往籍, 惜爾等未之知耳. 今爾諸人率先歸附, 若不遣爾還, 留居於此, 亦惟朕意. 朕知爾等賢, 故遣歸, 此行可引我軍前往. 凡各屯寨, 其善指示之. 喀拜對曰, 誠如上諭, 遂受命而去.

○ 이날 촌락의 수장 카바이(kabai, 喀拜)·골돈(goldon, 郭爾敦) 및 그 종인(從人)을 불러 궁에 오게 하여 음식을 하사했다. 그들이 떠난 후에 샤르후다와 무청거(mucengge, 穆成格)에게 명하여 카바이 등에

게 유시를 전해 말했다. “너희 지방은 벽지에 있는 누추하고 야만스러운 지방이라 세월이 어떠한지 알지 못하다가 무리를 거느리고 우리나라에 와서 살면서 함께 교화를 누리고 있다. 짐은 오랫동안 너희 부에 사람을 보내 유시를 전하고자 했으나, 다만 나라의 일이 번잡하여 겨를이 없었을 뿐이다. 군주는 그 속민(屬民)을 다스리는 것이 이치이니 너희는 본래 우리나라의 소속으로 옛 서적에 적혀 있으나 아깝게도 너희가 그것을 알지 못했을 뿐이다. 지금 너희가 사람들을 이끌고 먼저 귀부했으니, 만약 너희를 돌려보내지 않고 이곳에 머무르게 한다면 이 또한 짐의 뜻이다. 짐은 너희가 현명함을 알기에 돌려보내니 이번 행차에 우리 군대가 가는 것을 잘 이끌어야 한다. 각 촌락에서 이 지시를 잘 받들도록 하라.” 카바이가 대답하여 말했다. “진실로 상유(上諭)에 따르겠습니다.” 마침내 명을 받아서 떠났다.

○ 甲午, 遣戶部承政馬福塔·參政羅洛率九十六人齎書往朝鮮國. 書曰, 王起居萬福, 深慰遠念, 觀王前書, 其中畧無誠意, 令予不能無疑. 故以所懷, 盡言無隱. 王今自知其過而引爲己責, 予復何言. 彼此既已釋然, 豈有仍念往事之理. 今後兩國共戴此天, 眞誠無欺, 則上蒼自垂佑矣. 上蒼垂佑則身可以獲福, 而百姓得以安寧. 儻不如此, 徒具稱謂之虛文, 而無式好之實意, 不知生民何日得安枕也. 予觀往蹟, 異姓結盟, 其眞誠常有逾於同胞者. 予與王各治其國, 而得結爲昆弟, 乃上天所授, 非人力也. 彼此皆以誠心相與, 和事豈復有不久者乎. 予慕古人之義, 故前書直指其是非而罄言之. 王宜三復前書, 予心自見也. 會寧交市, 每逢使來, 輒爲推詞. 夫交市一事彼此均益, 不惟吾儕易曉, 即無知小人, 亦所明知. 吾兩國以兄弟之義, 常欲共相貿易, 乃動言無貨, 又每每竊市, 不知此貨更從何得耶. 會寧之市與不市, 有何關係. 但既爲兄弟之國, 明明交市而不許, 反與我逋逃之民, 私相貿易, 此我所不解也. 使予招王逆民, 私相授受, 在王心以爲何如. 王幸熟思之. 不腆土物, 專具別幅. 不宣.

○ 갑오일(12.12), 호부승정 마푸타와 참정 롤로(lolo, 羅洛)를 보내 96명을 이끌고 서신을 가지고 조선에 가도록 했다. 서신에서 말했다. 「왕의 기거에 만복을 바라며 깊이 위로하고 멀리서 염려한다. 왕이 전에 보낸 서신을 보니 그 속에 성의가 없어 내가 의심을 하지 않을 수 없었다. 그리하여 마음에 품은 생각을 숨기지 않고 모두 말했었다. 왕이 지금이라도 스스로 잘못을 알고 자신의 책임을 인정한다면 내가 다시 무슨 말을 하겠는가. 피차가 이미 오해를 풀었는데 어찌 지나간 일을 생각할 리 있겠는가. 이후로 양국이 하늘을 함께 받들고 성심으로 속이지 않으면 상천이 저절로 보우해 주실 것이다. 상천이 보우하시면 자신은 복을 얻을 것이고 백성은 안녕을 얻을 것이다. 만약 이렇게 하지 않고 헛되이 말로만 형제라고 일컬을 뿐 형제간에 화호하는 진실한 뜻이 없으면 백성이 언제 안녕을 얻을 수 있겠는가. 내가 옛 사적을 살펴보니 이성(異姓)이 맹약을 맺을 때 그 진심이 동포보다 더한 경우가 늘 있었다. 나와 왕이 각각 그 나라를 다스리고 형제의 맹약을 맺을 수 있는 것은 상천이 내리시는 것이지 인력으로 가능한 일이 아니다. 피차 모두 성심으로 서로 잘 지낸다면 어찌 화호가 오래가지 않겠는가. 나는 옛사람의 의(義)를 흠모하여 이전의 서신에 대해 시비를 솔직하게 지적하여 모두 말했다. 왕은 이전의 서신을 거듭 읽었을 것이니 나의 마음을 잘 알 것이다. 회령의 개시에 대해 사신 왕래가 있을 때마다 번번이 핑계를 대며 미루는데, 무릇 개시의 일은 피차가 모두 득을 보는 것임은 우리도 쉽게 잘 알고 무지한 소인도 분명히 아는 바이다. 나는 우리 두 나라가 형제의 의로써 늘 무역하기를 바라는데 걸핏하면 물자가 없다고 말하면서 또 매번 몰래 교역을 하니 그 재화는

어디에서 얻는 것인지 알 수 없다. 회령에서 교역을 하든 안하든 무슨 관계가 있겠는가. 다만 형제의 나라라고 하면서 떳떳하게 교역하는 것은 안 된다고 하고, 도리어 나의 도주한 백성과 사사로이 무역을 하니 이것이 내가 이해하지 못하는 것이다. 만약 내가 왕의 반역한 백성을 불러들여 사사로이 주고받으면 왕의 마음은 어떠하겠는가. 왕은 이를 깊이 생각하라. 변변치 않은 토산물을 별도의 서신에 적어 보낸다. 불선(不宣)한다.[28]

○ 是日, 遣前鋒將領碩翁科羅巴圖魯勞薩率蘇爾德·蘇達喇·布顏·努山·鄂碩·護軍參領準塔·藍拜等將士共一百人, 往迎察哈爾國來歸者, 諭之曰, 聞察哈爾國祁他特車爾貝·塞冷布都馬爾·塞冷車臣, 將至. 恐明人聞之, 截其來路, 故先遣艾松古, 率喀喇沁兵百人, 候於張古臺河口. 今可順道遣人邀之同行. 爾等未會之先, 當從朕旋師舊路而往, 會後, 可沿明邊界, 護之而來. 若已至石魯蘇特地方, 可擇草盛處, 令其駐牧爾等酌量近明地駐扎, 於除夕歸來可也.

○ 이날 전봉장령(前鋒將領) 숑코로 바투루 로오사가 술더이(suldei, 蘇爾德)·수달라(sudala, 蘇達喇)·부얀(buyan, 布顏)·누산(nusan, 努山)·오쇼(ošo, 鄂碩)·호군참령(bayarai jalan i janggin) 준타(junta, 準塔)·람바이(lambai, 藍拜) 등 장수와 병사 모두 100명을 이끌고 차하르국의 내귀하는 자들을 맞이하러 갔다. 이들에게 유시했다. "듣건대 차하르국의 키타트 처르버이(kitat cerbei, 祁他特車爾貝)·서렁 부두말(sereng budumal, 塞冷布都馬爾)·서렁 체첸(sereng cecen, 塞冷車臣)이

28 不宣: 서신의 끝에 쓰는 말. 사연을 다 말하지 못한다는 뜻.

온다고 한다. 명나라 사람들이 이 소식을 듣고 그들이 오는 길을 막을까 염려되니 먼저 아이숭구(aisunggū, 艾松古)를 보내 카라친 병사 100명을 이끌고 장구타이(janggūtai, 張古臺) 하구(河口)에서 기다리게 하라. 지금 길을 따라 사람을 보내 그들을 맞이하여 함께 가라. 너희가 합류하기 전에는 짐이 군사를 돌린 옛길을 따라가야 한다. 합류한 후에는 명나라의 변계를 따라 그들을 보호하며 오라. 만약 이미 실루수타이(silusutai, 石魯蘇特) 지방에 이르렀으면 풀이 무성한 곳을 골라 유목하라. 너희는 적절히 명나라의 땅 근처에서 주둔하다가 섣달 그믐에 돌아오라."

○ 丙申, 分定專管牛彔, 宗室拜尹圖三個半牛彔, 宗室巴布海一個牛彔, 額駙楊古利兩個牛彔, 索海・衛齊・公衮, 各半個牛彔, 額駙達爾哈一個半牛彔, 巴哈納・何洛會, 各半個牛彔, 伊孫一個牛彔, 董鄂公主兩個牛彔, 南褚・和爾本・格巴庫, 各兩個牛彔, 布爾海一個牛彔, 穆爾察・范察, 各半個牛彔, 阿山・布爾堪・馬喇希・董世祿・翁格尼・固山額眞葉臣等, 給以新附虎爾哈百人, 授爲專管牛彔. 額駙顧三台・諾木渾・克什納, 各兩個牛彔, 宗室色勒・薩璧翰・昂阿喇・奧塔・額爾克・吳賴, 各半個牛彔, 圖爾格・超哈爾・敖對・巴顏・達爾泰・額駙蘇納・毛墨爾根・固山額眞阿山, 原係半個牛彔, 因戰功增給虎爾哈人, 編爲全牛彔, 令其專管. 巴都禮原係包衣牛彔, 因陣亡, 令其子卓羅專管, 宗室阿拜・花善・姚塔・吳達海・鄂碩, 各半個牛彔, 及韓岱等, 皆永授爲專管牛彔.

○ 병신일(12.14), 전관니루(專管牛彔)[29]를 나누어 정했다. 종실 바인투는 3개 반 니루, 종실 바부하이는 1개 니루, 어푸 양구리는 2개 니루, 소오하이(soohai, 索海)・오이치(oici, 衛齊)・궁군(gunggun, 公衮)은

반개니루, 어푸 다르한은 1개 반 니루, 바하나 · 홀로호이는 각각 반개니루, 이순은 1개 니루, 동고 공주는 2개 니루, 난추(nancu, 南褚) · 홀본(holbon, 和爾本) · 거바쿠(gebakū, 格巴庫)는 각각 2개 니루, 부르하이(burhai, 布爾海)는 1개 니루, 무르차(murca, 穆爾察) · 판차(fanca, 范察)는 각각 반개니루, 아산(asan, 阿山) · 부르칸(burkan, 布爾堪) · 말라히(malahi, 馬喇希) · 둥실루(dungsilu, 董世祿) · 웅거니(unggeni, 翁格尼) · 구사어전 여천(yecen, 葉臣) 등에게는 새로 귀부한 후르카인 100명을 주어서 전관니루로 만들어 주었다. 어푸 구산타이(gusantai, 顧三台) · 놈혼(nomhon, 諾木渾) · 커시너(kesine, 克什納)는 각각 2개 니루, 종실 설러 · 사비간 · 앙가라 · 오오타(oota, 奧塔) · 어르커이(erkei, 額爾克) · 울라이에게는 각각 반개니루, 투르거이 · 초오하르(coohar, 超哈爾) · 오도이(odoi, 敖對) · 바얀(bayan, 巴顏) · 다르타이(dartai, 達爾泰) · 어푸 수나 · 모오 머르건(moo mergen, 毛墨爾根) · 구사어전 아산은 원래 반개니루였는데 전공이 있었으므로 후르카인을 더 지급해 완전한 니루로 편제하고 그에게 전관하게 했다. 바두리에게는 원래 보오이 니루가 있었는데 전사하여 그 아들 졸로(jolo, 卓羅)에게 전관하게 했다. 종실 아바이(abai, 阿拜) · 후와샨(hūwašan, 花善) · 요오타(yoota, 姚塔) · 우다하이(udahai, 吳達海) · 오쇼에게 각각 반개니루, 그리고 한다이(handai, 韓岱) 등에게 모두 수여해 영원히 전관니루로 했다.

○ 丁酉, 和碩墨爾根戴青貝勒多爾袞, 參奏達爾漢侍衛扈爾漢之子渾塔前往旅順口時, 渾塔云, 我攜鋼鐵, 祗送貝勒阿濟格, 不送我本

---

29 專管牛彔. enculehe niru. 후금 시기 功臣이나 일부 宗室을 포함하여 주로 異姓大臣이 소유한 니루. 국가의 徭役을 면제받는 특권적 니루였다.

貝勒. 此事荊古爾代可證. 又心怨貝勒, 常參不至. 有違定制, 下法司鞫之, 俱實, 且嘗於上前訟本貝勒之非, 遂令本管貝勒誅之. 荊古爾代, 前以渾塔之言, 白於貝勒, 及質對時, 回護前言, 坐以應得之罪.

○ 정유일(12.15), 호쇼이 머르건 다이칭 버일러 도르곤이 탄핵하여 상주했다. 「다르한 히야의 아들 훈타(hūnta, 渾塔)가 여순구에 갔을 때 훈타는 "내가 가져온 강철을 버일러 아지거에게 바칠 것이다. 나의 버일러에게는 보내지 않겠다."라고 했습니다. 이 일은 깅굴다이(ginggūldai, 荊古爾代)가 증명할 수 있습니다. 또한 마음으로 버일러를 원망하여 항상 버일러를 뵈러 가지도 않았습니다.」 정해진 제도를 위반했으므로 법사(法司)에 내려 그를 심문하니 모두 사실이었다. 또한 주상 앞에서 자신의 버일러의 잘못을 호소하니 마침내 관할 버일러에게 주살하게 했다. 깅굴다이는 전에는 훈타의 말을 버일러에게 고했다가 대질 심문할 때에는 이전에 했던 말을 비호했으므로 받아야 할 죄에 처했다.

○ 是日, 墨爾根喇嘛載護法嘛哈噶喇佛像至. 初元世祖時, 有帕斯八喇嘛, 用千金鑄護法嘛哈噶喇像, 奉祀於五臺山, 後請移於蒙古薩思遐地方, 又有沙爾巴胡土克圖喇嘛, 復移於元裔察哈爾國祀之. 墨爾根喇嘛, 見皇上威德遐敷, 臣服諸國, 旌旗西指, 察哈爾汗不戰自遁, 知天運已歸我國, 於是載佛像來歸, 上遣畢禮克圖囊蘇, 迎至盛京.

○ 이날 머르건 라마(mergen lama, 墨爾根喇嘛)가 호법(護法) 마하갈라(mahag'ala) 불상을 실어 가져왔다. 예전에 원 세조(元世祖) 때에 파스파 라마(paksba lama, 帕斯八喇嘛)가 천금(千金)을 사용해 호법 마하

갈라 상을 주조하여 오대산(五臺山)에 모시고 제사를 올렸다. 나중에 청하여 몽고 사스키야(saskiya, 薩思遐) 지방으로 옮겼고 다시 샤르바 후툭투 라마(šarba hūtuktu lama, 沙爾巴胡土克圖喇嘛)가 원의 후예인 차하르국으로 옮겨 제사 지냈다. 머르건 라마는 황상의 위덕이 멀리까지 떨쳐 여러 나라를 신복시키고 황상의 군대의 깃발이 서쪽을 가리키자 차하르 칸이 싸우지도 않고 스스로 도주한 것을 보고 천운이 우리나라에 돌아왔음을 알았다. 이에 불상을 싣고 내귀해 왔다. 주상은 빌릭투 낭수(biliktu nangsu lama, 畢禮克圖囊蘇)를 보내 그를 맞이하여 성경(盛京)에 오게 했다.

○ 辛丑, 召察哈爾汗妻掌高爾土門事福金, 及衆臣妻進宮, 察哈爾福金, 及衆臣妻朝見皇后 · 諸妃, 遙拜一次, 察哈爾福金, 復近前拜謁, 次德參濟王所娶之福金謁見. 見畢, 命序坐, 遂賜宴於宮中.

○ 신축일(12.19), 차하르 칸의 부인인 고올 투먼(gool tumen, 高爾土門)의 일을 관장하는 푸진과 여러 대신들의 아내들을 불러 궁에 들였다. 차하르의 푸진과 신하의 아내들은 황후와 여러 비빈을 알현하여 멀리서 한번 배례했다. 차하르의 푸진은 다시 가까이 나아가 배알했고 다음으로 더선 지왕(desen jiwang, 德參濟王)이 혼인한 푸진이 알현했다. 알현이 끝난 후 차례대로 앉게 하고 궁중에서 주연을 베풀었다.

○ 是日, 上召察哈爾新附諸臣, 賜大宴. 德參濟王 · 阿牙克喀塔喜木里克喇嘛, 率諸臣跪獻酒於上前. 上曰, 朕本不飲酒, 念爾等新附諸臣誠意, 當飲之. 遂盡一卮, 上復酌酒授卮, 令諸臣歡飲, 舊大臣亦授卮遍酌之. 飲畢, 備陳樂舞, 諸臣靡不忻悅.

○ 이날 주상이 차하르의 새로 내귀한 신하들을 불러 큰 연회를 베풀었다. 더선 지왕 · 아약 카 타힘릭 라마(ayak ka tahimlik lama, 阿牙克喀塔喜木里克喇嘛)가 신하들을 이끌고 주상의 앞에서 무릎 꿇고 술을 바쳤다. 주상이 말했다. "짐은 본래 술을 마시지 않으나 그대들 새로 귀부한 신하들의 성의를 생각해 마시겠다." 마침내 한 잔을 모두 비우고 주상이 다시 술을 따라 잔을 주어 신하들이 즐거이 마시도록 했다. 예전에 귀부한 대신들에게도 역시 술잔을 주어 두루 술을 따랐다. 술을 마신 후 음악과 가무를 공연하니 신하들이 모두 기뻐했다.

○ 壬寅, 以一等甲喇章京翁格尼, 管牛彔不稱職, 黜之, 令其子傅喀蟾管牛彔事, 并襲其職仍准襲四次. 三等甲喇章京吳納蓋, 原以白身, 自明來歸, 授今職, 仍准襲四次. 一等甲喇章京吉巴克達本瓦爾喀馮家屯人, 率本屯來歸, 授半個牛彔, 以壯丁二百五十人, 令其專管, 及征明時, 陞一等甲喇章京. 因於奉集堡陣亡授其子卦爾察, 爲二等甲喇章京, 仍准襲三次.

○ 임인일(12.20), 일등 잘란장긴 웅거니(unggeni, 翁格尼)가 니루 관리를 제대로 하지 못하므로 그를 면직하고 그의 아들 푸카차(fukaca, 傅喀蟾)에게 니루의 일을 관할하게 했다. 아울러 습직시키고 4번 습직을 허락했다. 삼등 잘란장긴 우나가이(unagai, 吳納蓋)는 원래 백신(白身)이었는데 명에서 내귀한 이후 지금의 직을 수여하고 4번 습직을 허락했다. 일등 잘란장긴 기박다(gibakda, 吉巴克達)는 원래 와르카의 풍기야 촌락(funggiya gašan, 馮家屯) 사람으로 자신의 촌락을 이끌고 내귀하여 반개니루를 수여하고 장정 250명을 전관하게 했다. 명나라를 정벌할 때 일등 잘란장긴으로 승진시켰다. 봉집보(奉集堡)에서 전사하여 그의 아들 구왈차(gūwalca, 卦爾察)에게 이등 잘란장긴의 직을 수

여하고 3번 습직을 허락했다.

○ 癸卯, 察哈爾國來歸祁他特車爾貝·塞冷布都馬爾·塞冷車臣, 各率所部人民至.

○ 계묘일(12.21), 차하르국의 내귀한 키타트 처르버이·서령 부투말·서령 체첸이 각기 관할 부민들을 데리고 도착했다.

○ 遣吳巴海·荊古爾代, 率每旗將領一員, 每牛彔甲士一名共四百人, 往征瓦爾喀. 命兵部和碩貝勒岳託, 傳諭曰, 玆命爾等往征瓦爾喀, 所至之處, 務謹慎從事, 各副委任, 不可怠忽. 聞尼滿地方, 有千餘人, 在彼築城屯駐, 爾等宜往畧之. 至各屯戶口多少, 吳巴海盡知, 可與計議, 其可取者, 量力取之. 有分達里所居之屯, 宜率鄉導前往, 先取此屯, 餘可次第畧定. 凡此諸屯, 非有統帥哨防, 不過貿貿然散處各村落耳. 然其人雖愚昧, 耳目頗衆, 爾等自寧古塔啟行之日, 即宜防範, 毋令彼知覺, 多設偵探, 伺其所在, 以智取之. 所有俘獲, 當加意監守. 知遇天寒, 則給以火, 不可令彼凍傷. 若得食物, 必均給之. 前所遣達朱戶, 以疏忽遇害, 念其效力年久, 著有勞績, 方令承襲世職. 爾等未能如達朱戶之功, 儻不自慎, 欲希格外之恩, 不可得也. 夫攻畧之後, 或俘人逋逃, 或自被殺害, 皆由與彼同處日久, 漫無防範, 以及僇辱其婦女所致. 前者董鄂魁滿, 征瓦爾喀時, 所爲多不義, 爾等切毋效尤, 亦毋以其物力豐足, 妄行侵取. 彼既服從, 秋毫不可擾犯. 爾等其毋違朕命.

○ 우바하이와 깅굴다이를 보내 기(旗) 마다 장령 1명씩, 니루마다

갑사(甲士) 1명씩 모두 400명을 이끌고 와르카를 정벌하러 가게 하고, 병부 호쇼이 버일러 요토에게 유시를 전하게 했다. 「이제 너희에게 명하여 와르카를 정벌하러 가게 하니 너희는 가는 곳에서 신중하게 일을 처리하라. 각기 맡은 임무에 맞게 행동하며 소홀히 하지 말라. 듣건대 니만(niman, 尼滿) 지방에 1,000여 명이 성을 쌓고 주둔하고 있다고 하니 너희는 가서 그들을 공략하라. 각 촌락의 호구 수는 우바하이가 모두 알고 있으니 그와 상의해서 취할 만한 것은 역량을 헤아려 취하라. 푼다리(fundari, 分達里)가 살고 있는 촌락은 길잡이를 데리고 가서 먼저 이 촌락을 취하고 나머지는 차례로 공략해야 한다. 이 촌락들은 초소와 방어를 총괄하는 자가 없이 형편없이 흩어져 있는 촌락에 불과하다. 그러나 그 사람들이 비록 우매하지만 눈과 귀가 자못 많으니 너희는 닝구타에서 출발하는 날에 방범을 해서 그들이 알아채지 못하게 해야 한다. 정탐을 많이 풀어서 그 소재를 엿보아 지략으로 그들을 취하라. 모든 노획은 매우 주의해서 감시해야 한다. 날씨가 추워진다 싶으면 불을 지급하여 그들이 동상에 걸리지 않도록 해야 한다. 음식을 얻으면 반드시 골고루 나누어 주어라. 전에 파견했던 다주후는 소홀히 하다가 해를 당했지만 그가 공을 세운 것이 오래되었음을 생각해 공적을 기록하고 세직을 계승하게 했다. 너희는 아직 다주후와 같은 공을 세우지 못했으니 만약 자중하지 않고 특별한 은혜를 바라면 안 된다. 공략한 후에 포로가 도주하거나 포로에게 살해된 자는 모두 그들과 오랫동안 함께 있다가 방비하지 않고 그 부녀자를 욕보여서 발생한 일이다. 예전에 동고의 코이만(koiman, 魁滿)은 와르카를 정벌할 때 불의(不義)한 짓을 많이 했다. 너희는 절대 그러한 비행을 본받지 말라. 또한 그들의 물력이 풍족하다고 함부로 침범하여 취하지 말라. 그들이 이미 복종했으면 추호도 침해해서는 안 된다. 너희는 짐의 명을 어기지 말라.」

○ 甲辰, 上諭和碩貝勒薩哈廉曰, 煙之爲禁已久, 民間仍有不遵而自擅用者何故, 薩哈廉對曰, 臣父大貝勒, 曾言之, 此禁止行於衆人, 而不禁諸貝勒者, 或以我用煙故耳. 若欲永行禁止, 當自臣等諸臣勒始, 上曰, 不然, 諸貝勒所用, 小民豈可效之. 如諸貝勒服用貂鼠 · 猞狸猻等物, 庶民亦將效之乎. 彼民間日用諸物, 朕又何嘗加禁耶. 因謂固山額眞納穆泰曰, 爾等諸臣, 在公署禁人用煙, 及至家又私用之, 如此, 復何顏責人耶. 以此推之, 則陽奉陰違, 爾等竟無一可信之事矣. 朕所以禁煙者, 每見窮乏之家, 其僕從衣服不周, 猶復市此不已, 無益妄費, 故禁之耳. 若不當禁而禁則彼時卽當直諫, 不然外廷私議設禁之非, 是以臣謗君, 以子謗父也. 爾等思之, 朕曾有因人諫諍而加譴責者乎. 汝等如以進言爲難, 凡有所見, 先啟諸貝勒轉奏可也.

○ 갑진일(12.22), 주상이 호쇼이 버일러 사할리얀에게 유시했다. "흡연을 금지한 지 오래되었지만 민간에서는 아직도 따르지 않고 멋대로 흡연하는 자가 있다고 하니 어찌 그러한 것인가?" 사할리얀이 대답했다. "신의 부친 대버일러가 일찍이 말하기를 '이 금지는 여러 사람들에게 시행하고 버일러들은 금하지 않았다. 만약 내가 흡연한다 해도 그뿐이다.'라고 했습니다. 만약 영원히 금지하고자 한다면 신 등 여러 신하들부터 강제로 시행해야 합니다." 주상이 말했다. "그렇지 않다. 여러 버일러들이 흡연하는 것을 소민(小民)들이 어찌 따라 할 수 있겠는가. 버일러들이 담비가죽과 스라소니 등의 모피를 입는다고 서민도 따라 할 수 있겠는가? 민간에서 일용하는 물품을 짐이 언제 금지한 적 있었는가." 이에 구사어전 남타이에게 말했다. "너희 신하들은 관서에서 사람들에게 흡연하는 것을 금하고 집에 가서 몰래 흡연한다. 이러한데 무슨 얼굴로 남을 책망하는가. 이로써 미루어 짐작컨대 겉으로는 받들고 속으로는 몰래 어기니 너희를 믿을 수 있는 일이 하

나도 없다. 짐이 흡연을 금지한 이유는 궁핍한 집안이 그 노복의 의복도 변변치 않은 마당에 오히려 담배를 사는 것을 그치지를 않고 이득 없이 함부로 낭비하기 때문이다. 만약 흡연을 금지하는 것이 부당한데도 금지했다면 그때에 즉시 직간했어야 한다. 그렇지 않고 조정 바깥에서 금령이 잘못되었다고 사사로이 말하는 것은 신하가 군주를 비방하고 자식이 아비를 비방하는 것이다. 너희는 생각해 보라. 짐이 일찍이 다른 사람이 간쟁(諫諍)했다 해서 견책한 일이 있었는가? 너희가 진언을 어렵게 생각한다면 소견을 먼저 버일러들에게 아뢰고 대신 상주하게 하라.」

○ 是日, 牛彔章京劉學誠, 條奏二事. 一曰, 立郊社壇以敬事天地. 今盛京門外設立堂子遇朔望, 車駕親詣行禮, 昭事之誠, 亦已至矣. 然此但尋常之事, 非天子之禮也. 我皇上爲天地宗子, 當恭建天地壇, 凡出師祈年, 皇上步行至壇禱祀, 每冬至日, 郊天, 用太牢, 夏至日, 祀地, 用少牢, 奉始祖神位入壇配享, 所司官敬謹襄事, 用九升九奏禮, 此敬天地之大典, 朝廷之要務也. 一曰, 勤視朝以體恤民情. 我國設立六部, 分理民事, 逢五日十日, 各部彙奏勤政恤民, 爲法甚善. 但一切章疏, 止憑部臣之言, 其中保無下情, 皇上所不盡知者, 似於體恤之道, 猶有未備, 宜設立通政司, 於朝門外, 東設鼓, 西設鐘, 曉諭人民. 有願自效者, 擊鼓三負, 寃者, 撞鐘三. 通政司官, 隨即奏聞, 凡遇朔望, 皇上御殿親加研鞫, 庶民情虛實, 悉邀聖明洞鑒. 此乃勤政恤民人君當行之要道也. 皇上誠能行此二者, 以承天意以順民心, 則大業立成, 而曆數綿固於無疆矣. 上覽畢曰, 疏中欲朕視朝勤政, 所言誠是, 設通政司一事, 朕心久欲行之, 但以兵興未暇耳. 至於建郊社, 立宗廟, 未知天意何在, 何敢遽行. 果蒙天佑, 克成大業, 彼時順承天心, 恭議大典, 未晚也.

○ 이날 니루장긴 유학성(劉學誠)이 두 가지 사안을 조목조목 아뢰었다. 「첫째, 교단(郊壇)과 사단(社壇)을 세워 천지(天地)를 공경해야 합니다. 지금 성경(盛京) 문 밖에 당자(堂子)를 설립해 삭망(朔望) 때마다 어가가 친히 임하시어 예를 행하니 밝게 하늘을 섬기는 정성이 지극합니다. 그러나 이는 단지 평소의 일일 뿐 천자의 예가 아닙니다. 우리 황상은 천지의 적장자이시니 마땅히 천단(天壇)과 지단(地壇)을 공경히 세워서 출정하고 풍년을 기원할 때 황상께서 가서 축수를 올리셔야 합니다. 매년 동지에 하늘에 제사를 올릴 때 태뢰(太牢)를 사용하시고 하지에 땅에 제사를 올릴 때 소뢰(小牢)[30]를 사용하십시오. 시조의 신위를 단(壇)에 들여 배향하고 담당 관원이 삼가 보좌하여 주상께서 아홉 번 단(壇)에 올라 아홉 번 연주합니다.[31] 이것이 천지를 공경하는 대전(大典)이자 조정의 중요한 사무입니다. 둘째, 황상께서는 조정에 나아가 정사를 힘써 돌보시고 민정을 자애롭게 잘 살피셔야 합니다. 우리나라는 육부를 설립해 민사를 나누어 처리합니다. 매달 5일과 10일에 각 부(部)가 상주를 모아 보고하는 것은 정치에 힘쓰고 백성을 자애하는 것으로 그 법이 심히 아름답습니다. 그러나 모든 상주(上奏)는 단지 육부 신하의 말을 전거로 삼고 그 속에 백성의 사정을 감추어서 황상께서 모르는 것이 있게 되니, 체휼(體恤)의 도(道)가 여전히 미비한 것 같습니다. 마땅히 통정사(通政司)를 설립하고 조문(朝門) 밖 동쪽에는 북을 설치하고 서쪽에는 종을 설치하여 인민을 깨우치십시오. 스스로 공을 세우고 싶은 자가 있으면 북을 세 번 치고, 원

---

30 소뢰(小牢)는 제사 지낼 때 양과 돼지 두 가지 희생만 사용하는 것이다.

31 원문의 九升九奏는 고대에 제왕이 행례할 때 아홉 곡을 연주하는 것이다. 九成도 같은 의미이다. 한 곡을 연주하는 것을 一成이라고 하고, 아홉 곡을 연주하는 것을 九成이라고 한다. 『내국사원당』에 아래와 같이 기록되어 있다. "uyun jergi tafufi hengkilere de, uyun jergi tungken forimbi"(아홉 번 올라 고두할 때 아홉 번 太鼓를 친다). 『內國史院檔 天聰八年』, p.398.

통한 자는 종을 세 번 치게 하십시오. 통정사 관원은 그때마다 즉시 상주하고 삭망 때마다 황상이 전(殿)에 임하시어 친히 자세히 살피고 심문하시면 서민의 사정의 허실이 모두 폐하의 성스럽고 밝은 통찰을 받을 수 있을 것입니다. 이는 정치에 힘쓰고 백성을 자애하는 인군(人君)이 행해야 하는 중요한 도입니다. 황상께서 실로 능히 이 두 가지 일을 행하시어 하늘의 뜻을 받들고 민심을 따른다면 대업을 이루시고 천운이 면면히 이어져 무강하실 것입니다.」

주상이 읽은 후 말했다. "상소 중에 짐이 조정에 나아가 근면히 정사를 돌보라고 한 말은 실로 옳다. 통정사 설치는 짐이 마음속으로 오랫동안 시행하고 싶었던 일이다. 그러나 전쟁이 아직 끝나지 않았다. 교단(郊壇)과 사단(社壇)을 건립하고 종묘를 세우는 것은 아직 하늘의 뜻이 어디에 있는지 모르는데 어찌 감히 시행할 수 있겠는가. 과연 하늘의 보우를 받아 대업을 이루면 그때에 천심을 받들어 삼가 대전(大典)을 논의해도 늦지 않다."

○ 丙午, 甲喇章京朱繼文之子延慶奏曰, 臣聞時不當進而進者, 謂之棄身, 時當進而不進者, 謂之失時. 伏睹皇上東服朝鮮, 西滅察哈爾, 餘惟明僅存耳. 今秣馬厲兵行, 將底定中原, 實大業垂成之時, 豪傑效力之日也. 臣之不才, 實無奇策, 數年來, 甘守窮約, 以書自娛. 自今年從征大同, 又親見我國將士驍勇, 皇上指揮神武, 臣蓋不勝踴躍, 願效馳驅也. 竊思我國之攻城破敵斬將搴旗者, 實不乏人, 守地治民, 安內攘外者, 概未多見. 往年遵化·永平之役, 得有四城, 隨以鮑·高·寧·范, 分守其地. 假使再獲數城, 將於漢官中, 復加遴擇, 恐倉卒之際, 或難名實相稱也. 臣聞盡忠莫如進賢, 故陳平非魏無知, 不得封列侯, 管仲非鮑叔牙, 不得爲伯佐. 此猶往蹟, 即以今事言之, 參將寧完我以貝勒家僕薦舉數人, 一從征, 俱獲顯擢, 固伊等之才能超軼, 實由皇上旁招俊乂之途寬也. 臣實庸愚, 不敢自薦, 臣有二友, 實不敢隱, 請畧言其行止, 伏惟睿鑒, 竊見佟三屬下陳極新, 剛果鄭重, 明理知幾, 且友於兄弟孝於母, 一門之內, 雍睦無間, 以此施之於政, 自當不負於國. 又刑部啟心郎申朝紀, 溫雅正直, 練達世務處, 家儉而守身, 約訥於言而敏於行, 視之若質樸少文, 其才實足肩宏任鉅也. 玆二人者, 即不能追踪前哲亦足步其後塵, 願皇上召至御前, 詢以時務, 試以任使. 儻若臣言虛謬, 願甘欺妄之罪. 臣葢聞建大厦者, 非一木之力, 成大功者非一人之畧, 是以冒死陳奏, 伏候聖裁.

○ 병오일(12.24), 잘란장긴 주계문(朱繼文)의 아들 주연경(朱延慶)이 상주했다. 「신이 듣건대 나아가야 할 때가 아닌데 나아가는 것을 일컬어 몸을 버리는 것이라 하고 나아가야 할 때 나아가지 않는 것을 일컬어 때를 잃는 것이라고 합니다. 삼가 생각건대 황상께서 동쪽으로 조선을 복속시키고 서쪽으로 차하르를 멸하시어, 오직 명이 남아서 근근이 생존해 있을 뿐입니다. 지금 말을 먹이고 병기를 정돈하여 출정해 장차 중원을 평정하시면 실로 대업이 이루어지는 날이자 호걸들이 힘을 발휘하는 날이 될 것입니다. 신은 재주가 없고 실로 기묘한 계책이 없어 수년간 빈곤함을 감수하며 스스로 글을 쓰는 것을 낙으로 삼아 왔습니다. 올해부터 대동(大同) 정벌에 종군하여 우리나라 장수와 병사들의 뛰어난 용맹과 황상께서 지휘하시는 신령한 무위를 직접 보았으니 신은 벅차오르는 가슴을 누를 길 없이 분투하여 힘을 다하고자 합니다. 삼가 생각건대 우리나라에서 성을 공격하고 적을 파괴하며 적장을 베고 적의 깃발을 뽑는 것은 실로 사람이 부족하지 않습니다. 그러나 땅을 지키고 백성을 다스리며 내부를 안정시키고 외적을 물리치는 자는 아직 많이 보이지 않습니다. 예전에 준화・영평 전투에서 4개 성을 얻은 뒤에 포승선(鮑承先)・고홍중(高鴻中)・영완

아(寧完我)·범문정이 그 땅을 나누어 지켰습니다. 만약 성(城) 몇 개를 더 얻어 한인 관원 가운데 다시 선발한다 해도 갑자기 명실상부한 인물을 얻기는 어렵습니다. 신이 듣건대 충성을 다하는 것은 현능한 사람을 추천하는 것만 함이 없다고 했습니다. 그러므로 진평(陳平)은 위무지(魏無知)가 아니었으면 열후(列侯)에 봉해지지 못했을 것이고 관중(管仲)은 포숙아(鮑叔牙)가 아니었다면 백좌(伯佐)가 되지 못했을 것입니다. 이는 지나간 옛일이지만 지금의 일로도 말할 수 있습니다. 참장 영완아는 버일러 집안의 노복으로서 여러 명을 추천했는데 이들이 한번 종군하면 모두 혁혁한 공을 세워 발탁되었습니다. 이들의 재능이 뛰어난 것은 황상께서 걸출한 인재를 추천하는 길을 넓히셨기 때문입니다. 신은 실로 우둔하여 감히 스스로를 천거할 수 없으나 신에게는 두 친구가 있으니 감히 숨길 수가 없습니다. 그 행동거지를 대략 말씀드리고자 하니 황상께서 살펴 주시기만을 엎드려 바랍니다. 삼가 보건대 동삼(佟三) 속하의 진극신(陳極新)은 과단성 있고 점잖고 묵직하며 이치에 밝고 상황을 잘 예견합니다. 또한 형제에게 우애롭고 어머니에게 효순하니 일족이 서로 화목하여 틈이 없습니다. 가문을 다스리듯 정사를 펼칠 것이니 당연히 나라를 저버리지 않을 것입니다. 또한 형부계심랑 신조기(申朝紀)는 온화하고 정직하며 세무(世務)에 통달했으며 집안이 검소하고 자신을 잘 다스립니다. 말은 좀 어눌하나 행동은 민첩합니다. 질박하고 문재가 부족해 보이나 그 재능은 실로 대사(大事)를 맡길 만합니다. 이 두 사람은 전대의 현인을 따라 갈 수 없다 해도 그들의 족적을 모방하기에는 충분합니다. 원컨대 황상께서 이들을 어전(御前)으로 부르시어 시무(時務)를 물어보시고 임무를 맡길 수 있는 지 시험해 보십시오. 만약 신의 말이 거짓이라면 원컨대 황상을 기망한 죄를 달게 받겠습니다. 신이 듣기에 큰 건물을 짓는 것은 나무 한 개의 힘으로 되는 것이 아니며 큰 공을 이루는 것은 한 사람의 책략으로 되는 것이 아니라고 했습니다. 신이 죽음을 무릅

쓰고 상주하니 엎드려 황상의 결정을 기다리겠습니다.」

上覽畢, 召朱延慶, 竝所擧陳極新 · 申朝紀至, 謂延慶曰, 爾所奏甚善, 人臣進言, 正當如此. 若徒遮拾古事陳奏, 其所稱說, 皆無濟於實用, 何足取乎. 大凡建言之人, 果有所見, 必實指曰某也賢, 某也不肖, 於執政諸大臣, 必實指曰, 某大臣能稱厥職, 某大臣惟利是圖, 某徇庇所私之人, 某傾害所惡之人, 務直指其名, 無事朦混. 即朕躬或有過失, 亦必實指其事入告, 斯爲無欺無隱之道耳. 至在廷諸臣, 於賢才皆得薦擧, 毋曰賢才已如此衆多, 上猶不以爲足而求之不已也. 若爾等所擧之人, 或變其初心, 後爲不善, 亦彼自爲不善耳, 於擧者何與. 今朕將錄用爾三人, 併欲使大小臣工, 明知朕意焉. 於是令朱延慶 · 陳極新, 於文館錄用, 以申朝紀原係部臣, 仍令在刑部辦事.

주상이 열람을 마친 후 주연경(朱延慶)과 그가 추천한 진극신(陳極新) · 신조기(申朝紀)를 불러들이고 주연경에게 말했다. “네가 상주한 바는 매우 옳다. 신하가 진언하는 것은 마땅히 이러해야 한다. 만약 쓸데없이 고사(古事)를 끌어들여 상주하면 그 지껄이는 것이 모두 실용에 도움이 되지 않으니 취할 만한 것이 뭐가 있겠는가. 건의하는 사람이 정말 소견이 있으면 반드시 실제로 누구는 현명하고 누구는 불초하다고 가리켜 말해야 한다. 집정대신들에 대해서도 반드시 실명을 가리켜 모 대신은 능히 직임을 다할 수 있고 모 대신은 다만 이익만을 좇으며, 누구는 자기 사람을 비호하고, 누구는 치우쳐서 미워하는 사람을 모함한다고 힘껏 그 이름을 직접 지목해야 속이는 일이 없게 된다. 짐에게 만약 잘못이 있다면 반드시 그 일을 제대로 지목하여 고해야 한다. 이것이 속이고 숨기는 것이 없게 되는 도리이다. 조정의 대신들은 현명한 인재를 모두 추천할 수 있다. 현명한 인재가 이렇게 많은데 주상은 아직도 만족하지 못하고 끝없이 구한다고 하지 말라. 만약 너희가 추천한 사람이 혹 초심을 잃고 나중에 좋지 않게 되더라도 그 자신이 나쁘게 된 것일 뿐이지 추천한 자와 무슨 상관이 있겠는가. 지금 짐은 이 세 사람을 등용하여 대소 신료들에게 짐의 뜻을 분명하게 알리고자 한다." 이에 주연경과 진극신을 문관에 등용하고 신조기는 원래 부(部)의 신하였으므로 예전대로 형부에서 일을 처리하게 했다.

○ 己酉, 外藩蒙古執政諸貝勒, 以元旦來朝, 上率諸貝勒出城, 迎至演武場. 御坐, 科爾沁國土謝圖濟農巴達禮 · 卓禮克圖台吉吳克善 · 伊爾都齊 · 達古爾哈談巴圖魯 · 滿珠習禮額駙 · 額參, 奈曼部落袞出斯巴圖魯, 扎魯特部落達爾漢巴圖魯色本 · 內齊, 巴林部落滿珠習禮, 翁牛特部落東戴青 · 班第衛徵, 吳喇忒部落土巴, 察哈爾土巴濟農子塞冷台吉, 依次於上前跪拜, 行抱見禮. 次與衆貝勒以齒序相見畢, 蒙古諸貝勒以所攜酒酌於金巵, 獻上, 竝貢馬駝 · 貂皮. 上各賜以甲胄 · 鞍轡 · 衣帽 · 綵緞 · 財物 · 銀器 · 弓刀 · 撒袋等物有差.

○ 기유일(12.27), 외번몽고 집정 버일러들이 원단(元旦)이라고 내조하니 주상이 여러 버일러들을 이끌고 성을 나가 연무장에서 맞이했다. 주상이 자리하자 코르친국 투시예투 지농 바다리 · 조릭투 타이지 욱샨 · 일두치 · 다구르 하탄 바투루(dagūr hatan baturu, 達古爾哈談巴圖魯) · 만주시리 어푸 · 에센, 나이만 부락의 군추스 바투루, 자루트 부락의 다르한 바투루 서분과 너이치, 바린 부락의 만주시리, 옹니우트 부락의 둥 다이칭과 반디 워이정, 우라트 부락의 투바, 차하르 투바 지농의 아들 서렁 타이지가 차례대로 주상 앞에서 무릎 꿇고 배례하고 포견례(抱見禮)를 행하였다. 다음으로 버일러들과 나이 순서대로 만난 후 몽고 버일러들이 가져온 술을 금술잔에 따라서 주상에게 올

리고 아울러 말 · 낙타 · 담비가죽을 진공했다. 주상이 갑옷과 투구 · 안장과 굴레 · 의복과 모자 · 채단(綵緞) · 재물 · 은그릇 · 활과 칼 · 화살집 등의 물품을 각각 차등 있게 하사했다.

○ 庚戌, 上以除夕, 率諸貝勒 · 大臣, 詣太祖陵寢致祭, 令大貝勒代善, 於太祖神位前跪奠酒, 上行禮, 祭畢, 還宮.

○ 경술일(12.28), 주상이 섣달 그믐날이어서 버일러와 대신들을 이끌고 태조의 능침에 가서 제사를 올렸다. 대버일러 다이샨에게 태조의 신위 앞에서 무릎 꿇고 술을 바치게 하고 주상도 예를 행하였다. 제사를 마치고 환궁했다.

○ 是日, 梅勒章京丁啟明, 爲其家人孟色所訐, 言啟明將上所賜人百口耗費殆盡, 又以上賜貂裘, 質於典庫, 并貸于義銀百兩. 法司審問皆實, 論死, 奏聞, 上命免死, 褫其職, 給本貝勒爲奴.

○ 이날 머이런장긴 정계명(丁啓明)이 그의 가인(家人) 멍서(mengse, 孟色)에게 고발당했다. 멍서는 정계명이 주상이 하사한 인구 100명을 거의 다 써 버렸고 주상이 하사한 담비가죽옷을 전당 잡혔으며, 은 100냥을 이오이(ioi i, 于義)에게 빌렸다고 했다. 법사(法司)에서 심문해 보니 모두 사실이어서 사형죄로 논하고 상주했다. 주상은 사형은 면해 주되 그 직을 박탈하고 관할 버일러에게 주어 노비로 삼게 했다.

천총 9년

권22

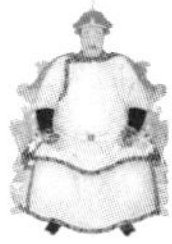

천총 9년 정월 ~ 2월

○ 天聰九年, 乙亥, 春正月, 壬子朔, 寅刻, 上率諸貝勒羣臣詣堂子, 拜天行禮. 上還宮, 拜神畢. 上御殿, 八旗和碩貝勒等, 率總兵官尚可喜, 行朝賀禮. 次科爾沁國土謝圖濟農巴達禮 · 卓禮克圖台吉吳克善, 各率本部落貝勒諸臣, 次敖漢部落杜稜濟農, 率察哈爾 · 喀爾喀貝勒諸臣, 次阿祿翁牛特部落東戴青, 率貝勒諸臣, 次阿祿部落塔賴達爾漢 · 俄木布達爾漢卓禮克圖, 率貝勒諸臣, 次喀喇沁 · 土默特部落衆塔布囊, 次在內滿洲 · 蒙古 · 漢軍諸臣, 各按旗分, 竝先後歸附察哈爾國諸臣, 行禮畢, 上率諸貝勒, 詣姊董鄂公主, 兄大貝勒代善 · 姊哈達公主第拜賀. 上還宮, 賜察哈爾國來歸諸臣茶, 復陞殿, 設大宴, 備陳樂舞. 土謝圖濟農等, 以慶賀元旦, 獻駝馬 · 牛羊 · 貂裘等物, 酌納之.

○ 천총 9년 을해년 봄 정월 임자일 초하루(1.1), 인시에 주상은 여러 버일러들과 군신들을 이끌고 당자(堂子)를 방문하여 하늘에 절하고 예를 행하였다. 주상이 환궁하여 신(神)에게 절하기를 마치고 전(殿)에 가자 팔기 호쇼이 버일러들이 총병관 상가희를 데리고 조하례

를 행하였다. 그다음은 코르친국 투시예투 지농 바다리 · 조릭투 타이지 욱샨이 각각 본 부락의 버일러와 여러 신하들을 이끌고, 그다음은 아오한 부락 두렁 지농(dureng jinong, 杜稜濟農)이 차하르 · 칼카의 버일러와 여러 신하들을 이끌고, 그다음은 아루의 옹니우트 부락의 둥다이칭(dung daicing, 東戴青)이 버일러와 여러 신하들을 이끌고, 그다음은 아루 부락 탈라이 다르한(talai darhan, 塔賴達爾漢), 옴부 다르한 조릭투(ombu darhan joriktu, 俄木布達爾漢卓禮克圖)가 버일러와 여러 신하들을 이끌고, 그다음은 카라친 · 투메트 부락 여러 타부낭이, 그다음은 재내(在內)의 만주 · 몽고 · 한군 신하들이 각각 자신의 기(旗)에 따랐고, 아울러 앞뒤로 귀부한 차하르국의 신하들이 예를 행하였다. 예를 행한 후 주상은 여러 버일러들을 이끌고 누나 동고 공주 · 형 대버일러 다이샨 · 누나 하다 공주의 집에 방문하여 절하고 경하했다. 주상이 환궁하여 차하르국의 내귀한 여러 신하들에게 차를 하사했고 다시 전(殿)에 올라서 큰 연회를 베풀고 음악과 가무를 마련했다. 투시예투 지농 등이 원단을 경하하면서 낙타 · 말 · 소 · 양 · 담비가죽옷 등의 물건을 바치니 헤아려 받았다.

○ 先是, 我國使臣被賊五人害於途. 賊奔阿祿地方, 蒙古人名揚者, 追至興安嶺, 盡殺之, 上嘉其勇. 是日, 賜揚號爲達爾漢哈談巴圖魯, 給以敕書, 仍傳諭毋得呼其舊名, 違者罰之, 行師令居前, 從獵令居中.

○ 이전에 우리나라 사신이 도적 5명에게 길에서 해를 당했다. 도적이 아루 지방으로 도망가자 이름이 양(yang, 揚)인 몽고인이 흥안령(興安嶺)까지 쫓아가서 모두 죽였다. 주상이 그 용기를 가상히 여겼다. 이날 양(yang, 揚)에게 다르한 하탄 바투루(darhan hatan baturu, 達爾漢哈談巴圖魯) 호칭을 하사하고 칙서를 내렸다. 이어 유시를 전하여 옛

이름을 부르지 못하게 하고 어기는 자는 벌하게 했으며, 행군할 때는 앞에 서고 사냥에 따라갈 때는 가운데에 있게 했다.

○ 辛酉, 都元帥孔有德奏言, 元旦令節, 羣臣稽首稱賀, 獨臣未至. 因聖旨憐臣, 令與老母妻子完聚過節, 聖恩隆渥, 擧家感戴. 五日前即欲趨朝叩賀, 兼謝聖恩, 因總兵官耿仲明, 舊瘡擧發, 未能詣闕. 臣雖遵奉諭旨, 難逭不恭之罪, 伏願皇上新祉日加, 永承天眷, 臣謹薰沐具奏, 俯伏待命.

○ 신유일(1.10), 도원수 공유덕이 상주하여 말했다. 「원단(元旦) 명절에 군신들이 머리를 조아리고 경하를 올렸으나 오직 신만 가지 못했습니다. 성지(聖旨)를 통하여 신을 가련히 여기시고 노모와 처자식들과 함께 모두 모여 명절을 보내게 하시니, 성은이 높고 두터워 온 집안이 감사히 생각하고 있습니다. 5일 전에는 조정에 달려가서 고두하며 경하하여 성은에 감사하고자 했으나 총병관 경중명이 오래전부터 앓던 등창이 재발했기에 입궐할 수 없었습니다. 신은 유지를 받들어 준수하고자 했으나 불공(不恭)의 죄를 면하기 어렵습니다. 엎드려 바라건대 황상께 새로운 복이 날로 더해지고 하늘의 보우를 영원토록 받으십시오. 신은 삼가 경건한 마음으로 주를 올리고 엎드려 명을 기다립니다.」

○ 甲子, 以貝勒杜度女, 許配扎爾固齊費英東之子昂邦章京察喀尼, 察喀尼獻馬十, 甲胄十. 上納馬一 · 甲胄一.

○ 갑자일(1.13), 버일러 두두의 딸을 자르구치 피옹돈의 아들 암바

장긴 차카니(cakani, 察喀尼)와 혼인할 것을 허락하자 차카니가 말 10마리, 갑옷과 투구 10벌을 바쳤다. 주상은 말 1마리와 갑옷과 투구 1벌을 받았다.

○ 乙丑, 以額駙蘇納隱匿壯丁, 革三等甲喇章京職.

○ 을축일(1.14), 어푸 수나(suna, 蘇納)가 장정을 은닉했기에 삼등 잘란장긴에서 혁직했다.

○ 丙寅, 使犬部落索瑣科來朝, 貢黑狐 · 黄狐 · 貂鼠 · 水獺等皮, 及狐裘 · 貂裘.

○ 병인일(1.15), 사견부락(使犬部落)의 소소코(sosoko, 索瑣科)가 내조하여 검은 여우 · 황색 여우 · 담비 · 수달 등의 가죽과 여우가죽옷 · 담비가죽옷을 공납했다.

○ 丁卯, 科爾沁國土謝圖濟農巴達禮等歸國, 上欲親送之, 土謝圖濟農等辭曰, 車駕親送, 臣等實切不安. 上曰, 汝等皆朕子弟之屬, 即不送, 亦無不可. 但前此汝等往來, 朕俱親出迎送, 豈今嗣大位, 遂可遽忘舊禮乎. 於是上率大貝勒代善及諸貝勒出北門, 送土謝圖濟農等, 至演武場, 以茶酒餞而遣之.

○ 정묘일(1.16), 코르친국 투시예투 지농 바다리 등이 귀국하는 길에 주상이 친히 배웅하려 하자 투시예투 지농이 사양하여 말했다. "황

상의 수레가 친히 배웅하시니 신들은 참으로 편치 않습니다."[1] 주상이 말했다. "너희는 모두 짐의 자제들이기에 배웅하지 않아도 된다. 다만 이전에 너희가 왕래할 때마다 짐이 직접 나가 맞이하고 배웅했는데 지금 대위를 이었다 하여 갑자기 이전의 예를 잊을 수 있겠는가." 이에 주상은 대버일러 다이샨과 여러 버일러들을 이끌고 북문(北門)으로 나가서 투시예투 지농 등을 배웅했다. 연무장에 이르러 차와 술로 전별하고 보냈다.

○ 庚午, 以察哈爾國歸附大臣多尼庫魯克奉其國福金以禮來歸, 賜以甲胄·鞍馬, 號爲都喇爾達爾漢貝勒, 給之敕書, 命於國中往來駐宿, 按日給以口糧, 子孫永免驛馬雜派, 行師居前, 從獵居中, 毋得呼其舊名, 違者罰之.

○ 경오일(1.19), 차하르국에서 귀부한 대신 도니 쿨룩(doni kuluk, 多尼庫魯克)이 그 나라의 푸진을 모시고 예를 갖추어 내귀하니, 갑옷과 투구·안장 달린 말을 하사하고 두랄 다르한 버일러(dural darhan beile, 都喇爾達爾漢貝勒) 칭호를 내렸다. 칙서를 내려서 명하기를, 나라 안에서 왕래하며 숙박할 때에는 일수에 따라 양식을 지급하고, 자손들은 역마(驛馬)를 타게 하고 잡다한 할당을 영원히 면하며, 군대가 움직일 때는 대오 앞에 있게 하고 사냥을 따라갈 때는 가운데 있게 하며 옛 이름을 부르지 못하게 하고 이를 어긴 자는 벌하게 했다.

1 이때 심양 근처에서 천연두가 발생하자, 천연두 면역이 없는 홍타이지가 멀리 나가는 것을 투시예투 지농이 걱정한 것이다. 『舊滿洲檔 天聰九年』, p.13.

○ 三等梅勒章京俄本兌病故, 以其兄瓦塞襲職, 仍准再襲九次. 三等甲喇章京伊勒木病故, 以其子根特襲職, 仍准再襲一次.

○ 삼등 머이런장긴 오본도이(obondoi, 俄本兌)가 병으로 사망하자 그 형 와서(wase, 瓦塞)에게 습직시키고 9번 습직을 허락했다. 삼등 잘란장긴 일러무(ilemu, 伊勒木)가 병으로 사망하자 그 아들 건터이(gentei, 根特)에게 습직시키고 1번 습직을 허락했다.

○ 癸酉, 以察哈爾國來歸各官并壯丁三千二百十有一人均隸各旗.

○ 계유일(1.22), 차하르국에서 내귀한 각 관원과 장정 3,211명을 모두 각 기에 예속시켰다.

○ 賜察哈爾來歸之格龍阿牙克喀塔喜木里克喇嘛寨桑 · 德參濟王 · 都喇爾達爾漢諾顏 · 多爾濟達爾漢諾顏 · 古木德塞臣 · 布喇克 · 特濟葉祜 · 噶爾馬青山 · 卓爾齊代 · 墨爾根袍 · 秦代默得齊 · 商紹代寨桑 · 古木寨桑 · 特得赫寨桑 · 阿密奈寨桑 · 巴特瑪寨桑 · 諾門達賴寨桑 · 克聲寨桑 · 吹爾額爾克寨桑 · 塞木寨桑 · 呼喇蓋齊台吉 · 巴琫寨桑 · 額葉圖寨桑 · 古木台吉 · 布達禮寨桑 · 擺戶札薩古爾 · 塞冷車臣 · 布顏代札薩古爾 · 阿爾素虎墨爾根巴圖魯 · 侯痕巴圖魯 · 古木布護 · 海塞塔蘇爾海 · 扎木蘇塔蘇爾海 · 托克托會 · 拔里和碩齋 · 綽斯希爾台吉 · 巴圖札薩古爾 · 衮出斯台吉 · 公格 · 奇他木 · 札雅漢詹 · 古魯札薩古爾寨桑 · 衮出克寨桑 · 翁喀代寨桑 · 叟格都喇爾 · 綽爾濟台吉 · 敦朱克台吉 · 阿津 · 巴布古寨 · 岱青 · 塞

冷寨桑·阿津舒冷格·阿巴爾戶·額思護·布顔圖·巴木布古英寨桑·札木蘇寨桑·益速太寨桑·吳布格塞臣·馬齊代和碩齊·俄戚代寨桑·多爾濟塔蘇爾海·翁阿代台吉·諾木圖札薩古爾·和津泰札薩古爾·額林齊戴青·額爾格布什寨桑·白希庫魯克·塔賴·班津·海桑特白里戶·勞桑台吉·祁他特車爾貝·白德庫魯克·趙諾·巴陽阿扎爾固齊·吳孫泰都喇爾札薩古爾·巴琫台吉·吹爾札木蘇札薩古爾·歸痕塔布囊·綽爾門寨桑·額布魯札薩古爾·喇唐札薩古爾·巴特瑪渾津·顧實·德得·叙札薩古爾·達喇馬和碩齊·札噶爾莽奈·海塞塔布囊·杭愛代達爾漢·諾木圖·阿楚·達都和·阿習克·達顔·綽思熙·輝朗布戶·索尼札薩古爾·益蘇得爾·達爾漢巴圖魯·喀朗·額塞內和碩齊·薩馬克談達爾漢喇嘛·戴青囊蘇喇嘛·額木齊喇嘛·塞冷布都馬爾寨桑·瑣諾木塔布囊·沙布古英札薩古爾·巴特瑪達爾漢寨桑·額懇達爾漢寨桑 單把和碩齊札薩古爾·顧實寨桑·古英·博爾退巴圖魯·和碩塔爾蘇海·拜星·祁隆都喇爾·墨爾根·郭爾楚·海塞·喇和·額布根札薩古爾·祁他特台吉·葉蘇得古英札薩古爾·阿達爾巴克什·歸痕古英寨桑·溫多額爾德尼寨桑等百二十七人, 貂鑲朝衣·貂裘·猞狸猻裘·貂帽·涼帽·鞾·蟒緞·素緞·玲瓏鞍轡·玲瓏鞓帶·撒袋·弓矢·銀器·甲胄·牛羊·馬匹·奴僕·屯莊. 其所屬塔哈爾·噶爾馬等百九十一人, 各賜馬匹·朝衣等物有差. 又賜祁他特台吉莊屯四所, 每所人十名·牛六頭.

○ 차하르에서 내귀한 겔룽 아약 카 타힘릭 라마 자이상(gelung ayak ka tahimlik lama jaisang, 格龍阿牙克喀塔喜木里克喇嘛寨桑), 더선 지왕(desen jiwang, 德參濟王), 두랄 다르한 노얀(dural darhan noyan, 都喇爾達爾漢諾顏), 도르지 다르한 노얀(dorji darhan noyan, 多爾濟達爾漢諾

顏), 구무더이 세첸(gumudei secen, 古木德塞臣), 불락(bulak, 布喇克), 터지여후(tejiyehu 特濟葉祜), 가르마 칭산(g'arma cingsan, 噶爾馬青山), 조르치다이(jorcidai, 卓爾齊代), 머르건 보오(mergen boo, 墨爾根袍), 친다이 머더치(cindai medeci, 秦代默得齊), 샹 쇼오 다이 자이상(šang šoo dai jaisang, 商紹代寨桑), 구무 자이상(gumu jaisang, 古木寨桑), 터더허이 자이상(tedehei jaisang, 特得赫寨桑), 아미나이 자이상(aminai jaisang, 阿密奈寨桑), 바트마 자이상(batma jaisang, 巴特瑪寨桑), 노몬 달라이 자이상(nomon dalai jaisang, 諾門達賴寨桑), 커셩 자이상(kešeng jaisang, 克聲寨桑), 초이르 어르커 자이상(coir erke jaisang, 吹爾額爾克寨桑), 서무 자이상(semu jaisang, 塞木寨桑), 훌라가이치 타이지(hūlagaici taiji, 呼喇蓋齊台吉), 바붕 자이상(babung jaisang, 巴琫寨桑), 어여투 자이상(eyetu jaisang, 額葉圖寨桑), 구무 타이지(gumu taiji, 古木台吉), 부다리 자이상(budari jaisang, 布達禮寨桑), 바이후 자사굴(baihū jasagūl, 擺戶札薩古爾), 서렁 체첸(sereng cecen, 塞冷車臣), 부얀타이 자사굴(buyantai jasagūl, 布顏代札薩古爾), 아르수후 머르건 바투루(arsuhū mergen baturu, 阿爾素虎墨爾根巴圖魯), 허오헌 바투루(heohen baturu, 侯痕巴圖魯), 구무 부후(gumu buhu, 古木布護), 하이서 타수르하이(haise tasurhai, 海塞塔蘇爾海), 잠수 타수르하이(jamsu tasurhai, 扎木蘇塔蘇爾海), 톡토호이(toktohoi, 托克托會), 발리 호쇼치(bali hošoci, 拔里和碩齊), 초스힐 타이지(coshil taiji, 綽斯希爾台吉), 바투 자사굴(batu jasagūl, 巴圖札薩古爾), 군추스 타이지(guncus taiji, 袞出斯台吉), 궁거(gungge, 公格), 키타무(kitamu, 奇他木), 자야한 잔(jayahan jan, 札雅漢詹), 구루 자사굴 자이상(guru jasagūl jaisang, 古魯札薩古爾寨桑), 군축 자이상(guncuk jaisang, 袞出克寨桑), 웅카다이 자이상(ungkadai jaisang, 翁喀代寨桑), 서오거 두랄(seoge dural, 叟格都喇爾), 초르지 타이지(corji taiji, 綽爾濟台吉), 돈죽 타이지(donjuk taiji, 敦朱克台吉), 아진(ajin, 阿津), 바부구자이(babugūjai, 巴布古寨), 다이칭(daicing, 岱青), 서렁 자이상(sereng jaisang, 塞冷寨桑),

아진 슐렁거(ajin šulengge, 阿津舒冷格), 아바르후(abarhū, 阿巴爾戶), 어스후(eshu, 額思護), 부얀투(buyantu, 布顏圖), 밤부 구영 자이상(bambu guyeng jaisang, 巴木布古英寨桑), 잠수 자이상(jamsu jaisang, 札木蘇寨桑), 이수타이 자이상(isutai jaisang, 益速太寨桑), 우부거 세첸(ubuge secen, 吳布格塞臣), 마치다이 호쇼치(macidai hošoci, 馬齊代和碩齊), 오치타이 자이상(ocitai jaisang, 俄戚代寨桑), 도르지 타수르하이(dorji tasurhai, 多爾濟塔蘇爾海), 웅가다이 타이지(unggadai taiji, 翁阿代台吉), 놈투 자사굴(nomtu jasagūl, 諾木圖札薩古爾), 호진타이 자사굴(hojintai jasagūl, 和津泰札薩古爾), 어린치 다이칭(erinci daicing, 額林齊戴青), 어르겁시 자이상(ergebsi jaisang, 額爾格布什寨桑), 버히 쿨룩(behi kuluk, 白希庫魯克), 탈라이(talai, 塔賴), 반진(banjin, 班津), 하이상 터버리후(haisang teberihu, 海桑特白里戶), 로오상 타이지(loosang taiji, 勞桑台吉), 키타트 처르버이(kitat cerbei, 祁他特車爾貝), 버더이 쿨룩(bedei kuluk, 白德庫魯克), 조오노(joono, 趙諾), 바양가 자르구치(bayangga jargūci, 巴陽阿扎爾固齊), 우순타이 두랄 자사굴(usuntai dural jasagūl, 吳孫泰都喇爾札薩古爾), 바분 타이지(babun taiji, 巴琫台吉), 초이르 잠수 자사굴(coir jamsu jasagūl, 吹爾札木蘇札薩古爾), 구이헌 타부낭(guihen tabunang, 歸痕塔布囊), 촐몬 자이상(colmon jaisang, 綽爾門寨桑), 어부루이 자사굴(eburui jasagūl, 額布魯札薩古爾), 라탕 자사굴(latang jasagūl, 喇唐札薩古爾), 바트마 혼진(batma honjin, 巴特瑪渾津), 구시(gusi, 顧實), 더더이(dedei, 德得), 차이 자사굴(cai jasagūl, 釵札薩古爾), 다라마 호쇼치(darma hošoci, 達喇馬和碩齊), 자갈 망나이(jagal mangnai, 札噶爾莽奈), 하이서 타부낭(haise tabunang, 海塞塔布囊), 항가이 다이 다르한(hanggai dai darhan, 杭愛代達爾漢), 놈투(nomtu, 諾木圖), 아추(acu, 阿楚), 다두호(daduho, 達都和), 아식(asik, 阿習克), 다얀(dayan, 達顏), 초스히(coshi, 綽思熙), 호일랑 부후(hoilang buhu, 輝朗布戶), 소닌 자사굴(sonin jasagūl, 索尼札薩古爾), 이수더르(isuder, 益蘇得爾), 다르한 바투루(darhan baturu, 達爾漢巴

圖魯), 카랑(karang, 喀朗), 어서너이 호쇼치(esenei hošoci, 額塞內和碩齊), 사막탄 다르한 라마(samaktan darhan lama, 薩馬克談達爾漢喇嘛), 다이칭 낭수 라마(daicing nangsu lama, 戴靑囊蘇喇嘛), 엄치 라마(emci lama, 額木齊喇嘛), 서렁 부두말 자이상(sereng budumal jaisang, 塞冷布都馬爾寨桑), 소놈 타부낭(sonom tabunang, 瑣諾木塔布囊), 샤부 구영 자사굴(šabu guyeng jasagūl, 沙布古英札薩古爾), 바트마 다르한 자이상(batma darhan jaisang, 巴特瑪達爾漢寨桑), 어컨 다르한 자이상(eken darhan jaisang, 額懇達爾漢寨桑), 샴바 호쇼치 자사굴(šamba hošoci jasagūl, 單把和碩齊札薩古爾), 구시 자이상(gusi jaisang, 顧實寨桑), 구영(guyeng, 古英), 보르토이 바투루(bortoi baturu, 博爾退巴圖魯), 호쇼이 타수르하이(hošoi tasurhai, 和碩塔蘇爾海),[2] 바이싱(baising, 拜星), 킬룽 두랄(kilung dural, 祁隆都喇爾), 머르건(mergen, 墨爾根), 골추(golcu, 郭爾楚), 하이서(haise, 海塞), 라호(laho, 喇和), 어부건 자사굴(ebugen jasagūl, 額布根札薩古爾), 키타트 타이지(kitat taiji, 祁他特台吉), 예수데이 구영 자사굴(yesudei guyeng jasagūl, 葉蘇得古英札薩古爾), 아달 박시(adal baksi, 阿達爾巴克什), 구이헌 구영 자이상(guihen guyeng jaisang, 歸痕古英寨桑), 온도 어르더니 자이상(ondo erdeni jaisang, 溫多額爾德尼寨桑) 등 127명에게 담비가죽을 두른 조복 · 담비가죽옷 · 스라소니가죽옷 · 담비모자 · 여름모자 · 신발 · 망단 · 소단(素緞) · 정교하게 장식한 안장과 고삐 · 광채 나는 요대 · 화살집 · 활과 화살 · 은그릇 · 갑옷과 투구 · 소와 양 · 말 · 노복 · 둔장(屯莊)을 하사했다. 그 소속 타하르(tahar, 塔哈爾)와 가르마(g'arma, 噶爾馬) 등 191명에게 각각 말 · 조복 등의 물건을 차등 있게 하사했다. 또한 키타트 타이지(kitat taiji, 祁他特台吉)에게는 장둔(莊屯) 네 곳을 하사했는데, 한 곳마다 사

2 원문의 '和碩塔爾蘇海'는 '和碩塔蘇爾海'의 오기이다. 『舊滿洲檔 天聰九年』 p.37에 hošoi tasurhai라고 기록되어 있다.

람 10명과 소 6마리였다.

○ 以察哈爾掌高爾土門固山事福金, 賜祁他特車爾貝爲妻.

○ 차하르의 고올 투먼 구사(gool tumen gūsa, 高爾土門固山)의 일을 관장하는 푸진을 키타트 처르버이(kitat cerbei, 祁他特車爾貝)에게 하사하여 처로 삼게 했다.

○ 免功臣徭役, 竝命專管各牛彔, 拜尹圖, 三牛彔有半. 額駙楊古利·南褚, 各兩牛彔. 巴布海·察喀尼·衛齊, 各一牛彔. 公衮, 半牛彔. 圖魯什, 原係內牛彔, 因善於攻戰, 效力陣亡, 追贈爲碩翁科羅巴圖魯, 另給其子巴世泰壯丁百名, 使之管轄. 正紅旗和爾本·董鄂公主·格巴庫, 各兩牛彔. 額駙達爾哈, 一牛彔有半. 伊孫察木布·星鼐·布爾海·阿山·布爾堪·馬喇希·董世祿, 各一牛彔. 巴哈納·何洛會·穆爾察·蘭泰·傅喀蟾, 各半牛彔. 別賜固山額眞葉臣壯丁百名, 使之專管. 勞薩, 原係內牛彔, 因戰功, 賜號碩翁科羅巴圖魯, 另給壯丁百名, 使之專管. 額駙顧三台·諾木渾, 各一牛彔. 孟坦, 原係內牛彔, 因陣亡, 賜其子艾音塔木壯丁五十名, 使之專管. 克什訥, 兩牛彔. 喇瑪·色勒·昂阿喇·奧塔·額爾克·遏必隆·超哈爾·敖對·額駙蘇納·巴彥·毛墨爾根·達爾泰, 各一牛彔. 扈什布·吳賴, 各半牛彔. 英俄爾岱, 原係內牛彔, 因勤於職事, 著有成勞, 另給壯丁五十名, 使之專管. 阿什達爾漢·準塔·阿喇密, 各一牛彔. 阿山, 原係半牛彔, 因戰功, 益以虎爾哈人爲一牛彔, 使之專管. 巴都禮, 原係內牛彔, 因陣亡, 賜其子卓羅一牛彔, 使之專管. 阿拜, 一牛彔有半. 巴特瑪·姚塔·韓岱, 各一牛彔. 吳達海·鄂碩, 各半牛彔. 吳訥格,原係內牛彔, 因戰功, 給一牛彔, 使之專管. 星鼐 · 察木布 · 喇瑪 · 扈什布 · 阿什達爾漢 · 準塔 · 阿喇密, 此七牛彔未定, 或令專管, 或爲內牛彔, 命仍舊暫留之.

○ 공신들의 요역을 면제해 주고 각 니루를 전관(專管)하게 했다. 바인투(baintu, 拜尹圖)는 3니루 반, 어푸 양구리(efu yangguri, 額駙楊古利) · 난추(nancu, 南褚)는 각각 2니루씩, 바부하이(babuhai, 巴布海) · 차카니(cakani, 察喀尼) · 우이치(uici, 衛齊)는 각각 1니루씩, 궁군(gunggun, 公袞)은 반니루를 전관하게 했다. 투루시(turusi, 圖魯什)는 원래 내니루(內牛彔)[3]인데 공격을 잘하여 힘써 싸우다가 전사했으므로 숑코로 바투루(šongkoro baturu, 碩翁科羅巴圖魯)로 추증하고 따로 그 아들 바시타이(basitai, 巴世泰)에게 장정 100명을 주어 관할하게 했다. 정홍기 홀본 · 동고 공주 · 거바쿠(gebakū, 格巴庫)는 2니루씩, 어푸 다르한(darhan, 達爾哈)은 1니루 반, 그 손자 참부(cambu, 察木布) · 싱나이(singnai, 星鼐) · 부르하이(burhai, 布爾海) · 아산(asan, 阿山) · 부르칸(burkan, 布爾堪) · 말라히(malahi, 馬喇希) · 둥실루(dungsilu, 董世祿)는 각각 1니루씩, 바하나(bahana, 巴哈納) · 홀로호이(holohoi, 何洛會) · 무르차(murca, 穆爾察) · 란타이(lantai, 蘭泰) · 푸카차(fukaca, 傅喀蟾)는 각각 반니루씩을 전관하게 했다. 구사어전 여천(yecen, 葉臣)에게는 장정 100명을 따로 하사하고 전관하게 했다. 로오사(loosa, 勞薩)는 원래 내니루였으나 전공을 세웠으므로 숑코로 바투루 칭호를 하사했고 따로 장정 100명을 지급하여 전관하게 했다. 어푸 구산타이(efu

3 내니루(dorgi niru)는 보오이 니루(booi niru, 包衣牛彔)라고도 했으며 주로 포로 노예나 매입한 노예로 구성되는 주인의 사유재산이다. 반면 외니루(tulergi niru)는 입관 후 旗分佐領(gūsai niru)이라고도 불렸으며 구성원은 주로 평민이다. 내니루에 속한 사람과 주인의 관계는 노복과 주인의 관계이다.

gusantai, 額駙顧三台)・놈혼(nomhon, 諾木渾)은 각각 1니루씩을 전관하게 했다. 뭉탄(mungtan, 孟坦)은 원래 내니루인데 전사했으므로 그 아들 아인타무(aintamu, 艾音塔木)에게 장정 50명을 하사하고 전관하게 했다. 커시너(kesine, 克什訥)는 2니루, 라마(lama, 喇瑪)・설러(sele, 色勒)・앙가라(anggara, 昂阿喇)・오오타(oota, 奧塔)・어르커(erke, 額爾克)・어빌룬(ebilun, 遏必隆)・초오하르(coohar, 超哈爾)・오도이(odoi, 敖對)・어푸 수나(suna, 蘇納)・바얀(bayan, 巴彥)・모오 머르건(moo mergen, 毛墨爾根)・다르타이(dartai, 達爾泰)는 각각 1니루씩, 후시부(hūsibu, 扈什布)・울라이(ulai, 吳賴)는 각각 반니루씩을 전관하게 했다. 잉굴다이(inggūldai, 英俄爾岱)는 원래 내니루인데 직무에 성실하여 공로가 현저하기에 장정 50명을 별도로 지급하고 전관하게 했다. 아시다르한(asidarhan, 阿什達爾漢)・준타(junta, 準塔)・알라미(alami, 阿喇密)는 각각 1니루씩을 전관하게 했다. 아산(asan, 阿山)은 원래 반니루이나 전공으로 인하여 후르카(hūrka, 虎爾哈)인을 더하여 1니루로 삼고 전관하게 했다. 바두리(baduri, 巴都禮)는 원래 내니루인데 전사했으므로 그 아들 졸로(jolo, 卓羅)에게 1니루를 하사하고 전관하게 했다. 아바이(abai, 阿拜)는 1니루 반, 바트마(batma, 巴特瑪)・요오타(yoota, 姚塔)・한다이(handai, 韓岱)는 각각 1니루씩, 우다하이(udahai, 吳達海)・오쇼(ošo, 鄂碩)는 각각 반니루씩을 전관하게 했다. 우너거(unege, 吳訥格)는 원래 내니루인데 전공으로 인하여 1니루를 지급하고 전관하게 했다. 싱나이(singnai, 星鼐)・참부・라마・후시부・아시다르한・준타・알라미, 이 7개 니루는 전관시킬지 내니루로 삼을지 아직 정해지지 않아서 잠시 그대로 남겨 두게 했다.

○ 丁丑, 禮部和碩貝勒薩哈廉, 轉傳上諭曰, 宗室者, 天潢之戚, 不加表異, 無以昭國體, 甚或兩相詆毀, 詈及祖父, 已令繫紅帶以表異之,又或稱謂之間, 尊卑顚倒. 今復分別名號, 遇太祖庶子俱稱阿格, 六祖子孫, 俱稱覺羅. 凡稱謂者, 就其原名, 稱爲某阿格, 某覺羅, 六祖子孫, 俱令繫紅帶, 他人毋得紊越. 如常人與繫紅帶者相詆, 不得詈及祖父. 其互相鬪毆者, 聽之. 若以鬪毆訴於官, 亦止視事之曲直定罪. 如目睹繫紅帶而詈及其祖父者, 擬死, 其不繫紅帶而致人辱詈者, 勿究.

○ 정축일(1.26), 예부 호쇼이 버일러 사할리얀이 상유를 전하여 말했다. 「종실은 황제의 일족이지만 일반 백성과 다른 표식을 하지 않아서 국체(國體)를 밝힐 방법이 없었다. 그래서 혹시 말싸움할 때 부친과 조부를 욕할까 하여 홍대(紅帶)를 매어서 다르다는 것을 표하게 했다. 또한 간혹 호칭에서 존비가 전도되는 경우도 있기에 이제 다시 칭호를 분별한다. 태조의 아들들은 모두 아거(age, 阿格)라고 칭하고, 육조(六祖)의 자손은 모두 기오로(gioro, 覺羅)라고 칭한다. 모든 칭호는 본명을 취하여 '아무개 아거', '아무개 기오로'로 칭하며, 육조의 자손은 모두 홍대를 매고 종실 외 사람들은 이를 함부로 따라 하지 못한다. 일반 백성이 홍대를 맨 자와 말싸움을 할 때 부친과 조부를 욕할 수 없다. 서로 때리면서 싸우는 것은 허락한다. 만약 때린 일을 관에 고소해도 일의 곡직을 살펴서 정죄할 뿐이다. 만약 홍대를 맨 것을 보고도 부친과 조부를 욕하면 사형에 처한다. 홍대를 매지 않은 상태에서 다른 사람에게 욕을 들으면 심문하지 말라.」

○ 戊寅, 都司陳錦奏言, 臣蒙皇上豢養數載, 圖報無地. 今荷皇上虛懷下詢, 敢不竭誠上陳, 方今朝鮮輸款, 漢土嚮風, 越海投歸者, 接踵於道, 察哈爾蒙古遠來者, 絡驛不絕. 兵力日增, 國威大振, 此天時人事, 明明有以示我矣. 惟願皇上銳志奮興, 乘機勇爲, 勿謂今日姑爲小就, 異日方圖大成. 况今四方咸歸, 邊患已絕, 旣無內顧之憂, 卽宜直抵中原. 明之君臣將帥, 誰敢與皇上敵者, 乘明人欺蔽之時, 值祖大壽疑貳之際, 不必攻小城以勞兵力, 當直擣根本以建鴻圖, 或攻或困, 注全力於燕京. 燕京一破, 關塞長驅, 河北可傳檄而定矣. 起兵之日, 大張榜示, 明諭各路城堡, 使其各安生業, 是攻心之術也. 抑臣更望皇上, 因人才之大小而器使之, 智者務盡其心, 勇者務得其力, 凡任用諸臣, 必使之知廉恥, 貴爵秩, 輕財利, 則成大事易易矣. 然人才必當豫爲甄別, 庶臨時任用, 不致貽誤也. 臣之鄙見如是, 伏候聖裁. 上覽奏曰, 待朕思之.

○ 무인일(1.27), 도사(都司) 진금(陳錦)이 상주하여 말했다. 「신은 황상의 보살핌을 몇 년 동안 입었으니 큰 은혜를 받았습니다. 이제 황상께서 허심탄회하게 하문하시니 감히 성심을 다하여 말씀을 올리지 않을 수 없습니다. 현재 조선에서 투항해 오거나 한인의 지역에서 귀의해 오거나 바다 건너에서 내귀해 온 자들의 행렬이 거리에 잇따르고 있으며, 차하르 몽고의 먼 곳에서 내귀하는 자들도 끊임없이 이어지고 있습니다. 병력은 날로 증강되고 국위는 크게 떨치고 있으니, 이는 천시(天時)와 인사(人事)가 분명히 우리에게 있음을 보이는 것입니다. 오직 바라건대 황상께서는 뜻을 분명하게 세워 떨쳐 일어나시고 기회를 잡아 과감히 행하십시오. 지금 잠시 작은 성과가 있어야 훗날 큰일을 도모할 수 있다고 생각하지 마십시오. 하물며 이제 사방이 모두 귀의함에 변방의 근심이 사라진 데다 내부의 근심도 없으니 중원으로 곧장 가야 합니다. 명나라의 군신과 장수들 중에 누가 감히 황상과 대적할 수 있습니까. 명나라 사람이 그 황제를 속이고 조대수가 두 마음을 품은 때를 맞아 작은 성을 공격하여 병력을 지치게 할 필요 없

이 곧바로 본거지를 타격하여 대업을 세우셔야 합니다. 공격하거나 포위하거나 연경(燕京)에 전력을 쏟으셔야 합니다. 연경이 한번 무너지면 변방 관문들에서는 승승장구할 것이며 하북(河北)은 격문을 띄워 전하여도 평정될 것입니다. 기병(起兵) 날짜를 방문(榜文)을 통하여 크게 게시하고, 각 진입로의 성보(城堡)에 분명히 유시하여 각자 생업에 편안히 종사하게 하면, 이것이 바로 마음을 공략하는 술책입니다. 신이 더욱 황상께 바라는 것은, 인재의 대소(大小)에 근거하여 그릇에 맞추어 활용하고, 지자(智者)의 마음을 다하게 하고 용자(勇者)의 힘을 얻고, 신하를 임용할 때 염치를 알고 작록을 귀하게 여기며 재물을 가볍게 여기도록 하면 대사를 이루는 것은 매우 쉬울 것입니다. 인재를 사전에 미리 구분해 두고 때맞추어 임용하여 그르치는 일이 없어야 합니다. 신의 어리석은 소견은 이와 같으니 엎드려 성상의 재결을 기다리겠습니다.」 주상이 상주문을 열람하고 말했다. "짐이 생각하기를 기다려라."

○ 是日, 鮑承先奏言, 臣聞帝王開國承家, 首重名器. 名器濫, 則匪人倖進, 豪傑灰心, 而國之喪亂因之, 如昔唐明皇, 近明天啟·崇禎, 是也. 臣見元帥孔有德·總兵官耿仲明, 爲其屬員請敕, 我皇上聖明, 諭令隨便給劄. 夫上下之分, 自有定禮, 今特以諸侯之爵, 隆重極矣. 然元帥不識大體, 未諳書史, 復要請無已, 甚失人臣之禮. 我皇上聖德優容, 原不深較. 然臣觀古者齊桓公之臣管仲, 有大功於天子, 方授上卿. 況元帥之部將, 非管仲可比, 元帥之功爵, 亦非桓公可比. 凡爲國者, 有大臣, 有陪臣, 自古及今, 皆有一定之規. 若任情濫予敕書, 是竊名器也. 名器一紊, 賢者退, 小人進矣. 臣竊觀皇上, 乃與金世宗·元世祖竝駕齊驅之主, 不可廢百世之規, 行無功之賞, 致遺議於後世也. 儻皇上加意招徠遠人, 可令吏部量其輕重, 暫給劄付, 俟其果能立功報國, 然後請旨給敕. 臣之所言, 皆古帝王統御臣下之常經, 臣知之, 不敢隱諱, 故此奏聞, 伏乞聖裁施行. 上覽之曰, 此奏未是. 遼東漢人, 相繼逃遁, 而元帥率衆航海, 遠來投誠, 厥功匪小. 朕前旨已發, 豈可食言. 夫任賢勿貳, 載在虞書, 元壇寶藏有云, 自信, 雖仇敵來歸, 自疑, 雖親朋亦叛. 朕推誠待下, 豈有收回成命之理. 且鮑承先等, 果有何功. 俱係臨陣與我軍抵敵, 因敗走被擒者, 今尙置諸功臣之列, 給敕恩養, 似此遠來歸順各官, 反謂無功而棄之, 可乎. 朕此言, 亦非責鮑承先也. 彼旣竭誠心以入告, 朕亦開誠心以宣示之耳. 朕惟言出不悖, 斯人人皆效忠於朕矣.

○ 이날 포승선(鮑承先)이 상주하여 말했다. 「신이 듣기에 제왕이 나라를 열고 가업을 잇는 데에는 명기(名器)[4]가 가장 중요합니다. 명기(名器)를 남발하면 그릇된 사람들이 요행히 승진하고 호걸들은 상심하여, 나라의 동란이 여기에서 비롯됩니다. 옛날 당나라 현종(玄宗)이나 근래 명나라 천계제(天啟帝)와 숭정제(崇禎帝)가 이러한 자들입니다. 신이 보기에 원수(元帥) 공유덕, 총병관 경중명은 부하들을 위하여 칙서를 청했기에, 우리 황상께서는 성명(聖明)하시어 유시를 내려 곧바로 차자(箚子)를 발급하게 하셨습니다. 무릇 상하의 구분에는 그에 따른 정해진 예법이 있습니다. 지금 특별히 제후 작위를 내리는 것은 융중함이 지극한 것입니다. 그러나 원수 공유덕은 일의 대체를 파악하지 못하고 경서(經書)와 사서(史書)에 밝지 않아서 다시 요청함이 끊이질 않으니 신하의 예를 잃었습니다. 우리 황상께서는 덕이 많고 너그러우셔서 원래 깊이 따지지 않으십니다. 그러나 신이 보기에 옛날 제 환공(齊桓公)의 신하 관중(管仲)은 주나라 천자(天子)에게 큰

---

4 名器: 작위(爵位)와 거복(車服), 즉 지위의 높고 낮음을 분별하는 것.

공을 세웠기에 비로소 상경(上卿)에 제수되었습니다. 그런데 하물며 공유덕 속하의 장수들은 관중(管仲)에 비할 수 없고 공유덕의 공적도 환공(桓公)에 비할 바가 아닙니다. 무릇 나랏일을 하는 사람은 대신이 있고 배신(陪臣)이 있으며, 옛날부터 지금까지 모두 일정한 규율이 있습니다. 만약 마음대로 칙서를 남발하면 이는 명기(名器)를 훔치는 것입니다. 명기(名器)가 문란해지면 현자는 조정에서 물러나고 소인들이 조정에 들어오게 될 것입니다. 신이 가만히 보건대 황상께서는 금나라 세종(世宗)과 원나라 세조(世祖)와 어깨를 나란히 하실 주군이니, 백대에 영원할 규율을 폐하고 공이 없는 포상을 행하여 후세에 논쟁을 남겨서는 안 됩니다. 만약 황상께서 멀리 있는 자들을 불러오는 데 마음을 쓰신다면, 이부(吏部)에서 그 사람의 경중을 헤아려 일단 차부(箚付)를 발급하고 정말로 공을 세워 나라에 보답할 때까지 기다린 후에 칙서를 내릴지를 청하게 하시면 됩니다. 신이 말씀드린 것은 모두 옛 제왕들이 신하들을 다스리는 법도이니 신은 그것을 알고 감히 숨길 수 없어서 상주문을 올립니다. 성상께서 재결하시어 시행할 것을 엎드려 바랍니다.」

주상이 상주문을 열람하고 말했다. "이 상주는 옳지 않다. 요동 한인(漢人)이 계속해서 도망해 오는데 원수 공유덕이 무리를 이끌고 배를 타고 바다를 건너 먼 곳에서 와서 투항했으니, 그 공은 작은 것이 아니다. 짐이 이전의 유지에서 밝힌 것을 어찌 식언할 수 있겠는가. 무릇 현자에게 일을 맡기면 의심하지 말라는 말은 『우서(虞書)』에도 실려 있다. 『원단보장(元壇寶藏)』에도 이르기를 '스스로를 믿으면 원수여도 내귀해 오며, 스스로를 의심하면 벗이어도 돌아선다.'라고 했다. 짐이 진심을 다하여 아랫사람을 대하는 데 어찌 내린 명령을 거두는 도리가 있겠는가. 또한 포승선(鮑承先) 등은 과연 무슨 공이 있는가. 이들은 모두 전장에서 아군과 대적하다가 패주하여 붙잡힌 자들이다. 그런데도 지금 공신의 반열에 오르도록 칙서를 내려 은혜로 보살피고 있는데, 이렇게 먼 곳에서 온 귀순 관원들에 대하여 도리어 공이 없으니 버리라고 말하는 것이 옳은가. 짐의 이 말은 포승선을 책망하는 것이 아니다. 저들이 성심을 다하여 투항할 마음을 알렸기에 짐 역시 성심을 보여 준 것일 뿐이다. 짐은 모순되지 않는 말만 했으니 사람들도 모두 짐에게 충성을 다할 것이다."

○ 己卯, 戶部承政馬福塔·參政羅洛, 齎朝鮮國王李倧復書至. 書曰, 來使遠臨, 辱承札翰, 引古喻今, 辭意墾至, 三復感嘆, 莫知所喻. 吾兩國結好以來, 九年於茲. 疆域雖殊, 心事無間, 豈唯一時生靈之幸, 實是子孫永世之福. 苟有他腸, 上天實式臨之, 至來書所謂彼此皆眞心結好, 誠肝膈之語也. 抑古人有言, 大信不約. 今貴國之心, 即敝邦之心, 尙何待於言而後喻耶. 若會寧開市, 非敢推托, 只以北路地瘠民貧從事爲艱. 前此縷縷所陳, 皆實狀也. 邊民潛商, 本爲敝邦之大禁, 而境土遐僻, 氓俗頑詐, 姦民潛行圖利者, 間或有之. 此乃禁之而不得, 非縱之而使爲也. 苟有發覺, 即殺無赦, 此亦貴國之所知也. 然潛商不過百千之一, 其交易者, 亦止些少之物, 而出於兩相情願, 故雖死而不避耳. 至於開市, 則官主其事, 其不願者, 亦不得不驅督而就之. 此民情之所以未免駭疑也. 今來書以此見責, 恐貴國未及深思耳. 第聞貴國屯民農具, 將取資於我國. 今若停市, 是敝邦偏愛我民, 而不念貴國之民, 亦非兩國視同一家之義也. 但前此開市邊臣, 每言貴國差人, 責禮太厚, 小民因此益不安. 敝邦北邊, 距京都絶遠, 耳目有所不及, 邊臣之言, 我固不敢保其一一是實. 然貴國差人, 越數千里而來, 貴國耳目所不及, 亦與敝邦無異. 其或憑藉作威, 不可謂全無此事. 苟能無煩遠差, 只令兩國之民, 如約就市, 以有易無, 庶有相資之益, 而無難支之弊, 兩國均蒙其利矣. 不知汗意以爲何如.

○ 기묘일(1.28), 호부승정 마푸타(mafuta, 馬福塔), 참정 롤로(lolo, 羅洛)가 조선국왕 이종(李倧)의 답서를 들고 왔다. 답서에서 말했다. 「사신이 멀리서 오니 서찰을 삼가 받았습니다. 옛것을 끌어다가 지금의 것을 빗대었으니 언사가 간절하기 그지없어 재삼 감탄스러워 비유할 바를 모르겠습니다. 우리 양국이 화호를 맺은 지 지금까지 9년이 되었습니다. 강역은 비록 서로 다르지만 마음에는 격의가 없으니 어찌 한때 생령들의 행운에 그치겠습니까. 참으로 자손 만대의 복입니다. 진실로 다른 속내가 있다면 하늘이 참으로 내려다보실 것입니다. 보내신 서신에서 소위 '피차간에 모두 진심으로 화호를 맺는다.'라는 것은 정말로 진심에서 우러나온 말입니다. 옛사람의 말에 '큰 믿음은 약속하지 않는다.'라고 했습니다. 이제 귀국의 마음은 폐방의 마음입니다. 어찌 말이 나오기를 기다린 후에 깨닫겠습니까. 회령(會寧) 개시의 경우 감히 핑계를 대며 거절하려는 것이 아니며, 단지 북로(北路)가 땅이 척박하고 백성들은 가난하여 일을 시행하기 어렵기 때문입니다. 이전에 여러 번 말씀드린 것은 모두 실상 그대로입니다. 변방 백성의 밀무역은 본래 폐방에서 엄히 금하는 것이지만, 지역이 멀고 외지며 풍속이 완고하고 속이기를 잘하여서 간민 중에 몰래 숨어들어서 이익을 꾀하려는 자들이 간혹 있습니다. 이는 금할 수 없는 것이지 내버려두고 시킨 것이 아닙니다. 만약 발각되는 경우가 있으면 가차 없이 즉시 죽이는데, 이것 역시 귀국이 아시는 바입니다. 그러나 밀무역상은 매우 적으며 교역하는 것도 사소한 물건들뿐인데, 양쪽에서 각각 산출되는 것을 서로가 원하기 때문에 죽어도 피하지 않는 것뿐입니다. 개시에 관하여서는 관에서 그 일을 주관하고 있지만 원하지 않는 것도 어쩔 수 없이 몰아붙이고 독촉하여서 달성합니다. 이것이 백성들의 마음에 두려움과 의심을 면치 못하는 이유입니다. 지금 보내신 서신에서 이 일로 책망하시니, 아마도 귀국이 아직 깊게 헤아리지 않았기 때문일 것입니다. 다만 듣기에 귀국의 촌민들이 농기구를 우

리나라에 의지한다고 합니다. 이제 만약 시장을 중지하면 이는 폐방이 우리 백성을 편애하고 귀국의 백성은 염두에 두지 않는 것이며, 또한 양국을 한 집안으로 보는 뜻도 아닙니다. 다만 이전에 개시의 변신(邊臣)이 매번 말하기를, 귀국의 차인(差人)이 예의를 따지는 것이 너무 심하여서 소민들이 이로 인하여 더욱 불안하다고 했습니다. 폐방의 북변은 수도에서 상당히 멀리 떨어져 있어서 이목이 미치지 못하는 경우가 있으니, 변신(邊臣)의 말이 하나하나 모두 사실인지는 제가 감히 보장할 수 없습니다. 그러나 귀국의 차인(差人)이 수천 리를 왔으니 귀국의 이목이 미치지 못하는 것은 또한 폐방과도 다르지 않습니다. 남의 힘을 빌려 위세를 부리는 일이 전혀 없다고 할 수는 없습니다. 만약 진실로 멀리서 온 차인을 번거롭게 하지 말고 양국의 백성들이 약조한 대로 교역을 성사시켜서 있는 것과 없는 것을 바꿀 수 있다면, 서로에게 이로운 도움은 있고 견디기 어려운 폐단은 없으며 양국이 골고루 그 이익을 볼 수 있을 것입니다. 한(汗)의 뜻은 어떠한지 모르겠습니다.」

二月, 壬午朔. 諭曰, 朕惟圖治以人才爲本, 人臣以薦賢爲要. 爾滿漢蒙古各官, 果有深知灼見之人, 卽當悉行薦擧. 所擧之人, 無論舊歸新附, 及已仕未仕. 但有居心公正, 克勝任使者, 卽呈送吏部, 有通曉文藝, 居心公正, 足備任使者, 卽呈送禮部. 該部貝勒奏聞, 朕將量才錄用. 天下才全德備之人, 實不易得, 但能公忠任事者, 其速行薦擧.

○ 2월 임오일 초하루(2.1), 유시했다. "짐이 생각건대 정치를 도모하는 것은 인재를 근본으로 하며 신하는 현명한 자를 천거함을 요체로 한다. 너희 만주·한인·몽고 관원은 식견을 가진 자가 있으면 모두 천거해야 한다. 천거될 사람은 예전에 귀순했건 새로 귀부했건 이

미 벼슬했건 벼슬하지 않았건 논하지 않겠다. 오직 마음이 공정하고 임무를 맡을 수 있는 자는 이부로 보고하고, 문예에 통달하고 마음이 공정하며 임무를 맡을 준비가 된 자는 예부로 보고하라. 해당 부(部)의 버일러가 상주하면 짐이 재능을 헤아려 기용할 것이다. 천하에 재능과 덕을 모두 갖춘 이는 실로 얻기 어려우니, 다만 공정하고 충직하게 임무를 맡을 수 있는 자이면 속히 천거하라."

○ 是日, 又諭曰, 適者察哈爾國新附各官, 頻加恩宴, 其燕京及大凌河歸順各官, 久未宴勞, 雖得新附之員, 其舊歸我國者, 詎可頓忘耶. 諭畢, 遂命設宴, 召燕京及大凌河歸順各官, 自守備都司以上. 皆集內廷宴之時, 預宴各官, 有形容憔悴者. 上見之曰, 或者貝勒等不加恩養以致如此. 雖得新附之人, 何乃轉忘先歸之人, 我國家蒙天眷祐, 所得大小官員人等, 朕皆一體加恩, 未嘗分別新舊, 嗣後務一體恩養, 不可使先歸者反致失所. 遂遣人徧諭諸貝勒, 貝勒等奏曰, 誠如上諭, 臣等嗣後加意恩養, 自不敢忘.

○ 이날 또한 유시했다. "근래 차하르국의 새로 귀부한 관원들에게는 자주 연회를 베풀었는데, 연경과 대릉하에서 귀순한 관원들에게는 오랫동안 잔치를 열어 위로하지 않았으니, 비록 새롭게 귀부한 관원을 얻었다 하더라도 그전에 우리나라에 온 자를 어찌 잊을 수 있겠는가." 유시를 마치고, 연회를 열라고 명하고 연경과 대릉하에서 귀순한 각 관리 가운데 수비(守備)와 도사(都司) 이상을 소집했다. 모두 내정 연회에 모였을 때 연회에 참석한 각 관원 가운데 모습이 초췌한 자가 있었다. 주상이 그것을 보고 말했다. "아마도 버일러들이 은혜로 보살피지 않아서 이렇게 된 것이리라. 비록 새로 귀부한 사람을 얻었다 하나 어찌 먼저 온 사람을 잊을 수 있겠는가. 우리나라가 하늘의 보우하

심을 입어 얻은 대소 관원들에게 짐은 모두 은혜를 베풀고 신구를 나누지 않았다. 이후로 모두를 은혜로 보살피는 데 힘써 먼저 귀부한 자들이 도리어 그 살아갈 바를 잃게 해서는 안 된다." 그리고 사람을 보내 여러 버일러들에게 두루 유시했다. 버일러들이 상주하여 말했다. "주상의 유시와 같이 진실로 신들은 이후에 은혜로 보살피는 것을 감히 잊지 않겠습니다."

○ 甲申, 張文衡奏言, 臣自歸本朝以來, 未任政事, 廟謨遠大, 固非書生所敢議, 但處事機之會, 不能無言. 臣觀去年大同擧動, 將謂明國地廣民衆, 未易卒圖, 殊不知明國可取, 正在此時. 彼文武官僚, 俱從賄賂得之, 文臣無謀, 武臣無勇, 司軍馬者尅錢糧, 造器械者匿公費. 士馬無以資生, 器械不堪實用, 將卒何心爲國用命乎. 且起兵動稱勤王, 反肆搶掠, 人亦有言賊過如梳, 兵過如篦, 兵馬如此雖多何益. 況太監專權貪財喜諛, 賞罰俱失人心, 能任事者不得有爲, 未任事者又不肯出. 上下內外, 通同蒙蔽. 諸事之壞亂已極. 其所以拒我者, 不過保全軀命, 懼父母妻子之離散, 故憑倚火器, 死守城池, 以圖倖免耳. 此外又何策焉. 若乘時進取, 即兵法所謂惟智者不失事機之會也. 況宣·大歲荒饑饉, 人不自保, 而山陝川湖, 又爲流賊蹂躪, 彼今檄五省之兵, 日事征勦, 是賊與兵半天下矣. 惟東南一隅無事, 乃復困於新餉, 此正東西各不相顧之時, 又一進兵機會也. 兵法云, 乘敝而起, 智者不能善其後, 今皇上若不乘時急擧, 彼係大邦, 必無久弱之理. 且崇禎之不肯輕和者, 志在復仇, 久將漸悟, 不終爲人蔽也. 今我兵又不如取遼東遵化時矣. 彼明國見我不以大事爲圖, 又懼我攻略之威, 益各堅志固守. 而我國事久意懈, 後世子孫其何以克享太平乎. 夫强弱無不變之局, 若山海關不得, 又差煩賦重, 且以在下之人養人, 未必能悉體皇上德意, 是盛京無久安之勢矣. 豈非自失機會, 反遺後患乎. 望皇上乘天與人歸之會, 銳志奮興規取中原, 庶不負上天篤生皇上之心也. 疏入, 上曰待朕思之.

○ 갑신일(2.3), 장문형(張文衡)이 상주하여 말했다. 「신은 본조(本朝)에 귀의한 이래 아직 정사에 임하지 못했고, 국가의 기획은 원대하니 본디 서생이 감히 논할 수 없습니다. 그러나 중요한 시기에 처하여 말을 하지 않을 수 없습니다. 신이 보건대, 작년에 대동(大同)에 가셨을 때 명나라는 땅이 넓고 백성이 많아 쉽게 도모할 수 없다고 말한 것은 명나라를 취할 때가 바로 지금이라는 것을 모르는 것입니다. 그 문무 관료들은 모두 뇌물을 좇으며 문신은 꾀가 없고 무신은 용기가 없고, 군사와 말을 관리하는 자는 전량(錢糧)을 취하고, 무기를 만드는 자는 공비(供費)를 숨깁니다. 병사와 말은 살아갈 방법이 없고 무기는 실제 쓰임을 견디지 못하니, 장수와 병사들이 어찌 나라를 위하고 명령을 받들 마음을 갖겠습니까. 또한 기병하여 걸핏하면 근왕을 칭하나 도리어 함부로 약탈을 해대니, 사람들이 역시 말하기를 도적이 지나가면 얼레빗이 쓸고 간 것 같으나 병사가 지나가면 참빗이 쓸고 간 것 같다 합니다. 병마가 이와 같으니 비록 많다 한들 무슨 이득이 있겠습니까. 하물며 태감은 전횡하고 재물을 탐하며 아첨을 좋아하니 상벌이 인심을 모두 잃었고, 관직을 맡을 만한 자는 쓰이지 못하고, 아직 관직에 나아가지 않은 자는 출사하려 하지 않습니다. 상하 내외가 하나같이 이를 덮어 감추려 하나 여러 일들의 무너지고 혼란함이 이미 극에 달했습니다. 그런 연유로 우리를 막는 자는 단지 목숨을 보전하는 것에 지나지 않아, 부모처자와 흩어짐을 두려워해 화기(火器)에 의지하여 성지(城池)를 사수함으로써 요행히 벗어나고자 할 뿐입니다. 이외에 또 무슨 계책이 있겠습니까. 만약 때를 타서 나아가 얻으면, 곧 병법에서 말하는 지혜로운 자는 기회를 놓치지 않는다는 것입니다.

하물며 선부・대동은 흉년이 들고 기근이 심해 사람들이 스스로를 보전할 수 없고 산서・섬서・사천・호광 또한 도적들에게 유린당하고 있습니다. 저들은 지금 다섯 성(省)의 병사를 동원하여 매일 토벌을 계속하니 도적과 병사가 천하를 반분합니다. 오직 동남쪽 한 방향만 일이 없으나 또한 신향(新餉)[5]으로 인해 곤란을 겪고 있습니다. 이는 바로 동서가 서로 돌아보지 못하는 때이니 또한 한 번 병사를 일으킬 기회입니다. 병법에서 말하기를 피폐함을 틈타 일어나면 지혜로운 자라도 그 뒤를 수습할 수 없을 것이라 했습니다. 지금 황상께서 만일 때를 타고 빠르게 움직이지 않으면, 저들은 큰 나라이니 반드시 오래 약해져 있을 리 없습니다. 더욱이 숭정제가 가볍게 화친하지 않으려는 것은 원수를 갚으려는 뜻을 갖고 있어서인데, 오래되면 사람들이 점차 알아챌 것이니 끝내 속이지 못할 것입니다. 지금 우리 병사들 또한 요동・준화를 취했을 때와 같지 않고, 명나라는 우리가 큰일을 도모하지 않을 것이라고 여기면서도 우리의 공격하는 위세를 두려워하여 더욱 각자 지키려는 뜻을 굳게 하고 있습니다. 우리나라의 일이 오래되면 뜻이 해이해질 것이니, 후세의 자손들이 어찌 태평을 누리겠습니까. 무릇 강함과 약함은 변하지 않는 형세가 아닙니다. 만일 산해관을 얻지 못했는데 차역(差役)이 번다하고 부세(賦稅)가 무겁고 아랫사람을 부양하는 것이 황상의 뜻에 모두 흡족하지 못하면, 성경(盛京)이 오랫동안 안전한 형세에 있지 못할 것입니다. 어찌 스스로 기회를 잃고 도리어 후환을 후세에 남기는 것이 아니겠습니까. 바라건대 황상께서는 하늘이 주시고 사람이 귀부하는 기회를 이용하여 굳센 마음으로 떨치고 일어나 중원을 취하시어 하늘이 황상을 도탑게 여기는 마음을 저버리지 마십시오.」 상소를 올리니 주상은 "짐이 생각하기를

---

5 신향(新餉)은 요향(遼餉)이라고도 한다. 명 말기 1618년(만력46)부터 후금을 방어하기 위해 부가된 군사비이다.

기다려라."라고 말했다.

○ 丁亥, 左翼固山額眞公吳訥格卒.

○ 정해일(2.6), 좌익 구사어전 공(公) 우너거가 죽었다.

○ 是日, 編審內外喀喇沁蒙古壯丁, 共一萬六千九百五十三名, 分爲十一旗. 古魯思轄布杜稜一千五百名, 萬旦衛徵一千六百一十五名, 衛寨桑八十四名, 阿濟格阿玉石一百五十四名, 戴青和碩齊三十五名, 西里克四名, 額馬爾克爾察二十名, 馬濟塔布囊四百二十八名, 德爾登塔布囊四十一名, 德爾格爾塔布囊七十四名, 巴珠爾塔布囊二十五名, 葉布舒古英一百五十一名, 班第三十一名, 噶爾馬·布尼思希·干卓爾三人共二十名, 塞冷六百五十六名, 瑣諾木塔布囊四百一十名, 納木什里·達爾馬什里共十七名, 葉白舒二十一名, 以此五千二百八十六名爲一旗, 命古魯思轄布爲固山額眞. 俄木布楚虎爾九百一十三名, 巴特瑪塔布囊三十三名, 俄木布台吉十四名, 博洛一百七名, 阿弘三百五十五名, 瑣諾木三百八十二名, 寨桑二十二名, 以此一千八百二十六名爲一旗, 命俄木布楚虎爾爲固山額眞. 耿格爾一百八十八名, 噶爾馬·扎木蘇·綽克圖三人共八十六名, 吳爾寨圖一百六十九名, 喇嘛斯希六十三名, 綽思熙二十四名, 噶爾馬六十名, 俄齊爾二十二名, 單把三百六十二名, 阿玉石一百一十名, 薩班代一百七名, 拉虎九十五名, 石蘭圖二百九十六名, 蘇布地·多爾濟二十三名, 阿濟奈八十六名, 塞冷三十八名, 班第四十六名, 阿喇先三十二名, 多爾濟一百一十四名, 阿玉石九十名, 以此二千一十一名爲一旗, 命耿格爾·單把同管固山額眞事.

○ 이날 내외 카라친 몽고 장정의 인구를 조사했다. 모두 1만 6,953명이며 11기(旗)로 나누었다.

구루스히얍 두렁(gurushiyab dureng, 古魯思轄布杜稜)의 1,500명, 완단 워이정(wandan weijeng, 萬旦衛徵)의 1,615명, 우이 자이상(ūi jaisang, 衛寨桑)의 84명, 아지거 아유시(ajige ayusi, 阿濟格阿玉石)의 154명, 다이칭 호쇼치(daicing hošoci, 戴青和碩齊)의 35명, 시릭(sirik, 西里克)의 4명, 어마르커르차(emarkerca, 額馬爾克爾察)의 20명, 마지 타부낭(maji tabunang, 馬濟塔布囊)의 428명, 덜덩 타부낭(deldeng tabunang, 德爾登塔布囊)의 41명, 덜거르 타부낭(delger tabunang, 德爾格爾塔布囊)의 74명, 반주르 타부낭(banjur tabunang, 巴珠爾塔布囊)의 25명, 여부슈 구영(yebušu guyeng, 葉布舒古英)의 151명, 반디(bandi, 班第)의 31명, 가르마(g'arma, 噶爾馬)·부니스히(bunishi, 布尼思希)·간조르(g'anjor, 干卓爾) 3명 모두의 20명, 서렁(sereng, 塞冷)의 656명, 소놈 타부낭(sonom tabunang, 瑣諾木塔布囊)의 410명, 나무시리(namusiri, 納木什里)·다르마시리(darmasiri, 達爾馬什里)의 17명, 여버슈(yebešu, 葉白舒)의 21명, 이상의 5,286명을 한 기(旗)로 하고 구루스히얍을 구사어전으로 명했다.

옴부 추후르(ombu cūhur, 俄木布楚虎爾)의 913명, 바트마 타부낭(batma tabunang, 巴特瑪塔布囊)의 33명, 옴부 타이지(ombu taiji, 俄木布台吉)의 14명, 보로(boro, 博洛)의 107명, 아훙(ahūng, 阿弘)의 355명, 소놈(sonom, 瑣諾木)의 382명, 자이상(jaisang, 寨桑)의 22명, 이상의 1,826명을 한 기(旗)로 하고 옴부 추후르를 구사어전으로 명했다.

겅걸(genggel, 耿格爾)의 188명, 가르마·잠수(jamsu, 扎木蘇)·촉투(coktu, 綽克圖) 3명 모두의 86명, 울제이투(ūljeitu, 吳爾寨圖)의 169명, 라마스히(lamashi, 喇嘛斯希)의 63명, 초스히(coshi, 綽思熙)의 24명, 가르마(g'arma, 噶爾馬)의 60명, 오치르(ocir, 俄齊爾)의 22명, 샴바(šamba, 單把)의 362명, 아유시(ayusi, 阿玉石)의 110명, 사반다이(sabandai, 薩班

代)의 107명, 라후(lahū, 拉虎)의 95명, 시란투(sirantu, 石蘭圖)의 296명, 수부디(subudi, 蘇布地)·도르지(dorji, 多爾濟)의 23명, 아지나이(ajinai, 阿濟奈)의 86명, 서렁의 38명, 반디의 46명, 아라시얀(arasiyan, 阿喇先)의 32명, 도르지의 114명, 아유시의 90명, 이상의 2,011명을 한 기(旗)로 하고 경걸과 삼바가 함께 구사어전의 일을 관할하도록 명했다.

其餘俱命舊蒙古固山兼轄, 正黄旗津扎·多爾濟·布崖·阿玉石·拜都·塔拜·巴布泰·渾齊·吴巴什等之壯丁及在內舊喀喇沁壯丁, 共一千二百五十六名, 合舊蒙古爲一旗, 命阿代爲固山額眞, 其下設梅勒章京·甲喇章京各二員. 鑲黄旗吴思庫·拜渾岱等之壯丁及在內舊喀喇沁壯丁, 共一千四十五名, 合舊蒙古爲一旗, 命達賴爲固山額眞, 其下設梅勒章京·甲喇章京各二員. 正紅旗昂阿·甘濟泰·喇嘛斯希·庫魯格·巴特瑪·海塞·蘇班達禮·卜達禮等之壯丁及在內舊喀喇沁壯丁, 共八百七十名, 合舊蒙古爲一旗, 命恩格圖爲固山額眞, 其下設梅勒章京·甲喇章京各二員. 鑲紅旗蘇木爾·賴胡爾·噶爾圖·綽思熙等之壯丁及在內舊喀喇沁壯丁, 共一千十六名, 合舊蒙古爲一旗, 命額駙布彦代爲固山額眞, 其下設梅勒章京·甲喇章京各二員. 正白旗布爾哈圖·阿玉石·蘇班·齊古喇海·莽古爾代·塞內克·什魯克等之壯丁及在內舊喀喇沁壯丁, 共八百九十名, 合舊蒙古爲一旗, 命伊拜爲固山額眞, 其下設梅勒章京·甲喇章京各二員. 鑲白旗喇木布里·諾雲達喇·阿蘭圖·什里得克·桑噶爾寨等之壯丁及在內舊喀喇沁壯丁, 共九百八十名, 合舊壯丁爲一旗, 命額駙蘇納爲固山額眞, 其下設梅勒章京·甲喇章京各二員. 正藍旗什喇祁他特·喀喇祁他特·考祁他特等之壯丁及在內舊喀喇沁壯丁, 共八百六十名, 合舊蒙古爲一旗, 命吴賴爲固山額眞, 其下設梅勒章京·甲喇章京各二員. 鑲藍旗諾木齊·石喇圖·納勒圖·桑奈·張素·綽

克圖 · 諾密 · 弩木賽 · 阿衮等之壯丁及在內舊喀喇沁壯丁, 共九百一十三名, 合舊蒙古爲一旗, 命扈什布爲固山額眞, 其下設梅勒章京 · 甲喇章京各二員.

나머지는 모두 구몽고(舊蒙古) 구사가 합쳐서 관할하게 했다.

정황기의 진자(jinja, 津扎) · 도르지(dorji, 多爾濟) · 부야이(buyai, 布崖) · 아유시(ayusi, 阿玉石) · 바이두(baidu, 拜都) · 타바이(tabai, 塔拜) · 바부타이(babutai, 巴布泰) · 혼치(honci, 渾齊) · 우바시(ubasi, 吳巴什) 등의 장정 및 내(內)의 구(舊) 카라친[6] 장정 모두 1,256명을 구몽고(舊蒙古)와 합쳐 한 기(旗)로 만들었다. 아다이(adai, 阿代)를 구사어전으로 명하고 그 아래에 머이런장긴 · 잘란장긴 각 2명을 설치했다.

양황기의 우스쿠(usku, 吳思庫) · 바이훈다이(baihūndai, 拜渾岱) 등의 장정 및 내(內)의 구(舊) 카라친 장정 모두 1,045명을 구몽고(舊蒙古)와 합쳐 한 기(旗)로 만들었다. 달라이(dalai, 達賴)를 구사어전으로 명하고 그 아래에 머이런장긴 · 잘란장긴 각 2명을 설치했다.

정홍기의 앙가(angga, 昂阿) · 간지타이(ganjitai, 甘濟泰) · 라마스히(lamashi, 喇嘛斯希) · 쿨루거(kuluge, 庫魯格) · 바트마(batma, 巴特瑪) · 하이서(haise, 海塞) · 수반다리(subandari, 蘇班達禮) · 부다리(budari, 卜達禮) 등의 장정 및 내(內)의 구(舊) 카라친 장정 모두 870명을 구몽고(舊蒙古)와 합쳐 한 기(旗)로 만들었다. 엉거투(enggetu, 恩格圖)를 구사어전으로 명하고 그 아래에 머이런장긴 · 잘란장긴 각 2명을 설치했다.

양홍기의 수무르(sumur, 蘇木爾) · 라이후르(laihūr, 賴胡爾) · 갈투

---

6 원문의 在內舊喀喇沁은 『舊滿洲檔 天聰九年』, p.58.과 만문본 『청태종실록』에 "dorgi fe karacin"(內舊카라친)으로 기록되어 있다. 후금에 투항하여 후금의 직접지배에 포함된 카라친을 가리키는 것으로 생각된다.

(galtu, 噶爾圖)·초스히(coshi, 綽思熙) 등의 장정 및 내(內)의 구(舊) 카라친 장정 모두 1,016명을 구몽고(舊蒙古)와 합쳐 한 기(旗)로 만들었다. 어푸 부얀다이(buyandai, 布彥代)를 구사어전으로 명하고 그 아래에 머이런장긴·잘란장긴 각 2명을 설치했다.

정백기의 부르가투(burgatu, 布爾哈圖)·아유시(ayusi, 阿玉石)·수반(suban, 蘇班)·치굴라가이(cigūlagai, 齊古喇海)·망굴다이(manggūldai, 莽古爾代)·서넉(senek, 塞內克)·실룩(siluk, 什魯克) 등의 장정 및 내(內)의 구(舊) 카라친 장정 모두 890명을 구몽고(舊蒙古)와 합쳐 한 기(旗)로 만들었다. 이바이(ibai, 伊拜)를 구사어전으로 명하고 그 아래에 머이런장긴·잘란장긴 각 2명을 설치했다.

양백기의 람부리(lamburi, 喇木布里)·노욘다라(noyondara, 諾雲達喇)·아란투(arantu, 阿蘭圖)·시리덕(siridek, 什里得克)·상가르자이(sanggarjai, 桑噶爾寨) 등의 장정 및 내(內)의 구(舊) 카라친 장정 모두 980명을 구몽고(舊蒙古)와 합쳐 한 기(旗)로 만들었다. 어푸 수나(efu suna, 額駙蘇納)를 구사어전으로 명하고 그 아래에 머이런장긴·잘란장긴 각 2명을 설치했다.

정람기의 시라 키타트(sira kitat, 什喇祁他特)·카라 키타트(kara kitat, 喀喇祁他特)·코오 키타트(koo kitat, 考祁他特) 등의 장정 및 내(內)의 구(舊) 카라친 장정 모두 860명을 구몽고와 합쳐 한 기(旗)로 만들었다. 울라이(ulai, 吳賴)를 구사어전으로 명하고 그 아래에 머이런장긴·잘란장긴 각 2명을 설치했다.

양람기의 놈치(nomci, 諾木齊)·시라투(siratu, 石喇圖)·나러투(neretu, 納勒圖)·상나이(sangnai, 桑奈)·장수(jangsu, 張素)·촉투(coktu, 綽克圖)·노미(nomi, 諾密)·누무사이(numusai, 弩木賽)·아군(agūn, 阿袞) 등의 장정 및 내(內)의 구(舊) 카라친 장정 모두 913명을 구몽고(舊蒙古)와 합쳐 한 기(旗)로 만들었다. 후시부(hūsibu, 扈什布)를 구사어전으로 명하고 그 아래에 머이런장긴·잘란장긴 각 2명을 설치했다.

此次編審壯丁時, 諭令凡年六十以下, 十八以上, 竝從本地方帶來漢人, 每家所有壯丁若干名, 俱照例編審, 其目不能視, 足不能行, 手不能持者, 不入編審內. 如諸貝勒塔布囊及一切人等, 有隱匿壯丁不送編審者, 或經人擧首, 出首之人, 准其離主, 將所隱之人入官, 仍交刑部照例治以隱匿之罪, 其十家之長, 罰馬二, 永著爲令.

이때에 장정들을 편심(編審)하도록 유시했다. "무릇 60세 이하 18세 이상, 본지(本地)에서 데려온 한인으로 집집마다 소유한 장정이 몇 명인지 모두 정례(定例)에 따라 편심하라. 눈이 안 보이는 자, 다리가 불구인 자, 손이 불구인 자는 편심에 포함시키지 말라. 여러 버일러들·타부낭 및 모든 사람들이 장정을 은닉하고 편심에 응하지 않는 것을 다른 사람이 고발하면 고발자는 주인을 떠나는 것을 승인한다. 은닉한 사람은 관아로 보내고 형부에 넘겨서 정례(定例)에 따라 은닉한 죄로 다스리고, 십가장(十家長)에게 말 2마리를 벌로 취하라. 이를 영구히 법령으로 정한다."

○ 戊子, 上諭刑部承政梅勒章京高鴻中·文館覺羅龍什·甲喇章京寧完我·范文程·羅碩·剛林·詹霸等曰, 近見漢官及諸生陳奏, 皆謂此時宜速興師征明, 用兵以招撫爲尙勿殺敵人. 夫用兵殺敵, 此豈朕心所樂. 但臨敵之際, 我不殺彼能禁彼之不我殺乎. 如彼漢人, 若得我國之人, 雖婦女·幼稚, 亦不能保其首領, 朕豈如彼妄殺耶. 朕思用兵制敵之道, 逆者誅之, 順者撫之, 酌恩威而竝用, 方爲仁義之師, 何伊等所見之偏耶. 至謂朕宜速出師以成大業, 此亦不達時勢之見, 夫朕豈不願成大業, 而專以遊畋爲樂耶. 但圖大事, 亦須相機順時而動. 今察哈爾蒙古皆新來歸附, 降衆未及撫綏, 人心未及安輯,城郭未及修繕, 而輕於出師, 其何以克成大業. 且朕於舊歸新附之人, 皆不惜衣服·財帛·馬匹·牲畜以養之, 又每日三次賜宴, 豈不憚煩, 直欲使人心悅服, 以圖大事耳. 若人心未知, 雖興師動衆, 焉能攻城必克, 野戰必勝. 今以速出師爲言者, 乃小人之淺見. 朕度其意, 不過欲勞師旅, 克城池, 冀得財貨, 以償一己之勤勞, 而軍國之艱難竟置之膜外也. 凡建言者宜從國事起見, 或妄殺無辜, 或政令有失, 或所行悖戾, 見有過誤之處, 即當實指其過誤, 而引其君於當道, 此等直諫之人, 朕則謂之眞誠爲國, 識之不忘. 雖朕之素行, 凡遇寵任之人不使過分, 然苟能實心爲國, 朕亦未嘗不久而眷注也. 朕反覆思維, 將來我國既定之後, 大兵一擧, 彼明主若棄燕京而走, 其追之乎. 抑不追而竟攻京城, 或攻之不克, 即圍而守之乎. 彼明主若欲請和, 其許之乎. 抑拒之乎. 若我不許而彼逼迫求和更當何以處之, 儻蒙天佑, 克取燕京, 其民人應作何安輯. 我國貝勒等, 皆以貪得爲心, 應作何禁止. 此朕之時爲廑念者也. 爾高鴻中·鮑承先·寧完我·范文程等, 其酌議疏奏以聞.

○ 무자일(2.7), 주상이 형부승정 머이런장긴 고홍중, 문관(文館)의 기오로 룽시, 잘란장긴 영완아·범문정·로쇼·가린·잠바 등에게 유시했다.

“근래 보건대 한인 관원과 여러 유생들이 상소하여 모두 말하기를, ‘지금 속히 병사를 일으켜 명나라를 정벌하시고 병사로써 초무하시며 적을 죽이지 않는 것을 추구하십시오’라고 한다. 무릇 용병하여 적을 죽이는 것을 짐이 어찌 좋아하겠는가. 다만 적을 만났을 때 우리가 저들을 죽이지 않으면서 저들이 우리를 죽이지 않게 금할 수 있는가. 만약 저들 한인이 우리나라 사람을 잡으면 비록 부녀자나 어린아이라 할지라도 그 목을 보전할 수 없을 것이다. 짐이 어찌 저들과 같이 망령되이 죽이겠는가. 짐이 생각하기에 용병하여 적을 제압하는 도리는 따르지 않는 자를 죽이고 따르는 자를 위무하는 것이다. 은혜와 위엄을 헤아려 함께 써야 비로소 인의(仁義)의 군대이다. 어찌 저들의 소견은 이처럼 치우쳐 있는가. 짐에게 속히 출병하여 대업을 이루라고 하는데, 이 또한 시세를 모르는 견해이다. 짐이 어찌 대업을 이루기를 원치 않고 유희와 사냥만을 낙으로 삼겠는가. 다만 대사를 도모하려면 기회를 얻어 때에 따라 행동해야 한다.

지금 차하르 몽고가 모두 새로 귀부하여 와서 아직 항복한 무리들을 위무하지 못했고 사람들의 마음도 아직 모으지 못했으며 성곽도 아직 수리하지 못했다. 그런데 가벼이 출병하면 어찌 대업을 이루겠는가. 또한 짐이 예전에 온 사람과 새롭게 귀부한 사람 모두에게 의복, 재물과 피륙, 말과 가축을 주어 기르는 것을 아끼지 않고 매일 3번 연회를 베푸는 것을 어찌 꺼리겠는가. 바로 사람들의 마음을 설복시켜 대사를 도모하고자 함이다. 만약 인심을 알지 못하면 비록 병사를 일으켜 무리를 움직인다 해도 어찌 공성전에서 이길 것이며 야전에서 이기겠는가. 지금 빨리 출병하라고 말하는 자는 소인의 얕은 견해로 짐의 뜻을 판단해서, 병사들을 고생시켜 성지(城池)를 함락시켜 재화를 얻기를 바라며 제 한 몸의 수고로움에 대한 상을 바라는 것에 불과하니, 군대와 나라의 어려움을 관심 밖에 두는 자이다.

무릇 의견을 말하는 자는 마땅히 나라의 일을 보고 혹 망령되이 무고한 사람을 죽이는지, 혹 정치에 과실이 있는지, 혹 도리에 어긋난 것이 있는지 하는 과오를 보면 즉시 그 과오를 분명하게 지적하고 군주를 마땅한 도리로 이끌어야 한다. 이렇게 직간하는 사람을 짐은 진실로 나라를 위하는 자로 여기고 기억하여 잊지 않을 것이다. 비록 짐은 평소에 총애하는 사람이 분수에 넘는 행동을 하지 못하게 했으나, 진실로 마음을 다해 나라를 위하면 짐 또한 오래도록 신임할 것이다. 짐이 거듭 생각하는 것은, 장래 우리나라가 안정된 후 병사를 크게 일으켰을 때 명나라 군주가 연경을 버리고 달아나면 그를 쫓아야 하는가, 아니면 쫓지 않고 경성을 공격해야 하는가, 혹은 공격해도 함락시키지 못하면 포위한 채로 지켜야 하는가, 저 명나라 군주가 만약 화의를 요청해 오면 그것을 허락해야 하는가, 아니면 그것을 거절해야 하는가, 만일 내가 허락하지 않았는데 저쪽이 형편이 어려워졌다고 화의를 계속 구하면 어찌해야 하는가, 혹은 하늘의 도움을 얻어 연경을 함락시키면 그 백성들을 어떻게 안정시키고 모을 수 있는가, 우리나라의 버일러들이 모두 탐욕을 일삼으면 이를 어떻게 금지해야 하는가, 이것이 짐이 때로 간절히 생각하는 것이다. 너희 고홍중·포승선·영완아·범문정 등은 이를 의논하고 상주문으로 보고하라."

○ 己丑, 沈佩瑞奏言, 竊思明人所恃者, 山海阻隘, 寧錦完固, 兵餉充裕, 故得安意固守, 而我國士馬威武奮揚, 他無可慮, 但恐軍餉或不敷耳. 臣近思屯田一事, 古人行之, 皆著有成效, 其法正可酌行於今日, 臣敢爲皇上陳之. 廣寧東西閭陽驛一帶田地, 荒蕪已久. 今計馬兵六萬內步兵, 皆各屯拔選精壯農民, 熟諳耕種者. 乘此春和之時, 酌議屯田之法, 於八旗每牛彔, 按其貧富, 分爲上下兩等, 各備牛具農器, 遴選智能有謀, 勤愼任事者, 隨帶行糧, 率領屯兵丁壯, 攜牛具農器穀種等物, 前往閭陽驛駐扎, 督令盡力耕種. 再遣勇將數員, 駐扎十三站立營寨, 置烽火以備之. 其馬兵三月一換更番防守. 有警則馬步齊戰, 無事則協力共耕, 其口糧草束, 計需若干量. 造運船數艘於開涑之後順流運至三岔河堡或西寧堡, 即就彼地委官以牛車運載, 不過半年之勞, 耕種成熟, 秋收有望而糧草充裕矣. 如大軍前進, 或圍或攻, 既有糗糧可恃以無恐, 且早晚隨意就近馳掠則聲勢赫然, 彼兵雖多, 皆烏合之衆, 不足爲我敵也. 駐守半載, 彼覺華島運船, 必不敢來, 運路既絕, 關外又不敢耕. 令其東方一路, 糧盡力疲, 坐受我軍之困, 攻圍日久勢如破竹, 乘機伺隙得一城卽安一城, 兼行撫恤, 秋毫無犯, 招徠人心, 歸服日衆, 攻克山海乘勢直取燕京, 奚啻摧枯拉朽之易哉. 況流寇作亂於西, 而我兵復蹂躪於東, 使其顧此失彼, 進退兩難. 彼時與之議和, 亦易易者, 是屯田之策, 豈非一擧而兩得乎. 至於渡船運船, 式樣各異. 臣觀向來所造船艘, 俱未如式, 是以致有貽誤. 如前歲積雨, 河水泛溢, 人馬牛車, 多有漂溺者. 夫遼河爲大軍之渡口, 渾河爲人畜車輛之通津, 是皆扼要關隘之處. 我皇上旣圖大事, 勿惜財用. 當依漢人船艘樣式, 修造堅固, 以利運渡. 其修造之法, 臣雖不能盡知, 然其大概規模, 亦所素習, 願效犬馬之勞, 以備國家之用. 況孔有德·耿仲明之營中, 皆有善於操舟之人, 又萬無一失者, 此亦我國之急務, 水陸兩便之要圖也. 上覽奏是之.

○ 기축일(2.8), 심패서(沈佩瑞)가 상수하여 말했다. 「삼가 생각건대 명나라 사람은 산해관의 험준함, 영원과 금주의 튼튼함, 병향(兵餉)의 여유로움에 의지하여 편안한 마음으로 굳게 지킵니다. 우리나라는 군사와 전마가 무위를 떨치니 다른 것은 염려할 것이 없고 다만 병향(兵餉)이 부족할까 염려됩니다. 신이 근래 둔전에 대해 생각해 보니, 옛 사람이 시행하여 모두 효과가 있었으니 현재 그 법을 참작하여 시행할 만합니다.

신이 감히 황상께 이를 아뢰니다. 광녕(廣寧)의 동서쪽 여양역(閭陽驛) 일대의 밭은 황폐해진 지 오래되었습니다. 지금 편제한 마병(馬兵)과 6만 명 이하의 보병은[7] 모두 각 촌락에서 선발한 정예의 건장한 농

7 『구만주당』의 기록은 아래와 같다. "te ice ilibuha sunja ninggūn tumen yafahan moringga cooha gemu"(지금 새로 편제한 5-6만의 보병과 마병은 모두) 『舊滿洲檔 天聰九年』, p.64.

민이니 농사에 익숙합니다. 이 봄날 온화한 때에 둔전의 법을 상의해서, 팔기의 니루마다 빈부를 조사하고 상하 두 등급으로 나누어 각기 우구(牛具)와 농기구를 준비하게 하십시오. 지혜와 능력과 지모가 있고 근면한 자를 선발해서 식량을 휴대하고 둔병(屯兵)의 장정들을 이끌고 우구(牛具)・농기구・종자 등의 물건을 가지고 여양역(閭陽驛)에 가서 주둔하며 농사에 진력하게 하십시오. 또한 용감한 장수 몇 명을 보내어 십삼참(十三站)에 영채를 세워 주둔시키고 봉화를 설치하여 대비시키십시오. 그 기병은 3개월에 1번 교대하며 번갈아서 방비하게 하십시오. 경보(警報)가 있으면 기병・보병이 일제히 싸우고, 일이 없으면 협력하여 함께 경작하게 하십시오. 양식과 꼴은 수요를 조사하여, 운반선을 몇 척 만들어 해빙된 후 물을 따라 삼차하보(三岔河堡) 혹은 서녕보(西寧堡)까지 운반하고, 그곳의 관리에게 맡겨서 소수레에 실어 운반하게 하십시오. 불과 반년 동안 수고하면 경작한 작물이 익어서 추수하면 양식과 꼴이 넉넉해질 것입니다. 대군이 나아가서 포위하거나 공격할 때 군량을 믿을 수 있어 두려움이 없을 것입니다.

게다가 수시로 마음대로 저들 가까이서 말달리고 노략질하면 위세가 높아질 것입니다. 저들의 병사가 비록 많아도 모두 오합지졸이니 우리의 적이 되지 못합니다. 반년 동안 주둔하여 지키면 저들 각화도(覺華島)의 운반선이 감히 오지 못할 것이고, 운송로가 끊겼으니 관외에서 감히 농사를 짓지 못할 것입니다. 동쪽의 일로(一路)가 양식이 다하고 피로해져서 앉은 채로 우리 군사의 공격을 받게 될 것이고, 우리가 포위하고 공격하는 날이 길어지면 그 기세가 파죽지세일 것입니다. 기회를 타고 틈을 엿보아 한 성을 얻고 안정시켜서 무휼을 병행하면 추호도 범하는 자가 없을 것이며, 인심을 초무하면 무리가 날로 복종하여 귀순할 것입니다. 산해관을 공격해 함락시키고 그 기세를 타서 곧바로 연경을 얻으면 마른 나무를 꺾고 썩은 나무를 부러트리는 것만큼 쉬울 것입니다. 하물며 도적들은 서쪽에서 반란을 일으키고 우리 병사는 동쪽을 유린하니, 이는 곧 이쪽을 돌아보다가 저쪽을 잃는 것이고 진퇴양난입니다. 그때는 저들과 화의를 맺는 것도 쉽습니다. 이것이 바로 둔전의 계책이니 어찌 일거양득이 아니겠습니까.

나룻배와 운반선은 양식이 각기 다릅니다. 신이 종래에 배를 만든 것을 보건대 모두 법식대로 하지 않기 때문에 잘못되기에 이릅니다. 작년 장마에 강이 넘쳐 사람과 마소와 수레가 빠지고 떠내려간 것이 많았습니다. 요하는 대군이 건너는 곳이며 혼하는 사람과 가축 및 수레들이 건너는 곳이니 모두 중요한 요충지입니다. 우리 황상께서 큰 일을 도모하시면 재물을 쓰는 것을 아까워하지 마십시오. 한인의 배 만드는 방법을 따라 견고하게 건조해서 운반하고 건너는 데 사용하십시오. 배 만드는 방법을 신이 자세히 알지 못하지만 그 대체적인 규범은 익혔습니다. 원컨대 견마지로를 다하여 국가의 쓰임에 부응하고 싶습니다. 더구나 공유덕·경중명의 군영에 배를 잘 만드는 사람이 있으니 만에 하나도 잃을 것이 없습니다. 이 또한 나라의 급한 사무이고 수륙 양쪽으로 긴요한 계획입니다.」 주상이 상주를 보고 옳다고 했다.

○ 壬辰, 伊勒愼赴海州河上遊哨探, 見岸泊漢人船二十二艘, 遂率所部兵, 乘小船六, 直入擊. 斬五十三人, 生擒十七人, 獲船二十艘及軍器等物, 籍以聞.

○ 임진일(2.11), 이러선(irešen, 伊勒愼)이 해주하(海州河) 상류로 초탐을 갔는데, 물가에 한인의 배 22척이 정박해 있는 것을 보고, 속하의 병사들을 이끌고 작은 배 6척에 타서 곧장 공격해 들어갔다. 53명을 베어 죽이고 17명을 사로잡았으며 배 20척 및 병장기 등의 물품을 얻어 장부를 작성해 보고했다.

○ 乙未, 牛彔章京圖虎齊, 先以病罷職, 病愈, 赴訴於廷. 上命復原職, 給以敕書.

○ 을미일(2.14), 니루장긴 투후치(tuhūci, 圖虎齊)가 이전에 병이 들어 파직했는데 병이 낫자 조정에 호소했다. 주상이 원직에 복귀시켜 주고 칙서를 주게 했다.

○ 文館寧完我奏言, 頃奉聖諭, 今各舉薦賢能, 期得眞才以供任使, 誠鉅典也. 孰意無知之輩, 反假此爲倖進之階. 所舉者豈皆良士端人, 今兩部已四五十人矣. 似此濫觴, 殊乖治體. 臣思自古薦舉之條, 功罪連坐, 原非苛求, 所以杜弊端而防倖進也. 伏願皇上再頒明詔, 如所舉之人, 果係公正, 後有成效, 其應得陞賞, 即令舉者同之. 如所舉之人, 僨事獲罪, 亦即令舉者同之. 若其人砥行於厥初, 改節於末路, 許舉者不時檢舉, 即免連坐. 如此, 庶人知畏法, 而不敢冒濫也. 皇上儻俯俞臣請即下明詔, 則三日之內, 引退者必十有八九, 而所餘皆眞才矣.

○ 문관(文館)의 영완아가 상주하여 말했다. 「근래 성유(聖諭)를 받들어 지금 각자 현능한 자를 천거하니, 진정한 인재를 얻어 임무를 맡기는 것은 진실로 국가의 큰 법도입니다. 무지한 무리들이 도리어 이를 빌려 요행히 관직에 나아가는 발판으로 삼을지 누가 생각했겠습니까? 천거된 자들이 어찌 모두 뛰어나고 바른 사인(士人)이겠습니까? 지금 두 부에서 천거한 자가 이미 40-50명입니다. 이러한 지나침은 특히 다스림의 요체를 어그러뜨리는 것입니다. 신이 생각건대, 예로부터 천거의 법에서 공과 죄를 연좌시키는 것은 본래 가혹하게 요구한

것이 아니라, 폐단을 막고 요행히 관직에 나아가는 것을 방지하기 위함입니다. 엎드려 바라건대, 황상께서 다시 분명히 조서를 반포하셔서, 천거된 자들 중에 진실로 공정하여 이후 성과가 있는 자는 마땅히 승진시키고 상을 주며, 천거한 자도 마찬가지로 해 주십시오. 천거된 자가 일을 그르쳐 죄를 얻는 경우에는 천거한 자도 마찬가지로 해 주십시오. 만약 그 사람이 처음에는 행실을 잘 닦았는데 나중에 변절한다면, 천거한 자가 불시에 검거해서 연좌를 면하게 하십시오. 이렇게 하면 사람들이 법이 무서운 것을 알고 감히 멋대로 남발하지 못할 것입니다. 황상께서 만약 신의 청을 굽어 살피셔서 분명한 조서를 내려주시면, 3일 내에 물러나는 자가 필시 열에 여덟아홉은 될 것이니 남은 자들은 모두 진정한 재능이 있는 자일 것입니다.」

○ 文館范文程奏言, 頃奉聖諭, 薦擧人才, 中外臣民, 無不欣幸. 然聖意以爲知漢人者莫如漢人, 故令漢人各擧所知, 爲國家効用, 孰意營私之輩, 竟藉此爲黨援之門, 狙獪 · 遊民, 妄相標榜, 飲朋 · 賭友, 謬自稱揚. 又有意在朋比, 故引一二優者於其中, 以飾人耳目. 甚或昵於親故, 迫於囑託, 明知其人非賢, 過情誇詡. 獨不思皇上寤寐勤求之謂何, 而乃妄擧若此. 斯時即有一二公直之臣, 欲有所擧, 因見其濫觴如此, 亦灰心而不肯擧. 即有一二忠正之士, 欲應其擧, 因見其濫竽如是, 亦灰心而不肯應. 遂將皇上咨訪賢才之美政, 徒爲宵小倖進之階梯矣. 今當考選之時, 須斟酌錄用. 若不詳愼, 恐於國計民生, 關係匪輕, 即曰事敗之餘, 自有國法, 然與其刑於既用之後, 何如. 愼於未用之先, 且欲精核所擧之人. 尤當幷核擧者之人, 其擧者公正, 則所擧之人, 自可任用. 若擧者素履有虧, 已不可信, 而所擧者, 安得廉能耶. 今我國之薦擧, 雖不用古昔連坐之法, 然亦當酌議懲罰, 以爲妄比匪人, 罔上欺君者戒. 至於所擧得人, 後有成效者, 亦當給與紀錄, 以昭獎勸, 伏乞皇上睿鑒施行.

○ 문관(文館)의 범문정이 상주하여 말했다. 「근래 성유(聖諭)를 받들어 인재를 천거하니, 내외의 신민들이 기뻐하며 다행스러워하지 않는 자가 없습니다. 주상은 한인이 한인에 대해 가장 잘 안다고 여겨서 한인에게 각자 아는 대로 천거하게 하여 국가를 위해 활용하려고 했는데 개인의 이익을 꾀하는 무리들이 도리어 이를 빌미로 당인(黨人)을 끌어모으는 방도로 삼아 교활하고 간사한 자와 놀고먹는 자가 망령되게 서로를 천거하고 술친구와 도박 친구를 거짓으로 몸소 칭찬할 줄 누가 생각했겠습니까? 또 친구를 비호하는 데 뜻을 두고 그들 중 한둘 뛰어난 자를 인용해 다른 사람들의 이목을 속입니다. 심하면 친인척을 잘 봐주거나 청탁에 압박받아 그 사람이 현명하지 않다는 것을 잘 알아도 실제보다 넘치는 과장된 말을 합니다. 오직 황상께서 자나 깨나 부지런히 구하여 무엇을 말씀하셨는지 생각하지 않고 그저 이처럼 망령되이 천거합니다. 이러한 때에 한둘 공정하고 정직한 신하가 있어 천거하고 싶어도 이러한 지나침을 보면 역시 실망하여 천거하려 하지 않을 것입니다. 한두 명의 충성스럽고 올곧은 사인(士人)이 있어 천거에 응하고 싶어도 이렇게 무능한 자가 관직에 나아가는 것을 보면 역시 실망하여 천거에 응하려 하지 않을 것입니다. 끝내 황상께서 현능한 인재를 탐문하는 아름다운 정치를 헛되이 간사한 소인배들이 요행히 관직에 나아가는 디딤돌로 만들 것입니다. 지금 고선(考選)의 시기를 맞아 헤아려 기용해야 합니다. 만약 자세하고 신중하지 않으면 나라 살림과 민생에 관계됨이 적지 않으니, 일을 그르친 후에 애초에 국법이 있었다고 말해도 이미 기용한 후에 형벌을 주어서 어쩌겠습니까? 아직 기용하기 전에 신중하고 또 천거된 자를 정확히 조사해야 합니다. 더욱이 아울러 천거한 자를 조사해야 하니, 천거한

자가 공정하면 천거된 자도 자연히 임용할 수 있을 것입니다. 만약 천거한 자가 평소에 그릇된 점이 있으면 이미 믿을 수 없는 것이므로, 천거된 자를 어찌 청렴하고 능력이 있다 할 수 있겠습니까? 지금 우리나라의 천거는 비록 옛날 연좌의 법을 쓰지는 않지만, 또한 마땅히 징벌을 논의하여 망령되고 단정하지 못한 사람을 비호해서 위로 군주를 속이지 않도록 경계해야 합니다. 천거로 얻은 자가 이후 성과가 있는 경우, 또한 기록(紀錄)을 주어서 권장하는 것을 보여야 합니다. 엎드려 바라건대, 황상께서 살펴 시행해 주십시오.」

○ 己亥, 新附生員楊名顯·楊譽顯·楊生輝等奏言, 近見明朝, 暴官肆虐, 汚吏貪饕, 毒痛百姓, 塗炭生靈, 以致流賊猖獗. 內患蜂起, 地裂山崩, 旱乾水溢, 天災人害, 亦已極矣. 幸而天佑下民, 篤生我皇上, 聰明仁恕, 抱湯·武之德, 負戡亂之畧, 天必有意也. 况今仁風遠播, 四國咸服, 天與人歸我皇上. 復於投誠者優禮之, 歸順者撫養之, 即大凌河官兵, 至今恩養不懈, 此又皇上之至仁. 以皇上至仁之德, 而値彼天人交變之時, 此正乘時建業之會也. 竊覩我國, 豪傑盈廷, 英俊滿目, 勛勷自不乏人. 臣等微賤, 雖不敢妄談大事, 但擧家投順, 身被聖恩, 安敢坐食無言乎. 皇上如欲急圖之, 莫若先攻燕京. 燕京乃天下之元首, 天下乃燕京之股肱, 未有元首去而股肱能存者. 雖內有衛護士卒, 外有援救兵馬, 不過離心之衆, 一當皇上人和之師, 如石投卵之易, 此用力急而成功速者也. 皇上如欲緩圖之, 莫若先取近京府縣. 府縣乃京都之羽翼, 京都乃府縣之腹心. 未有羽翼去而腹心能保者. 况京南地方, 兵馬無備, 城垣不堅, 一當皇上久練之師, 破彼城池, 直探囊取物耳. 既得其近京城垣, 絕彼糧道禁彼樵採, 環而圍之, 以待其敝, 燕京不攻而自得矣. 此不勞而定者也. 皇上如欲漸次圖之, 莫若拓地屯田. 駐兵於寧·錦附近地方, 耕其田土, 時加縱掠,使彼不得耕種, 彼必棄寧·錦而逃矣. 寧·錦一爲我有, 山海更何所恃. 山海旣得, 我自出入無阻, 在我無踰險涉遠之苦, 在彼有脣亡齒寒之慮. 此漸次進取之術, 亦不勞而收萬全者也. 臣更有請者, 皇上欲圖大業, 莫若文武竝重. 今但見, 武將來歸, 而文臣有至死不順者, 彼不知皇上右文之故耳. 願皇上以興起文教之初心, 再加選拔, 隨材器使. 比較優劣, 有文武全才者, 固首擢之, 如武優而文劣者, 亦用之使得展其武畧, 如文優而武劣者, 亦用之使得施其文謀. 如文武俱劣, 則亟黜之, 勿俾冒濫仕途. 夫如是, 則擧錯公而登庸之路大開, 不惟本國之人才日興, 卽天下之英彥, 皆聞風而歸心矣. 王業大定, 不於此可決乎.

○ 기해일(2.18), 새로 귀부한 생원 양명현(楊名顯)·양예현(楊譽顯)·양생휘(楊生輝) 등이 상주하여 말했다. 「최근에 명나라를 보건대, 포악한 관원이 멋대로 잔혹하게 굴고 부패한 관리가 탐욕스러워 백성에게 고통을 주고 생령들을 도탄에 빠뜨려 도적이 창궐하는 데 이르렀습니다. 내부의 재난이 들끓어 땅이 갈라지고 산이 무너지며 가뭄과 홍수가 나서 천재(天災)와 인재(人災)가 극에 달했습니다. 다행히 하늘이 백성을 도와서 우리 황상을 두터운 은혜로 총명하고 인자하게 낳으시고, 탕왕(湯王)과 무왕(武王)의 덕을 가지고 난을 평정할 지략을 갖추게 하시니 하늘이 필시 뜻이 있는 것입니다. 하물며 지금 어진 덕이 멀리까지 미쳐 사방 여러 나라들이 모두 복종하니, 우리 황상께 하늘이 주시고 사람이 귀부합니다. 또 투항한 자를 후한 예로 대하고 귀순한 자를 안무하고 부양하셔서, 대릉하의 관병들을 지금까지 은혜롭게 부양하는 데 게으름이 없으니, 이는 또한 황상의 지극한 인자함입니다. 황상의 지극히 인자한 덕으로써 하늘과 사람이 서로 감응할 시기를 맞이했으니, 이때가 바로 시기를 타서 대업을 세울 기회

입니다. 삼가 우리나라를 보건대 호걸이 조정에 가득하고 영준한 자들이 눈앞에 많으니 서둘러 도모하기에 사람이 부족하지 않습니다. 신은 미천하여 감히 망령되이 대사(大事)를 논할 수는 없지만 온 가족이 투항하여 성은을 입었으니 어찌 감히 앉아서 먹기만 하며 침묵하겠습니까?

황상께서 급히 도모하려면 먼저 연경(燕京)을 공격하는 일만 한 것이 없습니다. 연경은 천하의 머리이고 천하는 연경의 팔다리와 같으니, 머리가 없이 팔다리가 존속할 수 없습니다. 비록 안으로 호위하는 병사들이 있고 밖으로 구원해 올 병마들이 있어도 마음이 떠난 무리에 불과하니, 일단 황상의 인화(人和)한 군사를 마주치면 돌을 계란에 던지는 것처럼 쉬울 것입니다. 이는 힘쓰기를 급하게 하면서도 성공을 빠르게 취하는 것입니다.

황상께서 천천히 도모하려면, 먼저 수도 근처의 부(府)와 현(縣)을 취하는 일만 한 것이 없습니다. 부와 현은 수도의 날개이고, 수도는 부와 현의 중심입니다. 날개 없이 중심을 보존할 수 있는 경우는 없습니다. 하물며 수도 남쪽 지방은 병마가 갖추어지지 않았고 성벽이 견고하지 않아 황상의 오래 훈련한 군사가 그들의 성과 해자를 파괴하는 것은 주머니를 뒤져 물건을 취하는 것과 마찬가지입니다. 수도 근처의 성을 얻고 나서 식량 운반로를 끊고 땔감 구하는 것을 막고 둘러싸고 포위해서 그들이 무너지기를 기다리면, 연경은 공격하지 않고도 저절로 얻을 수 있을 것이니, 이는 수고하지 않고도 평정하는 것입니다.

황상께서 조금씩 도모하려면, 땅을 개척하여 둔전하는 일만 한 것이 없습니다. 영원(寧遠)과 금주(錦州) 부근 지방에 병사를 주둔시켜 전토를 경작시키고 때때로 약탈해서 그들이 경작하고 씨 뿌리지 못하게 하면, 그들은 반드시 영원과 금주를 버리고 도망갈 것입니다. 영원과 금주가 일단 우리 소유가 되면 산해관도 의지할 곳이 없어집니다.

산해관을 얻고 나면 우리는 저절로 출입하는 데 장애가 없어지며 험난하고 먼 곳을 지나는 괴로움이 없을 것이고, 그들은 순망치한의 염려가 있을 것입니다. 이것이 조금씩 나아가 취하는 기술로, 역시 수고하지 않고 전부를 거두는 것입니다.

신이 또 청하건대 황상께서 대업을 도모하려면 문무(文武)를 모두 중시하는 일만 한 것이 없습니다. 지금 보건대 무장은 내귀하는데 문신들 중에는 죽음에 이르러도 귀순하지 않는 자가 있으니, 그들이 황상께서 문(文)을 중시하는 것을 모르기 때문입니다. 원컨대 황상께서 문(文)을 통해 문교(文教)를 일으키려는 초심으로 다시 선발하여, 재능에 따라 기용해야 합니다. 우열을 비교하여 문무(文武) 모두 재능 있는 자는 먼저 발탁하고, 무예는 뛰어나지만 문예가 모자란 경우에는 기용하여 그의 무략(武略)을 펼치게 하며, 문예는 뛰어나지만 무예가 모자란 경우에는 기용하여 지략(智略)을 펼치게 해야 합니다. 문무(文武)가 모두 모자란 경우에는 빨리 내쫓아서 함부로 관직에 나가지 못하게 해야 합니다. 이렇게 하면 천거함과 퇴출함이 공정해지고 등용의 길은 크게 열릴 것이니, 우리나라의 인재가 날로 드러날 뿐만 아니라 천하의 영걸들이 모두 소문을 듣고 귀의할 것입니다. 왕업을 크게 이루는 것이 여기에서 정해질 수 있지 않겠습니까?」

○ 正紅旗牛彔章京許世昌奏言, 臣以一介武夫, 荷蒙皇上天恩, 赦自凌河, 育之畿甸, 撫恤豢養, 罔不周至. 第報効有心, 請纓無路. 今國家有當擧者數事, 冒瀆天聽. 仰祈萬幾閒暇, 少賜省覽, 亦維新之一助云爾. 一曰, 先帝徽號宜上. 夫古帝王用謚號者, 所以昭祖宗勳業之隆, 盡子孫思慕之悃, 誠鉅典也. 先帝肇造邦家, 開拓疆宇, 皆從來罕覯之功, 歷代無前之烈, 所亟當顯揚以垂後世者. 乃賓天九年, 徽號之典, 杳然無聞. 今臣民止稱爲先帝, 何以紹傳百世, 垂示萬年哉.

臣愚以爲宜敕禮部, 速議徽號, 務符先帝之偉烈, 展皇上之孝思, 擇期恭進, 庶慰先帝在天之靈而盡皇上孺慕之誠矣. 一曰, 天子股肱宜立. 一代之興, 必有一代之臣, 相與贊襄啟沃共理封疆. 所謂輔弼重臣, 上應天心者也. 我朝枚卜之擧, 至今未行, 乃謂之曰書房, 似未協於立國之體. 臣愚以爲宜建中書府, 設中書平章 · 左右丞 · 參知政事等官, 以備顧問. 凡軍國大事, 悉諮詢商確而後行, 庶廟堂無外錯之令, 聖主鮮宵旰之勞矣. 一曰, 選用賢能宜愼. 夫人才者國之楨幹, 人主所急需也. 邇者綸音下頒, 博搜俊傑, 誠掄才之大典也. 然心術端正之士, 必心術端正之人能識之. 今溫綸久降, 應詔乏人, 豈一國竟無才能. 抑亦諸臣知而不擧耳. 蓋娼嫉者恒多, 而吐握者常少. 在廷忠彥, 且不能容, 安望其別引才能乎. 臣愚以爲宜責諸臣, 務必各擧所知賢良方正之士, 彙送銓司, 設科考試, 務求實行, 以備選用, 庶國家獲眞實之才, 而田野無遺珠之嘆矣. 一曰, 朝廷言路宜開. 自古帝王, 靡不以求直言極諫爲先, 何也. 夫諫者, 所以宣上意達下情, 內而彈劾姦邪, 外而稽訪民隱, 實有裨於國家者也. 而我朝則未之設. 臣愚以爲宜立中丞 · 都御史, 總其綱, 設東西兩臺御史, 司其職. 凡國家政令之得失, 百僚任事之忠佞, 許其風聞不時論劾. 所言者實而可行即以擢賞, 辭雖涉虛, 亦宜包容, 務使敢言不諱. 乃昭聖朝納諫之美. 至於假公濟私, 報復讐怨, 嚴加斥逐, 庶朝廷得耳目之官, 羣小鮮欺罔之弊矣. 以上四事, 皆臣淺陋之見, 不識狂瞽, 爲上敷陳, 伏乞採擇施行焉.

○ 정홍기 니루장긴 허세창(許世昌)이 상주하여 말했다. 「신은 일개 무신으로서 황상의 천은을 입어 대릉하에서 용서받고 경기(京畿) 지방에서 길러졌으니, 안무하시고 구휼하시고 길러 주시는 데 두루 미치지 않음이 없었습니다. 다만 보답하려는 마음이 있어도 나서서 청

할 길이 없었습니다. 지금 국가에 추천해야 할 것이 몇 가지 있으나, 멋대로 황상의 귀를 더럽힐 수는 없습니다. 우러러 바라건대, 국사를 처리하는 와중에 한가하실 때 조금 살펴 주시면 쇄신에 한 도움이 되리라 말할 뿐입니다.

하나, 선제께 휘호를 올려야 합니다. 옛 제왕이 시호를 쓴 것은 조종 공적의 융성함을 보여 모든 자손들이 흠모하는 정성을 다하게 하기 위함이니 실로 커다란 전장(典章)입니다. 선제께서 나라를 처음 만드시고 강역을 개척하신 것은 모두 종래에는 이루기 어려웠던 공으로 대대로 과거에 없던 위엄이니, 빨리 드러내어 후세에 드리워야 합니다. 선제께서 붕어하고 9년이 되었는데, 휘호의 전장(典章)은 아득하여 들리지 않습니다. 지금 신민들이 단지 선제라고 칭할 뿐이니, 어떻게 백세에 이어서 만년 동안 드리워 보일 수 있겠습니까? 신의 어리석은 생각으로는, 예부에 칙서를 내려 속히 휘호에 대해 의논하여 선제의 위엄에 부합하고 황상의 효순한 마음을 펼치는 데 힘써야 한다고 생각합니다. 기일을 택해 삼가 바치면, 하늘에 계신 선제의 영혼을 위로하고 황상께서 부모를 그리워하는 진심을 다하실 수 있을 것입니다.

하나, 천자의 중신(重臣)을 세워야 합니다. 일대(一代)가 흥하는 데는 반드시 일대의 신하가 있으니, 서로 돕고 인도하여 함께 강역을 다스려야 합니다. 소위 보필하는 중신이라는 것은 위로 천심에 응하는 것입니다. 우리 조정은 고관(高官)의 선발을 지금도 시행하지 않고, 그들을 이르기를 서방(書房)이라고 하니, 나라를 세우는 체계에는 아직 적합하지 않은 것 같습니다. 신의 어리석은 생각으로는, 중서부(中書府)를 건립하고 중서평장(中書平章)·좌우승(左右丞)·참지정사(參知政事) 등의 관직을 설치하여 자문에 대비하게 해야 합니다. 군국(軍國)의 대사를 모두 자문하여 상의한 후에 행하면 조정에 그릇된 명령이 없고 성스러운 군주께서 밤늦게 고생하는 일이 없게 될 것입니다.

하나, 현능한 자를 선발하는 데 신중해야 합니다. 인재는 나라의 근

간으로 군주가 급히 구해야 하는 것입니다. 최근에 황상의 말씀을 반포하시어 준걸들을 널리 구한 것은 실로 인재를 가리는 대전(大典)입니다. 그러나 심성이 단정한 사인(士人)은 필시 심성이 단정한 사람이 알아볼 수 있습니다. 지금 황제의 말씀이 오래전에 내려졌으나 조서에 응한 자가 적으니, 어찌 한 나라에 마침 재능 있는 자가 없어서이겠습니까? 역시 여러 신하들이 알면서도 천거하지 않았을 뿐입니다. 시기하는 자는 항상 많고, 인재를 구하는 자는 항상 적습니다. 조정에 있는 충직한 사인도 용납하지 못하는데, 어찌 별도로 재능 있는 자를 끌어들이고자 하겠습니까? 신의 어리석은 생각으로는, 신하들을 질책하여 반드시 각자 알고 있는 현량하고 방정한 사인(士人)을 천거하여 모아서 전사(銓司)에 보내고 과거를 세워 시험을 치르도록 힘써야 합니다. 진실된 행실에 힘쓰고 선발에 대비하면 국가가 진실한 인재를 얻고 초야에 보물이 남겨지는 한탄스러움이 없게 될 것입니다.

하나, 조정의 언로를 열어야 합니다. 예로부터 제왕은 직언과 극력으로 간언하는 말을 구하기를 우선하였으니 왜 그러했겠습니까? 간언은 주상의 뜻을 펼치게 하고 아래의 사정을 전달해 주며 안으로는 간사한 자를 탄핵하고 밖으로는 백성의 고통을 조사하고 탐문하여 실로 국가에 유익했던 까닭입니다. 그러나 우리 조정은 아직도 언로를 설치하지 않았습니다. 신의 어리석은 생각으로는, 중승(中丞)·도어사(都御史)를 설립하여 강령(綱領)을 총괄하게 하고, 동서 두 대(臺)의 어사를 설립하여 직임을 맡겨야 합니다. 국가의 정령(政令)의 득실과 백관(百官) 직임 수행의 충직과 아첨에 대해 풍문에 근거해 불시에 탄핵하는 것을 허락해야 합니다. 언급된 것이 사실이어서 행할 만하면 뽑아서 상 주고, 말한 것이 비록 지나치거나 허황돼도 포용하여 말하는 데 거리낌이 없도록 힘써서, 성스러운 조정이 간언을 받아들이는 미덕을 보여야 합니다. 공정함을 빌려 사사로움을 성취하거나 원수에게 보복하는 경우 엄히 물리치면 조정이 귀와 눈이 되는 관원을 얻고 소인배가 속이는 폐해가 없을 것입니다.

이상 네 가지 일은 모두 신의 비루한 견해로, 잘 알지 못하고 분별이 없으나 주상을 위해 상세히 진언하니 엎드려 바라건대 채택하여 시행해 주십시오.」

○ 以故三等公吳訥格之子光泰襲職.

○ 삼등공(三等公) 우너거가 죽어서, 그의 아들 구왕타이(guwangtai, 光泰)가 습직했다.

○ 賜送佛使者二人雕鞍馬·貂帽·貂鑲朝衣·鞓帶·玲瓏撒袋·弓矢等物.

○ 불상을 수송한 사신 2명에게 조각한 안장을 갖춘 말·담비가죽 모자·담비가죽을 두른 조의(朝衣)·가죽띠·정교하게 장식한 화살집·활과 화살 등의 물품을 하사했다.

○ 癸卯, 總兵官尚可喜奏言, 上恩養新人, 德意優隆, 故每事從寬. 然皇上之大度, 小人不知, 自恃新人, 驕縱犯法. 與其罪於既犯之後, 不如治於未犯之先. 臣久戴聖恩, 竊見新人漸生驕恣, 請定法律. 如犯某罪, 應以某法處之, 一一頒示曉諭兵民. 如干重典, 或請旨或徑送刑部, 如應輕科者, 或命臣便宜處分. 臣所見如此, 不勝俯伏待命之至. 上覽奏曰, 著照前諭元帥舊例行.

○ 계묘일(2.22), 총병관 상가희가 상주하여 말했다. 「주상은 새로 귀부한 자들을 은혜로 부양하시는데, 덕스러운 뜻이 융숭하시어 매사에 관대하게 하셨습니다. 그러나 황상의 큰 헤아림을 소인들이 알지 못하고 새로 귀부한 자라는 것을 믿고 멋대로 법을 범합니다. 법을 범한 후에 죄로 삼는 것은 아직 범하기 전에 다스리는 것만 못합니다. 신은 오랫동안 성은을 입은 몸으로, 삼가 새로 귀부한 자가 제멋대로 하는 일이 점차 생기는 것을 보고 법률을 정하기를 청합니다. 어떤 죄를 저지르면 어떤 법으로 처리한다는 것을 일일이 반포하여 병사와 민인을 깨우쳐야 합니다. 중대한 전장(典章)을 범하면 지(旨)를 청하거나 형부로 빨리 보내야 합니다. 가벼운 죄를 범하면 신하가 편의대로 처분하게 해야 합니다. 신의 소견은 이와 같습니다. 엎드려 명이 내려지기를 간절히 기다립니다.」 주상이 상주를 보고 말했다. "이전에 원수(元帥)에게 유시했던 구례(舊例)대로 행하라."

○ 先是, 三等昂邦章京喀克篤禮, 欲奔回原籍瓦爾喀, 以財物運藏本屯, 爲其家人所訐. 上諭曰, 喀克篤禮, 豈有逃遁之理. 彼若背朕而去, 天必鑒之, 因不窮治其事, 仍以首者付喀克篤禮殺之. 後喀克篤禮果遭天譴, 以痼疾死. 至是, 其子塞古德 · 圖爾泰, 乃以父功訴於吏部, 該部貝勒奏聞. 上命諸貝勒會議, 集衆於朝, 以前此喀克篤禮欲逃被人首告, 上赦其罪情由, 宣示於衆. 又喀克篤禮之嫂額駙康古禮之妻, 亦以其欲逃之事, 告於和碩額爾克楚虎爾貝勒多鐸, 多鐸奏聞於上, 又往征虎爾哈將領季思哈還, 亦奏虎爾哈人曾有是言. 至是, 歷數其事, 宣示畢, 遂革喀克篤禮世職.

○ 이전에 삼등 암바장긴 칵두리가 본적인 와르카로 도망가려고 재물을 그 촌락으로 옮겨 숨겼다가 가인(家人)에게 고발되었다. 주상이

유시했다. “어찌 칵두리가 도망가 숨을 리가 있는가? 그가 짐을 배반하고 가면 하늘이 반드시 볼 것이다.” 그 일을 끝까지 살피지 않고 이어서 고발자를 칵두리에게 넘겨 죽이게 했다. 이후 칵두리가 정말로 하늘의 질책을 받아 고질병으로 죽었다. 이때에 그의 아들 서구더(segude, 塞古德)와 투르타이(turtai, 圖爾泰)는 아버지의 공을 들어 이부에 호소하니 이부 버일러가 상주했다. 주상이 여러 버일러들에게 회의하도록 조정에 모이게 하고, 이전에 칵두리가 도망가려고 하여 다른 사람에게 고발되었으나 주상이 그 죄를 용서했던 내막을 여러 사람에게 알렸다. 또 칵두리의 형수인 어푸 캉구리(kanggūri, 康古禮)의 아내도 그가 도망가려고 했던 일을 호쇼이 어르커 추후르 버일러 도도에게 고발했고, 도도가 주상에게 상주했다. 또 후르카를 정벌하러 간 장령(將領) 기스하가 돌아와서 역시 후르카인이 일찍이 이러한 말을 했었음을 상주했다. 이에 이르자 그 일들을 일일이 열거해 알린 후 마침내 칵두리의 세직(世職)을 혁직했다.

○ 丁未, 以和碩墨爾根戴青貝勒多爾袞 · 貝勒岳託 · 薩哈廉 · 豪格爲統兵元帥, 以固山額眞納穆泰爲右翼, 以吏部承政圖爾格爲左翼, 率護軍 · 騎兵 · 每甲喇官各一員 · 精兵萬人, 往收察哈爾林丹汗之子額爾克孔果爾額哲. 巳刻, 上率出師諸貝勒將帥謁堂子, 至演武場, 授以方略, 遣之.

○ 정미일(2.26), 호쇼이 머르건 다이칭 버일러 도르곤 · 버일러 요토 · 사할리얀 · 호오거를 병사를 총괄하는 원수로, 구사어전 남타이를 우익으로, 이부승정 투르거이를 좌익으로 삼고, 호군(護軍) · 기병(騎兵)과 잘란마다 관원 각 1명 · 정예병 1만 명을 이끌고, 차하르 릭단 칸의 아들 어르커 콩고르 에제이를 잡으러 가게 했다. 사시(巳時)에 주

상이 버일러들과 장수들을 이끌고 당자(堂子)에 배례하고 연무장에 이르러 방략을 주고 보냈다.

○ 是日, 覺羅索爾果多兩孫, 以其祖在先帝時有戰功, 將具疏誑奏, 龍什見之, 謂其辭意不佳, 爲之改撰奏上. 上覽畢, 惡其虛誑不實, 下刑部訊之. 果虛. 且察得龍什等改撰情由, 上諭曰, 龍什在文館, 辦事先帝時諸臣戰功, 其所素知, 如此妄控, 即宜詬詈斥逐之. 乃明知其詐, 代爲改作奏聞, 亦屬不合. 著罰銀一百兩, 革文館任. 剛林亦同改撰, 併坐以應得之罪. 其妄控二人, 各鞭一百.

○ 이날 기오로 솔고도(solgodo, 索爾果多)의 두 손자가 그의 조부가 선제(先帝) 때에 전공이 있다고 하여 소(疏)를 갖추어 속이는 상주를 올리려 하자, 룽시(lungsi, 龍什)가 이를 보고 말의 뜻이 아름답지 않다고 하면서 그것을 고쳐서 주상에게 상주했다. 주상이 읽은 후 허황되고 속이며 진실되지 않은 것을 나쁘게 여겨 형부에 하달하여 조사하게 하니 과연 허언이었다. 또 룽시 등이 고친 내막을 찾아냈다. 주상이 유시했다. "룽시는 문관(文館)에 있으면서 선제 때 여러 신하의 전공을 주관하여 분명히 알고 있으니, 이처럼 거짓으로 고한 것을 꾸짖어 물리쳤어야 했다. 그런데 꾸민 것을 분명히 알면서도 대신 고쳐서 상주했으니 합당하지 않다. 벌은(罰銀) 100냥을 부과하고 문관의 직임에서 혁직하라. 가린 역시 함께 고쳤으니 받아야 할 죄로 처리하라. 거짓을 고한 두 사람을 각각 100대씩 채찍질하라."

권23

천총 9년 3월 ~ 6월

天聰九年. 乙亥, 三月. 辛亥朔.

○ 천총 9년 을해년 3월 신해일 초하루(3.1).

○ 丁巳, 遣鑲紅旗甲喇章京扈什布, 率每旗二人, 往迎出征瓦爾喀, 霸奇蘭·薩穆什喀等.

○ 정사일(3.7), 양홍기 잘란장긴 후시부(hūsibu, 扈什布)를 보내어 기마다 2명씩 이끌고 가서, 와르카에 출정했던 바키란·삼시카 등을 맞이하게 했다.

○ 戊午, 察哈爾國祁他特台吉來朝. 獻鞍馬·珊瑚樹等物, 上酌納之. 召祁他特台吉進宮, 賜宴.

○ 무오일(3.8), 차하르국의 키타트 타이지(kitat taiji, 祁他特台吉)가 내조했다. 안장을 실은 말 · 산호수 등의 물품을 바치니 주상이 헤아려 받았다. 키타트 타이지를 불러 궁 안으로 오게 하고 연회를 베풀었다.

○ 庚申, 半個牛彔章京卦爾察益訥克病故, 以其子坤襲職. 仍准再襲一次.

○ 경신일(3.10), 반개니루장긴 구왈차 이너커(gūwalca ineke, 卦爾察益訥克)가 병으로 사망하여 아들 쿤(kūn, 坤)에게 습직시키고 1번 습직을 허락했다.

○ 是日, 戶部貝勒德格類, 傳上諭曰, 嗣後凡官員及官員兄弟, 諸貝勒下護衛 · 護軍校 · 護軍 · 驍騎校等女子 · 寡婦, 須赴部報明. 部中轉問各該管諸貝勒方准嫁. 若不報明而私嫁者, 罪之. 其小民女子寡婦. 須問明該管牛彔章京方准嫁. 凡女子十二歲以上者許嫁, 未及十二歲而嫁者, 罪之. 其專管牛彔, 與在內牛彔, 皆同此例.

○ 이날 호부 버일러 더걸러이가 주상의 유시를 전하여 말했다. 「이후에 모든 관원 및 관원의 형제들, 여러 버일러들 속하의 호위(護衛) · 호군교(護軍校) · 호군(護軍) · 효기교(驍騎校) 등의 딸과 과부들은 호부에 와서 결혼을 보고해야 한다. 호부 안의 해당 관할 버일러들에게 전해 물으면 시집가는 것을 허락한다. 만약 알리지 않고 사적으로 시집간 자는 벌한다. 일반 백성의 딸과 과부들은 해당 관할 니루장긴에게 물으면 시집가는 것을 허락한다. 12세 이상의 여자는 시집가는 것

을 허락하지만, 12세가 되기 전에 시집간 자는 벌한다. 전관니루(專管牛彔)도 내니루(內牛彔)와 함께 이 규정을 같이한다.」

○ 壬戌, 朝鮮國王李倧, 遣總兵官李俊, 齎書貢春季禮物. 書曰, 新春布令, 近履益豐. 屬在遠方, 良切向往. 自申盟好, 迄今十年, 兩家和平之福, 其永無窮矣. 何幸如之. 日者貴國使旋附呈尺牘. 其中所陳, 實出肝膈, 而不敢自外者也. 惟高明鑒之. 玆者春貢如例不腆方物, 用表遠情. 統祈照亮. 上閱視貢物畢, 命所司察收. 賜來使茶, 送歸館舍, 宴之.

○ 임술일(3.12), 조선국왕 이종이 총병관 이준(李俊)을 보내어 편지를 가지고 춘계 예물을 바치게 했다. 편지에서 말했다. 「새봄이 되었는데 최근의 거동은 평안하십니까. 먼 나라에 있지만 간절히 앙모합니다. 맹호(盟好)를 맺은 이래 지금까지 10년간 두 국가의 화평한 복이 영원 무궁합니다. 어떤 행복이 이와 같겠습니까? 지난번 귀국의 사신이 되돌아갈 때 서신을 보냈는데, 그 서신에서 이야기한 것들은 진실로 마음속에서 나온 것이며 감히 다른 뜻에서 나온 것이 아닙니다. 오직 밝게 살펴 주시기를 바랍니다. 이번 봄 공물은 정례(定例)에 따른 변변치 않은 방물로, 먼 곳에서 마음을 표합니다. 모두 밝게 살펴 주시기를 바랍니다.」 주상이 공물을 본 후 담당 관리에게 살펴서 받게 했다. 온 사신들에게 차를 선물로 내리고 관사로 돌아가는 것을 전송하고 연회를 베풀었다.

○ 甲子, 上出獵於三岔堡.

○ 갑자일(3.14), 주상이 삼차보(三岔堡)[1]에 사냥을 나갔다.

○ 丁卯, 上還宮.

○ 정묘일(3.17), 주상이 환궁했다.

○ 戊辰, 集諸臣於朝. 諭之曰, 朕昨出見民間耕種愆期. 蓋因牛彔章京有事城工, 欲先時告竣, 故額外派夫, 致誤耕作. 築城固爲正務, 然田地荒蕪, 民食何賴. 嗣後有濫役民夫, 致妨農務者, 該管牛彔章京, 小撥什庫等, 俱治罪.

○ 무진일(3.18), 여러 신하들을 조정에 모아 놓고 말했다. "짐이 어제 궁 밖을 나가서 보니 백성들이 씨를 뿌리고 경작할 시기를 놓쳤다. 아마도 니루장긴들이 성을 쌓는 일에 일찍 준공을 고하려고 정해진 인원 외의 인부를 파견하여 경작이 어긋난 것이다. 성을 짓는 것은 분명 정당한 업무이지만 논밭이 황무지가 되면 백성들이 어디에 의지해서 먹겠는가? 이후로 백성들을 함부로 부려 농사를 방해하는 일이 있으면 해당 관할의 니루장긴 · 소(小) 보쇼쿠 등을 함께 치죄할 것이다."

○ 己巳, 賜察哈爾國祁他特台吉, 及其母, 甲冑 · 雕鞍 · 撒袋 · 銀

---

1 원문의 삼분보(三坌堡)는 삼차보(三岔堡)의 오기이다.

壺·蟒衣·緞韡·緞布等物.

○ 기사일(3.19), 차하르국의 키타트 타이지와 그 어머니에게 갑옷과 투구·조각한 안장·장식한 화살집·은주전자·망의(蟒衣)·비단신발·비단과 면포 등의 물건을 주었다.

○ 庚午, 牛彔章京兼半個前程朱齊克墨爾根病故, 以其子旌柱襲職. 仍准再襲三次.

○ 경오일(3.20), 니루장긴 겸 반개전정(半個前程)인 처치커 머르건(cecike mergen, 朱齊克墨爾根)이 병으로 사망하여 그 아들 징주(jingju, 旌柱)에게 습직시키고 3번 습직을 허락했다.

○ 是日, 察哈爾國巴賴都爾寨桑·胡曬·巴特瑪扎薩古爾·阿山寨桑·巴吉爾扎薩古爾·綽克圖·雅當扎薩古爾·塞冷塔布囊·寨薩木寨桑·沙濟·德爾格爾·寨薩·額習格庫魯克等十二頭目, 率一千四百四人, 攜妻子·牲畜來歸.

○ 이날 차하르국의 발라이두르 자이상(balaidur jaisang, 巴賴都爾寨桑)·후샤이(hūšai, 胡曬)·바트마 자사굴(batma jasagūl, 巴特瑪扎薩古爾)·아산 자이상(asan jaisang, 阿山寨桑)·바기르 자사굴(bagir jasagūl, 巴吉爾扎薩古爾)·촉투(coktu, 綽克圖)·야당 자사굴(yadang jasagūl, 雅當扎薩古爾)·서렁 타부낭(sereng tabunang, 塞冷塔布囊)·자이사무 자이상(jaisamu jaisang, 寨薩木寨桑)·샤지(šaji, 沙濟)·덜거르(delger, 德爾

格爾) · 자이사(jaisa, 寨薩) · 어시거 쿨룩(esige kuluk, 額習格庫魯克) 등 12명의 두목이 1,404명을 이끌고 처자와 가축들과 함께 내귀했다.

○ 壬申, 遣朝鮮國使臣李俊歸國. 復書曰, 屢辱存問, 意切予躬, 感謝. 春陽開泰, 王之興居迪吉, 彼此同然. 來儀領悉. 例有春節信使, 續後發行也. 又一書曰, 王來翰, 謂尺牘所陳, 實出肝膈. 如彼此戴天, 誠信相孚, 則和議永久, 誠兩國之萬幸也. 予心已無芥蒂矣. 但我使前番旋時, 舊例頓更, 故稽行期, 以致使臣心甚懷疑, 輒系弓矢. 予聞之, 即責去使, 謂汝何得在王之禁門輒繫弓矢. 彼奏云, 如令臣等起程, 却不供給馬匹, 如令暫留, 又無一言, 陪臣各避去, 故爲稽延. 臣等疑慮, 以爲將縛臣等, 臣等豈肯束手就縛. 是以急系弓矢耳. 然使臣之言, 予亦未嘗深信, 尊意萬一出此, 究亦何益. 兩家果有宿怨, 將欲稱兵, 何妨明告而行. 我使數人, 被縛與否, 何所損益. 若變成敵國, 使智用巧, 固其宜也. 昔黃忠與關公戰, 馬蹶墮地, 而關公釋之. 令乘馬再戰. 蓋以乘人之危, 爲不勇也. 關公乃一將軍, 猶以義爲尚, 不違誠信. 王乃一國之主, 豈有違棄信義之理乎. 予實勿介於懷, 故不隱所聞而直言之. 王謂會寧之市, 遣官則擾民, 欲任兩處人民, 自相貿易. 予亦謂自京遣官, 甚覺路遠. 若不遣官, 任兩處人民交市, 又恐生亂, 今已令彼處首領官, 即行監市矣. 至我國人民, 不曾有輕入貴境者, 何貴國人民, 頻入我地, 任意采取乎. 昨有執之者, 予以爲非自貴國執來, 乃入我境而被執者, 原欲留之. 今輾轉思忖, 仍復送還於王. 其越境采取之人. 並該地方失察官員. 王當以國法處之.

○ 임신일(3.22), 조선국이 보낸 사신 이준(李俊)을 귀국시켜 보냈다. 답서에서 말했다. 「누차 안부를 묻고 진실로 나의 몸을 걱정하는 마음에 감사한다. 봄볕이 따사로운데 왕의 기거에 평안함을 바라는

것은 피차 마찬가지이다. 보내온 의물(儀物)을 모두 받았다. 정례(定例)에 따라 봄철 사신을 이후에 보내겠다.」

또 하나의 서신에서 말했다. 「왕이 보내 온 서신에서, "서신에서 말한 것은 진실된 마음에서 나온 것입니다."라고 말했다. 만약 우리가 하늘 아래에서 진실로 서로를 믿으면 화의는 영원하고 진실로 양국의 만복일 것이다. 나는 마음에 다른 뜻이 없다. 다만 우리 사신이 지난번 돌아올 때 옛 규정을 바꾸어 출발하는 날짜를 늦추었기 때문에 사신이 심히 의심스러운 마음을 품고 즉각 활과 화살을 매었다. 나는 이를 듣고 나의 사신을 책망하여 말하기를 "너희는 왕의 금문(禁門) 앞에서 어찌하여 활과 화살을 매었는가?"라고 했다. 그러자 그들이 대답하기를, "우리가 떠나려고 하는데 말을 주지 않고, 잠시 머물러 있는데 말 한마디도 없이 배신(陪臣)들은 모두 피해서 가 버리니 이 때문에 출발이 늦어졌습니다. 신들은 의심하고 걱정하여 우리를 포박할 것이라고 여겼으니 우리가 어찌 속수무책으로 포박당할 수 있겠습니까? 이에 급히 활과 화살을 매었을 뿐입니다."라고 했다. 사신들의 말을 나 또한 깊이 믿지는 않지만, 귀국의 뜻이 만일 그러했다고 하더라도 따져서 무슨 이익이 있겠는가? 양국에 정말로 깊은 원한이 있어 군대를 움직이고 싶다면 분명하게 알리고 행하는 것이 좋지 않겠는가? 우리 사신 몇 명을 포박하든지 말든지 무슨 손해나 이익이 있는가? 만약 변심하여 적국이 되었다면 지략과 교묘한 술책을 사용하는 것이 마땅할 것이다. 옛날 황충(黃忠)이 관공(關公)과 싸울 때 말에서 땅으로 떨어지니 관공이 그를 풀어 주고 말에 타서 다시 싸우게 했다. 아마도 남의 위기를 틈타는 것은 용기가 아니라고 여겼을 것이다. 관공은 한 명의 장군이면서도 예를 숭상하여 성실함과 신의를 저버리지 않은 것이다. 왕은 한 나라의 군주인데 신의를 저버릴 리가 있겠는가? 나는 진실로 마음에 꺼리는 것이 없기 때문에 숨기지 않고 들은 것을 그대로 말하는 것이다. 왕은 회령의 시장에 대해서 "관리를 보내면 백성이 동요하니 두 곳의 백성들에게 맡겨서 스스로 무역하게 하고 싶다."라고 했다. 나 역시 "수도로부터 관리를 보내는 것은 길이 매우 멀다."라고 했다. 관리를 보내지 않고 두 곳의 백성에게 맡겨 시장을 열게 하면 혼란해질 것이 우려되어 지금 그곳의 수령관에게 시장을 돌보게 했다. 또한 우리나라 백성은 귀국의 경계를 멋대로 들어가는 자가 없었는데, 어찌 귀국의 백성은 빈번히 우리 땅에 들어와서 마음대로 채취하는가? 일전에 사로잡은 자들이 귀국으로부터 잡아 온 자들이 아니라 우리의 경계에 들어와서 잡힌 자들이라고 생각했기 때문에 본래는 그들을 보내지 않고 남겨 두려고 했다. 지금 깊이 생각하여 다시 왕에게 송환하니 월경하여 채취한 자들과 해당 지역의 감찰을 소홀히 한 관원들을 왕은 국법에 의해 처리해야 한다.」

○ 是日, 賜朝鮮使臣李俊等, 鞍馬·貂皮·人參·銀兩有差. 仍賜宴遣之.

○ 이날 조선 사신 이준(李俊) 등에게 안장을 갖춘 말·담비가죽·인삼·은량을 차등을 두어 상 주었다. 또 연회를 베풀고 그들을 보냈다.

○ 癸酉, 召察哈爾國來歸巴賴都爾·吳班·喇當·扈習·叟色·胡曬·巴吉爾·雅當·綽克圖·衛內·薩戶賴·布喇克·阿山·博戶扎爾·卓吉代·托晉·囊蘇·莫洛爾·巴特瑪·沙里布·額習格·博羅達希·土巴喇沙·卓爾圖·塞本·庫祿·寨薩·特忒克·土巴·和尼齊·沙濟·巴寨·兀蘭巴圖魯·寨薩木·塞冷塔布囊·布達習禮·阿晉等, 於中殿賜宴. 又令七旗貝勒, 照例以次宴之. 時巴

賴都爾等, 各獻黃金·駝·馬, 及珊瑚·菩提數珠·金器等物. 酌納之

○ 계유일(3.23), 차하르국에서 내귀한 발라이두르(balaidur, 巴賴都爾)·우반(uban, 吳班)·라당(ladang, 喇當)·후시(hūsi, 扈習)·서오서(seose, 叟色)·후샤이(hūšai, 胡曬)·바기르(bagir, 巴吉爾)·야당(yadang, 雅當)·촉투(coktu, 綽克圖)·총노이(congnoi, 衝內)·사훌라이(sahūlai, 薩戶賴)·불락(bulak, 布喇克)·아산(asan, 阿山)·보후자르(bohūjar, 博戶扎爾)·조기다이(jogidai, 卓吉代)·토진(tojin, 托晉)·낭수(nangsu, 囊蘇)·몰로르(molor, 莫洛爾)·바트마(batma, 巴特瑪)·샤리부(šaribu, 沙里布)·어시거(esige, 額習格)·보로다히(borodahi, 博羅達希)·투바라샤(tubaraša, 土巴喇沙)·졸투(joltu, 卓爾圖)·서분(sebun, 塞本)·쿠루(kuru, 庫祿)·자이사(jaisa, 寨薩)·터터커이(tetekei, 特忒克)·투바(tuba, 土巴)·호니치(honici, 和尼齊)·샤지(šaji, 沙濟)·바자이(bajai, 巴寨)·울란 바투루(ulan baturu, 兀蘭巴圖魯)·자이사무(jaisamu, 寨薩木)·서렁 타부낭(sereng tabunang, 塞冷塔布囊)·부다시리(budasiri, 布達習禮)·아진(ajin, 阿晉) 등을 불러서 중전(中殿)에서 연회를 베풀었다.[2] 또 7기(旗)의 버일러들에게 예에 따라 차례대로 연회를 베풀게 했다. 이때 발라이두르 등이 각기 황금·낙타·말·산호·보리수 염주·금그릇 등의 물건을 바치니 헤아려 받았다.

○ 甲戌, 上巡幸盛京北山道, 經固山額眞一等昂邦章京楞額禮墓, 下馬詣墓前, 以金杯酌酒奠而痛哭之. 復詣詹墓前奠酒. 詹本北方蒙古

2 『구만주당』에는 이외에 아바나이(abanai)가 기록되어 있으나 본문에는 빠져 있다. 『舊滿洲檔 天聰九年』, p.95.

伊蘇忒部落貝勒. 來歸時, 上知其賢, 甚加寵眷. 至是, 追念之, 亦奠以酒.

○ 갑술일(3.24), 주상이 성경(盛京) 북쪽 산길을 순행하다가, 구사어전 일등 암바장긴 렁거리(lenggeri, 楞額禮)의 묘를 지나자 말에서 내려 묘 앞에 가서 금잔에 술을 따라 제사 지내고 통곡했다. 다시 잔(jan, 詹)의 묘 앞에 가서 술을 바쳤다. 잔은 본래 북방 몽고 이수트(isut, 伊蘇忒) 부락의 버일러였다. 항복해 왔을 때 주상은 그의 현명함을 알고 매우 총애하고 돌보았다. 이때에 그를 추모하고 또한 술을 바쳐서 제사 지냈다.

夏四月, 庚辰朔.

○ 여름 4월 경진일 초하루(4.1).

○ 辛巳, 遣大臣濟席哈·海塞, 率八旗八人, 及外藩蒙古八十人, 往駐上都城舊址. 候出征察哈爾國諸貝勒消息.

○ 신사일(4.2), 대신(大臣) 지시하(jisiha, 濟席哈)·하이서(haise, 海塞)를 보내어 팔기의 8명과 외번몽고 80명을 이끌고 상도성(上都城)의 옛터에 주둔하며 차하르국에 출정한 여러 버일러들의 소식을 기다리게 했다.

○ 丙戌, 賜大淩河官員副將以下, 守備以上, 緞疋有差.

○ 병술일(4.7), 대릉하 관원 부장 이하 수비 이상에게 비단을 차등 있게 내렸다.

○ 戊子, 賜察哈爾國來歸巴賴都爾等, 雕鞍·撒袋·弓·馬有差.

○ 무자일(4.9), 차하르국에서 내귀한 발라이두르 등에게 조각한 안장·화살집·활·말을 차등 있게 상 내렸다.

○ 是日, 以嚴代, 分撥本旗土顔圖牛彔下田地失時, 爲土顔圖所訟. 革嚴代牛彔章京世職. 並罷其管牛彔事, 仍解部任.

○ 이날 얀다이(yandai, 嚴代)가 그의 기(旗)의 투얀투(tuyantu, 土顔圖) 니루 소속의 토지를 분배하는 때를 놓쳐서 투얀투에게 소송을 당했다. 얀다이의 니루장긴 세직을 혁직하고 니루의 사무를 관장하는 것을 그만두게 했으며 부(部)의 직임도 해제했다.

○ 遣戶部承政馬福塔·參政博爾惠, 齎書二函, 往使朝鮮. 其一書曰, 我國與貴國道里遙遠, 王之興居, 弗獲時聞. 今特專員, 問候近履, 土產菲儀, 用表微忱, 以報春禮. 又一書曰, 貴國昌城官員通政大夫李翊特令人來我地, 捕魚獵獸. 所差任金·康宜·金紫三人, 於三月二十三日, 爲我巡哨者所執. 今欲付我使送還, 但恐中途逃逸, 俟王秋使來時, 再付之.

○ 호부승정 마푸타(mafuta, 馬福塔)와 참정 보르호이(borhoi, 博爾惠)에게 서신 두 통을 주어 조선에 사신으로 보냈다. 한 서신에서 말했다. 「우리나라는 귀국과의 길이 매우 멀어 왕의 일상을 자주 들을 수 없다. 지금 특별히 사신을 보내어 근자의 소식을 묻는다. 작은 예의로서 이 토산품들을 보내어 작은 정성을 표하고 춘례(春禮)에 답한다.」 또 다른 서신에서 말했다. 「귀국의 창성의 관원인 통정대부 이익(李翊)은 특별히 백성들을 우리 땅에 보내 물고기와 짐승을 잡게 했다. 그가 보낸 임김(任金)·강의(康宜)·김자(金紫) 세 사람이 3월 23일에 우리의 초병에게 붙잡혔다. 지금 우리 사신에게 맡겨 송환시키려고 했으나, 도중에 도망갈까 걱정되어 왕의 가을 사신이 올 때를 기다렸다가 다시 그들을 맡겨 보내겠다.」

○ 辛卯, 辰刻, 上巡幸郊原. 和碩貝勒德格類·和碩額爾克楚虎爾貝勒多鐸·貝勒阿濟格, 隨行出張義站之北十里外駐蹕.

○ 신묘일(4.12), 진시에 주상이 교외의 들에 순행했다. 호쇼이 버일러 더걸러이·호쇼이 어르커 추후르 버일러 도도·버일러 아지거가 수행하여 장의참(張義站)의 북쪽 10리 밖으로 나가서 묵었다.

○ 壬辰, 上沿邊行獵而南. 駐蹕張義站近地.

○ 임진일(4.13), 주상이 경계를 따라서 남쪽으로 사냥하러 갔다.

장의참(張義站)과 가까운 곳에서 묵었다.

○ 癸巳, 上獵於張義站北. 渡布喀河, 駐蹕.

○ 계사일(4.14), 주상이 장의참(張義站) 북쪽에서 사냥했다. 부카강(布喀河, buka bira)을 건너서 묵었다.

○ 是日, 出征瓦爾喀之霸奇蘭 · 薩穆什喀, 令白奇及兵部啓心郎額色黑 · 伊木布, 齎捷音至. 奏報, 收服編戶壯丁二千四百八十有三, 人口共七千三百有二. 所有牲畜, 馬八百五十六 · 牛五百四十三 · 驢八. 又俘獲婦女幼穉一百十六人 · 馬二十四 · 牛十七, 及貂皮 · 狼皮 · 狐皮 · 猞狸猻皮, 並水獺 · 騷鼠 · 青鼠 · 白兔等皮, 三千一百四十有奇, 皮裘十五領.

○ 이날 와르카에 출정했던 바키란과 삼시카가 버키(beki, 白奇)와 병부계심랑(兵部啓心郎) 어서허이(esehei, 額色黑)[3] · 임부(imbu, 伊木布)를 보내 승전보를 전했다. 보고하여 말했다. "장정 2,483명과 인구(人口) 총 7,302명을 귀순시켜 편호(編戶)했습니다. 그들이 소유한 가축은 말 856마리, 소 543마리, 노새 8마리입니다. 또 포획한 부녀자와

3 어서허이: esehei, 額色黑. ?-1661. 푸차(fuca, 富察) 씨. 만주양백기인. 1648년(순치5) 刑部啟心郎이 되었다. 1651년 內國史院大學士에 발탁되었고 일등 아다하 하판(adaha hafan, 阿達哈哈番)이 되었다. 1658년 保和殿大學士가 되었다. 會試를 주관하고 太宗實錄을 편수하고 태조와 태종의 聖訓을 편찬하는 일에 참여했다. 시호는 文恪. 옹정기에 賢良祠에 入祀되었다.

어린아이는 116명, 말 24마리와 소 17마리입니다. 또 담비가죽 · 늑대가죽 · 여우가죽 · 스라소니 가죽, 그리고 수달 · 족제비 · 청서(靑鼠) · 흰토끼 등의 가죽 3,140여 장과 가죽옷 15벌을 얻었습니다."

○ 辛丑, 以往征虎爾哈部落將士凱旋. 遣貝勒阿巴泰, 率衆官迎於蒲河之岡, 大宴之.

○ 신축일(4.22), 후르카 부락을 정벌하러 갔던 군사들이 개선했다. 버일러 아바타이를 보내서 관원들을 이끌고 포하(蒲河) 강둑에서 맞이하고 큰 연회를 베풀게 했다.

○ 壬寅, 黑龍江索倫部落頭目巴爾達齊, 率二十二人來朝, 貢貂 · 狐皮等物. 上命禮部承政滿達爾漢, 迎於五里外, 設宴, 宴之.

○ 임인일(4.23), 흑룡강 솔론 부락의 두목 발다치(baldaci, 巴爾達齊)가 22명을 이끌고 내조하여 담비 · 여우가죽 등의 물건을 바쳤다. 주상이 예부승정 만다르한(mandarhan, 滿達爾漢)에게 명하여 그들을 5리 밖에서 맞이하고 연회를 베풀게 했다.

○ 甲辰, 往征東海瓦爾喀吳巴海 · 荊古爾代, 自寧古塔遣噶爾珠報捷. 奏稱, 收撫壯丁五百六十人, 婦女五百口, 幼穉九十口. 又俘獲婦女六十六口, 馬六十匹 · 牛百頭 · 貂 · 猞狸猻 · 虎 · 狐, 並水獺 · 青鼠 · 黃鼠等皮, 六百六十有奇. 貂裘 · 貂鑲灰鼠裘 · 猞狸猻裘 · 貉裘 · 黃鼠 · 灰鼠等裘, 三十八領

○ 갑진일(4.25), 동해 와르카를 정벌하러 갔던 우바하이(ubahai, 吳巴海)와 깅굴다이(ginggūldai, 荊古爾代)가 닝구타로부터 갈주(galju, 噶爾珠)를 보내 승전보를 알리고 상주했다. 「장정 560명과 부녀자 500명, 어린아이 90명을 귀부시켰습니다. 또 부녀자 66명을 포로로 잡고 말 60마리 · 소 100마리 · 담비 · 스라소니 · 호랑이 · 여우 · 수달 · 청서(靑鼠) · 족제비 등의 가죽 660여 장과 담비가죽옷 · 담비가죽을 두른 회서(灰鼠) 가죽옷 · 스라소니가죽옷 · 오소리 가죽옷 · 족제비 · 회서(灰鼠) 등의 가죽옷 38벌을 얻었습니다.」

○ 是日, 駐防攬盤 · 岫巖喀邇喀瑪 · 賈木蘇 · 錫翰, 沿海邊緝訪, 獲捕魚船二隻 · 漢人二十一名, 殺一人, 生擒二十人來獻. 命即以所獲人發尙陽堡居住.

○ 이날 남반(攬盤) · 수암(岫巖)에 주둔한 카르카마(karkama, 喀邇喀瑪) · 기얌수(giyamsu, 賈木蘇) · 시한(sihan, 錫翰)이 해변을 따라 조사하다가 어선 2척과 한인 21명을 포획했다. 1명은 죽이고 생포한 20명은 바쳤다. 포로로 잡은 사람들을 상양보(尙陽堡)에 보내 거주하게 했다.

○ 己酉, 未刻, 上還宮.

○ 기유일(4.30), 미시(未時)에 주상이 환궁했다.

○ 五月. 庚戌朔.

○ 5월 경술일 초하루(5.1).

○ 壬子, 牛彔章京蘇爾庥病故, 以其弟阿爾糾襲職. 仍准再襲三次.

○ 임자일(5.3), 니루장긴 술히오(sulhio, 蘇爾庥)가 병사하여 그 동생인 알기오(algio, 阿爾糾)에게 습직시키고, 3번 습직을 허락했다.

○ 乙卯, 出征黑龍江虎爾哈部落諸臣, 以所招降頭目人等朝見. 上御殿, 凱旋諸臣將朝見, 上以諸臣出師勤勞, 命主將霸奇蘭·薩穆什喀, 行抱見禮. 霸奇蘭·薩穆什喀出班至上前, 叩頭行抱見禮. 次招降二千人叩見, 次索倫部落朝貢頭目巴爾達齊等叩見畢, 命招降軍士俱較射, 設大宴. 上召霸奇蘭·薩穆什喀, 以金卮酌酒, 上親賜之. 次飲各旗出征署旗務大臣, 次飲以下諸臣, 併招降頭目, 宴畢, 上回宮.

○ 을묘일(5.6), 흑룡강 후르카 부락에 출정한 여러 신하들이 초무하여 항복한 두목들을 데리고 주상을 알현했다. 주상이 전(殿)에 들자 개선한 여러 장수들이 알현했다. 주상은 여러 대신들이 출정하여 수고했으므로 주장인 바키란과 삼시카에게 포견례를 행하게 했다. 바키란과 삼시카는 열에서 나와 주상의 앞에 이르러 고두하고 포견례를 행하였다. 다음으로는 항복한 2,000명이 고두하여 알현했고, 그다음으로는 솔론 부락의 조공하러 온 두목 발다치 등이 고두하여 알현했다. 항복한 군사들에게는 모두 활쏘기 시합에 참여하게 하고 큰 연회를 베풀었다. 주상은 바키란과 삼시카를 불러서 친히 금술잔에 술을 따라 내렸다. 다음으로는 각 기에서 출정하여 기(旗)의 사무를 대신한 대신들을 마시게 했고, 그다음으로는 이하 여러 신하들과 항복한 두

목들을 마시게 했다. 연회를 마치고 주상은 궁으로 돌아갔다.

○ 敍出征諸臣功. 以三等梅勒章京霸奇蘭·一等甲喇章京薩穆什喀, 征黑龍江, 盡克其地. 所獲人民, 全編氓戶, 攜之以歸, 勞績懋著, 擢霸奇蘭, 爲一等梅勒章京. 紀錄一次, 加世襲二次, 共襲十二次. 薩穆什喀, 爲三等梅勒章京, 加世襲二次, 共襲十二次. 季思哈·商鑒和洛·巴斯翰·喀柱·沙爾虎達·黑什尼·艾木布·托敏·富喀納·伊努·何洛·隋何多·翁阿岱·眞楚肯·球·阿喇納·布雅裏·塔海·庫拜·代松阿·扎富尼·雅賴·尼雅漢·庫爾禪·英格訥·噶布喇·舒球·烈烈渾·納穆泰·俄濟黑·托克屯珠·賈龍阿·庫爾泰·益喇尼·穆爾泰·阿囊阿·杜敏等章京共三十六員, 隨霸奇蘭·薩穆什喀, 出師有功, 各升世職一級.

○ 출정한 여러 장수들의 공을 서훈했다. 삼등 머이런장긴 바키란·일등 잘란장긴 삼시카는 흑룡강을 정벌하여 그 지역을 모두 정복했고 획득한 인민을 모두 호(戶)로 편제하여 데리고 돌아왔다. 공적이 분명하기에 바키란을 발탁하여 일등 머이런장긴으로 삼고 기록(紀錄) 1차를 주고 2번 습직을 더하여 12번 습직을 허락했다. 삼시카는 삼등 머이런장긴으로 삼고 2번 습직을 더하여 12번 습직을 허락했다. 기스하(gisha, 季思哈)·샹기얀 홀로(šanggiyan holo, 商鑒和洛)·바스한(bashan, 巴斯翰)·카주(kaju, 喀柱)·샤르후다·허시니(hesini, 黑什尼)·아임부(aimbu, 艾木布)·토민(tomin, 托敏)·푸카나(fukana, 富喀納)·이누(inu, 伊努)·홀로(holo, 何洛)·소이호도(soihodo, 隋何多)·웅가다이(unggadai, 翁阿岱)·전추컨(jencuken, 眞楚肯)·키오(kio, 球)·아라나(arana, 阿喇納)·부야리(buyari, 布雅里)·타하이(tahai, 塔海)·쿠바이(kūbai, 庫拜)·다이숭가(daisungga, 代松阿)·자푸니(jafuni,

扎富尼)·야라이(yarai, 雅賴)·니야한(niyahan, 尼雅漢)·코르찬(korcan, 庫爾禪)·영거너(yenggene, 英格訥)·가불라(gabula, 噶布喇)·슈키오(šukio, 舒球)·리열리여훈(liyeliyehun, 烈烈渾)·남타이(namtai, 納穆泰)·워지허(wejihe, 俄濟黑)·톡톤주(toktonju, 托克屯珠)·기야룽가(giyarungga, 賈龍阿)·쿠르타이(kūrtai, 庫爾泰)·일라니(ilani, 益喇尼)·무르타이(murtai, 穆爾泰)·아낭가(anangga, 阿囊阿)·두민(dumin, 杜敏) 등의 장긴 총 36명은 바키란과 삼시카를 따라서 출정한 공이 있으므로 각기 세직 1급을 더했다.

○ 丙辰, 霸奇蘭·薩穆什喀, 籍俘獲人口一百一十六名·馬二十四匹·牛十七頭·貂·狐·狳狸猻·水獺·青鼠·黃鼠等皮, 共三千一百五十張, 皮裘十五領, 奏聞. 上念出征將士勞苦, 即分賜右翼五旗主帥霸奇蘭, 左翼五旗主帥薩穆什喀. 以下章京四十四員, 並賞賚有差. 其霸奇蘭·薩穆什喀. 招降七千三百人, 俱賜房屋·田地·衣食·器皿等物.

○ 병진일(5.7), 바키란과 삼시카가 얻은 인구 116명·말 24마리·소 17마리, 담비·여우·스라소니·수달·청서(青鼠)·족제비 등의 가죽이 모두 3,150장·가죽옷이 15벌이라고 기록하고 상주했다. 주상이 출정한 장수와 병사들의 노고를 헤아려 우익 다섯 기의 주장(主將)인 바키란과 좌익 다섯 기의 주장인 삼시카에게 상을 나누어 주었다. 그 이하의 장긴 44명에게도 모두 차등 있게 상을 주었다. 바키란·삼시카가 초무한 7,300명의 사람들 모두에게 집·농지·의식·그릇 등의 물건을 주었다.

○ 先是, 蒙古翼兵主帥拖克拖會, 隨霸奇蘭・薩穆什喀, 出征瓦爾喀時, 率所部蒙古兵, 離衆先回. 會有後軍報殺一鹿. 拖克拖會遣喀喇爾代牛彔下土倫濟・海薩亥牛錄下哈薩爾・古祿戶牛彔下哈爾巴岱, 及花塞家人碩里, 前往分取其肉, 戒勿起火炙肉. 四人違令, 起火炙肉, 致火延燒, 牛彔章京何洛・伊弩・阿喇納, 及兵丁五人・招降戶口一百八十人・馬四十五匹, 皆焚死. 坐是斬起火四人, 沒其妻子, 分給焚死者. 碩里妻子, 仍給其主花塞. 以拖克拖會離衆前行, 革職, 籍其家産, 止留屯一所, 以資養贍. 其余盡給焚死之家.

○ 이전에 몽고 익병(翼兵)의 주장[4] 톡토호이(toktohoi, 拖克拖會)는 삼시카와 바키란을 따라서 와르카에 출정했을 때 속하의 몽고 군대를 이끌고 무리로부터 이탈하여 먼저 돌아갔다. 뒤쪽의 군사들이 사슴을 1마리 죽였다는 보고를 받고 톡토호이는 카랄다이(karaldai, 喀喇爾代) 니루에 소속된 투룬지(turunji, 土倫濟), 하이사하이(haisahai, 海薩亥) 니루에 소속된 하사르(hasar, 哈薩爾), 굴루후(gūlūhu, 古祿戶) 니루에 소속된 할바다이(halbadai, 哈爾巴岱), 후와서(hūwase, 花塞) 가(家)의 숄리(šoli, 碩里)를 보내서 그 고기를 나누어 가져오고 불을 피워 고기를 굽지 말라고 경계했다. 네 사람이 군령을 어기고 불을 피우고 고기를 굽다가 불이 번져서 니루장긴 홀로(holo, 何洛)・이누(inu, 伊弩)・아라나(arana, 阿喇納)・병정 5명・투항시킨 호구 180명・말 45마리가 모두 불에 타 죽었다. 불을 피운 4명을 참수하고 그 처자식을 몰수하여 불타 죽은 자들에게 나누어 주었다. 숄리의 처자식도 그 주인인 후와서에게 주었다. 톡토호이는 무리에서 벗어나 앞으로 나갔으므로 혁직했

4 원문의 '蒙古翼兵主帥'는 『구만주당』에 ashan i monggoi cooha i ejen으로 기록되어 있다. 『舊滿洲檔 天聰九年』, p.134.

다. 가산을 몰수하고 둔전 한 곳만을 남겨 부양하게 하고 나머지는 모두 불타 죽은 사람들의 가족들에게 주었다.

○ 癸亥, 上與諸貝勒 · 大臣議曰, 出師諸貝勒, 此時想已入明境. 明國必調寧遠錦州兵, 往山西救援. 我軍令當入寧錦地界, 遙立軍營, 使彼望見我軍, 戒嚴守禦, 以遲其救援之兵. 議定. 遂於每牛彔下, 選護軍二人. 以和碩額爾克楚虎爾貝勒多鐸爲帥, 命艾度禮阿格 · 尼堪阿格 · 額必倫阿格 · 馬瞻阿格 · 博洛阿格 · 穆爾祜阿格輔之. 命固山額眞梅勒章京額駙達爾哈 · 固山額眞梅勒章京葉克書 · 固山額眞篇古阿格, 固山額眞昂邦章京阿山, 漢軍固山額眞昂邦章京石廷柱 · 兵部承政車爾格 · 前鋒將領吳拜 · 護軍將領圖賴等同往. 復命喀喇沁部落耿格爾 · 萬旦 · 塞冷 · 布雅習禮渾津等. 赴明北邊, 索舊犒賚. 並圖貿易, 若得犒賚, 則取其所予, 允貿易, 則與之互市, 且使明人疑懼, 則西援之兵, 必致遲誤也.

○ 계해일(5.14), 주상이 여러 버일러들 · 대신들과 의논하여 말했다. "출정한 버일러들은 지금 아마도 명나라의 경계에 들어갔을 것이다. 명은 분명 영원과 금주의 군사를 징발하여 산서로 구원하러 갈 것이다. 지금 우리 군대가 곧 영원과 금주의 땅에 들어가니 먼 곳에 군영을 세워 저들로 하여금 우리 군대를 멀리서 보고 방비를 단단히 하게 하여 구원하는 병사의 속도를 늦추어라." 의논이 정해지자 니루마다 호군 2명씩을 선발하여 호쇼이 어르커 추후르 버일러 도도를 주장으로 삼고 아이두리 아거(aiduri age, 艾度禮阿格) · 니칸 아거(nikan age, 尼堪阿格) · 어빌룬 아거(ebilun age, 額必倫阿格) · 마잔 아거(majan age, 馬瞻阿格) · 볼로 아거(bolo age, 博洛阿格) · 무르후 아거(murhu age, 穆爾祜阿格)에게 그를 보좌하게 했다. 구사어전 머이런장긴 어푸 다르한

(efu darhan, 額駙達爾哈)·구사어전 머이런장긴 역슈(yekšu, 葉克書)·구사어전 피양구 아거(fiyanggū age, 篇古阿格)·구사어전 암바장긴 아산(asan, 阿山)·한군 구사어전 암바장긴 석정주·병부승정 처르거이·전봉장령 우바이(ubai, 吳拜)·호군장령 툴라이(tulai, 圖賴) 등도 함께 가게 했다. 또한 카라친 부락의 겅걸(genggel, 耿格爾)·완단(wandan, 萬旦)·서렁(sereng, 塞冷)·부야시리 혼진(buyasiri honjin, 布雅習禮渾津) 등에게 명령했다. "명의 북쪽 경계로 가서 옛 상여(賞與)를 요구하고 무역을 도모하라. 만약 상여를 얻으면 주는 것을 취해서 가져오고, 무역을 허락하면 그들과 호시하라. 명나라 사람들을 의심하게 만들면 서쪽을 구원하는 군대는 반드시 지연될 것이다."

○ 乙丑, 明國有八人, 自錦州乘船入海, 至遼河界, 娘娘宮對岸捕魚. 牛莊守將伊勒愼等, 駕小舟追獲之殺三人, 生擒五人來獻. 命梅勒章京孫得功, 安插五人於靜安堡, 編爲民, 善養之

○ 을축일(5.16), 명나라의 8명이 금주로부터 배를 타고 바다로 들어와 요하의 경계에 이르러 양양궁(孃孃宮)의 건너편에서 고기를 잡았다. 우장(牛莊)을 수비하는 장수 이러선(irešen, 伊勒愼) 등이 작은 배를 타고 추격하여 3명을 살해하고 5명을 생포해 바쳤다. 머이런장긴 손득공(孫得功)에게 명하여 그 5명을 정안보(靜安堡)에 정착시키고 백성으로 편제하여 잘 보살피게 했다.

○ 是日, 都元帥孔有德, 輸糧一百石. 總兵官耿仲明, 輸糧一百五十石. 因新附人民衆多, 輸助養贍. 上曰歸附人民, 糧已足用, 不必輸助, 俱令運回.

○ 이날 도원수 공유덕이 군량 100석, 총병관 경중명이 군량 150석을 보냈다. 새로 귀부한 백성들이 매우 많았기 때문에 식량을 보내 먹이도록 도운 것이다. 주상은 귀부한 백성들에게는 양식이 이미 충분하여 도와줄 필요가 없으니 모두 돌려보내라고 말했다.

○ 丙寅, 蓋州守將扎弩, 追緝逃人, 遇朝鮮官二員及從役三十二人, 往明國貿易. 因舟壞登岸行, 追至狗兒河, 獲之. 並獲緞一百九十九疋·衣六十領·腰刀四口.

○ 병인일(5.17), 개주(蓋州)를 수비하는 장수 자누(janu, 扎弩)가 도망자들을 추격하러 갔다가 조선 관원 2명과 종역(從役) 32명이 명나라에 무역하러 가는 것을 마주쳤다. 선박이 부서져 강둑으로 올라가는 것을 추격하여 구아하(狗兒河)[5]에서 사로잡고 비단 199필·의복 60벌·요도(腰刀) 4개도 획득했다.

○ 丁卯, 遣舒球·阿囊阿·卓布圖·托蜜善, 往朝鮮鎮江偵探, 朱瑪喇齎書, 往朝鮮義州, 諭之曰, 爾等前去, 調南界四城內, 每城官一員, 馬步兵五十人, 同率哨卒五人. 各入汎地沿海, 加意踪緝偵探. 至鎮江地方, 爾舒球等可率每城馬步二十五人駐防, 餘令各回本城. 爾朱瑪喇齎書發給後, 即率隨去哨卒偕回, 薄暮飯畢潛宿他處, 加意隄防, 置哨卒前探. 若違旨疏忽, 致陷於敵者, 罪之.

5 지금의 狗河. 요녕성 葫蘆島市 綏中縣을 흐르는 강. 만주어 이름은 indahūn bira이다.

○ 정묘일(5.18), 슈키오(šukio, 舒球)·아낭가(anangga, 阿囊阿)·좁투(jobtu, 卓布圖)·토미샨(tomišan, 托蜜善)을 파견하여 조선의 진강(鎭江)으로 정탐하러 보냈고, 주마라(jumara, 朱瑪喇)에게 서찰을 가지고 조선의 의주(義州)로 가게 했다. 이들에게 유시했다. "너희는 먼저 남쪽 경계에 있는 네 성으로 가서, 각 성마다 관원 1명, 기병과 보병 50명을 조발하고 초병 5명을 함께 데리고 가라. 각자 배치된 지역의 해안으로 들어가서 신중히 흔적을 정탐하라. 진강(鎭江)에 이르면 너 슈키오 등은 각 성의 기병과 보병 25명을 이끌고 주둔하고 나머지는 각자 본 성(城)으로 돌아가라. 너 주마라는 가져간 글을 전달한 후에 곧장 초병을 이끌고 함께 돌아와서 해 질 무렵에는 식사를 마치고 다른 곳에서 숙영하며 신중하게 방비하고 초병을 두어 전방을 감시하라. 만약 성지를 어기고 소홀히 하다가 적에게 함락당하면 죄를 묻겠다."

遺朝鮮國王書曰, 去年七月, 王遣往明國二使臣洪命亨·元海逸等, 乘船五隻, 將回貴國. 內有一船, 載三十八人, 爲風所壞溺死者四人, 其通官金得聲竝其餘諸人, 漂落我海岸. 我巡邊軍士得之, 來報, 朕急遣人收養之至今. 現在念兩國旣爲兄弟, 卽欲將王國之人送還, 但今歲一次發兵至東北黑龍江地方, 招降萬餘人, 一次發兵往東海, 一次發兵往明山西地方, 近又發兵進寧遠, 因在在遣兵, 是以無暇歸送於王, 爲此具書報知, 王當遣人併馬匹偕我前遣使臣, 於通遠堡來迎. 朕卽發人役馬匹, 送王國之人, 至通遠堡也.

조선국왕에게 남긴 서찰에서 말했다. 「작년 7월, 왕이 명나라에 사신 2명 홍명형(洪命亨)·원해일(元海逸; 元海一)[6] 등을 보냈고 배 5척에 타고 귀국으로 돌아갔다. 그 가운데 1척은 38명이 타고 있었는데, 풍랑으로 배가 파손되어 물에 빠져 죽은 자가 4명이고 통관(通官) 김득

성(金得聲)과 나머지 모든 사람은 우리 해안에 표류했다. 변경을 순찰하던 우리 군사가 그들을 붙잡았다고 보고하니, 짐은 급히 사람을 보내어 지금까지 그들을 보살폈다. 현재 양국이 이미 형제가 된 것을 생각하여 왕국의 사람을 송환하려 했으나 다만 올해 한 차례 군사를 일으켜 동북(東北)의 흑룡강 지방에 가서 1만여 명을 초무하여 항복시켰고, 또 한 차례 군사를 일으켜 동해(東海)로 갔으며, 또 한 차례 병사를 일으켜 명나라의 산서(山西) 지역으로 갔고, 최근에는 다시 군사를 일으켜 영원(寧遠)으로 갔다. 곳곳에 군대를 파견하느라 왕에게 돌려보낼 틈이 없었으므로 서신을 갖추어 알리고자 하니, 왕은 사람과 말을 보내어 내가 전에 보냈던 사절과 함께 통원보(通遠堡)에서 맞이하라. 짐은 일꾼과 말을 징발하고 왕국의 사람을 보내어 통원보에 이르게 할 것이다.」

○ 己巳, 上召集文館諸臣, 諭之曰, 朕觀漢文史書, 殊多飾辭, 雖全覽無益也. 今宜於遼宋金元四史內, 擇其勤於求治而國祚昌隆, 或所行悖道而統緒廢墜, 與夫用兵行師之方畧, 以及佐理之忠良, 亂國之姦佞, 有關政要者, 彙纂繙譯成書, 用備觀覽. 至漢文正史之外, 野史所載, 如交戰幾合, 逞施法術之語, 皆係妄誕. 此等書籍, 傳之國中, 恐無知之人, 信以爲眞, 當停其繙譯. 又見史臣稱其君者, 無論有道無道概曰天子, 殊不知皇天無親惟德是輔, 必有德者乃克副天子之稱, 今朕承天佑, 爲國之主, 豈敢遂以爲天之子, 爲天所親愛乎. 儻不行善道, 不體天心, 則天命靡常, 寧足恃耶. 朕惟有朝乾夕愓, 以仰邀天鑒而已.

6 『조선인조실록』 31권, 인조 13년 6월 4일 기사에 元海一로 기록되어 있다.

○ 기사일(5.20), 주상이 문관(文館)의 여러 신하들을 소집하여 유시했다. "짐이 한문(漢文)으로 된 사서를 보니 특히 꾸미는 말이 많으므로 모두 보았지만 무익했다. 지금은 『요사(遼史)』·『송사(宋史)』·『금사(金史)』·『원사(元史)』 네 역사 가운데 힘써 치도(治道)를 구하여 나라가 흥성한 것, 행한 바가 도(道)를 무너뜨려 황실이 쇠망한 것, 병사를 사용하고 군대를 부리는 방법, 통치를 보좌하는 충성스럽고 선량한 자, 나라를 어지럽히는 간악하고 아첨하는 자 등 정치의 요체에 관련된 중요한 것을 선택하여 사료를 엮고 번역하여 책으로 만들어 두루 살펴볼 수 있도록 갖추어야 한다. 한문(漢文)으로 된 정사(正史) 외에 야사(野史)에 기록된 것, 예를 들어 전투에서 몇 번 겨루었다느니, 법술(法術)을 제멋대로 늘어놓은 말은 모두 터무니없는 거짓이다. 이러한 서적이 나라 안에 전해지면 무지한 사람이 사실이라 믿을 것이니, 그러한 번역은 그만두어야 한다. 또한 역사를 기록하는 관리가 임금이 덕이 있든 없든 대부분 천자라 칭하는 것을 보니, 하늘은 친애함이 없고 오직 덕이 있는 자를 도우며 반드시 덕이 있어야 천자의 칭호에 합당함을 모른다. 이제 짐이 하늘의 도우심을 받아 나라의 주인이 되었지만 어찌 감히 하늘의 아들로서 하늘의 친애를 받았다고 할 수 있겠는가? 만약 올바른 길로 가지 않거나 하늘의 마음을 체득하지 않으면 천명이 일정하지 않을 것이니 어찌 의지할 수 있겠는가? 짐은 오직 아침부터 저녁까지 근면하게 일하여 하늘의 통찰을 우러러 바랄 뿐이다."

○ 壬申, 先是, 和碩額爾克楚虎爾貝勒多鐸等, 奉命率兵入明廣寧地方, 遣昂邦章京阿山·石廷柱, 甲喇章京圖賴·吳拜·郎球·察哈喇等諸大臣, 率兵四百人, 先趨錦州. 多鐸隨率兵過十三站立營, 明偵卒見我兵至, 馳報錦州總兵祖大壽, 大壽急集部下各官, 令副將劉應選·穆祿·吳三桂·張某, 參將桑噶爾寨·張國忠·王命世·支明顯及遊擊八員, 率兵二千七百人迎探, 親率馬步兵, 出錦州城五里立營. 時松山城守副將劉成功·趙國志, 率兵八百人, 與錦州副將劉應選等合兵, 至大凌河西, 與我前鋒阿山·石廷柱等所率兵遇相對列陣, 未及戰. 阿山·石廷柱等, 以我兵寡馳報多鐸, 多鐸遂率兵馳赴, 明諸將見我軍形, 如川流林立, 自山而下, 塵埃蔽天, 不辨多寡, 遂大驚奔潰. 阿山·石廷柱·圖賴·吳拜等, 率兵四百突入掩殺, 分路追擊. 陣斬明副將劉應選, 盡殲其兵五百人, 生擒遊擊曹得功, 及守備三員, 獲馬二百一十匹, 甲冑無算. 距錦州·松山城五里, 收軍還. 翼日, 復攻一臺, 克之. 至是, 顧納禪·王奇等, 以獻捷至, 奏言, 蒙上天眷佑, 聖主神威, 擊敗敵兵, 軍聲丕振, 臣等謹馳奏以聞.

○ 임신일(5.23), 이전에 호쇼이 어르커 추후르 버일러 도도 등이 명을 받들어 병사를 이끌고 명나라의 광녕(廣寧) 지방으로 진입할 때 암바장긴 아산(asan, 阿山)·석정주, 잘란장긴 툴라이(tulai, 圖賴)·우바이(ubai, 吳拜)·랑키오(langkio, 郎球)·차하라(cahara, 察哈喇)[7] 등의 여러 대신들을 파견하여 병사 400명을 이끌고 먼저 금주(錦州)로 나아가도록 했다. 도도가 병사를 이끌고 십삼참(十三站)을 지나 군영을 세우자, 명나라의 정탐병이 우리 병사들이 이른 것을 보고 금주총병(錦州總兵) 조대수에게 급히 보고했다. 조대수는 급히 속하의 각 관원을 모으고 부장인 유응선(劉應選)·목록(穆祿)·오삼계(吳三桂)·장(張) 아무개, 참장 상가르자이(sanggarjai, 桑噶爾寨)·장국충(張國忠)·왕명세(王命世)·지명현(支明顯) 및 유격 8명에게 병사 2,700명을 이끌고 맞아 염탐하게 하고, 직접 기병과 보병을 이끌고 금주성(錦州城)에서 5

7 『구만주당』에는 "coohar"로 기록되어 있다. 『舊滿洲檔 天聰九年』, p.138 참조.

리를 나와 군영을 세웠다. 이때 송산성(松山城)을 지키는 부장 유성공(劉成功)·조국지(趙國志)는 병사 800명을 이끌고 금주(錦州)의 부장 유응선 등과 병사를 합치고 대릉하(大凌河) 서쪽에 이르러 선봉인 아산·석정주 등이 이끄는 병사와 만나 서로 마주 보고 진을 친 채 전투를 벌이지 않았다. 아산과 석정주 등은 도도에게 우리 병사가 부족하다고 치보(馳報)하니 도도는 서둘러 병사를 이끌고 갔다. 명나라의 장수들이 아군의 형세를 보고 마치 개천이 흐르고 숲이 선 것이 산 아래로 내려오듯 먼지가 하늘을 가려서 많고 적음을 구별하지 못하니 크게 놀라 흩어져 도망갔다. 아산·석정주·툴라이·우바이 등이 병사 400명을 이끌고 돌진하여 습격해 죽이고 길을 나누어 추격했다. 전장에서 명나라의 부장 유응선을 참하고 그 병사 500명을 모조리 섬멸했으며, 유격 조득공(曹得功) 및 그 수비 3명을 사로잡았고 말 210마리와 수많은 갑옷과 투구를 노획했다. 금주·송산성에서 5리 떨어진 곳에 이르러 군대를 거두어 돌아왔다. 다음날 다시 대(臺) 하나를 공격하여 함락시켰다. 이때 구나찬 바투루(gūnacan baturu, 顧納禪巴圖魯)·왕키(wangki, 王奇) 등이 승전보를 전하며 아뢰었다. 「하늘의 도우심과 성상의 신령한 위엄에 힘입어 적병을 격파하여 무위를 크게 떨쳤습니다. 신들은 삼가 속히 상주합니다.」

○ 癸酉, 遣沙爾虎達·扎福尼·薩必圖·土爾哈·格巴庫·董世祿·穆虎·公衮等, 每旗大臣一員率每牛彔下護軍一人, 往濟額爾克楚虎爾貝勒多鐸軍, 仍攜多鐸所解陣獲遊擊曹得功, 往令縱之去.

○ 계유일(5.24), 샤르후다·자푸니(jafuni, 扎福尼)·사비투(sabitu, 薩必圖)·투르하(turha, 土爾哈)·거바쿠(gebakū, 格巴庫)·둥실루(dungsilu, 董世祿)·무후(muhu, 穆虎)·궁군(gunggun, 公衮) 등을 보내 각 기(旗)

마다 대신 1명이 각 니루의 호군 1명씩을 이끌고 어르커 추후르 버일러 도도의 군에 가서 지원했다. 또한 도도가 보내온 전장에서 생포한 유격 조득공(曹得功)을 데리고 가서 풀어 주고 떠나게 했다.

○ 乙亥, 前遣往朝鮮互市戶部承政馬福塔·參政博爾惠遣人奏言, 臣等行十九日至王京, 商人皆云, 從未有至此市馬之例, 故爾稽延, 止以銀三千五百兩與之交易. 留十二日起行, 又攜銀八百兩至平壤城交易, 二十六日至義州, 將中途所留銀貨, 悉送至義州. 臣等在義州收取貨物, 待人迎接, 至於王京貿易不完者, 非彼無物可貨. 因我國商人托言攜馬交易, 故意不行交市耳. 欲遵前言, 令八家商人, 同往貿易, 彼亦不聽. 先欲遣人回報, 以交易未完, 故爾未遣. 今已將所領銀兩, 半買紬緞, 半買布疋矣. 其朝鮮海島中, 竝無消息.

○ 을해일(5.26), 이전에 조선의 호시(互市)에 보냈던 호부승정 마푸타(mafuta, 馬福塔)·참정 보르호이(borhoi, 博爾惠)가 사람을 보내 상주했다. 「신들이 출발하여 19일에 왕경(王京)에 이르자, 상인들이 모두 "이전에 이곳에서 말을 교역한 경우가 없었다."라고 말하고 지체시켰기 때문에, 은 3,500냥으로 교역하는 데 그치고 12일간 머무르다 출발했습니다. 은 800냥을 가지고 평양성에 가서 교역했습니다. 26일 의주에 도착했습니다. 도중에 남겨 둔 은에 대한 상품을 모두 의주로 보내왔습니다. 신들은 의주에서 그 상품을 가져오는 사람을 기다렸다 맞이했습니다. 왕경(王京)에서 교역이 완전히 이루어지지 않은 것은 조선에 교역할 재화가 없기 때문이 아닙니다. 우리나라 상인이 말을 가져와 교역한다는 것을 핑계로 삼아 고의로 교역하지 않은 것입니다. 이전의 말에 따라 팔가(八家)의 상인이 함께 가서 무역하려고 했으나 저들은 또 따르지 않았습니다. 먼저 사람을 보내어 보고하고자 했

으나 교역이 끝나지 않았으므로 보내지 않았습니다. 지금 가지고 있는 은량의 반은 주단(紬緞)을 사고 반은 면포를 구입했습니다. 조선의 섬에서는 아무런 소식이 없습니다.」

○ 丙子, 和碩墨爾根戴青貝勒多爾袞, 貝勒岳託·薩哈廉·豪格等, 遣禮部啟心郎祁充格等, 齎疏, 奏言, 臣等奉命率大軍至四喇朱爾格地方, 遇察哈爾汗妻囊囊太后·瑣諾木台吉, 率部下一千五百戶來降, 臣等以禮接見, 設宴, 宴之, 已遣溫泰等引之見上矣. 臣等隨率兵前進, 至黃河造船. 於四月二十日, 大軍渡河, 二十八日, 抵察哈爾汗子額爾克孔果爾額哲國人所駐托里圖地方, 天霧昏黑. 額哲國中無備, 臣等恐其驚覺, 按兵不動. 遣葉赫國金台石貝勒之孫南楮, 及其族叔祖阿什達爾漢并哈爾松阿·代袞同往, 令先見其姊蘇泰太后, 及子額哲, 告以滿洲諸貝勒, 奉上命統大軍來招爾等秋毫不犯. 南楮等急馳至蘇泰太后營, 呼人出語之曰, 爾福金蘇泰太后之親弟南楮至矣. 可進語福金, 蘇泰太后聞之大驚, 遂令其從者舊葉赫人覘之還報, 蘇泰太后慟哭而出, 與其弟抱見. 遂令其子額哲, 率衆寨桑出迎我軍. 於是臣等, 命列旗纛, 鳴畫角鼓吹以進, 率額哲拜天畢, 臣等以次與額哲交拜抱見, 遂至蘇泰太后營, 蘇泰太后迎入相見, 設宴宴臣等, 臣等私議恐額爾克孔果爾, 及其羣臣生疑, 乃誓告天地云, 我等待額爾克孔果爾, 若有異念, 天地降譴. 我等推誠敦信, 如此盟誓, 若伊等不從, 包藏異心, 伊等當被天地譴責.

翼日, 蘇泰太后·額哲復設宴, 送駝馬·雕鞍·貂裘·琥珀數珠·金銀·綵緞等物, 臣等却其駝馬, 餘悉納之. 仍設宴答禮贈以雕鞍馬·黑貂裘等物, 於是額哲部下羣臣額齊格顧實·多木藏顧實·額齊格喇嘛·達爾漢喇嘛·阿木出忒喇嘛·卓禮克圖格龍·俄克綽特巴俄木布·朱成格達爾漢諾顏·額布格寨桑·布兒杜稜諾顏·巴牙思戶達爾漢塔布囊·達賴渾津·布泰阿噶喇戶·瑣諾木衛寨桑·額參塞臣·額爾克楚虎爾·阿齊圖太錫·波羅庫魯克·巴特瑪都喇爾·扎唐伊爾都齊·蘇朗察爾庇·畢木布寨桑·杜稜大雲·俄思戶布都馬爾·圖巴太錫·擺戶寨桑·塞冷葉爾登·祁他特西格津·尹圖寨桑·褚陽寨桑·波布達雅齊·塞冷古英·薩馬克談古英·喀木衛達爾漢·達爾馬台吉·巴雅海塔布囊·通阿寨桑·囊努克台吉·吳爾寨圖古英·達魯齊諾顏·阿拜泰台吉·薩代寨桑·阿津泰達爾漢寨桑·朝科卿禮·巴特瑪寨桑·古木台吉·吳巴什蘇朗·辛達孫古英·波格勒寨桑·庫圖克達爾漢·訥木漢達爾漢·扎薩克古英·西達布都馬爾·綽思熙札薩古爾·瑣諾木札薩古爾·俄齊爾札薩古爾·海賴札薩古爾·巴達禮札薩古爾·博爾達札薩古爾·巴顏圖寨桑·土巴台吉·多爾濟冰圖·土輪齊達戶·占泰寨桑·翁訥和寨桑·蘇朗塔布囊 博洛爾泰喀薩克等, 率其部民一千戶歸降. 當我軍未至時, 有鄂爾多斯部落濟農來招額哲, 令遵其約束, 與之盟誓, 詰旦已行. 前軍阿什達爾漢等, 聞而追及之. 濟農見臣等, 臣等察其有異志, 遂羈留之, 因謂濟農曰, 兄察哈爾有遺物在爾國者當悉送來, 不然, 我兵即前進矣. 又謂察哈爾諸臣曰, 鄂爾多斯處凡有爾國遺物可具數報, 來衆又數開報, 於是遣人齎往鄂爾多斯部落. 隨以察哈爾額爾克楚虎爾妻及其部下人, 達雲綽爾濟·宜特格爾圖·額爾克多克辛·托諾達爾漢塔布囊·托克脫和都喇爾寨桑·勞罕俄爾洛克諾顏·布兒塞臣·額爾克俄爾洛克·僧格寨桑·古魯古英·瑣諾木諾顏·塞臣卓禮克圖·門都赫塔蘇爾海·僧格塔蘇爾海·朱喇圖巴圖爾·布爾噶圖宜特格爾圖·吳哈納特白里戶·額墨格墨爾根·巴圖都喇爾·沙里額爾克古英等官, 竝其部民千餘戶, 及一切諸物, 俱已送至. 臣等荷蒙天眷, 仰仗皇威, 謹遵指授方畧, 進止以時, 所有察哈爾國蘇泰太后母子, 及其部衆人民悉已招降歸附, 其囊囊太后, 同瑣諾木台吉, 率其部衆人民, 先已投誠, 諒至國境矣. 謹遣禮部啟心郎祁充格, 具奏以聞. 方捷音將至之前一日, 上謂文館諸臣曰, 朕憶從來, 左耳鳴, 必聞佳音, 右耳鳴, 必非吉兆, 今左耳鳴, 出師諸貝勒, 必有捷音至矣. 是日, 果奏捷.

○ 병자일(5.27), 호쇼이 머르건 다이칭 버일러 도르곤, 버일러 요토・사할리얀・호오거 등이 예부계심랑(禮部啟心郎) 키충거(kicungge, 祁充格) 등을 보내어 상주했다. 「신들은 명을 받들어 대군을 이끌고 시라 줄거(sira julge, 四喇朱爾格) 지방에 이르러 차하르 칸의 부인 냥냥[8] 태후(niyangniyang taihoo, 囊囊太后)[9]・소놈 타이지와 만났습니다. 그들은 부에 속한 1,500호를 이끌고 귀순했습니다. 신들은 예의에 맞게 접견하고 연회를 베풀어 잔치를 벌였으며, 운타이(untai, 溫泰) 등을 보내어 그들을 인도하여 주상을 알현하도록 했습니다. 신들은 병사를 이끌고 전진하여 황하에서 선박을 건조했습니다. 4월 20일에 대군은 황하를 건너, 28일에 차하르 칸의 아들 어르커 콩고르 에제이의 국인(國人)이 머무르는 톨리투(tolitu, 托里圖) 지방에 도착했는데 하늘에 안개가 자욱하여 어두컴컴했습니다. 에제이의 국인들이 미처 대비하지 않았으므로, 신들은 그들이 놀랄까 우려하여 군대를 멈추고 이동하지

8 囊囊은 귀부인을 가리키는 한어 냥냥(娘娘)이 몽골어화된 낭낭(nangnang)을 다시 한문으로 음사한 것이다. 만문으로는 냥냥(niyangniyang)으로 음사되었다. 여기에서는 차하르부 릭단 칸의 황후인 남중을 가리킨다.

9 냥냥 태후: 1612-1674. 몽골의 대칸인 차하르부 릭단 칸의 황후인 남중(nam jung, 娜木鍾)이다. 남중은 1634년 릭단 칸이 사망한 후, 유복자인 아부나이(1634?-1675)를 낳았고 청태종 홍타이지와 재혼했다. 1636년 홍타이지의 11번째 공주인 固倫端順長公主(1636-1650)를 낳았고 1642년 아들 봄보고르(博穆博果爾, 1642-1656)를 낳았다. 1636년 홍타이지가 황제에 등극한 후 서인지궁귀대비(西麟趾宮貴大妃, wargi da gosin i booi wesihun amba fujin)에 봉해졌다.

않았습니다.

여허국의 긴타이시 버일러의 손자 난추(nancu, 南楮)[10]를 보냈는데, 그 일족의 작은 할아버지인 아시다르한(asidarhan, 阿什達爾漢)[11]과 하르숭가(harsungga, 哈爾松阿)·다이군(daigun, 代袞)이 함께 가서 먼저 난추의 누이 수타이 태후(sutai taihoo, 蘇泰太后)[12]와 그 아들 에제이에게 "만주의 여러 버일러들은 주상의 명령을 받들어 초무하러 온 것이니 그대들에게 조금도 피해를 주지 않을 것이오."라고 고하게 했습니다. 난추 등은 급히 말을 몰아 수타이 태후의 숙영에 이르러 사람을 불러 "너희 푸진 수타이 태후의 친동생 난추가 왔다."라고 말하고, 가서 푸진에게 고하라고 했습니다. 수타이 태후가 이를 듣고 크게 놀라고 그 종자인 옛 여허 사람에게 그를 살펴보라고 명했습니다. 여허 사람이 돌아와 보고하니, 수타이 태후는 통곡하며 나와서 동생과 껴안으며 만났습니다. 마침내 그 아들 에제이에게 여러 자이상들을 이끌고 나와 우리 군을 맞이하게 했습니다.

이에 신들은 기(旗)와 독(纛)을 정렬하게 하고 화각(畫角)을 울리며 북을 치고 나팔을 불며 나아가고 에제이를 이끌고 하늘에 절한 후 신

---

10 난추: nancu, 南楮. 해서여진 여허의 마지막 버일러 긴타이시(gintaisi, 金台石. ?-1619)의 아들 덜거르의 아들이자, 차하르 릭단 칸의 부인 수타이 태후(蘇泰太后)의 친동생이다.

11 아시다르한: 1580-1641. 여허나라(yehe nara) 氏. 여허의 버일러 추쿵거(cukungge. ?-1551)의 셋째 아들 니야카(niyaka, 尼雅喀)의 넷째 아들 야바란(yabaran, 雅巴蘭)의 아들. 누르하치가 여허를 공격할 때 귀순하여 니루어전에 제수되었고 만주정백기에 소속되었다. 긴타이시가 추쿵거의 아들 타이추의 아들 양기누의 아들이므로, 아시다르한은 긴타이시의 일족 동생이고, 난추와 수타이 태후의 작은 할아버지뻘이다.

12 수타이 태후: 해서여진 여허의 마지막 버일러 긴타이시(gintaisi, 金台石. ?-1619)의 아들 덜거르의 딸이다. 몽골의 대칸인 릭단 칸과 결혼했다. 1634년 릭단 칸이 사망한 후 1635년 차하르 부를 이끌고 후금에 귀부하여 鄭親王 지르갈랑과 재혼했다. 아들 에제이는 홍타이지의 딸과 결혼했다.

들은 차례로 에제이와 서로 절하고 포견(抱見)했습니다. 뒤이어 수타이 태후의 숙영에 이르자 수타이 태후가 맞이하여 만나 신들에게 연회를 베풀었습니다. 신들은 어르커 콩고르와 그 신하들이 의심할 것을 우려하여 의논하고, 천지에 맹세하여 고했습니다. "우리가 어르커 콩고르를 대함에 만약 다른 생각을 품으면 천지가 재앙을 내릴 것이다. 우리는 성심과 신의로 이렇게 맹세하니, 만약 그대들이 따르지 않고 다른 마음을 품으면 그대들이 천지의 징벌을 받을 것이다."

다음날(5.28), 수타이 태후·에제이가 다시 연회를 베풀고 낙타와 말·조각한 안장·담비가죽옷·호박 염주·금과 은·비단 등의 물품을 보냈습니다. 신들은 낙타와 말은 받지 않고 나머지는 모두 받았습니다. 연회를 베풀어 답례하고 조각한 안장을 갖춘 말·흑담비가죽옷 등의 물품을 바쳤습니다. 이에 에제이 예하의 신하들, 어치거 구시(ecige gusi, 額齊格顧實)·돔짱 구시(domdzang gusi, 多木藏顧實)·어치거 라마(ecige lama, 額齊格喇嘛)·다르한 라마(darhan lama, 達爾漢喇嘛)·암추트 라마(amcut lama, 阿木出忒喇嘛)·조릭투 겔룽(joriktu gelung, 卓禮克圖格龍)·옥초트바 옴부(okcotba ombu, 俄克綽特巴俄木布)·주청거 다르한 노얀(jucengge darhan noyan, 朱成格達爾漢諾顏)·어부거이 자이상(ebugei jaisang, 額布格寨桑)·부두이 두렁 노얀(budui dureng noyan, 布兌杜稜諾顏)·바야스후 다르한 타부낭(bayashū darhan tabunang, 巴牙思戶達爾漢塔布囊)·달라이 혼진(dalai honjin, 達賴渾津)·부타이 아갈라후(butai agalahū, 布泰阿噶喇戶)·소놈 우이 자이상(sonom ūi jaisang, 瑣諾木衛寨桑)·에센 세첸(esen secen, 額參塞臣)·어르커 추후르(erke cūhur, 額爾克楚虎爾)·아치투 타이시(acitu taisi, 阿齊圖太錫)·보로 쿨룩(boro kuluk, 波羅庫魯克)·바트마 두랄(batma dural, 巴特瑪都喇爾)·자탕 일두치(jatang ilduci, 扎唐伊爾都齊)·술랑 차르비(sulang carbi, 蘇朗察爾庇)·빔부 자이상(bimbu jaisang, 畢木布寨桑)·두렁 다윤(dureng dayun, 杜稜大雲)·우스후 부두말(ushu budumal, 俄思戶

布都馬爾)・투바 타이시(tuba taisi, 圖巴太錫)・바이후 자이상(baihū jaisang, 擺戶塞桑)・서렁 열덩(sereng yeldeng, 塞冷葉爾登)・키타트 시거진(kitat sigejin, 祁他特西格津)・인투 자이상(intu jaisang, 尹圖塞桑)・추양 자이상(cuyang jaisang, 褚陽塞桑)・부부 다야치(bubu dayaci, 波布達雅齊)・서렁 구영(sereng guyeng, 塞冷古英)・사막탄 구영(samaktan guyeng, 薩馬克談古英)・카무 우이 다르한(kamu ui darhan, 喀木衛達爾漢)・다르마 타이지(darma taiji, 達爾馬台吉)・바야하이 타부낭(bayahai tabunang, 巴雅海塔布囊)・퉁가 자이상(tungga jaisang, 通阿塞桑)・낭눅 타이지(nangnuk taiji, 囊努克台吉)・울제이투 구영(ūljeitu guyeng, 吳爾塞圖古英)・달루치 노얀(daluci noyan, 達魯齊諾顔)・아바이타이 타이지(abaitai taiji, 阿拜泰台吉)・사다이 자이상(sadai jaisang, 薩代塞桑)・아진타이 다르한 자이상(ajintai darhan jaisang, 阿津泰達爾漢塞桑)・초오코 킹리(cooko kingli, 朝科卿禮)・바트마 자이상(batma jaisang, 巴特瑪塞桑)・구무 타이지(gumu taiji, 古木台吉)・우바시 술랑(ubasi sulang, 吳巴什蘇朗)・신다순 구영(sindasun guyeng, 辛達孫古英)・부거러 자이상(bugere jaisang, 波格勒塞桑)・쿠툭 다르한(kūtuk darhan, 庫圖克達爾漢)・노모한 다르한(nomohan darhan, 訥木漢達爾漢)・자삭 구영(jasak guyeng, 扎薩克古英)・시다 부두말(sida budumal, 西達布都馬爾)・초스히 자사굴(coshi jasagūl, 綽思熙札薩古爾)・소놈 자사굴(sonom jasagūl, 瑣諾木札薩古爾)・오치르 자사굴(ocir jasagūl, 俄齊爾札薩古爾)・하이라이 자사굴(hairai jasagūl, 海賴札薩古爾)・바다리 자사굴(badari jasagūl, 巴達禮札薩古爾)・볼다 자사굴(bolda jasagūl, 博爾達札薩古爾)・바얀투 자이상(bayantu jaisang, 巴顔圖塞桑)・투바 타이지(tuba taiji, 土巴台吉)・도르지 빙투(dorji bingtu, 多爾濟冰圖)・툴런 치다후(tūlen cidahū, 土輪齊達戶)・잔타이 자이상(jantai jaisang, 占泰塞桑)・옹노호 자이상(ongnoho jaisang, 翁訥和塞桑)・술랑 타부낭(sulang tabunang, 蘇朗塔布囊)・보롤타이 카삭(boroltai kasak, 博洛爾泰喀薩克) 등이 부민(部民)

1,000호를 이끌고 투항했습니다.

우리 군대가 도착하기 전에 오르도스 부락의 지농이 에제이를 불러서 제약을 따르게 하고 맹약하러 이른 아침에 떠났습니다. 선봉인 아시다르한 등은 이를 듣고 그를 좇았습니다. 지농이 신들을 만났는데 신들은 그가 다른 뜻이 있다는 것을 알아차리고 그를 구류하고 말했습니다. "차하르가 너희 나라에 남긴 물건을 모두 보내오라. 그렇지 않으면 우리 군대가 진군할 것이다." 또한 차하르의 신하들에게 "오르도스 지역에 너희 나라의 물건이 있으면 모두 세어서 보고하고, 온 무리도 일일이 보고하라."라고 말하고 사람을 보내 글을 오르도스 부락에 가지고 갔습니다.

마침내 차하르의 어르커 추후르의 처 및 그 부(部)에 속한 사람인 다윤 초르지(dayun corji, 達雲綽爾濟)·이터걸투(itegeltu, 宜特格爾圖)·어르커 독신(erke doksin, 額爾克多克辛)·토나이 다르한 타부낭(tonai darhan tabunang, 托諾達爾漢塔布囊)·톡토호 두랄 자이상(toktoho dural jaisang, 托克脫和都喇爾寨桑)·로오한 우를룩 노얀(loohan urluk noyan, 勞罕俄爾洛克諾顏)·부두이 세첸(budui secen, 布兌塞臣)·어르커 우를룩(erke urluk, 額爾克俄爾洛克)·셍게 자이상(sengge jaisang, 僧格寨桑)·구루 구영(guru guyeng, 古魯古英)·소놈 노얀(sonom noyan, 瑣諾木諾顏)·세첸 조릭투(secen joriktu, 塞臣卓禮克圖)·먼두허이 타수르하이(menduhei tasurhai, 門都赫塔蘇爾海)·셍게 타수르하이(sengge tasurhai, 僧格塔蘇爾海)·줄라투 바투르(julatu batur, 朱喇圖巴圖爾)·부르가투 이터걸투(burgatu itegeltu, 布爾噶圖宜特格爾圖)·우하나 터버리후(uhana teberihu, 吳哈納特白里戶)·어머거이 머르건(emegei mergen, 額墨格墨爾根)·바투 두랄(batu dural, 巴圖都喇爾)·샤리 어르커 구영(šari erke guyeng, 沙里額爾克古英) 등의 관리와 그 부락민 1,000여 호와 일체의 물건을 모두 보내왔습니다. 신(臣)들이 하늘의 은혜를 입고 황상의 위엄에 의지하고 삼가 지시하신 방략(方略)에 따라 때에 따라 나

아가고 멈추니, 차하르국 수타이 태후 모자(母子)와 그 부의 군신과 백성이 모두 항복하여 귀부했습니다. 냥냥 태후는 소놈 타이지와 함께 그 부의 군신과 백성을 이끌고 먼저 항복하여 국경에 이르렀습니다. 삼가 예부계심랑(禮部啟心郎) 키충거를 보내어 상주합니다.」

승전 소식이 도착하기 하루 전날 주상이 문관(文館)의 여러 신하들에게 말했다. "짐이 이전부터 생각하기를, 왼쪽 귀가 울리면 좋은 소식이 들렸고, 오른쪽 귀가 울리면 길조가 아니었다. 이제 왼쪽 귀가 울리니 출병한 여러 버일러들에게 반드시 승전 소식이 있을 것이다." 이날 과연 승전보를 상주했다.

○ 賜巴林部落塞特爾等宴, 會出征察哈爾國墨爾根戴青貝勒多爾衮等, 所遣奏捷禮部啟心郎祁充格, 及先遣溫泰適至, 巴林部落布兌山津, 舉觴跪進曰, 主上聖明, 皇天默佑, 故察哈爾汗妻子, 舉國來附, 適值宴期, 得聞喜音, 敢進一觴, 虔申慶賀. 上曰, 承天眷佑, 吉慶聿臻, 正宜仰體天心, 益圖治道, 愛養國人, 何至導以非義相勸以酒. 儻朕政治有失政民疾苦, 或忿怒過當違道, 而行爾大臣即當直諫, 無有顧忌. 忠良之言, 朕豈有不聽者乎. 布兌山津慚而退.

○ 바린(balin, 巴林) 부락의 서터르(seter, 塞特爾) 등에게 연회를 베풀었다. 때마침 차하르국에 출정한 머르건 다이칭 버일러 도르곤 등이 승전 상주를 보낸 예부계심랑 키충거와 먼저 보낸 운타이가 도착했다. 바린 부락의 부두이 산진(budui sanjin, 布兌山津)이 잔을 들고 무릎 꿇으며 말했다. "주상께서 영명하시고 하늘이 말없이 도우셨기에 차하르 칸의 처와 아들이 나라를 들어 귀부했습니다. 잔치를 벌이기에 알맞은 좋은 소식을 들었으니, 감히 한 잔을 올려서 거듭 경하드립니다." 주상이 말했다. "하늘의 도우심을 받아 경사스러운 일이 마침

내 왔으니 하늘의 뜻을 우러르고 더욱 다스리는 도리를 강구하고 국인(國人)을 사랑으로 길러야 한다. 어찌 의리에 어긋나도록 인도하여 술을 권하는가? 만일 짐의 정치가 잘못되어 백성이 고통받거나 분노가 지나쳐 도에 어긋나면 대신들은 즉시 직언을 꺼리지 말아야 한다. 충성스럽고 좋은 말을 짐이 어찌 듣지 않겠는가?" 부두이 산진이 부끄러워하며 물러났다.

○ 先是, 阿祿喀爾喀部落, 以書一函, 付察哈爾國瑣諾木台吉, 謂儻遇滿洲國天聰皇帝之人, 即付之. 又遺察哈爾汗妻蘇泰太后·子額哲書一函. 至是, 俱攜至. 其奉上書曰, 馬哈撒嘛諦塞臣汗·土謝圖汗·塞臣濟農, 率大小諸貝勒奏書於水濱六十三姓滿洲國天聰皇帝. 人君撫有大寶, 以宣揚美名於諸國爲貴, 其興起教化, 盛於諸國之名, 各當力圖. 我六萬蒙古之主, 雖不能奮興, 然誼屬同宗, 尚能守此大寶. 儻謂大業尚存, 可互相通好信使不絕, 如此則我等方可謂生爲有福之人, 稱爲強盛之主也. 其遺察哈爾國書曰, 諸人擁戴馬哈撒嘛諦塞臣汗, 諭太后·子孔果爾及札爾門達爾漢貝勒以下爲首, 諸塞桑等. 在先執紅貝勒送還, 言辭互敬, 相與有成, 在後亦未嘗不善. 止因國亂遂不相往還. 夫我等素無怨恨, 竝非仇敵. 自汗棄世聞爾國全來附我, 自秋以來, 即令哨卒偵探實耗. 我等與爾汗原係同宗, 滿洲豈爾等之主耶. 即宜來歸, 勿再遲延. 譬諸衣服, 有表有裏. 太后乃吾福金之妹, 若欲他往, 揆之國體宗誼, 未有親於我者, 其三思之.

○ 이전에 아루 칼카(aru kalka, 阿祿喀爾喀)[13] 부락은 한 통의 서신을

13 아루 칼카는 北칼카의 의미이며, 몽골어로 '돌루간 오톡 칼카'(7部 칼카)로도 불렸고 만주인에게는 '툴러르기 칼카'(外칼카)로 불렸다. 아루 칼카와 대비하여 남

써서 차하르국 소놈 타이지에게 주면서, 만주국 천총황제의 사람을 만나면 주라고 했다. 또 차하르 칸의 처 수타이 태후와 아들 에제이에게 한 통의 서찰을 남겼다. 이때에 이를 모두 가지고 왔다. 주상에게 바친 서신에서 말했다. 「마하 사마디 세첸 칸(maha samadi secen han, 馬哈撒嘛諦塞臣汗)[14]・투시예투 칸(tusiyetu han, 土謝圖汗)・세첸 지농(secen jinong, 塞臣濟農)은 크고 작은 버일러들을 이끌고 물가의 63성(姓) 만주국[15] 천총황제에게 글을 올립니다. 군주는 대보(大寶)를 가지고 나라를 다스림에 있어 여러 나라에 명성을 드날리는 것을 높이 여기고, 교화를 일으켜 여러 나라에 이름을 높이는 것을 각자 힘써 도모해야 합니다. 우리 6만 몽고[16]의 주인은[17] 비록 힘을 떨치지는 못했지만 우리는 같은 동족에 속하며[18] 여전히 대보(大寶)를 지킬 수 있습니다. 만일 대업이 아직 남아 있어 서로의 우호사절이 계속되면, 이는 우리가 살면서 복 있는 사람이라 할 것이고 강성한 군주에 합당할 것입니다.」

부의 칼카는 '타분 오톡 칼카'(5部 칼카)라고 불렸고 만주인에게는 '도르기 칼카'(內칼카)로 불렸다. 아루 칼카는 다얀 칸의 열한째 아들 게레센제의 자손들이 수장층을 형성했고, 內칼카는 다얀 칸의 다섯째 아들 알추 볼로드의 후예가 통치했다. 다얀 칸은 알추 볼로드와 게레센제에게 칼카강 유역을 영지로 분봉했는데 이후 게레센제의 자손들이 고비 사막 이북으로 이주하면서 '아루 칼카'라고 불렸다.

14 칼카의 세첸 칸 숄로이(1577-1652)를 가리킨다. 숄로이는 다얀 칸의 아들 게레센제(1513-1549)의 증손자이고, 칼카에서 최초로 세첸 칸을 칭했다. 칼카가 신속했던 차하르가 1634년 후금에 패배하자 숄로이는 우주무친과 수니드와 공조하여 후금에 낙타와 말을 보내고 화친을 청했다.

15 "물가의 63성(姓) 만주국"은 몽골에서 보기에 동해 쪽에 있는 만주가 63개 씨족의 연합체라는 의미이다. 『구만주당』에는 "mukei ninju ilan halai jušen gurun"(물의 63씨족의 주션국)으로 기록되어 있다. 『舊滿洲檔 天聰九年』, p.157 참조.

16 6만 몽고는 15세기 말 다얀 칸이 만든 6투멘 체제를 가리킨다. 6투멘은 차하르, 칼카, 우량칸, 오르도스, 투메드, 융시예프이다.

17 차하르의 릭단 칸을 가리킨다.

18 아루 칼카와 차하르의 릭단 칸이 칭기스 칸의 후손 일족이라는 의미이다.

차하르국에 남긴 서신에서 말했다. 「모든 사람이 추대한 마하 사마디 세첸 칸이 태후와 아들 콩고르와 잘먼 다르한 버일러(jalmen darhan beile, 札爾門達爾漢貝勒) 이하 여러 자이상들에게 유시한다. 이전에 홍 버일러(hong beile, 紅貝勒)[19]를 잡아서 송환하면서 언사에 서로 공경하여 협조했고, 이후에도 나쁜 것이 없었다. 다만 나라가 어지러워 서로 왕래하지 못했을 뿐이다. 우리는 본래 원한이 없고 원수도 아니다. 릭단 칸이 사망한 후 너희 나라 전체가 내게 귀부한다고 들었기에 가을부터 정탐병을 시켜 동정을 살피도록 했다. 우리는 너희 칸과 동족인데, 만주가 어찌 너희의 주인이 될 수 있겠는가? 즉시 내게 귀순하고 지체하지 말라. 비유하면 의복에 겉과 속이 있는 것과 같다. 태후는 나의 처제이다. 만약 다른 곳으로 가려고 하면 국가의 체모와 동족의 정리를 생각할 때 나보다 더 가까운 사람은 없다. 이 점을 거듭 생각하라.」

六月, 己卯朔.

○ 6월 기묘일 초하루(6.1).

○ 壬午, 遣布哈塔布囊·哈克薩哈·俄莫克圖率每旗六人, 齎敕往迎出師和碩墨爾根戴青貝勒多爾袞·貝勒岳託·薩哈廉·豪格. 敕曰, 帝諭出師諸貝勒. 朕蒙上帝神明俯垂眷佑國內臣民, 共享寧謐之福, 亦無痘疹之患. 四境田禾, 遣部臣遍視, 惟東珠·扎克丹·費德

19 '紅貝勒'은 『구만주당』의 만주문 서신에는 hong beile로, 몽고문 서신에는 kong noyan으로 기록되어 있다. 『舊滿洲檔 天聰九年』, pp.158-160.

里·西沙河·東三堡·東沙河等處, 於五月內, 間有蟲傷, 因雨水調和, 不致成災, 禾稼茂盛. 雨暘時若, 秋成或可望也. 霸奇蘭·薩穆什喀, 於四月二十二日至. 所得壯丁二千四百八十三人, 已分與新編牛彔. 此番招降虎爾哈內幼小甚多, 每牛彔給不入冊之幼丁, 約二百人. 共計戶口七千三百有二, 馬八百五十六匹, 牛五百四十三頭, 驢八頭. 俘獲婦女·幼稚一百一十六人, 馬二十四匹, 牛十七頭, 貂·狼·狐·猞狸猻·水獺·黃鼠·青鼠·白兔等皮張, 三千一百四十有奇, 皮裘十五領, 以上俘獲諸物, 皆分賜出征大臣. 又吳巴海等出師亦奏捷至. 所得編戶壯丁六百人, 家口共一千三百八十, 馬六十匹, 牛一百頭, 貂·猞狸猻·虎·狐·水獺·青鼠·黃鼠等皮張, 六百六十有奇, 貂裘·貂鑲裘·猞狸猻裘·貉裘·黃鼠·青鼠等裘, 三十八領. 又兩次遣人赴錦州捉生, 獲其人, 訊之, 聞爾等自大同·宣府進兵, 明國之君, 檄調山海關外兵馬往援, 山海關外兵, 業已起行往援. 因命和碩額爾克楚虎爾貝勒多鐸及小台吉等, 偕固山額眞篇古, 昂邦章京阿山·石廷柱, 梅勒章京額駙達爾哈·葉克書, 率每牛彔下護軍二名, 從廣寧入, 令彼瞭見, 以牽制往援之兵. 和碩額爾克楚虎爾貝勒, 選兵四百人爲前驅. 時錦州副將劉應選·穆祿·吳三桂·張某等·參將桑噶爾寨·張國忠·王命世·支明顯, 及遊擊八員率兵二千七百, 倂松山副將劉成功·趙國志率兵八百人迎戰, 與我前驅兵四百人, 遇於昔圍大凌河時漢軍駐營之西岡, 戰敗之, 兩路追剿, 沿途掩殺, 距錦州五里距松山不及五里, 方還. 生擒遊擊一員, 守備三員, 獲馬二百一十匹, 復克其一臺. 朕恐我兵乘勝深入, 爲敵所誘, 遂諭每旗派一大員, 率每牛彔下護軍一名, 往濟其師, 環駐廣寧, 以牽制之, 然後班師. 又攬盤駐防喀邇喀瑪·薩哈連往海邊巡哨, 遇漁船二隻, 獲十一人. 岫巖駐防賈木蘇·錫翰獲十人, 問之, 言海島竝無消息. 海州駐防伊勒愼, 遇漁船一隻, 內有八人, 殺三人, 生擒五人來獻. 又朝鮮使臣於去年七月內, 往明燕京, 今年五月還時, 一序班, 一通事, 共三十八人, 乘一船, 爲風所壞, 溺死四人, 餘三十四人, 乘敝船飄泊北岸. 蓋州駐防扎弩執之, 解至. 又朝鮮昌城通政大夫李翊, 遣人入我境內, 捕魚獵獸, 遇鄭古特, 在江巡哨, 殺四人, 遁走一人, 生擒三人, 兩次所獲朝鮮國人, 皆欲縱還, 曾遺書朝鮮, 令彼來取. 又八家及甲喇章京以上各官, 共遣二百人, 往朝鮮貿易, 所遺之貲, 已盡易貨物還矣. 又黑龍江貢貂者, 塞布奇屯巴爾達齊等十六人, 噶爾達蘇屯四人, 戈博爾屯二人, 額蘇里屯薩岱等二十四人, 何里岱屯八人, 克般屯四人, 吳魯蘇屯二人, 此皆舊日往還之人. 又新至者, 榆爾根屯一人, 海輪屯二人, 固濃屯一人, 昆都輪屯一人, 吳藍屯一人. 又索倫部落移牧八人, 內至者四人, 其餘因馬疲, 留於科爾沁地方, 先後共六十七人. 陣獲新人, 及來貢貂皮者, 俱在彼地, 已釋其暴戾之心. 以貂皮來與我等貿易, 皆知相讓, 不似先時執拗矣.

○ 임오일(6.4), 부하 타부낭(buha tabunang, 布哈塔布囊)·학사하(haksaha, 哈克薩哈)·오목투(omoktu, 俄莫克圖)를 파견하여 각 기(旗)의 6명씩을 이끌고 칙서를 가지고 가서, 출병했던 호쇼이 머르건 다이칭 버일러 도르곤·버일러 요토·사할리얀·호오거를 맞이하게 했다. 칙서에서 말했다.

「황제가 출병한 여러 버일러들에게 유시한다. 짐(朕)이 상제(上帝)와 신명(神明)의 굽어 살피심과 보우하심에 힘입어 국내의 신민(臣民)은 모두 평온한 복을 누리고, 또한 천연두의 우환도 없다. 사방의 밭과 곡식을 부신(部臣)을 파견해서 살펴보게 하니 동주(東州)[20]·작단(jakdan, 扎克丹)·퍼이더리(feideri, 費德里)·서사하(西沙河, wargi sahū)·

20 원문의 東珠는 東州의 오기이다. 東州는 현재 撫順縣 東州村이다.

동삼보(東三堡, dungsan pu)・동사하(東沙河, dergi sahū) 등지에서 5월에 간혹 병충해가 있었지만 비가 적당하여 재난에 이르지 않고 곡식이 무성하다. 비오고 볕 나는 것이 순조로우니 가을에 수확을 기대할 만하다.

바키란과 삼시카는 4월 22일에 도착했다. 획득한 장정 2,483명은 분배하여 새로 편제한 니루에 주었다. 이번에 초항(招降)한 후르카(hūrka, 虎爾哈)의 어린아이들이 매우 많다. 각 니루에 지급했으나 책에 기록하지 않은 어린아이가 약 200명이다. 총 호구(戶口)는 7,302명이고, 말 856마리, 소는 543마리, 나귀 8마리이다. 노획한 부녀자와 어린아이는 116명, 말 24마리, 소 17마리, 담비・늑대・여우・시라소니・수달・족제비・청서(青鼠)・흰토끼 가죽 3,140여 장, 가죽옷은 15벌인데, 이상의 노획물을 모두 출정한 대신들에게 상으로 나누어 주었다. 또한 우바하이 등이 출병하여 승전한 보고가 도착했다. 획득하여 편호(編戶)한 장정이 600명, 구(口)는 총 1,380명, 말 60마리, 소 100마리, 담비・시라소니・호랑이・여우・수달・청서(青鼠)・족제비 등의 가죽 660여 장, 담비가죽옷・담비가죽 테 두른 가죽옷・시라소니가죽옷・오소리가죽옷・족제비가죽옷・청서(青鼠) 가죽옷이 38벌이다.

또한 금주(錦州)로 두 번 사람을 파견해서 포로를 잡게 했다. 사람을 잡아서 신문하니 대답했다. "너희가 대동(大同)과 선부(宣府)로부터 진공하자, 명나라의 군주는 산해관 밖의 군대에게 와서 원조하라고 격문을 보냈고 산해관 밖의 군대는 이미 원조하기 위해 출발했다." 이 때문에 호쇼이 어르커 추후르 버일러 도도・소(小) 타이지들・구사어전 피양구・암바장긴 아산・석정주(石廷柱)・머이런장긴 어푸다르한・역슈에게 명해서 니루마다 호군 2명을 이끌고 광녕(廣寧)을 통해 진입해서 적을 살피고 구원병을 견제하게 했다. 호쇼이 어르커 추후르 버일러가 병사 400명을 선발하여 선봉으로 갔다. 그때 금주부장(錦州副將) 유응선(劉應選)·목록(穆祿)·오삼계(吳三桂)·장(張) 아무개와 참장 상가르자이(sanggarjai, 桑噶爾寨)·장국충(張國忠)·왕명세(王命世)·지명현(支明顯)과 유격 8명이 병사 2,700명을 이끌고 송산부장(松山副將) 유성공(劉成功)·조국지(趙國志)가 이끄는 800명 병사와 함께 응전하여, 우리의 선봉대 400명을 과거에 대릉하(大凌河)를 포위했을 때에 한군(漢軍)이 숙영했던 서쪽 구릉에서 조우했다. 전투하여 이들을 패퇴시키고 두 길로 추격하여 섬멸하고 길을 따라서 기습하여 죽였고, 금주(錦州)에서 5리, 송산(松山)에서 5리에 미치지 못한 지점에서 회군했다. 포로는 유격 1명, 수비 3명이고, 노획한 말은 210마리이고, 또 1대(臺)를 함락시켰다. 짐(朕)은 우리 군대가 승기를 타고 깊이 진입하다가 적의 유인에 빠질까 염려하여, 유지(諭旨)를 내려서 각 기(旗)의 대원(大員) 1명을 보내서 각 니루 예하의 호군 1명씩을 이끌고 그 군대에 가서 광녕(廣寧)의 주위에서 주둔하면서 적을 견제한 후에 회군하게 했다.

또한 남반(攬盤)에서 주둔하는 카르카마(karkama, 喀邇喀瑪)·사할리얀(sahaliyan, 薩哈連)은 해변으로 순찰을 나가서 어선 2척과 마주쳐서 11명을 사로잡았다. 수암(岫巖)에서 주둔하는 기얌수(giyamsu, 賈木蘇)·시한(sihan, 錫翰)은 10명을 사로잡았다. 포로를 심문하니 해도(海島)에서 전혀 소식이 없다고 말했다. 해주(海州)에서 주둔하는 이러선(irešen, 伊勒愼)은 어선 1척과 마주쳐서 안에 있던 8명 가운데 3명을 죽이고 5명을 생포하여 바쳐 왔다. 또한 조선의 사신이 작년 7월에 명나라의 연경(燕京)에 가서 금년 5월에 귀환할 때, 1명의 서반(序班)·1명의 통사(通事), 총 38명이 1척의 선박에 탔는데, 풍랑에 부서져서 4명이 익사하고 나머지 34명은 난파선에 타고 북쪽 해안에 표착했다. 개주(蓋州)에서 주둔하는 자누(janu, 扎努)가 그들을 잡아서 보냈다. 또한 조선 창성(昌城)의 통정대부(通政大夫) 이익(李翊)이 사람을 보내서 우리의 경내에 들어와서 물고기와 짐승을 잡았는데 정구터(jenggute,

鄭古特)가 강을 순찰하다가 마주쳐서 4명을 죽이고 1명은 도주하고 3명을 생포했다. 두 차례 포획한 조선국 사람을 모두 돌려보내려고 조선에 서신을 보내서 그들을 데리러 오라고 했다. 또한 팔가(八家)와 잘란장긴 이상의 각 관원 총 200명을 조선과의 무역에 가게 했는데, 남겨둔 자금으로 모두 물화를 구입하여 돌아왔다.

또한 흑룡강에서 담비가죽을 공물로 보낸 자는 아래와 같다. 섭키(sebki, 塞布奇) 촌락의 발다치(baldaci, 巴爾達齊) 등 16명, 갈다수(galdasu, 噶爾達蘇) 촌락의 4명, 고볼(gobol, 戈博爾) 촌락의 2명, 어수리(esuri, 額蘇里)[21] 촌락의 사다이(sadai, 薩岱) 등 24명, 홀리다이(holidai, 何里岱) 촌락의 8명, 커연(keyen, 克殷) 촌락의 4명, 울루수(ulusu, 吳魯蘇) 촌락의 2명, 이들은 모두 이전부터 왕래한 사람들이다. 또한 새로 온 자는 주르긴(jurgin, 楡爾根) 촌락의 1명, 하일룬(hailun, 海輪) 촌락의 2명, 구눙(gunung, 固濃) 촌락의 1명, 쿤둘룬(kundulun, 昆都輪) 촌락의 1명, 우란(uran, 吳藍) 촌락의 1명이다. 또한 솔론 부락의 유목하는 8명 가운데 4명이 왔다. 그 나머지는 말이 피로하여 코르친 지방에 머물렀다. 전후로 총 67명이다. 전장에서 노획한 새로운 사람들과 공물로 담비가죽을 바쳐 온 사람들은 모두 그들의 땅에 포악한 마음을 벗어두고 왔다. 담비가죽을 가져와서 우리와 교역하는 자는 모두 양보를 알고 이전처럼 고집을 부리지 않는다.」

○ 癸未, 喀喇沁部落耿格爾·萬旦·塞冷·布雅習禮, 赴明國貿易, 至遼河源, 遇明卒三十人, 自冷口來哨探, 殺二十人, 生擒一人來獻, 獲馬二十五匹.

---

21 어수리의 위치는 현재 러시아 블라고베센스크 북쪽이다.

○ 계미일(6.5), 카라친 부락의 경걸(genggel, 耿格爾)·완단(wandan, 萬旦)·서렁(sereng, 塞冷)·부야시리(buyasiri, 布雅習禮)는 명에 교역하러 갔는데, 요하(遼河)의 수원에 이르러 명나라의 병졸 30명이 냉구(冷口)에서 정탐하러 온 것을 만나서 20명을 죽이고 1명을 포로로 잡아서 바쳐 왔다. 말 25마리를 획득했다.

○ 乙酉, 奉命征明和碩額爾克楚虎爾貝勒多鐸凱旋. 上率大貝勒代善, 及貝勒阿巴泰·和碩貝勒德格類·貝勒阿濟格出盛京懷遠門, 迎於五里外. 上御黃幄, 命甲喇章京范文程傳諭昂邦章京王世選·梅勒章京麻登雲·祖可法·祖澤潤·祖澤洪·張存仁·孫定遼·李雲·薛大湖·鄧長春·陳邦選等曰, 此次出師殺錦州副將劉應選兵五百. 又察哈爾蒙古來歸時, 屢次往畧大同·宣府, 多有俘獲, 大破敵兵. 察哈爾漢四大臣·一福金, 率千餘戶來歸. 又聞察哈爾汗三福金, 及其子孔果爾, 併部民爲我出征諸貝勒所招降者, 已將送至. 又明冷口哨兵三十人, 爲喀喇沁部落兵所擊, 生擒一人來獻, 問之, 言明兵五百人, 自遵化來, 爲我邊外蒙古擊敗, 止餘七人遁去, 又明總兵祖大壽弟祖二瘋子, 率兵往援陝西甘州, 遇流賊截戰, 祖二瘋子兵俱敗, 祖二瘋子僅以身免, 乃奏於明國崇禎帝, 言欲破流賊, 必得臣兄大壽所統寧錦兵方可, 其他皆不堪用. 我國蒙天眷佑, 兵威丕振, 歸附益多. 因傳諭諸臣共爲欣慰焉. 諸臣跪奏曰, 皇上洪休盛德, 今歲東方之國, 兩次來歸, 察哈爾擧國內附, 各處蒙古俱已歸降, 與我爲敵者, 惟明而已. 然明雖存, 而國事日非, 將懦兵疲, 亡不久矣. 時多鐸率諸大臣, 至御幄前跪. 多鐸遵上命, 近前跪, 行抱見禮, 上亦答禮. 次篇古阿格·昂邦章京阿山·梅勒章京額駙達爾哈·昂邦章京石廷柱等, 以次拜見. 拜見畢, 遂以陣獲官三員, 竝籍所獲旗幟·馬匹, 竝甲胄·弓矢·撒袋·戶口·牲畜, 奏上. 上以多鐸初專閫外, 能出奇取勝, 嘉獎之, 賜良馬五匹, 甲五副. 以俘獲人口馬匹, 賞從征將士有差.

○ 을유일(6.7), 명령을 받들어 명나라를 공격한 호쇼이 어르커 추후르 버일러 도도가 개선했다. 주상은 대버일러 다이샨 · 버일러 아바타이 · 호쇼이 버일러 더걸러이 · 버일러 아지거를 이끌고 성경(盛京)의 회원문(懷遠門)을 나가서 5리 앞에서 맞이했다. 주상은 황색 천막에 앉아서, 잘란장긴 범문정에게 통역하게 하여 암바장긴 왕세선(王世選) · 머이런장긴 마등운(麻登雲) · 조가법(祖可法) · 조택윤(祖澤潤) · 조택홍(祖澤洪) · 장존인(張存仁) · 손정요(孫定遼) · 이운(李雲) · 설대호(薛大湖) · 등장춘(鄧長春) · 진방선(陳邦選)에게 말했다. "이번에 출병하여 금주부장(錦州副將) 유응선(劉應選)의 500명을 죽였고, 또한 차하르 몽고가 내귀할 때에 여러 번 대동(大同)과 선부(宣府)에 가서 공략하여 많은 노획을 거두고 적병을 내파했다. 차하르 칸의 대신 4명과 부인 1명은 1,000여 호(戶)를 이끌고 내귀했다. 또한 들으니 차하르 칸의 부인 3명과 그의 아들 콩고르(konggor, 孔果爾)와 부민(部民)을 우리 출정한 여러 버일러들이 투항시켜서 보냈다고 한다. 또한 명나라 냉구(冷口)의 초병 30명을 카라친 부락의 군대가 격파하여 사로잡은 1명을 바쳐 왔다. 포로를 심문하니 말하기를, 명나라의 병사 500명이 준화(遵化)에서 왔는데 우리 변외의 몽고에게 격파되어 겨우 7명이 도주했다고 한다. 또한 명나라의 총병 조대수의 동생 조이풍자(祖二瘋子; 祖大弼)[22]는 군대를 이끌고 섬서(陝西) · 감주(甘州)에 원조를 갔

---

22 祖二瘋子는 조대수의 동생 祖大弼의 별명이다. 조대필은 遼東(현재 遼寧 遼陽)人이다. 용맹하여 전투에 나가면 기뻐하며 고함을 질렀기 때문에 미친놈이란 뜻의 祖二瘋子라는 별명으로 불렸다. 洪承疇를 수행하여 명의 반란 진압전을 수행하였고, 형 조대수를 수행하여 청과의 전쟁에서 공적을 세웠다. 松錦 전투에서 명나라 군대가 패전한 후에 조대수와 함께 청에 투항했다.

으나 유적(流賊)과 만나 전투하여 조이풍자의 군대가 패배당하고 조이풍자만 겨우 빠져나갔다. 이에 명나라의 숭정제에게 상주하여 말하기를, '유적(流賊)을 격파하려면 반드시 신(臣)의 형인 조대수가 통할하는 영원(寧遠)과 금주(錦州)의 군대를 얻어야만 가능하고 다른 것은 모두 감당할 수 없습니다.'라고 했다. 우리나라는 하늘의 보우하심을 입어 군대의 위세를 떨치고 귀부하는 사람들이 날로 많아지고 있다. 이 때문에 여러 신하들에게 유시를 전하여 함께 기뻐한다."

여러 신하들이 무릎 꿇고 상주하여 말했다. "황상의 홍복과 성대한 덕으로 금년 동방의 국인이 두 차례 내귀하고 차하르가 전체 나라를 들어 내부했으며 각지의 몽고가 모두 투항했습니다. 우리와 적은 오직 명나라뿐입니다. 그러나 명나라가 비록 남아 있기는 하지만 국사는 날로 나빠져서 장수는 나약하고 병사는 피로하니 망할 날이 머지 않았습니다." 그때 도도가 여러 대신들을 이끌고 황제의 천막 앞에 와서 무릎 꿇었다. 도도는 황상의 명을 받들어 가까이 앞으로 나아가 무릎 꿇고 포견례(抱見禮)를 행하였고 주상도 답례했다. 다음으로 피양구 아거(fiyanggū age · 篇古阿格) · 암바장긴 아산 · 머이런장긴 어푸다르한 · 암바장긴 석정주 등이 차례로 절하며 알현했다. 알현이 끝나고 전투에서 포획한 관원 3명과 깃발 · 말 · 갑옷 · 활과 화살 · 화살집 · 호구(戶口) · 가축을 기록해서 상주했다. 주상은 도도가 처음으로 변외의 일을 전담했는데 기습공격하여 승전했다고 칭찬하고, 좋은 말 5마리와 갑옷 5벌을 하사했다. 획득한 인구와 말을 출정한 장수와 병사에게 차등 있게 상 주었다.

○ 丙戌, 命章京塞紐克 · 沙弩喀 · 克徹尼 · 郎格 · 穆爾泰 · 佟阿圖 · 昂金等, 率每牛彔兵各一人, 往迎出征東海吳巴海, 荊古爾代等, 所降戶口.

○ 병술일(6.8), 장긴 서니오커(senioke, 塞紐克)·사누카(sanuka, 沙努喀)·커처니(keceni, 克徹尼)·랑거(langge, 郎格)·무르타이(murtai, 穆爾泰)·퉁가투(tunggatu, 佟阿圖)·앙긴(anggin, 昂金) 등에게 명하여 각 니루의 병사 1명씩을 이끌고 가서, 동해(東海)에 출정한 우바하이(ubahai, 吳巴海)와 깅굴다이(ginggūldai, 荊古爾代) 등이 투항시킨 호구(戶口)를 맞이하게 했다.

○ 丁亥, 賜薩哈爾察部落來貢貂狐皮頭目巴爾達齊·額內布·薩泰等三人, 蟒緞朝服·衣帽·玲瓏鞓帶·鞍馬·緞布有差, 其從役六十三人, 各衣一襲.

○ 정해일(6.9), 사할차 부락에서 담비가죽과 여우가죽을 조공해 온 두목 발다치(baldaci, 巴爾達齊)·어너부(enebu, 額內布)·시타이(sitai, 薩泰) 등 3명에게 망단조복(蟒緞朝服)·옷과 모자·정교하게 장식한 요대·안장을 갖춘 말·비단과 면포를 차등 있게 하사했다. 그들을 수행해 온 인부 63명에게는 옷 1벌씩을 하사했다.

○ 是日, 上覽甄別城工官員奏疏, 諭曰, 前令爾等加意修築城垣. 故不令出師畧地, 亦不令扈從遊幸. 今爾等專責之事, 既不加意監督, 所司何事乎. 於是命議罪, 以鑲紅旗所築五處不堅固, 罰固山額眞葉臣銀五十兩. 鑲藍旗所築八處不堅固, 罰固山額眞篇古阿格銀八十兩. 正藍旗所築十六處不堅固, 應議固山額眞色勒阿格罪, 因其二子一死一病, 未與城工, 乃坐代督之昂阿喇阿格·克宜福罪, 罰銀一百六十兩. 貝勒下二旗鼓, 三旗下牛彔章京等, 俱坐應得之罪, 罰贖. 其驍騎校, 及小撥什庫, 俱遞加分別, 應罰贖者罰之, 應鞭責者責之.

○ 이날(6.9), 주상은 축성 공사하는 관원들의 공적을 선별한 주소(奏疏)를 보고 유시했다. "이전에 너희들에게 성곽을 수축하는 데 특별히 주의하게 하고 그 때문에 전쟁이나 약탈전에 나가지 않게 하고, 또한 순행을 수행하지도 않게 했다. 지금 너희는 책임 맡은 일에 대해 감독을 주의 깊게 하지 않으니 무슨 일을 관리하는가?" 이에 죄를 논하게 했다. 양홍기가 수축한 5곳이 견고하지 못했기 때문에 구사어전 여천(yecen, 葉臣)에게 벌은 50냥을 부과했다. 양람기가 수축한 8곳이 견고하지 못했기 때문에 구사어전 피양구 아거(fiyanggū age, 篇古阿格)에게 벌은 80냥을 부과했다. 정람기가 수축한 16곳이 견고하지 못했기 때문에 구사어전 설러 아거(sele age, 色勒阿格)의 죄를 논의해야 하지만, 그의 두 아들 가운데 한 명은 죽고 한 명은 병이 들어서 축성 공사에 관여하지 못했으므로 그를 대신하여 감독했던 앙가라 아거(anggara age, 昂阿喇阿格) · 커이푸(keifu, 克宜福)를 죄에 처해서 벌은 160냥을 부과했다. 버일러 예하의 2기고(旗鼓)[23]와 3기(旗) 예하의 니루장긴들은 모두 받아야 할 죄에 처하여 속(贖)을 벌로 부과했다. 그 효기교와 소 보쇼쿠(小撥什庫, ajige bošokū)는 모두 등급별로 분별하여 속(贖)을 벌로 부과해야 할 자는 부과하고, 채찍형에 처해야 할 자는 처했다.

○ 己丑, 先是, 和碩額爾克楚虎爾貝勒多鐸, 擊敗明錦州 · 松山兵, 殺副將劉應選, 從征諸將爭功, 有言衝鋒入陣者, 有言擊敗敵兵者, 有言追殺甚遠者, 部臣察明奏聞. 上集諸臣諭曰, 敘功之際, 詐言先驅者甚多. 夫虛冒軍功而發誓者, 與罔顧倫紀而肆行無禮者, 皆謂天未必知, 刑禍未必即至, 且顧偷生目前, 後來無人指摘. 若果天地不

23 旗鼓佐領(cigu niru)을 가리킨다.

知, 降罰或爽, 日月星辰, 春夏秋冬, 何以不違其序. 彼以爲天不知, 而欺詐自誓者, 如哈達·葉赫·烏喇·輝發四國, 及扎魯特·喀爾喀部落蒙古諸貝勒, 俱已敗亡. 我國諸臣, 豈無親見之者乎. 大凡君臣以欺詐相尚, 悖理而行, 雖云強盛, 必致滅亡. 以誠信相尚, 順義而行, 雖遇時變, 亦難動搖. 於是以臨陣情形, 一一問畢, 曰, 此次敗敵, 實衆人之力, 其先驅者, 俟有後效, 一併議敘, 逗遛不進者, 姑置不罪, 亦不論功. 諭畢, 和碩貝勒德格類奏曰, 官場所設監牧之人, 不能勝任, 當別選才能者掌之. 此乃代我八家出牲畜者, 不可忽視. 上曰, 汝言誤矣. 何謂爲我八家代出耶. 若然, 則國中所有, 又將誰屬. 揆爾之意, 謂出之我八家者, 便宜謹愼, 而出之國中者, 卽當忽畧耶. 德格類甚慚.

○ 기축일(6.11), 이전에 호쇼이 어르커 추후르 버일러 도도가 명나라의 금주(錦州)와 송산(松山)의 군대를 격파하고 부장 유응선(劉應選)을 죽였다. 정벌전에 종군한 여러 장수들이 공을 다투며, 선봉에서 돌격하여 적진으로 돌격했다고 말하는 자도 있고, 적병을 격파했다고 말하는 자도 있고, 적을 멀리까지 추격하여 죽였다고 말하는 자도 있어서 부(部)의 대신들이 조사하여 상주했다.

주상은 여러 신하들을 소집하여 유시했다. "전공을 서훈할 때 선봉에서 돌격했다고 속여 말하는 자가 많다. 전공을 속이고 맹세하는 자와 윤리를 무시하고 멋대로 예를 어기는 자[24]는 모두 말하기를 '하늘이 반드시 아는 것도 아니고 형벌의 재앙이 반드시 이르는 것도 아니

24 원문의 '罔顧倫紀'(윤리를 무시하고 멋대로 예를 어기는 자)는 『舊滿洲檔 天聰九年』의 해당 구절에 'dergi jalan amu oke, sirame eniye be gairengge'(윗 세대인 伯母와 繼母를 娶하는 것)이라고 기록되어 있다. 『舊滿洲檔 天聰九年』(1), 天聰 9년 6월 11일조, p.178.

니 지금의 삶만 잘 넘기면 나중에 지탄할 사람이 없다.'라고 한다. 만약 정말로 천지(天地)가 모르고 형벌이 잘못되었다면 일월성신(日月星辰)과 춘하추동(春夏秋冬)은 어찌하여 그 질서에서 벗어나지 않는가? 저들, 하늘이 모른다고 생각해서 속이고 맹세한 자들은 하다 · 여허 · 울라 · 호이파 4국과 자루트 · 칼카 부락 몽고의 여러 버일러처럼 모두 패망했다. 우리나라의 여러 신하들이 어찌 직접 보지 않았겠는가? 무릇 군주와 신하가 속이는 것을 숭상하고 패역하게 행하면 비록 강성하다고 해도 반드시 멸망에 이를 것이고, 성신(誠信)을 숭상하고 의(義)에 따라 행하면 비록 시세가 변해도 또한 동요하지 않을 것이다." 이에 적진에 임한 상황을 하나하나 물은 후 말했다. "이번에 적을 패퇴시킨 것은 실로 여러 사람의 힘이다. 그 앞장서 돌격한 자는 나중에 공적을 세우면 합쳐서 의서(議敍)하고, 후방에 머물며 공격하지 않은 자는 일단 논죄하지도 않고 논공하지도 않는다."

유시한 후 호쇼이 버일러 더걸러이가 상주하여 말했다. "관영 목장에 설치한 목장감독인이 임무를 감당하지 못하니 다른 재능있는 자를 선발해서 관리하게 하십시오. 이는 우리 팔가(八家)에서 대신 낸 가축이니 소홀히 할 수 없습니다." 주상이 말했다. "너의 말은 틀렸다. 어찌해서 우리 팔가(八家)에서 대신 냈다고 말하는가? 만약 그렇다면 나라의 소유물은 또한 누구의 것인가? 너의 뜻을 헤아려 보니 우리 팔가(八家)에서 낸 것은 신중해야 하고 나라에서 낸 것은 소홀히 해야 된다는 것인가?" 더걸러이는 매우 부끄러워했다.

○ 辛卯, 戶部承政馬福塔 · 參政博爾惠, 自朝鮮齎報書至. 書云, 頃邊臣所報昌城居民三人, 私入貴境, 不肯放還. 不穀聞之甚駭, 其地方官難免罪責, 故已下令察處. 今見來書, 知貴國特全其性命, 以待敝价. 益荷厚意, 無以爲謝. 且前此本國春使旋時, 亦蒙貴國發還採參之人, 令我自爲處分. 至書中有云, 我國人民, 不曾有輕入貴境者, 何貴國人民, 頻入我地, 任意採取乎. 此言甚爲可愧. 謹遵約誓, 各守封疆, 兩國之心, 彼此何異, 而貴國之民, 能奉貴國之法, 敝邦之民, 不體寡昧之心, 不穀實痛恨之. 會寧開市, 令彼處首領官卽行監視, 實爲兩便. 幸甚幸甚. 前日貴使還國, 以甚不近情之言, 誑訴貴國, 聞之不勝駭嘆. 不穀雖無似, 稍知是非利害. 豈有是理乎. 其中委曲, 待秋使之行, 再爲剖陳, 敝使方回, 貴使踵至, 兩國通好, 如塤篪之相和, 甚用欣慰. 況蒙嘉貺, 益見眷厚之意, 已銘之中心矣.

○ 신묘일(6.13), 호부승정 마푸타(mafuta, 馬福塔) · 참정 보르호이(borhoi, 博爾惠)가 조선에서 서신을 가지고 돌아왔다. 서신에서 말했다. 「근래 변신(邊臣)의 보고에 의하면 창성(昌城)의 거주민 세 명이 몰래 귀국의 경내로 들어갔는데 돌려보내지 않는다고 합니다. 저는 이를 듣고 매우 놀랐습니다. 그 지방관은 죄를 면하기 어려우니 명을 내려서 살펴서 처리하라고 했습니다. 지금 보고된 글을 보고, 귀국이 그들의 목숨을 살려 주고 폐방의 사신을 기다리고 있음을 알게 되었습니다. 더욱 후의를 입었으니 감사드립니다. 또한 이전에 본국의 춘사(春使)가 돌아올 때에 귀국이 채삼인을 송환하여 제게 처분을 맡기는 은혜를 입었습니다. 서신에서 말했습니다. "우리나라의 백성이 귀국의 경계로 들어가는 경우는 없다. 왜 귀국의 백성은 빈번하게 우리 영토로 들어와서 제멋대로 채삼하는가?" 이 말에 매우 부끄러웠습니다. 삼가 서약에 따라 각자 봉강(封疆)을 지키는 것은 양국의 마음이 피차 다르지 않습니다. 그러나 귀국의 백성은 귀국의 법을 지키는데 폐방의 백성은 저의 뜻을 따르지 않으니, 저는 이를 진실로 통한스럽게 여깁니다. 회령(會寧)의 개시(開市)는 그곳의 수령관에게 감독하게 하여 실로 양쪽에 편리합니다. 매우 다행입니다. 이전에 귀국의 사신이 돌

아가서 실상과 매우 동떨어진 말로 귀국을 속여서 보고했다는 말을 듣고 놀라움을 금치 못했습니다. 저는 비록 불초하지만 시비(是非)와 이해(利害)를 조금 압니다. 어찌 이런 이치가 있겠습니까? 그중의 왜곡된 것은 추사(秋使)가 갈 때 하나하나 말하겠습니다. 폐방의 사신이 막 돌아오고 귀국의 사신이 뒤를 이어 도착하니 양국의 통호(通好)가 형제지간처럼 화합하여 매우 기쁩니다. 하물며 아름다운 선물을 받으니, 더욱 두터이 아끼는 뜻을 알아서 마음에 새겼습니다.」

○ 先是, 朝鮮使臣自明還, 舟行遇風, 泊我境內者, 三十四人. 至是, 遣義州通事崔馬圖, 齎書來領. 書曰, 頃覽翰示, 知敝國進貢員役, 漂流貴境, 蒙貴國垂憐接濟, 活其將死之命, 又專人來報, 幸甚幸甚. 蓋兩國一家, 敝國之人, 即貴國之人. 安置固應如此, 然兄弟情好之篤, 於此益驗. 區區銘感之私, 豈能盡喩. 謹依來教, 敕令邊臣調夫馬以迎接之. 貴使前已發還, 姑此謝復.

○ 이전에 조선의 사신이 명에서 돌아오다가 선박이 풍랑을 만나서 우리 경내에 표박한 자가 34명이었다. 이때에 파견된 의주(義州)의 통사(通事) 최마도(崔馬圖)가 가져온 서신을 받았다. 서신에서 말했다. 「근래 서신을 보고 폐국의 진공사(進貢使)가 귀국의 영내로 표착하여 귀국의 돌봄과 구원을 받아서 죽을 뻔한 목숨을 살린 것을 알게 되었는데 또한 사람을 보내어 알려 주니 매우 다행입니다. 무릇 두 나라는 한 집안으로 폐국의 사람은 곧 귀국의 사람입니다. 처리가 응당 이와 같아야 합니다. 형제의 정이 좋고 돈독함이 여기에서 더욱 입증됩니다. 구구한 감동의 마음을 어찌 모두 말할 수 있겠습니까? 삼가 보내신 가르침에 따라 변신(邊臣)에게 사람과 말을 동원해서 그들을 맞이하게 했습니다. 귀국의 사신이 먼저 귀환하여 임시로 이렇게 감사를

표합니다.」

○ 甲午, 復朝鮮國王李倧書曰, 來札覽悉. 兩國旣篤兄弟之好, 凡有喜慶, 自宜相告, 黑龍江之役, 收獲萬餘, 前已致書, 奉聞於王矣. 至於遣兵赴東海, 赴察哈爾, 赴明寧遠錦州等處, 因無的音, 是以未獲明告, 今已悉至. 先是, 察哈爾國以國亂之故, 其諸王暨大臣, 率衆來附, 已過半矣. 近察哈爾汗亡, 聞其太子, 竝三大福金, 統餘衆, 住於黃河彼岸. 隨遣貝勒四人, 率兵渡黃河, 越明楡林邊外, 又三日, 直抵察哈爾汗子所居之處. 彼與三福金, 竝國人俱降. 因彼束手而歸, 是以秋毫不擾, 以禮迎來. 從此所在蒙古, 盡已肅清矣. 領兵貝勒等, 即由黃河西岸, 入明楡林地方, 八月間始可返國. 此報得於五月二十七日也. 明寧錦之役, 止遣一貝勒, 率精騎少許. 時値錦州·松山二城兵出, 接戰於大凌河前, 分路夾擊, 追至錦州·松山城下, 大勝而還. 是役也, 陣斬副將劉應選, 及參遊守備八員, 又生擒祖總兵中軍曹得功, 竝守備三人. 因曹得功爲祖總兵親近人, 故縱還之, 我兵於六月初七日還國, 又東海之役, 亦收獲六千餘人. 至於明國變亂, 流寇猖獗, 想王或亦聞知. 今據陣獲縱還中軍曹得功言, 洪武陵墓, 爲流賊所發, 勢甚猖狂, 縱横任意, 明之官軍, 未敢正視, 俟王秋信使來, 尙有餘懷, 具字遣使, 以候起居.

○ 갑오일(6.16), 조선국왕 이종(李倧)에게 회답한 글에서 말했다. 「보내온 서찰을 모두 보았다. 양국은 형제의 우호가 돈독하니 경사가 있으면 서로 말해야 마땅하다. 흑룡강에 출병하여 1만 남짓의 사람과 가축을 노획했음을 이전에 서신을 보내어 왕에게 말했었다. 출병하여 동해(東海)에 이르고, 차하르에 이르고, 명나라의 영원(寧遠)과 금주(錦州) 등지에 이른 것에 대해서는 소식이 없었기에 왕에게 명확히 알

리지 않았었는데, 이제 모두 소식이 도착했다. 이전에 차하르국에서 국난(國亂)이 있은 후 그들의 여러 왕과 대신들이 무리를 이끌고 내부(來附)한 것이 절반 이상이었다. 근래에 차하르의 칸이 사망했는데, 듣기에 그 태자와 부인들 3명이 남은 무리를 통솔하여 황하의 저편에 있다고 하여 버일러 네 명을 파견했다. 버일러들은 병사를 이끌고 황하를 건너 명나라 유림(楡林)의 변외를 지나 3일 후에 차하르의 칸의 아들이 머무는 곳에 도착했다. 칸의 아들과 부인들 3명과 국인들이 모두 항복했다. 그들이 저항하지 않고 항복했으므로 조금도 약탈하지 않고 예의로 맞이했다. 이로써 곳곳의 몽고가 모두 일소되었다. 군대를 통솔하는 버일러들은 황하(黃河)의 서안을 통해서 명나라 유림(楡林) 지방으로 들어가서 8월에 비로소 귀국했다. 이 보고는 5월 27일에 받았다. 명나라의 영원(寧遠)·금주(錦州) 전투에 단지 한 명의 버일러가 파견되어 정예기병 소수를 이끌었다. 그때 마침 금주(錦州)와 송산(松山) 두 성(城)에서 병사가 나와서 대릉하(大凌河) 앞에서 전투했다. 길을 나누어 협공하고 추격하여 금주(錦州)·송산성(松山城) 아래에 이르렀고 대승을 거두고 돌아왔다. 이 전투에서 부장 유응선(劉應選)·참장·유격·수비 8명을 베어 죽이고, 조대수 총병관의 중군(中軍) 조득공(曹得功)과 수비 3명을 생포했다. 조득공이 조대수 총병과 가까운 자이기 때문에 석방해서 돌려보냈다. 우리 군대는 6월 7일에 귀국했다. 또한 동해(東海)의 전투에서도 6,000여 명을 획득했다. 명나라에 변란이 일어나서 유구(流寇)가 창궐한 것은 왕도 들어 알 것이라고 생각한다. 근래 전투에서 생포했다가 돌려보낸 중군(中軍) 조득공(曹得功)의 말에 의하면, 홍무제(洪武帝)의 능묘를 유적(流賊)들이 파헤쳤는데 그 세력이 매우 강력하고 제멋대로 종횡무진하여 명나라의 관군은 감히 똑바로 보지도 못한다고 한다. 왕의 추신사(秋信使)가 올 때 여전히 내게 남은 생각이 있으면 글로 쓰고 사신을 보내서 왕의 안부를 묻겠다.」

○ 丁酉, 往征東海吳巴海 · 荊古爾代等, 攜所招降虎爾哈部落至, 命禮部諸臣出迎, 大宴之.

○ 정유일(6.19), 동해(東海)로 출정한 우바하이 · 깅굴다이 등이 투항한 후르카 부락민을 데리고 돌아왔다. 예부의 신하들에게 맞이하고 큰 연회를 베풀게 했다.

○ 是日, 明登州所屬黃城島千總李進功, 率男子二十三人, 婦女 · 幼稚四十五口, 乘舟來歸. 授李進功爲牛彔章京, 賜鞍馬 · 白金 · 狐裘 · 弓矢 · 撒袋等物, 令居蓋州.

○ 이날(6.19), 명나라의 등주(登州)에 속한 황성도(黃城島)의 천총 이진공(李進功)이 남자 23명 · 부녀자와 어린아이 45명을 이끌고 선박을 타고 내귀했다. 이진공에게 니루장긴을 제수하고 안장 실은 말 · 백금 · 여우가죽옷 · 활과 화살 · 화살집 등의 물건을 하사하고 개주(蓋州)에서 살게 했다.

○ 庚子, 上諭曰, 朕與八旗諸貝勒, 當召各旗新舊滿洲 · 漢人 · 蒙古衆官, 竝新附蒙古 · 虎爾哈, 及各護軍等, 分宴於館中. 諭畢, 上幸館中, 賜大宴. 諸貝勒亦遵上諭, 以次宴之.

○ 경자일(6.22), 주상이 유시했다. "짐과 팔기의 여러 버일러들은 각 기(旗)의 신구(新舊) 만주 · 한인 · 몽고의 관원들과 새로 귀부한 몽고 · 후르카와 각 호군들을 소집해서 마관(馬館)에서 잔치를 베풀겠

다.” 유시한 후 주상은 마관(馬館)에서 큰 잔치를 베풀었다. 여러 버일러도 주상의 유시를 따라서 차례로 잔치를 베풀었다.

○ 辛丑, 上諭諸大臣曰, 皇考所遺人民, 能愛養之, 使漸富庶, 此即爲臣子者之孝思也. 先時八貝勒家諸事, 俱奉朝廷法度, 今貝勒等, 凡有工作, 不遵朕制, 額外修造, 勞苦百姓, 試思民不得所, 逃亡離叛, 戶口減少, 是違皇考之志, 有虧孝道, 且無異於助敵長寇也. 茲者荷蒙天佑, 朝鮮賓服, 蒙古向稱強盛, 輕視我邦, 今亦擧國歸附, 稽首來朝. 朕常以爲仰承天眷, 道在養民, 凡察哈爾蒙古·漢官·虎爾哈·卦爾察, 新舊歸附之人, 皆宜恩養, 故時時以此爲訓, 而貝勒等不遵朕命, 遇有所獲, 互相爭競. 夫善養人者, 何論大小賢愚, 隨才器使, 俱有裨益, 譬如刊伐則用斧斤, 宰割則用銛刃. 濟用於臨時, 必須預養於平日, 豈有養人而不得其益者乎. 爾等大臣, 不能匡諫諸貝勒, 知小民之疾苦而不以告, 及見驕縱之人, 又不能切責之, 其何以爲大臣也. 爾等宜勉力爲國, 勿求逸豫. 且朕於新舊人等, 常憫恤勿忘, 隨時愛養, 每加賞賚, 以招徠遠人, 勤求治道, 非不憚勞也, 不過爲國與民耳. 若疆圉大定, 民生安樂, 國運昇平, 則安富尊榮, 貝勒·大臣, 實共享之. 苟於前此歸附之人, 不能撫育, 後雖拓地開疆, 亦何以安輯之哉. 嗣後若仍然不愛養人民, 朕亦弗事遠圖, 惟有閉門獨處耳, 彼時爾諸大臣, 切勿諫朕.

○ 신축일(6.23), 주상이 여러 대신들에게 유시했다. 「황고(皇考)께서 남기신 백성을 아끼고 길러 더욱 많아지게 하는 것은 신하된 자식의 효순한 도리이다. 예전에 여덟 버일러 집안의 여러 일은 모두 조정의 법도를 따랐으나, 지금 버일러들은 공사(工事)가 있으면 짐(朕)의 제도를 따르지 않고 추가로 수리하여 백성을 수고롭게 한다. 생각건

대 백성이 안정을 얻지 못하여 도망하고 배반하여 호구(戶口)가 줄어드는 것은, 곧 황고(皇考)의 뜻을 어기고 효순의 도리를 저버리는 것이며 적을 돕는 것과 마찬가지이다. 지금 하늘의 도움을 입어 조선이 빈복(賓服)했다. 몽고는 과거에 강성함을 믿고 우리나라를 경시했으나 지금은 온 나라가 귀부하여 고두하고 내조한다. 짐은 언제나 하늘의 보살핌을 받드는 방법은 백성을 기르는 데 있다고 여기고, 차하르 몽고 · 한인 관리 · 후르카 · 구왈차의 신구(新舊) 투항민들을 모두 은혜로 길러야 한다고 수시로 가르쳤다. 그러나 버일러들은 짐의 명령을 따르지 않고 노획이 생기면 서로 다툰다. 사람을 기르는 데 어찌 크고 작음과 어질고 어리석음을 논하겠는가. 재주에 따라 사용하면 모두 이익이 된다. 비유하면 나무를 벨 때는 도끼를 쓰고 고기를 자를 때는 칼을 쓰는 것과 같다. 때를 당하여 사용하려면 평소에 기르는 데 힘써야 한다. 사람을 길러서 어찌 이롭지 않음이 있겠는가. 너희 대신들이 버일러들에게 간언을 하지 않고 소민(小民)의 고통을 알면서도 고하지 않고 교만하고 방종한 사람을 보고도 질책하지 않는다면 어찌 대신이라 하겠는가. 너희는 힘써 나라를 위하고 편안함을 구하지 말라. 짐이 신구(新舊) 투항민을 긍휼히 여겨 수시로 아끼고 길러 상을 내리고 멀리 있는 자를 초무하고 다스림에 힘쓰는 것은, 수고를 꺼리지 않아서가 아니라 나라와 백성을 위하고자 하는 것일 뿐이다. 경계가 정해지고 민생이 편안해져 나라가 태평해진다면 안녕과 부귀와 존경과 영화를 버일러와 대신들이 함께 누리게 될 것이다. 만약 이전의 투항민들을 기르지 못한다면 앞으로 강역이 넓어진다 해도 사람들을 어떻게 거두어들이겠는가. 앞으로 만약 계속 백성을 보살피지 못한다면, 짐(朕) 또한 원정을 하지 않고 문을 닫고 홀로 있을 것이다. 그때 너희 대신들은 일체 짐에게 간언하지 말라.」

○ 是日，以察哈爾瑣諾木台吉，率本部人民將至，命禮部大臣出迎，宴畢，入城.

○ 이날 차하르의 소놈 타이지가 부(部)의 백성을 이끌고 오기 때문에 예부 대신에게 명하여 나가서 맞이하고 잔치를 마친 후 성에 들어오게 했다.

○ 壬寅，瑣諾木台吉·託克託內都喇爾·麻寨布戶·吳邦和碩齊·衮楚克車臣·祁他特台吉·班第思希布·蘇蘭古英·波木博達爾漢·通噶爾喀爾察海·巴牙爾圖·車戶沙濟·都喇爾寨桑·塔爾濟庫魯克·海塞伊爾登·額白爾特古英·達賴·瑣諾木達爾漢·道湯·布達習禮·塔爾巴齊·布顏圖·古木太錫·吳爾寨圖·阿土賴札薩古爾·諾爾布扎薩古爾·郭爾圖車臣·蘇班達喇·都噶台吉·阿喇噶爾·祁他特等，共率男子一千三百九十五人，家口五千四百三十八人來歸，獻馬匹，朝見，并以所攜酒獻上，設大宴，宴之.

○ 임인일(6.24), 소놈 타이지·톡토노이 두랄(toktonoi dural, 託克託內都喇爾)·마자이 부후(majai buhu, 麻寨布戶)·우방 호쇼치(ubang hošoci, 吳邦和碩齊)·군축 체첸(guncuk cecen, 衮楚克車臣)·키타트 타이지(kitat taiji, 祁他特台吉)·반디스힙(bandishib, 班第思希布)·술란 구영(sulan guyeng, 蘇蘭古英)·봄보 다르한(bombo darhan, 波木博達爾漢)·퉁가르 카르차하이(tunggar karcahai, 通噶爾喀爾察海)·바야르투(bayartu, 巴牙爾圖)·처후 샤지(cehu šaji, 車戶沙濟)·두랄 자이상(dural jaisang, 都喇爾寨桑)·타르지 쿨룩(tarji kuluk, 塔爾濟庫魯克)·하이서 일덩(haise ildeng, 海塞伊爾登)·어버르터이 구영(ebertei guyeng, 額白爾特

古英)・달라이(dalai, 達賴)・소놈 다르한(sonom darhan, 瑣諾木達爾漢)・도오탕(dootang, 道湯)・부다시리(budasiri, 布達習禮)・타르바치(tarbaci, 塔爾巴齊)・부얀투(buyantu, 布顏圖)・구무 타이시(gumu taisi, 古木太錫)・울제이투(ūljeitu, 吳爾寨圖)・아툴라이 자사굴(atulai jasagūl, 阿土賴札薩古爾)・노르부 자사굴(norbu jasagūl, 諾爾布扎薩古爾)・골투 체첸(goltu cecen, 郭爾圖車臣)・수반다라(subandara, 蘇班達喇)・두가 타이지(duga taiji, 都噶台吉)・알라가르(alagar, 阿喇噶爾)・키타트(kitat, 祁他特) 등이 모두 남자 1,395명・가구(家口) 5,438명을 데리고 내귀하여 말을 바치고 알현했다. 가지고 온 술을 주상에게 바치니 큰 잔치를 내렸다.

○ 癸卯, 上諭諸貝勒・大臣曰, 昔太祖時, 曾禁諸貝勒子姪, 不許郊外放鷹, 蓋以擾害人民, 蹂踐田園, 傷殘生畜故也. 今聞違背禁令, 仍復擾民, 此風漸不可長. 放鷹之人, 應自備牛羊, 以供諸人食用, 不宜需索民間, 若剝削小民, 而取其生畜, 貧民何以堪此. 且朕凡行師出獵, 雖嚴寒之時, 皆駐蹕郊野, 不入屯堡, 亦恐耗損民物耳. 嗣後放鷹之人, 如擾民不止, 事發之後, 決不輕恕. 語云, 涓涓不塞, 將爲江河, 熒熒不救, 炎炎奈何. 蓋以凡事皆當防微杜漸, 縱弛之後, 則難整頓. 若禁之不早, 後悔無及也.

○ 계묘일(6.25), 주상이 버일러들과 대신들에게 유시했다. 「과거 태조 때 버일러의 아들과 조카들이 교외에서 매사냥하는 것을 금지한 것은 백성을 수고롭게 하고 전지(田地)와 과수원을 밟아 가축에 해를 입히기 때문이었다. 지금 듣건대 금령을 어기고 다시 백성을 괴롭힌다고 하니 이러한 풍습이 커지면 안 된다. 매사냥하는 사람은 직접 소와 양을 준비하여 사람들의 식용(食用)에 대비하고 백성들을 수탈해

서는 안 된다. 만약 소민(小民)을 약탈하고 가축을 빼앗는다면 가난한 백성들이 어찌 감당하겠는가. 짐이 출정하거나 수렵할 때 아무리 추워도 교외에서 머물고 마을에 들어가지 않는 것은 백성의 물자를 소비할까 염려해서이다. 앞으로 매사냥하는 사람이 계속 백성들을 괴롭히다가 일이 발각되면 결코 가벼이 용서하지 않을 것이다. 옛말에 "졸졸 흐를 때 막지 않으면 강이 되어 흐르고, 반짝거리며 탈 때 끄지 않으면 활활 타오를 때 어찌할 것인가"[25] 라고 했다. 모든 일은 미연에 방지해야 하는 것이니 해이해진 후에는 다스리기가 어렵다. 일찍 금하지 않으면 후회해도 소용없다.」

○ 甲辰, 賜吳巴海·荊古爾代, 所招降虎爾哈部落分得里, 蟒緞朝衣并緞褂. 其餘諸人, 依次分給房舍·衣服·諸物, 仍以所獲貂皮, 及各色皮張, 賜吳巴海等有差.

○ 갑진일(6.26), 우바하이(ubahai, 吳巴海)·깅굴다이(ginggūldai, 荊古爾代)가 초무하여 투항한 후르카 부락의 푼더리(funderi, 分得里)에게 망단 조의(蟒緞朝衣)와 비단 마고자를 하사했다. 나머지 사람들에게 차례대로 집과 의복과 여러 물건을 나누어 주었다. 획득한 담비가죽과 각종 가죽을 우바하이 등에게 차등 있게 하사했다.

○ 丁未, 以三等甲喇章京吳巴海, 前征兀扎喇部落, 俘獲甚多, 今又征阿庫里·尼滿部落, 收其人民, 編爲戶口, 攜至, 勞績可嘉, 陞爲一

25 출전은 『六韜三略』 제1편, 제7장 「守土」이다.

等甲喇章京，加世襲二次，准襲六次. 二等甲喇章京荊古爾代，征阿庫里·尼滿部落，俘獲甚多，編爲戶口，攜至以功，陞爲一等甲喇章京，加世襲二次，准襲八次. 默默里，隨吳巴海·荊古爾代，征阿庫里·尼滿部落有功，原係半個牛彔章京，復加半個前程，陞爲牛彔章京，准再襲二次. 湯糾，亦隨吳巴海·荊古爾代，征阿庫里·尼滿部落有功，原係半個牛彔章京，復加半個前程，陞爲牛彔章京，准再襲二次. 席爾泰，先經革職，以征大同時，率本甲喇兵，攻長安嶺，繼俄赫·伊喇喀·阿牙克塔等，第四登城功，紀錄一次，今隨吳巴海·荊古爾代，征阿庫里·尼滿部落有功，授牛彔章京，准再襲二次. 滿都戶，原以白身管牛彔事，因取撫順時，攻連刀灣寨先登，攻鐵嶺城又先登，今隨吳巴海·荊古爾代，征阿庫里·尼滿部落有功，授半個牛彔章京，准再襲二次. 噶爾珠，原係喇發地方小撥什庫，因隨車爾格，征阿里庫部落有功，波木博自盛京逃走，復追殺之，又明兵侵輝發時，進戰有功，塔克都自盛京逃走，復追殺之，又隨孟阿圖，征虎野部落有功，今又隨吳巴海·荊古爾代，征阿庫里·尼滿部落有功，陞爲半個牛彔章京，准再襲二次. 阿福尼，先經革職，因取旅順口時，駕船夜入，攻城有功，今又隨吳巴海·荊古爾代，征阿庫里·尼滿部落有功，因授爲牛彔章京，准再襲二次.

○ 정미일(6.29), 삼등 잘란장긴 우바하이는 이전에 우잘라(ujala, 兀扎喇) 부락을 공격하여 노획을 많이 얻었고 지금 또 아쿨리(akūli, 阿庫里)·니만(niman, 尼滿) 부락을 공격하여 백성을 거두어 호구(戶口)로 편제하여 데려온 공적이 가상하니, 일등 잘란장긴으로 승진시키고 2번 세습을 더하여 6번 습직하게 한다. 이등 잘란장긴 징굴다이는 아쿨리·니만 부락을 공격하여 노획을 많이 얻었고 호구로 편제하여 데려온 공으로 일등 잘란장긴으로 승진시키고 2번 습직을 더하여 8번

습직하게 한다. 머머리(memeri, 默默里)는 우바하이·깅굴다이를 따라 아쿨리·니만 부락을 공격하여 공이 있으니, 원래 반개전정(半個前程)이었던 것에 다시 반개전정(半個前程)을 더하여 니루장긴으로 승진시키고 2번 습직하게 한다. 탕기오(tanggio, 湯糾)도 우바하이·깅굴다이를 따라 아쿨리·니만 부락을 공격하여 공이 있으니, 원래 반개니루장긴이었던 것을 다시 반개전정(半個前程)을 더하여 니루장긴으로 승진시키고 2번 습직하게 한다. 시르타이(sirtai, 席爾泰)는 앞서 혁직되었는데, 대동(大同)을 공격할 때 자신의 잘란 병사를 데리고 장안령(長安嶺)을 공격하여 워허(wehe, 俄赫)·일라카(ilaka, 伊喇喀)·아약타(ayakta, 阿牙克塔)를 뒤이어 4번째로 성에 오른 공이 있기에 기록(紀錄) 1차를 준다. 지금 우바하이·깅굴다이를 따라 아쿨리·니만 부락을 공격하여 공이 있으니, 니루장긴을 제수하고 2번 습직하게 한다. 만두후(manduhū, 滿都戶)는 원래 백신(白身)으로서 니루의 일을 관장했는데, 무순을 공격할 때 연도만(連刀灣)의 산채에 먼저 올랐고 철령성을 공격할 때 또 먼저 올랐다. 지금 우바하이·깅굴다이를 따라 아쿨리·니만 부락을 공격하여 공이 있으니, 반개니루장긴을 제수하고 2번 습직하게 한다. 갈주(galju, 噶爾珠)는 원래 라파(lafa, 喇發) 지방의 소(小) 보쇼쿠였는데, 처르거이를 따라 아쿨리 부락을 공격하여 공이 있으며, 봄보(bombo, 波木博)가 성경(盛京)에서 도망갈 때 추격하여 죽였고, 명나라 군대가 호이파를 공격할 때 진격하여 싸운 공이 있으며, 탁두(takdu, 塔克都)가 성경에서 도망갈 때 다시 추격하여 죽였고, 또 뭉가투를 따라 후여(huye, 虎野) 부락을 공격하여 공이 있으며, 지금 또 우바하이·깅굴다이를 따라 아쿨리·니만 부락을 공격하여 공이 있으니, 반개니루장긴으로 승진시키고 2번 습직하게 한다. 아푸니(afuni, 阿福尼)는 앞서 혁직되었는데, 여순구(旅順口)를 공격할 때 배를 타고 밤에 진입하여 성을 공격하여 공이 있으며, 지금 또 우바하이·깅굴다이를 따라 아쿨리·니만 부락을 공격하여 공이 있으니 니루장긴을 제수하고 2번 습직하게 한다.

○ 賜察哈爾來歸衆官宴, 上以金卮酌酒, 各賜一觴. 命德參濟王再飮, 對曰, 酒醇甚, 恐不克勝,
上曰姑飮無妨, 德參濟王曰, 上實未嘗, 何以知之, 上曰, 朕從無誇語, 豈但此酒可飮, 朕能知之, 卽爾諸臣之來歸, 察哈爾國之傾覆, 朕已豫知, 亦豈待嘗而後知耶. 德參濟王曰, 聖諭及此, 洵有如神之鑒也.

○ 차하르에서 내귀한 관원들에게 잔치를 베풀 때 주상은 금잔에 술을 따라 한잔씩 하사했다. 더선 지왕(desen jiwang, 德參濟王)에게 다시 마시게 하니 그는 "술이 매우 독해서 마실 수 없습니다."라고 답했다. 주상은 "마실 만하다, 괜찮다."라고 했다. 더선 지왕은 "주상께서는 아직 드시지도 않고 어찌 아십니까."라고 물었다. 주상이 말했다. "짐은 과장하지 않는다. 이 술이 마실 만하다는 것을 짐은 알 수 있다. 너희 여러 신하들이 내귀했으니 차하르국이 무너질 것을 짐은 예견했다. 어찌 먹어 보아야만 알겠는가." 더선 지왕이 말했다. "성상의 말씀이 이와 같으니 실로 헤아림이 신과 같으십니다."

○ 上諭諸貝勒·大臣曰, 凡人之營求富厚者, 不過欲鮮衣駿馬, 甲冑華麗, 美觀瞻以令人欣羨耳. 然豈如富而好施, 惠澤及人, 以顯其聲, 稱之爲美耶. 今蒙古·虎爾哈, 所在歸附, 倉庫粟米, 給發不敷. 衆官皆有捐輸, 而多爾濟額駙獨無所助, 爾侍朕左右, 日受寵賚, 可謂富貴. 當此外國來歸之際, 理宜樂於輸助, 而乃過爲鄙吝, 是可謂賢者乎. 此事朕心識之.

○ 주상이 버일러들과 대신들에게 유시했다.「무릇 사람이 부귀를 추구하는 것은 좋은 옷과 좋은 말과 화려한 갑옷으로 외모를 꾸며 사람들에게 부러움을 얻으려는 것일 뿐이다. 하지만 그것이 부유하고 베풀기를 좋아하여 사람들에게 도움을 줌으로써 명성을 높이고 그것을 아름답게 여기는 것과 같겠는가. 지금 몽고와 후르카가 곳곳에서 귀부하니 창고의 곡식이 지급하기에 부족하다. 여러 관리들은 모두 기부했는데 도르지(dorji, 多爾濟) 어푸 혼자 돕지 않았다. 너는 짐의 옆에서 매일 총애를 받았으니 부유하다 할 수 있다. 지금 외국이 내귀해 올 때 기꺼이 기부하는 것이 마땅한데도 이처럼 지나치게 인색하니 현자라 할 수 있겠는가. 이 일을 짐은 마음속으로 기억할 것이다.」

○ 戊申, 先是, 戶部承政馬福塔·參政博爾惠, 往朝鮮貿易, 遺忘千金貨物. 至是, 遣朱瑪喇同往, 監取之.

○ 무신일(6.30), 이전에 호부승정 마푸타와 참정 보르호이가 조선에 무역하러 가서 1,000냥의 재화를 잊어버리고 왔다. 이때에 주마라(jumara, 朱瑪喇)를 함께 보내서 받아 오는 일을 감독하게 했다.

권24

천총 9년 7월 ~ 8월

天聰九年, 乙亥, 秋七月, 己酉朔.

○ 천총 9년 을해년 가을 7월 기유일 초하루(7.1).

○ 辛亥, 察哈爾國額爾克孔果爾額哲使臣阿齊圖太錫至, 奏言, 我主無祿云殂, 我等無所依賴. 皇上景福方昌, 故擧國來歸. 上嘉之, 阿齊圖太錫誚察哈爾諸大臣曰, 汝諸大臣向皆位尊於我, 及君歿, 遂不顧君之諸子與諸福金, 竟棄之來奔, 何以謂之大臣耶. 衆皆慚, 上見衆有慚色, 乃慰諭之.

○ 신해일(7.3), 차하르국의 어르커 콩고르 에제이(erke konggor ejei, 額爾克孔果爾額哲)의 사신 아치투 타이시(acitu taisi, 阿齊圖太錫)가 와서 상주하여 말했다. "우리 주인은 불행히도 세상을 떠났다고 하고, 우리는 의지할 곳이 없습니다. 황상의 홍복이 번창하니 나라를 들어 내귀합니다." 주상이 기뻐했다. 아치투 타이시는 차하르의 대신들을

책망하여 말했다. “너희 대신들은 나보다 높은 지위에 있었다. 주군이 세상을 떠나자 주군의 아들들과 부인들을 돌보지 않고 버리고 달아났으니 어찌 대신이라 하겠는가.” 사람들이 모두 부끄러워했다. 주상이 그들의 부끄러워하는 기색을 보고 위로하며 타일렀다.

○ 甲寅, 興京守將扈什塔, 巡哨至米牙灘, 獲朝鮮盜參十人, 送至, 俱誅之.

○ 갑인일(7.6), 홍경(興京)의 수장(守將) 후시타(hūsita, 扈什塔)가 순찰하다가 미야탄(miyatan, 米牙灘)에 이르러 조선의 불법채삼인 10명을 체포하여 보내오니 모두 죽였다.

○ 先是, 戶部承政馬福塔 · 參政博爾惠, 往朝鮮貿易, 遺忘千金貨物而還, 因令馬福塔 · 博爾惠, 各出己馬, 往載以歸. 至是, 仍坐以應得之罪.

○ 이전에 호부승정 마푸타 · 참정 보르호이가 조선에 무역하러 갔다가 1,000냥의 재화를 잊어버리고 돌아왔다. 이에 마푸타 · 보르호이에게 각자 자신의 말을 내어 가서 싣고 돌아오게 했다. 이때에 받아야 할 죄에 처했다.

○ 戊午, 賜來歸察哈爾國折爾門台吉 · 古木太錫等六十一人, 黑貂褂 · 鑲貂朝衣 · 銀器 · 雕鞍 · 鞓帶 · 撒袋 · 弓矢 · 蟒緞朝衣有差. 上曰, 新附蒙古大臣, 皆有賞賚, 而不及從前歸順之大凌河官員, 是朕忝養之恩未普也. 因賞梅勒章京祖可法·祖澤潤·祖澤洪, 各衣一襲.

○ 무오일(7.10), 내귀한 차하르국의 젤멘 타이지(jelmen taiji, 折爾門台吉)[1]·구무 타이시(gumu taisi, 古木太錫) 등 61명에게 흑담비가죽 마고자·담비가죽을 두른 조의(朝衣)·은그릇·조각한 안장·가죽띠·화살집·활과 화살·망단 조의(蟒緞朝衣) 등을 차등 있게 하사했다. 주상이 말했다. "새로 귀부한 몽고 대신에게는 모두 상을 하사하고, 이전에 귀부한 대릉하의 관원에게는 하사하지 않으면 짐의 보살피는 은혜가 두루 미치지 않는 것이다." 이 때문에 머이런장긴 조가법(祖可法)·조택윤(祖澤潤)·조택홍(祖澤洪)에게 각각 옷 1벌을 하사했다.

○ 阿什達爾漢牛彔下博倫兌·薩穆什喀下賞給之蒙古德爾格, 逃入明地三年, 仍自錦州攜馬六匹來歸. 命博倫兌, 與其兄弟完聚, 以德爾格, 賜墨爾根戴青貝勒多爾袞.

○ 아시다르한(asidarhan, 阿什達爾漢) 니루 속하의 보론도이(borondoi, 博倫兌)와 삼시카 속하에 상으로 준 몽고의 더르거이(dergei, 德爾格)가 명으로 달아난 지 3년이 지나서, 금주에서 말 6마리를 이끌고 내귀했다. 보론도이를 형제와 함께 모여 살게 하고, 더르거이를 머르건다이칭 버일러 도르곤에게 주었다.

1 만문본『청태종실록』에는 "jelmen taiji"로 기록되어 있고,『舊滿洲檔 天聰九年』, p.203. 에는 "jelme hiya taiji"로 기록되어 있다.

○ 庚申, 圖賴牛彔下蓋納, 以採參獲朝鮮盜參四人, 送至, 誅之.

○ 경신일(7.12), 툴라이(tulai, 圖賴) 니루 속하의 가이나(gaina, 蓋納)가 인삼을 채취하다가 조선의 불법채삼인 4명을 체포하여 보내와서 죽였다.

○ 壬戌, 上諭貝勒阿巴泰曰, 爾嘗自謂手痛, 似覺不耐勞苦, 不知人身血脈, 勞則無滯. 爾等惟圖家居佚樂, 身不涉郊原, 手不習弓矢, 忽爾行動, 如何不痛. 若能努力奮勵, 日以騎射爲事, 何痛之有. 爾諸貝勒, 各有統帥之責, 若不親率士卒騎射, 教演精勤, 孰肯專心武事. 平日既未嫺熟, 一旦遇敵, 何以禦之. 試思丈夫之所重者, 有過於騎射者乎. 騎射之藝, 精於勤而荒於嬉, 不可不時加練習. 夫飛騰之鷹, 苟馴養之, 亦能搏鳥, 不能言之犬, 苟馴養之, 亦能逐獸, 彼豈知圖名利而擊逐如是哉, 乃馴養之所致也. 爾諸貝勒, 若能服勞奮力, 不偷旦夕之安, 恪勤政事, 惠養人民, 克敵制勝, 削平諸國, 斯不負先帝之志, 能報養育之恩, 既克全孝道, 亦可謂爲國盡忠矣. 如不思效忠盡孝, 惟各爲其家, 財貨·牲畜是積, 罔䘏人民, 怠玩政事, 異日蒙天眷佑, 大業克成, 當諸貝勒·大臣敘功之際, 無一勳績足錄, 雖悔何益也. 且書之史冊, 賢否攸分, 可不懼乎.

○ 임술일(7.14), 주상이 버일러 아바타이에게 유시했다. 「너는 전에 손이 아프다고 하면서 힘들고 어려운 것을 견디지 못하는 듯하다. 너는 사람의 혈맥이 일을 하면 막히지 않음을 모른다. 너희는 집에 앉아 편히 쉴 것만 생각하여 몸은 교외에 나가지 않고 손은 활과 화살을 익히지 않다가 갑자기 움직이니 어찌 아프지 않겠는가. 노력하고 연

마하며 매일 말타기와 활쏘기를 하면 어찌 아프겠는가. 너희 버일러들은 각자 통솔의 책임이 있다. 친히 사졸을 이끌어 기사(騎射)하고 힘써 가르치고 연습하지 않으면 누가 무예에 마음을 다하겠는가. 평소에 단련하지 않았는데 갑자기 적을 만나면 어찌 막을 수 있는가. 장부(丈夫)에게 중요한 것으로 말타기와 활쏘기보다 더한 것이 있는가. 기사(騎射) 기술은 노력하면 좋아지고 놀면 나빠지니 계속 연습해야 한다. 날아다니는 매도 훈련하면 새를 잡을 수 있고 말 못하는 개도 훈련하면 짐승을 쫓을 수 있다. 그것들이 어찌 명예와 이익을 쫓아 돌진하겠는가. 훈련하고 가르친 결과인 것이다. 너희 버일러들이 만약 힘써 노력하고 밤낮 편안함을 탐하지 않고 정사를 부지런히 하고 백성을 보살피고 적을 물리쳐 승리를 거두고 여러 나라를 평정하면, 곧 선제(先帝)의 뜻을 저버리지 않고 기르신 은혜에 보답하여 효도를 다하는 것이며 또한 나라를 위해 충성을 다했다고 할 수 있다. 만약 충효를 다하지 않고 각자의 일가(一家)를 위해 재화와 가축을 쌓아 놓고 백성을 구휼하지 않고 정사를 태만히 하면, 훗날 하늘의 도움으로 대업을 이루어 여러 버일러들과 대신의 서훈을 논할 때 기록할 만한 공로가 하나도 없을 것이니 후회한들 무슨 소용이겠는가. 또한 사서(史書)에 현능(賢能)함이 구분되어 기록될 것이니 어찌 두렵지 않은가.」

○ 先是, 佟養功隱藏本貝勒放鷹壯丁九十名, 及廣寧壯丁二十名. 又有大凌河人李三, 原分給撫養者, 乃私賣與孔有德部下李姓副將, 得價六十兩. 至是, 爲其家僕五人所訐, 審實, 革牛彔章京職, 坐以竊盜律, 所隱一百一十人, 俱入官.

○ 이전에 동양공(佟養功)은 그의 버일러의 매사냥하는 장정 90명과 광녕(廣寧)의 장정 20명을 은닉했다. 또 보살피라고 나누어 준 대

릉하 사람 이삼(李三)을 사사로이 공유덕의 부하 이 부장(李副將)에게 팔고 60냥을 받았다. 이때에 그의 가복 5명이 고발하여 조사하니 사실이었으므로 니루장긴을 혁직하고 절도죄에 처하고, 은닉한 110명을 관에 몰수했다.

○ 以牛彔章京石爾胡納克, 縱飮致死, 革其世職.

○ 니루장긴 시르후낙(sirhūnak, 石爾胡納克)이 술을 지나치게 마시다 죽었으므로 세직(世職)을 파했다.

○ 丙寅, 篇古牛彔下布三台採參, 遇朝鮮盜參十八人, 獲二人, 送至, 誅之.

○ 병인일(7.18), 피양구(fiyanggū, 篇古) 니루 속하의 부산타이(busantai, 布三台)가 인삼을 캐다가 조선인 불법채삼인 18명을 만나 2명을 체포하여 보내와서 죽였다.

○ 戊辰, 先是, 郭爾圖塞眞, 送察哈爾汗大福金囊囊太后至, 貝勒阿巴泰·和碩貝勒德格類·貝勒阿濟格·和碩額爾克楚虎爾貝勒多鐸等, 請於上曰, 此乃察哈爾汗多羅大福金, 旣歸我朝, 必應使之得所, 皇上宜納之. 上曰, 朕先已納一福金, 今又納之, 於理不宜. 諸貝勒奏言, 此非有所欲而強娶之也, 乃天所賜, 皇上不可不納, 再三奏請, 上堅執不從. 至是, 月餘, 方允諸貝勒所請, 命皇后·諸妃, 及諸貝勒福金等, 出城迎入, 遂集諸貝勒·大臣, 大宴.

○ 무진일(7.20), 이전에 골투 세젠(goltu sejen, 郭爾圖塞眞)이 차하르 칸의 대푸진 낭냥 태후를 보내왔다. 버일러 아바타이 · 호쇼이 버일러 더걸러이 · 버일러 아지거 · 호쇼이 어르커 추후르 버일러 도도 등이 주상에게 청했다. "이 사람은 차하르 칸의 도로이 대푸진입니다. 우리에게 내귀했으니 알맞은 자리를 얻게 해야 합니다. 황상께서 취하십시오." 주상이 말했다. "짐(朕)은 이미 푸진을 취했는데 지금 또 취하는 것은 도리에 맞지 않다." 여러 버일러들이 상주했다. "이는 원해서 억지로 취하는 것이 아닙니다. 하늘이 내리신 것이니 황상께서 취하지 않을 수 없습니다." 여러 번 주청했으나 주상이 고집하여 따르지 않았다. 이때에 한 달이 지나서야 비로소 버일러의 요청을 허락하고, 황후와 여러 비(妃) 및 버일러들의 푸진들에게 성을 나가 맞이하게 하고, 버일러들과 대신들을 모아 크게 잔치했다.

○ 賜郭爾圖塞眞號, 爲卓禮克圖達爾漢貝勒, 命行師居前, 從獵居中, 往來給以供應, 世世子孫, 免應驛騎及諸徭役, 若有呼其舊名者, 罰之. 仍給與敕書, 以雕鞍馬 · 甲胄賞之.

○ 골투 세젠에게 호를 내려 조릭투 다르한 버일러(joriktu darhan beile, 卓禮克圖達爾漢貝勒)로 삼았다. 출병할 때는 앞에, 수렵할 때는 중간에 있게 하고, 왕래할 때는 식량을 제공하고, 자손 대대로 역마나 각종 요역의 의무를 면해 주었다. 예전의 이름을 부르는 자는 처벌하게 했다. 칙서를 주고 조각한 안장을 갖춘 말과 갑옷과 투구를 상으로 주었다.

○ 辛未, 上曰, 邇來新附蒙古大臣, 屢有宴賞, 豈惠及新附之人, 而忘先附之人乎. 先附之都元帥孔有德·總兵官耿仲明·尙可喜等, 自旋師以來, 未曾相見, 其同來歸附各官, 應給敕書之事, 尙須與之商酌, 宜召至, 給賞賜宴. 遂遣人齎詔, 往召之.

○ 신미일(7.23), 주상이 말했다. 「이번에 새로 귀부한 몽고 대신들에게 여러 차례 연회와 상을 베풀었다. 어찌 새로 귀부한 자에게만 은혜를 베풀고 이전에 귀부한 자들은 잊겠는가. 이전에 귀부한 도원수 공유덕과 총병관 경중명 · 상가희 등은 개선한 이후로 만나지 못했다. 함께 귀부한 각 관리들에게 칙서를 내리는 일을 그들과 의논해야 하니 불러서 상과 연회를 베풀어라.」 이에 사람을 보내 조서를 가지고 가서 불렀다.

○ 癸酉, 上曰, 朕於滿洲·蒙古·漢人, 不分新舊, 視之如一, 凡人有鬪毆之事, 旣經控訴, 宜聽法司, 公斷審結. 聞漢人與滿洲·蒙古鬪毆, 各相袒庇, 是不遵國法而妄行也, 犯者必重懲之.

○ 계유일(7.25), 주상이 말했다. 「짐은 만주 · 몽고 · 한인을 귀부한 신구(新舊)를 따지지 않고 똑같이 대했다. 사람들 사이에 분쟁이 생기면 고소하고 법사(法司)에서 심의하여 판결한다. 듣건대 한인이 만주나 몽고와 치고받고 싸우면 서로 도와서 때린다고 하니, 이는 국법을 어기고 망령되이 행동하는 것이다. 어기는 자는 엄벌하라.」

○ 遣董得貴·達拜, 率八家人, 齎書往朝鮮. 書曰, 予舊居興京城, 有寺宇頹圮者, 今復加修理. 又蒙古大元世祖忽必烈時, 帕斯八喇嘛以千金鑄佛一尊，後湯古忒國沙爾巴胡土克圖喇嘛攜之，歸於元太祖成吉思後裔察哈爾林丹汗，今察哈爾國滅，闔屬來附，此佛已至我國，復有諸寶糚成佛像，亦皆攜至，今虔造寺宇供養．想尊崇釋教，亦王所稔知也．需用顏料，非予自奉，亦不在互市之例，希一一發給，幸勿稽誤．

○ 동득귀(董得貴)와 다바이(dabai, 達拜)를 보내 팔가(八家)의 사람들을 이끌고 서신을 가지고 조선에 가도록 했다. 서신에서 말했다. 「내가 옛날에 기거한 흥경성(興京城)에 퇴락한 절이 있는데 지금 다시 수리하고 있다. 또 몽고 대원(大元)의 세조(世祖) 쿠빌라이(kūbilai, 忽必烈) 때에 파스파 라마(paksba lama, 帕斯八喇嘛)가 천금으로 불상 하나를 주조했는데, 후에 탕구트(tanggūt, 湯古忒) 국의 샤르바 후툭투 라마(šarba hūtuktu lama, 沙爾巴胡土克圖喇嘛)가 그것을 가져가 원 태조 칭기스 칸의 후예인 차하르 릭단 칸(ligdan han, 林丹汗)에게 귀속시켰다. 지금 차하르국이 멸망하여 모든 속민들이 귀부하면서 이 불상도 우리나라에 왔고, 또 온갖 보화로 단장한 불상도 모두 가져왔기에 지금 공경히 절을 짓고 공양하고자 한다. 생각건대 부처의 가르침을 존숭하고자 하는 것임은 왕 또한 명백히 알 것이다. 이에 필요한 안료는 나 스스로를 봉양하기 위한 것이 아니고, 또한 호시의 정례(定例)도 없던 것이니 바라건대 하나하나 보내 준다면 다행히 지체되거나 잘못되지 않을 것이다.」[2]

---

2 『조선인조실록』에는 서신의 끝부분만 간략하게 수록되어 있다. "又曰，弊邦寺已虔造，苦乏彩畫，此係敬佛，幸勿稽誤云." 『조선인조실록』 권31, 인조 13년 8월 8일.

又一書曰, 王之邊人, 入我地採參者, 前已兩次送還, 具書相告, 又曾向貴使言之. 繼慮明人, 或有潛入竊參者, 遂傳諭邊境各官, 搜殺無赦. 時邊境官各依汛地, 沿山穿林, 嚴加搜捕, 不意貴國之民, 潛入我界, 採取人參, 距我故居興京城五六十里. 我國巡卒, 處處遇之, 將欲擒執, 彼輒抵拒, 是以刀箭之下, 不無殺傷, 亦間有逃出者. 是王之人民, 亂法者多, 恐非兩國和好之美事也. 王宜嚴禁之. 且貴國動謂人參無用, 每市減價. 夫既屬無用, 復舍死輕生, 越境採取者何故. 如此擾亂, 王豈有明知故縱之理. 皆由大臣貪圖利賄, 蔽主聰明, 故爾妄行耳. 夫人君行政而諮之臣下者, 理也, 臣下奉命而不敢違越者, 義也. 自古臣下擅操國柄, 強私弱公, 妨害政事者, 國家必受其禍, 今貴國權委臣下, 任其施爲, 王宜審思之也. 予誼屬兄弟, 故不諱所知而直言之. 王之邊民, 若不嚴爲之禁, 我國之人, 徑入貴地, 驅騁田獵, 王其謂之何. 自兩國和好以來數年之間, 間有我國之人, 逃入王之東境者, 幸察發焉.

또 하나의 서신에서 말했다. 「왕의 변경 사람들이 우리 땅에 들어와 삼을 캐 가는 것을 전에 두 차례 돌려보내면서 서신을 갖추어 알렸고, 또 귀국의 사신에게도 이를 말했다. 뒤이어 명나라 사람이 혹 몰래 들어와 삼을 훔치는 일이 있을까 우려하여, 그들을 찾아서 죽이고 용서하지 말라고 변경의 관원들에게 유시했다. 그때 변경의 관원들이 각자 주둔지에서 산을 돌고 숲을 통과하며 엄히 수색해 체포하는데, 뜻밖에 귀국의 백성이 우리 영역에 몰래 들어와 우리가 이전에 살았던 홍경성(興京城)에서 50-60리 정도 떨어진 곳까지 삼을 캐러 왔다. 우리나라의 순찰병이 그들을 곳곳에서 마주쳐 체포하려고 하면 그들은 번번이 저항했다. 그래서 칼이나 화살을 맞고 죽거나 다치는 자가 있었고, 또 간혹 도망친 자도 있었다. 이렇게 왕의 백성이 법을 어지럽히는 경우가 많으니 두 나라가 화호하는 아름다운 일을 그르칠까 우려된다. 왕은 이를 엄히 금해야 한다. 또 귀국은 인삼이 쓸모없다고 말하면서 매번 개시할 때마다 가격을 내리려고 한다. 쓸모없는 것인데 목숨을 돌보지 않고 국경을 넘어 채취하는 것은 어째서인가? 이렇게 소란한 것을 왕이 분명히 알면서 어찌 그대로 둘 리가 있겠는가? 모두 대신들이 이익과 뇌물을 탐하여 왕의 총명을 가렸기 때문에 왕이 망령되게 행동하는 것일 뿐이다. 대저 군주는 정사를 행하며 신하와 상의하는 것이 이치이고, 신하는 명을 받들고 감히 어기지 못하는 것이 의이다. 예로부터 신하가 나라의 권력을 멋대로 장악하여 사사로움을 우선시하고 공적인 일을 등한시하여 정사를 방해하면 나라는 반드시 그 화를 입었다. 지금 귀국은 권력을 신하에게 위임하고 그가 하는 대로 맡겨 두고 있는데, 왕은 이를 깊이 생각해 봐야 한다. 나는 정의상 형제이기 때문에 아는 바를 숨기지 않고 직언한 것이다. 왕의 변경 사람들을 만약 엄히 금하지 않아 우리나라의 사람들도 마침내 귀국의 땅에 들어가 말을 몰아 달리며 사냥하게 된다면 왕은 그때 뭐라고 말할 것인가? 두 나라가 화호한 이래 여러 해 동안 간혹 우리나라의 사람이 왕의 동쪽 변경 지역으로 도망쳐 들어간 경우가 있으니 찾아서 보내 달라.」[3]

○ 分別管理漢人官員以各堡生聚多寡, 黜陟之. 一等甲喇章京李思忠原管壯丁六百一十五名, 凡七年增丁一百一十三名, 陞爲三等梅

3 『조선인조실록』에는 해당 서신의 내용이 축약된 형태로 수록되어 있다. "其書曰, 貴國之民, 出王境入弊地, 我國哨役, 處處撞遇, 王之人民, 大可謂亂法者也. 此皆由大臣貪圖利賄, 蔽主聰明, 故爲此擾亂耳. 予聞自古以來, 凡有臣下操國柄, 强私弱公, 輕主害政者, 終未見其善者也. 予情係兄弟, 故幸見及處, 不諱而直言之." 『조선인조실록』 권31, 인조 13년 8월 8일.

勒章京. 牛彔章京楊于渭原管壯丁九百八十六名, 凡七年增丁一百六十一名, 陞爲三等甲喇章京. 廢官佟三原管壯丁九百二十三名, 凡五年增丁七十八名. 生聚雖少, 以其革職後, 能實心任事, 優陞爲三等甲喇章京. 牛彔章京吳裕原管壯丁二百二十名, 凡三年增丁一百六十名, 生聚甚多, 陞爲三等甲喇章京. 三等梅勒章京李國翰原管壯丁三百六十名, 凡四年增丁二百四十三名. 又曾輸捐糧米五十五石, 以食貧民, 雖值歉歲仍生聚繁衍, 陞爲二等梅勒章京.

○ 한인을 관리하는 관원들을 각 성보의 백성을 길러 낸 것의 많고 적음에 따라 분별하여 승진시키거나 강등시켰다. 일등 잘란장긴 이사충(李思忠)은 원래 장정 615명을 관리했는데 무릇 7년 동안 늘어난 장정이 113명이었으므로 승진시켜 삼등 머이런장긴으로 삼았다. 니루장긴 양우위(楊于渭)는 원래 장정 986명을 관리했는데 무릇 7년 동안 늘어난 장정이 161명이었으므로 승진시켜 삼등 잘란장긴으로 삼았다. 관직이 없는 동삼(佟三)은 원래 장정 923명을 관리했는데 무릇 5년 동안 늘어난 장정이 78명이었다. 백성을 길러 낸 것은 비록 적었지만 그가 혁직된 이후에도 진심으로 직무를 보았다는 이유로 넉넉히 승진시켜 삼등 잘란장긴으로 삼았다. 니루장긴 오유(吳裕)는 원래 장정 220명을 관리했는데 무릇 3년 동안 늘어난 장정이 160명이었으므로 백성을 길러 낸 것이 매우 많아 승진시켜 삼등 잘란장긴으로 삼았다. 삼등 머이런장긴 이국한(李國翰)은 원래 장정 360명을 관리했는데 무릇 4년 동안 늘어난 장정이 243명이었다. 또 일찍이 빈궁한 백성을 먹이기 위해 양미(糧米) 55석을 실어다 바쳐 비록 흉년이 들었음에도 백성을 길러 낸 것이 많았으므로 승진시켜 이등 머이런장긴으로 삼았다.

高鴻中原管壯丁六百七名，今減一百四十一名，張士彥原管壯丁四百五十名，今減一百二十八名．金玉和原管壯丁八百四十四名，凡八年減一百六十九名，李時馨原管壯丁七百七十六名，今減一百三名．張大猷原管壯丁六百名，今減一百八十一名，祝世廕原管壯丁八百名，今減二百六十名，吳守進原管壯丁七百八十一名，今減三百六十六名，各罰銀百兩．高拱極原管壯丁二百六十八名，今減一百五十一名，蒲時雍原管壯丁一百九十九名，今減一百一十二名，俱革職爲民．楊興國原管壯丁八百名，今減三百七十二名，革職爲民，仍罰銀百兩．馬如龍死，金海塞接管壯丁，減二百八十七名，罰銀百兩，革去旗鼓，永與本貝勒爲奴．

고홍중(高鴻中)은 원래 장정 607명을 관리했는데 지금은 141명이 줄어들었고, 장사언(張士彦)은 원래 장정 450명을 관리했는데 지금은 128명이 줄어들었다. 김옥화(金玉和)는 원래 장정 844명을 관리했는데 무릇 8년 동안 169명이 줄어들었고, 이시형(李時馨)은 원래 장정 776명을 관리했는데 지금은 103명이 줄어들었다. 장대유(張大猷)는 원래 장정 600명을 관리했는데 지금은 181명이 줄어들었고, 축세음(祝世廕)은 원래 장정 800명을 관리했는데 지금은 260명이 줄어들었으며, 오수진(吳守進)은 원래 장정 781명을 관리했는데 지금은 366명이 줄어들었으므로 각기 벌은 100냥을 부과했다. 고공극(高拱極)은 원래 장정 268명을 관리했는데 지금은 151명이 줄어들었고, 포시옹(蒲時雍)은 원래 장정 199명을 관리했는데 지금은 112명이 줄어들었으므로 모두 혁직하여 일반 백성으로 삼았다. 양흥국(楊興國)은 원래 장정 800명을 관리했는데 지금은 372명이 줄어들었으므로 혁직하여 일반 백성으로 삼고 이어서 벌은 100냥을 부과했다. 마여룡(馬如龍)은 죽었으므로 김해새(金海塞)가 뒤이어 장정을 관할했는데 287명이 줄어들었으므로 벌은 100냥을 부과하고 기고(旗鼓)[4] 직책을 삭탈하고 영원히 해당 버일러에게 주어 노예로 삼았다.

○ 甲戌, 皇后以秋節, 率兩妃設盛筵, 進於太祖兩妃前, 行婦禮.

○ 갑술일(7.26), 황후가 중추절을 맞아 두 비(妃)를 이끌고 성대한 연회를 마련하여 태조의 두 비(妃)에게 올리고 며느리의 예를 행하였다.

○ 是日, 鑲藍旗梅勒章京張存仁奏言, 臣自大凌河慕德來歸, 五年於茲矣. 蒙皇上豢養之恩. 解衣推食, 恩同覆載, 臣非草木, 豈不知報. 如事有可言而不言, 是不忠之甚者, 每見皇上賞罰嚴明, 臣深感服. 豢養官民, 遐邇仰慕, 如孔·耿·尚之踰海來歸, 察哈爾之遐方賓服, 雖上天之眷佑, 實皇上至德之所被也. 夫止知頌皇上之德, 而不諫皇上之失, 非忠也, 非直也. 忠直乃臣子之職分, 臣何敢隱而不言. 夫各官所犯, 自應處分, 以昭國法, 第其中賢愚不等, 功過不一. 皇上大業將成, 宜重功臣, 以昭奬勸. 且治國理民, 實多要務, 正當急選才能, 以備任使. 今不分賢愚, 不論功過, 概行革職, 恐後日大事克成, 君子退而小人進矣. 臣眞心報主, 毫無私念. 惟皇上遠效堯·舜·禹·湯·文·武之法, 近倣漢高祖·宋太祖之制, 臣愚不勝幸甚.

○ 이날 양람기의 머이런장긴 장존인(張存仁)이 상주하여 말했다.

---

4 旗鼓佐領(cigu niru ejen)을 가리킨다.

「신은 대릉하(大凌河)에서 덕을 흠모하여 귀부해 온 지 5년이 되었습니다. 황상의 기르시는 은혜를 입었으니, 옷을 벗어 주시고 음식을 나누어 주신 은혜가 천지와 같은데 신이 목석이 아니고서야 어찌 보은을 모르겠습니까? 만약 일이 말할 만한데도 말하지 않는다면 이는 불충함이 극심한 것입니다. 매번 황상께서 엄격하고 명백하게 상벌을 행하시는 것을 보고 신은 깊이 감복했습니다. 관민을 양육하시어 먼 곳과 가까운 곳이 모두 우러러보고 흠모하며, 공유덕 · 경중명 · 상가희가 바다를 건너 귀순해 오고 차하르처럼 먼 지방이 복종해 온 것은 비록 하늘이 보우하셨다지만 실로 황상의 지극한 덕을 입은 것입니다. 다만 황상의 덕을 송축할 줄만 알고 황상의 과실을 간쟁하지 않는다면 충성스러운 것도 아니요, 올곧은 것도 아닙니다. 충성스럽고 올곧음은 신하된 자의 직분인데 신이 어찌 감히 숨기고 말씀드리지 않겠습니까? 관원이 죄를 범하면 처분하여 국법을 밝혀야 하나, 다만 그 가운데 어진 자와 그렇지 않은 자는 같지 않고, 공이 있는 자와 잘못이 있는 자는 같지 않습니다. 황상의 대업이 장차 이루어질 것이니 공신을 중용하시어 포장하고 권면하는 뜻을 밝히셔야 합니다. 또 나라와 백성을 다스리는 데에는 실로 중요한 사무가 많으니, 급히 재능 있는 자를 선발하여 임무를 맡기는 데 대비하는 것이 진실로 마땅합니다. 지금은 어진 자와 그렇지 않은 자를 분간하지 않고 공과를 논하지 않은 채 대충 직임을 혁파하고 있으니, 훗날 대업이 이루어질 때 군자는 물러나고 소인이 나설까 두렵습니다. 신은 진심으로 주군에게 보답하고자 하고 추호도 사사로운 뜻이 없습니다. 바라건대 황상께서 멀리는 요(堯) · 순(舜) · 우(禹) · 탕(湯) · 문왕(文王) · 무왕(武王)의 법제를 본받고 가까이는 한 고조(漢高祖)와 송 태조(宋太祖)의 법제를 본받으시면 신이 생각하기에 큰 다행이겠습니다.」

○ 昂邦章京馬光遠奏言, 頃刑部奉上旨, 傳諭管堡各官功罪一事, 按法議罰, 情理允當. 仰思聖慮, 無非激勵滿漢各官, 留心撫養人民之意也, 恩同日月, 萬民頂戴. 各堡逃亡漢人, 有二百名者, 有一百名者, 有八九十名者, 雖屬天災疾疫, 亦當時各官撫養無方, 任其流離死亡之咎. 今日聖心軫念生民, 逐堡稽察疎慢之罪, 各官雖萬口無以自解, 律有明條, 難逃國憲, 至於革去世職, 發堡爲民, 臣思副將參遊備禦等官, 雖功次不等, 受恩已非一日, 且各官世職, 或應十世, 或應五六世, 或應一二世, 皆蒙敕賜世襲, 恩意何等深遠, 得之何等艱難. 今一旦以養人無法, 概革爲民, 衆情無任驚懼. 臣所望者, 雷霆之後, 必有雨露, 更祈我皇上大施格外之恩. 止從重議罰, 免革世職, 仍令戴罪辦事, 正合使功不如使過之例, 庶國法人情兩得其宜. 臣非爲各官營私, 實爲王法持平, 故敢冒死上奏.

○ 암바장긴 마광원이 상주하여 말했다. 「근래에 형부에서 주상의 뜻을 받들어 성보(城堡)를 관장하는 각 관원들의 공과 죄에 관한 일은 법률을 살펴 벌을 의논한다는 유시를 전했는데, 정리상 마땅합니다. 우러러 생각건대 주상의 마음은 만주인과 한인 각 관원들을 격려하고, 마음을 다해 백성을 보살피려는 뜻이어서 은혜가 해와 달과 같으니 만백성이 경의를 표합니다. 각 성보(城堡)의 도망한 한인이 200명인 곳도 있고 100명인 곳도 있고 80-90명인 곳도 있는데, 비록 마침 천재지변과 돌림병이 있었습니다만 또한 당시 각 관원이 보살필 방법이 없어 흩어져 유망하거나 죽게 내버려둔 잘못입니다. 오늘날 주상께서 백성을 살리는 일에 전념하시어 성보(城堡)마다 뒤쫓아서 소홀하고 태만히 한 죄를 살피시니, 각 관원이 비록 입이 1만 개더라도 스스로 해명할 수 없으며, 법률에 명백한 조항이 있으니 국법을 피해 갈 수 없을 것입니다. 세직(世職)을 혁파하고 성보(城堡)에서 떠나 백성으로 삼

는 데 이르러서는, 신이 생각건대 부장 · 참장 · 유격 · 비어 등의 관원이 비록 공로의 순서가 같지 않지만 은혜를 받은 것이 이미 하루가 아닙니다. 또 각 관원의 세직(世職)이 혹 10대에 해당하기도 하고 혹 5-6대에 해당하기도 하고 혹 1-2대에 해당하기도 하는데, 모두 세직(世職)을 하사한다는 칙서에 힘입은 것이니 그 은혜로운 뜻은 얼마나 심원하며, 이를 얻기는 또 얼마나 어렵겠습니까? 지금 하루아침에 백성을 보살피는 데 법도가 없다는 이유로 대충 혁직하여 백성으로 삼는다면 여러 사람들의 마음이 놀랍고 두려움을 참을 수 없을 것입니다. 신이 바라는 것은 천둥번개가 몰아친 후에는 반드시 비와 이슬이 남는 법이니, 더욱 우리 황상께서 각별한 은혜를 베푸시기를 기원합니다. 단지 무거운 쪽으로 벌을 의논하되 세직(世職)을 혁파하는 것은 면해주시고 죄를 지은 채로 사무를 주관하게 하면 공이 있는 사람보다 과실이 있는 사람을 등용해 분발하게 하는 예에 합당하여 국법과 인정 둘 다 마땅하게 될 것입니다. 신은 각 관원의 사사로운 이익 추구를 위하지 않고 진실로 왕법의 공정함만을 위하기 때문에 감히 죽음을 무릅쓰고 상주합니다.」

○ 遣吳拜 · 納海 · 張屯 · 布丹, 率八旗兵一百人, 往代駐防上都海塞 · 濟席哈等. 諭之曰, 諸貝勒所遣人, 若於陽石木遇之, 爾等即與同來, 若遇於渾河以西, 可令換馬乘來. 爾等至明界沿邊, 巡哨而還. 若遇於遼河, 亦當令換馬乘來. 爾等當至杜稜城探望, 沿邊躡踪而來. 若遇使者, 爾等當選精騎二十名, 往召濟席哈 · 海塞, 率之同來, 若不遇使者, 則至海塞 · 濟席哈處, 即令二人速來. 爾等可遣人過上都, 往前巡哨. 俟諸貝勒使者至, 爾等即與偕來, 不必待諸貝勒也. 諸凡加意隄防, 勿於一處駐營, 日間所駐, 夜必遷移, 即火患亦宜預防之.

○ 우바이(ubai, 吳拜)·나하이(nahai, 納海)·장툰(jangtun, 張屯)·부단(budan, 布丹)에게 팔기(八旗)의 군사 100명을 이끌고 가서, 상도(上都)에 주둔한 하이서(haise, 海塞)·지시하(jisiha, 濟席哈) 등과 교대하도록 보냈다. 그들에게 유시했다. "버일러들이 보낸 사람과 만약 양시무(yangsimu, 陽石木)에서 만나면 너희는 즉시 함께 오라. 만약 혼하(渾河) 서쪽 지역에서 만나면 사자에게 말을 바꾸어 타고 오게 하라. 너희는 명나라의 경계와 맞닿은 변경에 가서 순찰하고 돌아오라. 만약 요하(遼河)에서 만나면 사자에게 말을 바꾸어 타고 오게 하라. 너희는 두렁(dureng, 杜稜) 성에 가서 정탐하고 변경을 따라 추적하여 돌아오라. 만약 사자를 만나면 너희는 정예 기병 20명을 뽑아 가서 지시하·하이서를 불러 그들을 이끌고 함께 와야 한다. 만약 사자와 만나지 못하면 하이서·지시하가 있는 곳에 가서 즉시 2명에게 속히 오라고 명령하라. 너희는 사람을 보내 상도(上都)를 지나 전방으로 가서 초탐하게 하라. 버일러들의 사자가 도착하기를 기다려서 너희는 함께 오라. 버일러들을 기다릴 필요는 없다. 모두 더욱 주의하여 방비하고 한 곳에서 주둔하지 말라. 낮에 주둔한 곳에서 밤에는 반드시 이동하며, 화재도 방지하라."

○ 丁丑, 賞歸順守備魏某·姜某·劉某各銀百兩.

○ 정축일(7.29), 귀순해 온 수비 위(魏) 아무개·강(姜) 아무개·유(劉) 아무개에게 각기 은 100냥씩을 상으로 주었다.

○ 初昂邦章京石廷柱妻前夫所生女, 甫一歲, 即養於外母家. 本旗貝勒取視者二次, 至三次欲令入府中. 廷柱即攜女還家, 不與, 乃妄訴云，吾妻所生之女即吾女也．吾等職官之女，諸貝勒從未有取者．今必欲取此女，吾實有愧於在下各官．及審明，實係外母所養．廷柱別屬一旗，乃牽連上下，語言夸大，因革昂邦章京職，罰銀百兩．又以毛達色·巴藍·騷達色·費揚古等於前兩次取視時，皆自稱其家之女．及欲令其女入府中，乃與石廷柱同謀，廷柱詐爲己女訐告．比質訊，實係毛達色之母所養，初意方冀邀榮，後聞欲爲使女，遂行巧辯．因鞭毛達色·巴藍·費揚古各一百，騷達色五十．革毛達色世職，解牛彔任．

○ 이전에 암바장긴 석정주의 처가 전남편과의 사이에서 낳은 딸이 갓 1살인데 외할머니 집에서 양육했다. 그 기(旗)의 버일러가 두 번 가서 보고 세 번째에 부(府)에 데려가려고 했다. 석정주는 아이를 주지 않고 자기 집으로 데려간 후 망령되게 고소했다. “나의 처가 낳은 딸이니 곧 나의 딸입니다. 나와 같은 직위의 관원의 딸을 버일러들이 취한 일은 없었습니다. 지금 반드시 이 딸을 취하고자 하니 내가 실로 아래 관원들 보기에 부끄럽습니다.” 사실을 조사하니 진실로 외할머니가 기른 것이었다. 석정주는 다른 기에 속해 있는 위아래 사람들을 끌어들이고 언사가 지나쳤기에 암바장긴 직을 혁직하고 벌은 100냥을 부과했다. 또 모오다서(moodase, 毛達色)·발란(balan, 巴藍)·소오다서(soodase, 騷達色)·피양구(fiyanggū, 費揚古) 등은 전에 두 차례 가서 보았을 때 모두 그 집의 딸이라고 말했었다. 그 딸을 부(府)에 들이려고 할 때 석정주와 모의하여 석정주가 말을 꾸며 자기 딸이라고 거리낌 없이 고했다. 비교하여 심문하니 사실 모오다서의 어머니가 기른 것이었다. 처음 뜻은 영화를 바랐던 것인데 후에 딸을 부리고자 한다고 듣고 교묘히 말을 꾸며댔던 것이다. 이로 인해 모오다서·발란·피양구를 각기 채찍으로 100대씩 때리고, 소오다서는 채찍 50대를 때

렸다. 모오다서의 세직(世職)을 혁파하고 니루의 직임에서 해임했다.

○ 八月, 戊寅朔, 先是, 張習巴·安塔木·薩哈連·俄通果等, 赴雅爾古地方偵探, 遇朝鮮畢克塔木城遊擊韓國屬下千總崔遏尼, 率三十五人, 綽虎畢城備禦奇木齊尼屬下千總李大水, 率十四人採參, 俱執之. 至是, 送至盛京.

○ 8월 무인일 초하루(8.1), 이전에 장시바(jangsiba, 張習巴)·안타무(antamu, 安塔木)·사할리얀(sahaliyan, 薩哈連)·오통고(otonggo, 俄通果) 등이 야르구(yargū, 雅爾古) 지방에 가서 정탐하다가 조선의 필극탑목 성(畢克塔木城)의 유격 한국(韓國) 속하의 천총 최알니(崔遏尼)가 이끄는 35명과, 작호필 성(綽虎畢城)의 비어 기목제니(奇木齊尼) 속하의 천총 이대수(李大水)가 이끄는 14명이 삼을 캐는 것을 마주쳐 모두 사로잡았다. 이때에 성경(盛京)에 보내어 도착했다.[5]

○ 庚辰, 出師和碩墨爾根戴青貝勒多爾袞·貝勒岳託·薩哈廉·豪格等征察哈爾國, 獲歷代傳國玉璽. 先是, 相傳玆璽, 藏於元朝大內, 至順帝爲明洪武帝所敗, 遂棄都城, 攜璽逃至沙漠, 後崩於應昌府, 璽遂遺失. 越二百餘年, 有牧羊於山岡下者, 見一山羊, 三日不嚙草, 但以蹄跑地, 牧者發之, 此璽乃見. 既而歸於元後裔博碩克圖汗, 後博碩克圖爲察哈爾林丹汗所侵, 國破, 璽復歸於林丹汗, 林丹汗亦元裔也. 貝勒多爾袞等, 聞璽在蘇泰太后福金所, 索之. 既得, 視其文,

---

5 畢克塔木은 『구만주당』에 biktam, 韓國은 hangei, 綽虎畢은 cohubi, 奇木齊尼는 kimcini, 李大水는 li da šui로 기록되어 있다. 『舊滿洲檔 天聰九年』 p.229.

乃漢篆制誥之寶四字, 璠璵爲質, 交龍爲紐, 光氣煥爛, 洵至寶也. 多爾袞等喜甚曰, 皇上洪福非常, 天錫至寶, 此一統萬年之瑞也, 遂收其璽.

○ 경진일(8.3), 출정한 호쇼이 머르건 다이칭 버일러 도르곤 · 버일러 요토 · 사할리얀 · 호오거 등이 차하르국을 정벌하고 대대로 전해 오는 전국옥새(傳國玉璽)를 얻었다. 이전부터 대대로 전해 내려온 이 옥새는 원조(元朝)의 대전(大殿)에 보관되어 왔는데, 순제(順帝)가 명나라 홍무제(洪武帝)에게 패배하여 도성을 버리고 옥새를 가지고 도망쳐 사막에 도착한 후 응창부(應昌府)에서 붕어하고 옥새도 유실되었다. 200여 년이 흐른 후, 한 목자가 산등성이 아래에서 양을 치다가 산양 한 마리가 3일 동안 풀을 뜯지 않고 발굽으로 땅을 파기만 하는 것을 보았다. 목자가 땅을 늘추자 옥새가 나타났다. 이후에 옥새는 원의 후예인 보속투 칸[6]에게 귀속되었다. 후에 보속투 칸이 차하르 릭단 칸의 침입을 받아 패배하자 옥새는 다시 릭단 칸에게 귀속되었는데 릭단 칸도 원의 후예였다. 버일러 도르곤 등이 옥새가 수타이 태후(sutai taihoo, 蘇泰太后) 푸진의 처소에 있음을 듣고 수색했다. 이윽고 찾아내서 그 글귀를 보니 한문 전자체(篆字體)의 '제고지보(制誥之寶)'라는 네 글자였고, 몸체는 보옥으로 되어 있고, 손잡이는 두 마리 용이 교차하는 모습이었는데 광채가 찬란한 것이 참으로 지극한 보배였다. 도르곤 등이 매우 기뻐하며 말하기를 "황상의 큰 복이 비상하여 하늘이 지극한 보배를 내려 주셨으니, 이는 만년을 일통할 길조다."라며 마침내 그 옥새를 가져왔다.

---

6 보속투 칸: 투메트의 보속투 칸을 가리킨다. 재위 1613-1627.

攜降民渡黃河，至歸化城，時貝勒岳託有疾，分兵一千，駐營歸化城，防守察哈爾降民，三貝勒率衆兵，竝察哈爾汗子額爾克孔果爾額哲及其大臣，往畧明山西一帶，自平魯衛入．時鑲白旗護軍參領博爾惠，率二十人，遇明右衛兵二百人，敗之，生擒一人．是日，以所得牲畜·糧米，送至岳託所，我軍由朔州前發．有明寧武關參將率兵五十名來探，我鑲藍旗前鋒參領席特庫擊敗之，殺十餘人，參將中傷，領餘兵遁走．我軍直抵長城下，三貝勒遣前鋒將領碩翁科羅巴圖魯勞薩，往毀長城，勞薩乘夜前往，遇明羊房口步兵出迎，擊敗之．次日，又敗寧武關哨卒，斬十人，生擒二人，遂毀關，入畧代州，大軍於忻州駐劄．於是三貝勒縱兵畧忻州一帶，又令右翼正黃旗喀邇喀瑪，防禦忻州，有敵兵千餘從忻州出戰，我哨卒擊敗之．比我軍將還，前鋒參領蘇爾德·安達禮，率四十人伏於忻口，遇明往來哨卒三百人，敗之，斬殺大半，獲馬六十匹．

항복한 백성을 이끌고 황하(黃河)를 건너 귀화성(歸化城)에 이르렀을 때 버일러 요토가 병에 걸려서 군사 1,000명을 나누어 귀화성에 주둔시키고 차하르의 항복한 백성을 지키도록 했다. 세 버일러는 군사들을 이끌고 차하르 칸의 아들 어르커 콩고르 에제이 및 그 대신들과 함께 명나라의 산서(山西) 일대를 공략하러 평로위(平魯衛)[7]를 거쳐 진입했다. 이때 양백기의 호군참령 보르호이가 20명을 이끌고 명나라 우위(右衛)의 군사 200명과 맞닥뜨려 그들을 패배시키고 1명을 포로로 잡았다. 이날 획득한 가축과 양곡을 요토가 머물고 있는 곳에 보내고 우리 군사는 삭주(朔州)를 거쳐 진군했다. 명나라 영무관(寧武關)의

---

7 平魯衛: 현재 산서성 朔州市 平魯區. 명대의 명칭은 平虜衛였다. 청대에 平魯縣으로 개칭했다.

참장이 군사 50명을 이끌고 정탐하러 오자 우리 양람기의 전봉참령 시터쿠가 공격하여 패배시키고 죽인 것이 10여 명이었다. 참장은 상처를 입은 채 남은 군사를 데리고 도망쳤다. 우리 군사는 곧장 장성(長城) 아래에 이르렀다. 세 버일러는 전봉참령 송코로 바투루 로오사를 장성을 허물라고 보냈다. 로오사는 밤을 틈타 앞으로 나아갔는데, 명나라 양방구(羊房口)의 보병이 나와서 맞서자 그들을 공격하여 패퇴시켰다. 다음 날 또 영무관(寧武關)의 초탐병을 패배시켜 10명을 베어 죽이고 2명을 포로로 잡았으며 마침내 관문을 무너뜨리고 들어가 대주(代州)를 공략하면서 대군(大軍)은 흔주(忻州)에 주둔했다. 이에 세 버일러는 흔주 일대를 공략하도록 군사를 보내고 또 우익 정황기의 카르카마(karkama, 喀邇喀瑪)에게 흔주를 방어하게 했다. 적군 1,000여 명이 흔주로부터 출전하자 우리 초탐병이 공격하여 패배시켰다. 우리 군사가 돌아올 적에 전봉참령 술더이(suldei, 蘇爾德)·안다리(andari, 安達禮)가 40명을 이끌고 흔구(忻口)에 잠복했는데, 왕래하는 명나라의 초탐병 300명과 마주쳐 그들을 격퇴시켰다. 베어 죽인 것이 태반이고 노획한 말이 60마리였다.

我軍至忻口, 明總督遣副將一員, 領兵七百人, 從代州來探. 我左翼主帥固山額眞圖爾格, 率諸貝勒所屬護衛, 自忻口追擊至崞縣, 獲馬六十餘匹. 我軍至黑峰口, 勞薩擊明遊擊下哨卒四十名, 俱斬之, 獲馬三十餘匹. 我軍出長城, 自應州赴平魯衛, 衛內有馬步兵五百人, 出城列陣. 三貝勒即令右翼主帥正黃旗固山額眞納穆泰·圖爾格, 率兵破其陣, 追擊至城壕, 明兵死者百餘人. 三貝勒率大軍出邊, 令納穆泰·圖爾格, 率章京十六員兵千名, 殿後, 有明大同城守王姓總兵屬下兵, 及寧遠錦州總兵祖大壽援兵, 共馬步卒三千人, 齊出, 圖爾格先見之, 遂奮勇衝入, 明兵皆潰. 圖爾格乘勝掩殺, 擁至壕邊, 我軍皆步戰, 擊死明兵甚衆, 明潰兵馬步約五百餘人, 復於臺上列營, 納穆泰率兵圍臺奮擊, 盡殲其衆, 其馬匹傷死者甚多, 我軍獲馬二百匹. 是役也, 我軍入明邊馳畧, 自平魯衛入朔州, 直抵長城, 又經寧武關 · 代州 · 忻州 · 崞縣 · 黑峰口 · 應州而復還平魯. 斬擊明兵六千餘人, 計俘獲人口 · 牲畜, 七萬六千二百有奇. 乃出邊, 與貝勒岳託會於歸化城方.

우리 군사가 흔구(忻口)에 이르렀을 때 명나라의 총독이 보낸 부장 1명이 군사 700명을 이끌고 대주(代州)로부터 정탐하러 왔다. 그들을 우리 좌익의 주수(主帥)인 구사어전 투르거이(turgei, 圖爾格)가 여러 버일러들 속하의 호위군을 이끌고 흔구(忻口)부터 곽현(崞縣)까지 뒤쫓아 공격하여 말 60여 필을 노획했다. 우리 군사가 흑봉구(黑峰口)에 이르렀을 때 로오사가 명나라 유격 속하의 초탐병 40명을 공격하여 모두 목을 베고 말 30여 필을 노획했다. 우리 군사가 장성(長城)을 출발하여 응주(應州)로부터 평로위(平魯衛)로 나아갈 때, 평로위 안에 있던 기병과 보병 500여 명이 성에서 나와 진영을 갖추었다. 세 버일러는 우익의 주수(主帥)인 정황기 구사어전 남타이(namtai, 納穆泰)와 투르거이에게 군사를 이끌고 그 진영을 격파하도록 명하니, 뒤쫓아 공격하여 성의 해자에까지 이르렀는데 죽은 명나라 병사가 100여 명이었다. 세 버일러가 대군을 이끌고 변경을 나서며 남타이와 투르거이에게 장긴 16명과 군사 1,000명을 이끌고 후방을 엄호하게 했다. 명나라 대동성(大同城)을 수비하던 왕(王) 씨 총병 속하의 군사와 영원 · 금주의 총병 조대수의 원군으로 기병과 보병 도합 3,000명이 일제히 나오는 것을 투르거이가 먼저 발견하고 마침내 용맹하게 쳐들어가니 명나라 군대가 모두 무너졌다. 투르거이가 승세를 타고 공격해 죽이며 해자의 경계까지 밀어붙이고, 우리 군사도 모두 백병전을 벌이자 공격을 받아 죽은 명나라 군사가 매우 많았다. 명나라의 흩어진 기병과 보병 도합 약 500여 명이 다시 대(臺) 위에 진영을 갖추자, 남타이가 군사를 이끌고 대(臺)를 포위한 뒤 분연히 공격하여 적들을 모조리 섬멸하였다. 그들의 말 중에서 다치거나 죽은 것들이 매우 많고 우리 군사가 노획한 말이 200마리였다. 이 전투에서 우리 군사는 명나라 변경으로 들어가 급히 달려 공격하여 평로위(平魯衛)로부터 삭주(朔州)로 들어가 곧장 장성(長城)에 다다랐고, 또 영무관(寧武關)·대주(代州)·흔주(忻州)·곽현(崞縣)·흑봉구(黑峰口)·응주(應州)를 거쳐 다시 평로(平魯)로 돌아왔다. 목 베어 죽이고 격파한 명나라 병사가 6,000여 명이고, 포로와 노획으로 얻은 사람과 가축의 수가 도합 7만 6,200여에 이르렀다. 뒤이어 변경을 떠나 버일러 요토와 귀화성(歸化城) 지방에서 회합했다.

三貝勒入邊後, 貝勒岳託駐守歸化城, 有土默特人密告, 言博碩克圖之子遣人, 往阿祿部落喀爾喀處, 還時, 必有與之同來者, 岳託因遣阿爾津·吳巴海·喀木戚哈·尼堪四人候於途, 阿祿喀爾喀百人·明使者四人, 果與博碩克圖子所遣人同至. 時博碩克圖子乳母之夫毛罕, 密遣人告喀爾喀人云, 滿洲兵在此, 汝等當回. 阿祿喀爾喀人聞信遂還, 阿爾津·吳巴海·喀木戚哈·尼堪等兵, 追及之, 擒毛罕所遣十人及明使四人, 獲駱駝五十·馬四十六·貂皮四百有奇. 又得烏朱穆秦部落貿易人四十六名·駱駝三十七·馬一百有八·貂皮二百二十. 初毛罕私稱, 博碩克圖之子爲西土根汗, 自稱爲吳爾隆額齊克達爾漢貝勒. 稱其妻爲太布精, 稱阿南爲杜稜台吉, 其扎木蘇等皆命以名. 又殺害來歸我國之察哈爾石喇祁他特·吳班札爾固齊·祁他特台吉. 又與明沙河堡參將通謀, 稱明國爲一路, 喀爾喀爲一路, 土默特爲一路, 因遣人往喀爾喀, 爲土默特人密告, 事覺, 斬毛罕併其黨羽. 以阿祿部民與喀爾喀人, 同謀藏匿馬駝, 遣土默特人往勦之, 分土默特壯丁三千三百七十名爲十隊, 每隊以官二員主之, 授以條約, 又授鄂爾多斯部落條約.

세 버일러가 변경에 들어간 후 버일러 요토는 귀화성(歸化城)에서 주둔하고 있었는데, 어느 투메트 사람이 밀고하여 말하기를, "보숔투의 아들이 사람을 보내 아루 부락의 칼카에게 갔는데, 돌아올 때에 반드시 그들과 함께 돌아올 것이다."라고 했다. 요토가 이로 인해 아르진(arjin, 阿爾津) · 우바하이(ubahai, 吳巴海) · 캄치하(kamciha, 喀木戚哈) · 니칸(nikan, 尼堪) 이 4명을 길목에서 살펴보라고 보냈는데, 아루의 칼카의 100명과 명나라의 사자 4명이 과연 보숔투의 아들이 보낸 사람과 함께 이르렀다. 이때 보숔투의 아들의 유모의 남편 모오한(moohan, 毛罕)이 몰래 사람을 보내 칼카 사람에게 말했다. "만주의 군사가 여기 있으니 너희는 돌아가야 한다." 아루의 칼카 사람이 소식을 듣고 돌아가자, 아르진 · 우바하이 · 캄치하 · 니칸 등의 군사가 이를 추적하여 따라잡아 모오한이 보낸 10명의 사람과 명나라의 사자 4명을 사로잡고 낙타 50마리와 말 46마리, 그리고 담비가죽 400여 장을 노획했다. 또 우주무친(ujumucin, 烏朱穆秦) 부락의 무역하는 사람 46명과 낙타 37마리 · 말 108마리 · 담비가죽 220장을 얻었다. 당초 모오한은 사사로이 보숔투의 아들을 시투건 한(situgen han, 西土根汗)이라고 칭하고, 스스로를 우를룩 어치커 다르한 버일러(urluk ecike darhan beile, 吳爾隆額齊克達爾漢貝勒)라고 칭했다. 그의 처는 타이부징(taibujing, 太布精)[8]이라고 칭했으며, 아난(anan, 阿南)은 두렁 타이지(dureng taiji, 杜稜台吉)라고 칭하고 잠수(jamsu, 扎木蘇) 등에게도 모두

8 타이부징(taibujing, 太布精)은 한어 大夫人에서 유래한 말이다.

이름을 지어 주었다. 또 우리나라에 귀부해 온 차하르의 시라 키타트(sira kitat, 石喇祁他特)·우반 자르구치(uban jargūci, 吳班札爾固齊)·키타트 타이지(kitat taiji, 祁他特台吉)를 살해했다. 또 명나라의 사하보(沙河堡)의 참장과 모의하여 명나라·칼카·투메트를 각기 한 축이라고 칭했는데, 칼카에 사람을 파견해 보낸 것으로 인해 투메트 사람이 밀고하여 일이 발각되었으므로 모오한을 그 패거리와 함께 목 베었다. 아루 부락의 백성이 칼카 사람과 함께 말과 낙타를 숨겨 두기로 모의했다는 이유로 투메트 사람을 보내서 빼앗도록 했으며, 투메트의 장정 3,370명을 10부대로 나누어 각 부대마다 관원 2명이 주관하게 하고 약조를 주었고 또 오르도스 부락에도 약조를 주었다.

貝勒多爾袞等會師, 凱旋道經沙河堡, 因以上命, 諭明沙河堡參將曰, 我皇上征察哈爾時, 因爾不匿察哈爾財物, 悉數獻出, 故皇上進兵宣大後, 軍威震疊, 獨留爾堡, 此番師行過此, 我皇上又命勿犯爾堡, 恩莫大焉. 今爾可以貨物互市. 沙河堡參將喜甚曰, 我視爾主, 與吾主無異, 今蒙爾主兩次不害我沙河堡之恩, 無以爲報, 謹將五爪龍緞一疋獻上, 以備御屛之用, 遂各出財物互市. 於是, 四貝勒遣噶達渾·蘇拜·碩兌·塔爾布等, 率滿洲四十人·蒙古四十人, 以獲玉璽及兵入山西大同一帶, 殺敗敵兵, 俘獲財物, 一一具疏奏聞. 又因上遣使遠迎, 具疏謝恩.

버일러 도르곤 등이 군사를 모아서 개선하는 길에 사하보(沙河堡)를 거쳤는데, 주상의 명을 명나라 사하보의 참장에게 유시했다. "우리 황상이 차하르를 정벌할 때 네가 차하르의 재물을 은닉하지 않고 모두 내놓아 바쳤기 때문에 황상께서 선부(宣府)와 대동(大同)으로 진군한 이후에 군대의 위용이 사방에 떨쳤는데도 홀로 너의 성보(城堡)를 남겨 두었었다. 이번에 군사가 이곳을 지나갈 적에 우리 황상께서는 다시 너의 성보(城堡)를 침범하지 말라고 명하셨으니 은혜가 매우 크다. 지금 너는 물화를 내어 호시를 열어라." 사하보의 참장이 매우 기뻐하며 말했다. "내가 너의 주상을 보건대 우리 주상과 다름이 없다. 지금 너희 주상에게 두 차례나 우리 사하보를 침해하지 않는 은덕을 입었으니 보답할 길이 없다. 삼가 오조룡단(五爪龍緞) 1필을 주상에게 바치니 주상의 병풍을 만드는 데 사용하라." 마침내 각자 재물을 내어 호시를 열었다. 이에 4명의 버일러가 가다훈(gadahūn, 噶達渾)·수바이(subai, 蘇拜)·쇼도이(šodoi, 碩兌)·타르부(tarbu, 塔爾布) 등을 보내, 만주인 40명과 몽고인 40명을 이끌고 가서 옥새를 노획한 것과 군사가 산서(山西)의 대동(大同) 일대에 들어가 적군을 죽이고 패배시켰으며 포로와 재물을 얻었다는 것을 일일이 글을 갖추어 상주했다. 또 주상이 사자를 보내 멀리서 맞이한 일에 대해 글을 갖추어 사은했다.

○ 癸未, 都元帥孔有德·總兵官耿仲明·尚可喜所屬副將以下等官奏言, 臣等率先歸順, 懇賜敕書. 上曰, 爾等初歸時, 朕曾謂爾等官職升降, 惟聽爾都元帥總兵官之意. 今竟給敕書, 是背前言矣. 朕非謂爾等無功, 而不應給敕書也, 第恐失信耳. 朕於陣獲之人, 亦時加恩養, 此皆爾等所稔知者. 況爾等歸順各官, 雖未給敕書, 而恩養之道, 朕豈忘之. 異日蒙天眷佑, 國家強盛, 疆圉式廓, 朕之基業既隆, 爾等主帥之爵亦尊, 爾主既尊, 爾等豈不漸至寵榮乎. 遂不給敕書, 賜有德·仲明·可喜, 各緞一·貂皮六十, 副將等官, 各銀十五兩, 參遊等官, 各銀十兩. 設宴, 宴之.

○ 계미일(8.6), 도원수 공유덕, 총병관 경중명·상가희에게 소속된 부장 이하 관원들이 상주하여 말하기를 "신들은 솔선수범하여 귀순했

으니 칙서를 내려 주시기를 간청합니다."라고 했다. 주상이 말했다. "너희가 당초 귀순할 때에 짐이 일찍이 너희 관직의 승진과 강등은 오로지 너희 도원수와 총병관의 뜻에 따른다고 말했었다. 지금 칙서를 내리면 이전의 말과 어긋난다. 짐은 너희의 공이 없어서 칙서를 내릴 수 없다고 말하는 것이 아니다. 다만 신의를 잃을까 우려할 뿐이다. 짐은 전장에서 사로잡은 사람들을 시의적절하게 은혜로 보살폈다. 이 모두를 너희가 잘 알고 있다. 하물며 너희 귀순한 각 관리들에게 칙서를 내리지 않았지만 은혜로 보살피는 도리를 짐이 어찌 잊겠는가. 이후에 하늘의 보우하심을 입어 국가가 강성해지고 영토의 범위가 넓어져 짐의 기업(基業)이 융성해지면 너희의 주수(主帥)의 작위도 높아질 것이다. 너희의 주인이 높아지면 어찌 너희가 영예를 얻지 못하겠는가." 끝내 칙서를 내리지 않고, 공유덕·경중명·상가희에게 각각 비단 1필, 담비가죽 60장을 하사하고 부장 등의 관리들에게는 각기 은 15냥을, 참장과 유격 등의 관리에게는 각기 은 10냥을 하사했다. 연회를 베풀었다.

○ 文館甲喇章京鮑承先奏言. 皇上聖德如天, 仁政旁達, 苞符協應, 大寶呈祥. 天賜玉璽, 乃非常之吉兆也. 當敕工部製造寶函, 諏擇吉日, 躬率諸臣郊迎, 由南門入宮, 以膺天眷而昭符瑞. 仍以得璽之由, 書於敕諭, 緘用此寶, 頒行滿漢蒙古, 俾遠近聞知, 咸識天命之攸歸也. 上是之.

○ 문관(文館)의 잘란장긴 포승선이 상주했다. "황상께서는 성스러운 덕이 하늘과 같고 어진 정치가 두루 미치니 포부(苞符)[9]가 감응하여 제위를 얻으셨습니다. 하늘이 옥새를 내려 주신 것은 보통 길조가 아닙니다. 공부에 칙서를 내려 옥새의 함을 만들어야 합니다. 길일을 의

논하여 선택하고 몸소 신하들을 이끌고 성문 밖에 나아가 맞이하고, 남문으로 입궁하여 하늘의 보우하심을 받아들이고 상서로운 증표를 보이십시오. 이어서 옥새를 얻은 경로를 적어서 칙유하고 봉함(封緘)하여 두었다가 사용하며 만주·한인·몽고인에게 반포하여 원근 모든 곳에 알리고 천명(天命)이 돌아온 것을 알게 하십시오." 주상이 그렇게 하게 했다.

○ 初上以超品公楊古利弟譚泰, 爲護軍統領, 凡護軍中關白諸事, 令其管理, 日近左右. 既而卓禮克圖貝勒子濟馬護, 以居址狹隘, 而楊古利已移居賜地, 所遺舊址適與相鄰, 欲得之, 楊古利不允. 濟馬護乃囑譚泰轉奏, 譚泰庇其兄不以聞. 又囑圖賴·阿哈尼堪代奏, 二人亦不以聞. 濟馬護遂自言於上. 上召譚泰·圖賴等問之, 果實. 上怒責譚泰曰, 朕拔爾於卑賤之中, 用爲耳目, 凡事欲爾秉公持正不徇偏私, 隨所聞見, 入告無隱. 爾乃不行公道欺罔主上, 專尚巧詐, 大負朕委任之意. 人之賢否, 朕何由知. 朕惟不能周知, 故即爾等所賢者賢之, 所否者否之. 爾今若此. 朕將何以信任哉. 且濟馬護, 乃朕叔之子, 其言尚壅蔽不達, 彼在下小人, 有勞苦嗟怨之事, 又何由而得達乎. 爾恃宗族強盛, 欺陵愚弱, 似此姦惡之舉, 朕所深惡. 遂下譚泰等於刑部, 質審覆奏, 罰譚泰銀百兩, 斥遠之, 不許於御前任事. 罰圖賴銀五十兩, 坐阿哈尼堪以應得之罪. 濟馬護兄輩阿岱, 坐啟奏皇上時, 以無干之寧他海, 與譚泰·圖賴·阿哈尼堪, 一併牽連, 亦坐以應得之罪.

9 苞符는 河圖洛書를 가리킨다.

○ 이전에 주상이 초품공(超品公) 양구리의 동생 탄타이를 호군통령으로 삼아 호군의 여러 일을 보고시키고 그 관리를 총괄시키고, 매일 좌우에 가까이 두었다. 얼마 지나지 않아 조릭투 버일러의 아들 지마후(jimahū, 濟馬護)가 지세가 험한 곳에 살고 있어서 양구리가 하사받은 땅으로 이주하며 남긴 옛 땅이 마침 근처에 있었기에 그 땅을 얻고자 했지만 양구리가 허락하지 않았다. 이에 지마후가 탄타이에게 대신 상주하기를 부탁했으나 탄타이는 그의 형을 비호하며 듣지 않았다. 또 툴라이와 아하니칸에게 대신 상주해 줄 것을 부탁했으나, 두 사람 역시 듣지 않았다. 지마후는 이에 직접 주상에게 상주했다. 주상이 탄타이와 툴라이 등을 불러 그것을 묻자 과연 진실이었다. 주상이 노하여 탄타이를 질책하여 말했다. "짐이 너를 낮은 지위에서 선발한 것은 너를 짐의 눈과 귀로 삼아 모든 일에 공정하고 사사롭지 않게 듣고 보는 것을 숨김없이 고하게 하기 위해서였다. 네가 공정하지 않게 짐을 기만하고 교활하게 속이는 것은 짐이 너를 임명한 뜻을 크게 저버리는 것이다. 사람이 현명하거나 그렇지 않은 것을 짐이 어찌 알겠는가. 짐이 모두 알 수 없기에 네가 현명하다고 한 자를 현명하다고 여기고, 그렇지 않다고 한 자는 그렇지 않다고 여긴 것이다. 네가 지금 이렇게 하면 짐이 어찌 믿고 맡기겠는가. 또 지마후는 짐의 숙부의 아들인데 그의 말조차 막혀서 내게 이르지 않으면, 아래 소인(小人)에게 힘들고 원망스러운 일이 있다 해도 어떻게 내게 이를 수 있겠는가. 너는 종족의 강성함을 믿고 약한 자를 속이고 능멸했다. 그러한 간악한 행동은 짐이 매우 싫어하는 것이다." 이윽고 탄타이 등을 형부(刑部)에 보내니, 형부가 조사하여 복주(覆奏)했다. 탄타이에게 은 100냥을 벌주고 먼 지역으로 물리치고 어전(御前)에서 일을 맡지 못하게 했다. 툴라이에게 벌은 50냥을 부과했고, 아하니칸을 받아야 할 죄에 처했다. 지마후의 형 궁가다이는 황상에게 상주할 때 관계가 없는 닌타하이(nintahai, 寧他海)·탄타이·툴라이·아하니칸을 연루시켰기 때문

에 받아야 할 죄에 처했다.

○ 甲申, 工部俄木索科, 以撥給蒙古房屋事, 白於承政洪尼堪. 洪尼堪及參政噶布喇·塞紐克, 謂俄木索科曰, 我旗房屋, 我等業已造完. 爾旗房屋, 爾自造之, 可奏聞於上. 俄木索科即以此言奏聞, 以洪尼堪·噶布喇·塞紐克, 擅分爾我. 遂革洪尼堪承政職, 解任, 罰銀百兩, 以噶布喇·塞紐克·係無知小人, 坐以應得之罪. 以孟阿圖, 明知其非, 不行責讓, 又不親身啟奏, 亦坐以應得之罪.

○ 갑신일(8.7), 공부의 옴소코(omsoko, 俄木索科)가 몽고 집을 지급할 일을 승정 훙니야카(hūngniyaka, 洪尼堪)에게 말했다. 훙니야카·참정 가불라(gabula, 噶布喇)와 서니오커(senioke, 塞紐克)가 옴소코에게 말했다. "우리 기(旗)의 집은 우리가 모두 완성했다. 그대 기(旗)의 집은 그대가 스스로 만들라. 주상에게 상주해도 좋다." 옴소코가 즉시 이 말을 상주하며 훙니야카·가불라·서니오커가 멋대로 나와 너를 구분했다고 했다. 이에 훙니야카를 승정직에서 혁직하고 해임했으며 은 100냥을 벌주었고, 가불라와 서니오커 및 관련된 무지한 소인들은 받아야 할 죄에 처했다. 뭉가투는 이것이 옳지 않음을 알면서 꾸짖지도 않고 직접 상주하지도 않았기에, 역시 받아야 할 죄에 처했다.

○ 乙酉, 賜察哈爾汗子額爾克孔果爾額哲使臣阿齊圖太錫·胡土克圖達爾漢, 雕鞍·撒袋·鞓帶·馬匹·貂袍·韃帽等物.

○ 을유일(8.8), 차하르 칸의 아들 어르커 콩고르 에제이(ejei, 額哲)의 사신 아치투 타이시(acitu taisi, 阿齊圖太錫)와 후툭투 다르한(hūtuktu darhan, 胡土克圖達爾漢)에게 조각한 안장 · 화살집 · 가죽띠 · 말 · 담비가죽 외투 · 신발과 모자 등의 물품을 하사했다.

○ 畫工張儉 · 張應魁, 恭繪太祖實錄圖成. 賞儉, 人口一戶 · 牛一頭, 應魁, 人口一戶.

○ 화공(畫工) 장검(張儉)과 장응괴(張應魁)가 그린 태조실록도(太祖實錄圖)가 완성되었다. 장검에게는 인구(人口) 1호(戶)와 소 1마리를 상으로 주고, 장응괴에게는 인구(人口) 1호(戶)를 상으로 주었다.

○ 丁亥, 命每旗章京二員, 率每旗護軍十名, 每牛彔騎兵一名, 各以馬三匹, 載米一石, 往迎出師四貝勒及諸將士.

○ 정해일(8.10), 각 기(旗)의 장긴 2명에게 각 기(旗)의 호군 10명과 각 니루의 기병(騎兵) 1명을 이끌고 각각 말 3마리에 쌀 1석을 싣고 가서 전쟁에 나갔던 4명의 버일러와 장수와 병사들을 맞이하게 했다.

○ 己丑, 賜喀爾喀巴林部落石爾胡納克杜稜, 貂袍 · 雕鞍 · 撒袋 · 鞓帶 · 銀盆 · 弓馬.

○ 기축일(8.12), 칼카 바린 부락의 시르후낙 두렁(sirhūnak dureng, 石爾胡納克杜稜)에게 담비가죽 외투 · 조각한 안장 · 화살집 · 가죽띠 · 은그릇 · 활과 말을 하사했다.

○ 庚寅, 額駙班第, 偕公主歸寧. 皇后 · 諸妃, 及諸貝勒福金, 出郭迎之, 大宴.

○ 경인일(8.13), 어푸 반디가 공주와 함께 처가를 방문했다. 황후(皇后)와 비(妃)들, 버일러의 푸진들이 성 바깥으로 나가 맞이하고 큰 연회를 베풀었다.

○ 辛卯, 召額駙班第同公主進宮, 大宴. 額駙公主以歸寧禮, 獻雕鞍 · 馬駝 · 牛羊, 酌納之.

○ 신묘일(8.14), 어푸 반디와 공주를 불러 궁에 들도록 하여 큰 연회를 베풀었다. 어푸와 공주가 처가를 방문한 예(禮)로 조각한 안장과 말 · 낙타 · 소 · 양을 바치자, 헤아려 받았다.

○ 壬辰, 額駙班第具盛筵, 進上.

○ 임진일(8.15), 어푸 반디가 큰 연회를 갖추어 주상께 바쳤다.

○ 己亥, 額駙班第公主將歸, 以嵌東珠珍珠金耳墜 · 項圈 · 手鐲 · 足鐲 · 各種數珠 · 各色衣裘 · 鞾 · 韈 · 綵緞 · 文綺 · 金銀器皿, 併一切箱櫃 · 磁器等物, 厚賜之.

○ 기해일(8.22), 어푸 반디와 공주가 돌아갈 때 동주(東珠)와 진주

(珍珠)를 박은 금귀걸이 · 목걸이 · 팔찌 · 발찌 · 각종 염주 · 각 색깔의 의복 · 신발 · 버선 · 채단(綵緞) · 문기(文綺) · 금은그릇과 일체의 상자와 사기그릇 등의 물품을 후하게 하사했다.

○ 壬寅, 初額駙和碩圖所尚公主, 不遵訓誡, 致一婦人縊死於祖可法妻弟之家, 匿不以聞. 後祖澤潤與可法妻弟相搆, 因首於刑部. 承問者瞻徇情面, 竟以可法妻弟無罪奏結. 澤潤復奏, 命內大臣審之, 以澤潤奏實. 法司徇情, 罰刑部和碩貝勒濟爾哈朗, 銀二百兩, 承政索海 · 郎球, 額駙多爾濟, 及孟喬芳 · 高鴻中, 各銀五十兩, 參政羅奇 · 馬喇希 · 墨爾根侍衛李國翰, 各銀三十兩, 啟心郎額爾格圖, 銀十五兩.

○ 임인일(8.25), 이전에 어푸 호쇼투와 결혼한 공주가[10] 훈계를 어기고 부인 하나가 조가법의 처남의 집에서 목을 매어 자살한 사건을 숨기고 보고하지 않았다. 이후 조택윤과 조가법의 처남이 서로 싸우다가 이 사건을 형부(刑部)에 자백했다. 문초를 담당한 자가 실상을 탐문하여 조가법의 처남에게 죄가 없는 것으로 끝마쳤다. 조택윤이 다시 상소하여 내대신(內大臣)들에게 조사하게 하자, 조택윤의 상주가 사실이었다. 법사(法司)에서 사실을 확인하여 형부(刑部) 호쇼이 버일러 지르갈랑은 은 200냥에 벌하고, 승정 소오하이 · 랑키오, 어푸 도르지, 맹교방 · 고홍중은 각각 은 50냥을, 참정 로키 · 말라히 · 머르건 시위 이국한은 각각 은 30냥을, 계심랑 어르거투는 은 15냥을 벌주었다.

10 호쇼투 어푸(1596-1633)는 누르하치에게 귀순한 동고 부장 호호리의 넷째 아들이고 그와 결혼한 공주는 대버일러 다이샨의 딸이다.

○ 癸卯, 駐防海州・耀州章京伊勒慎・葉克・烈烈渾・吳魯喀等, 獲明漁船一隻, 殺一人, 生擒六人, 解至.

○ 계묘일(8.26), 해주(海州)와 요주(耀州)에 주둔하며 방어하고 있는 장긴 이러선(irešen, 伊勒愼)・여커(yeke, 葉克)・리열리여훈(liyeliyehun, 烈烈渾)・울루카(uluka, 吳魯喀) 등이 명나라의 어선 1척을 사로잡아 1명을 죽이고 6명을 생포하여 압송했다.

○ 乙巳, 上曰, 出師諸貝勒, 久勞於外, 兼得察哈爾汗妻子部落, 及玉璽而還, 不可不遠迎. 因偕皇后・諸妃往迎, 竝命大貝勒代善, 及貝勒阿巴泰・和碩貝勒德格類・貝勒濟爾哈朗・額爾克楚虎爾貝勒多鐸, 竝諸大臣等, 俱遠迎之. 出撫近門, 謁堂子, 鳴角, 奏樂, 拜天, 西行, 至平魯堡駐蹕.

○ 을사일(8.28), 주상이 말했다. "전장에 나아간 버일러들은 오래도록 바깥에서 수고했고 또 차하르 칸의 처자와 부락 및 옥새를 얻어 돌아왔으니, 멀리 나아가 맞이해야 한다." 이에 황후와 여러 비(妃)와 함께 가서 맞이하고, 대버일러 다이샨 및 버일러 아바타이・호쇼이 버일러 더걸러이・버일러 지르갈랑・어르커 추후르 버일러 도도와 여러 대신 등에게 명하여 모두 먼 곳까지 나아가 맞이하게 했다. 무근문(撫近門)을 나가 당자(堂子)에 배례하고 뿔피리를 울리고 음악을 연주하며 하늘에 절하고, 서쪽으로 나아가 평로보(平魯堡)에 이르러 머물렀다.

○ 是晚, 凱旋諸貝勒, 遣禮部承政薩璧翰 · 吳巴海 · 布喀至, 奏言, 大軍於九月初五日至渾河.

○ 이날 저녁, 개선한 버일러들이 보낸 예부승정 사비간 · 우바하이 · 부카(buka, 布喀)가 도착하여 대군(大軍)이 9월 5일에 혼하(渾河)에 도착한다고 상주했다.

○ 丙午, 上自平魯堡啟行, 出上榆林邊射獵, 時凱旋諸貝勒, 以先遣薩璧翰誤報, 復遣哈爾薩等來奏, 言大軍於八月二十九日, 至扎哈地方納里特河, 九月初五以前當過渾河約陽石木河, 躬謁聖駕.

○ 병오일(8.29), 주상이 평로보(平魯堡)에서 출발하여 상유림(上榆林) 변경에서 활사냥을 할 때에, 개선한 버일러들이 먼저 보낸 사비간이 잘못 보고했다고 하며 다시 하르사(harsa, 哈爾薩) 등이 와서 대군(大軍)이 8월 29일에 자하(jaha, 扎哈) 지방의 나리트 강(narit bira, 納里特河)에 도착하고, 9월 5일 이전에는 당연히 혼하(渾河)를 지나 대략 양시무 강(yangsimu bira, 陽石木河)에 도착하여 직접 어가(御駕)를 맞이할 것이라 상주했다.

○ 先是, 叟塞 · 額爾塞 · 朱策等, 往明國捉生, 至海洛臺, 遇明國採捕者, 殺六人, 生擒二人, 獲牛十一. 比還, 有額駙恩格德爾屬下男子二人 · 婦人二口, 攜馬二十四匹潛逃, 見叟塞等, 至悉奔逸, 叟塞等盡取其馬而還.

○ 이전에 서오서(seose, 叟塞)·어르서이(ersei, 額爾塞)·주처(juce, 朱策) 등이 명나라에 가서 포로를 사로잡았다. 해락대(海洛臺)에 이르러 명나라의 물고기 잡는 자들을 만나 6명을 죽이고 2명을 생포하고 소 11마리를 얻었다. 돌아올 때 어푸 엉거더르 속하의 남자 2명과 부인 2명이 말 24마리를 가지고 몰래 도망가다가 서오서 등을 발견하고 힘껏 뛰어 도망갔다. 서오서 등은 그들의 말을 모두 취하여 돌아왔다.

○ 丁未, 上渡遼河, 率諸貝勒·大臣遍閱所築巨流河城址.

○ 정미일(8.30), 주상이 요하(遼河)를 건너 버일러들과 대신들을 이끌고 거류하(巨流河)에 건설하고 있는 성터를 두루 보았다.

○ 是日, 喀喇沁部落古魯思轄布·吳班和碩齊, 察哈爾國卓禮克圖達爾漢諾顏夫婦, 以所攜酒餚進上, 復獻駝馬, 俱却之.

○ 이날 카라친 부락의 구루스히얍·우반 호쇼치(uban hošoci, 吳班和碩齊), 차하르국의 조릭투 다르한 노얀 부부가 술과 안주를 가지고 와서 주상에게 바치고 또 낙타와 말을 바쳤는데, 모두 받지 않았다.

○ 是晚, 上駐蹕陽石木河.

○ 이날 저녁, 주상이 양시무 강에서 묵었다.

권25

천총 9년 9월 ~ 10월

天聰九年, 乙亥, 九月, 戊申朔.

○ 천총 9년 을해년 9월 무신일 초하루(9.1).

○ 己酉, 阿祿部落達喇海衛徵獻馬匹, 酌納之.

○ 기유일(9.2), 아루 부락의 달라하이 워이정이 말을 바치자, 헤아려 받았다.

○ 庚戌, 喀喇沁部落塞冷塔布囊具筵獻上.

○ 경술일(9.3), 카라친 부락의 서렁 타부낭이 연회를 갖추어 주상에게 바쳤다.

○ 是日, 阿祿部落東戴青屬下翁克參喇嘛 · 額木齊喇嘛獻駝馬, 酌納之.

○ 이날 아루 부락의 둥 다이칭 속하의 옹커선 라마(ongkesen lama, 翁克參喇嘛)와 엄치 라마(emci lama, 額木齊喇嘛)가 낙타와 말을 바치자, 헤아려 받았다.

○ 辛亥, 遣剛林 · 羅碩 · 阿爾薩蘭 · 席唐阿 · 布丹 · 胡巴孫 · 巴雅 · 木富 · 喀爾噶齊 · 科課, 詣凱旋諸貝勒軍, 約相見日期.

○ 신해일(9.4), 가린 · 로쇼 · 아르살란 · 시탕가(sitangga, 席唐阿) · 부단(budan, 布丹) · 후바순(hūbasun, 胡巴孫) · 바야이(bayai, 巴雅) · 무푸(mufu, 木富) · 카르가치(kargaci, 喀爾噶齊) · 코코(koko, 科課)를 보내 개선한 버일러들의 군사에게 가서 만날 날짜를 정하게 했다.

○ 壬子, 凱旋諸貝勒攜歸降人民至, 營於御營之右二里許.

○ 임자일(9.5), 개선한 버일러들이 귀항(歸降)한 백성들을 데리고 도착하여 어영(御營)의 우측 2리 즈음에 군영을 세웠다.

○ 癸丑, 卯刻, 上出御營迎凱旋諸貝勒. 時諸貝勒率歸降察哈爾汗子額爾克孔果爾額哲, 及其諸大臣, 從皇上右側, 馳馬來謁. 上率衆少前, 至御營南岡所築壇上, 設黃案, 焚香, 吹螺掌號. 上率衆拜天畢,上還御座, 凱旋諸貝勒設案, 襲以氈, 奉所得玉璽, 置於上, 令正黃旗固山額眞納穆泰·鑲白旗固山額眞吏部承政圖爾格, 擧案前進, 諸貝勒率衆遙跪, 以獻御幄前設黃案陳香燭. 上受玉璽, 親捧之, 率衆復拜天行禮, 復位傳諭左右曰, 此玉璽乃歷代帝王所用之寶, 天以畀朕, 信非偶然也. 於是凱旋諸貝勒率諸大臣遙跪. 和碩墨爾根戴青貝勒多璽袞進前跪拜, 復近上前行抱見禮. 次兵部和碩貝勒岳託·禮部和碩貝勒薩哈廉·和碩貝勒豪格, 俱如多爾袞禮相見畢, 諸貝勒退就位跪. 令國舅阿什達爾漢向前, 跪請聖安及問諸貝勒起居. 固山額眞昂邦章京阿山出班答曰, 蒙天眷佑, 上與諸貝勒擧國平安. 復問凱旋諸貝勒安否. 國舅阿什達爾漢奏曰, 仰蒙天眷, 復賴皇上洪庥, 收服察哈爾汗子額爾克孔果爾, 並察哈爾汗妻與其群臣百姓, 又獲歷代帝王傳國玉璽, 又入明宣大界至山西地方, 多所俘獲, 大敗敵兵, 此行甚利. 奏畢回班. 於是察哈爾汗妻蘇泰太后及其子額哲·察哈爾汗女弟泰松格格, 及其臣額爾克楚虎爾·瑣諾木衛寨桑等, 各以金印·玉帶·諸色數珠·蟒緞·金銀器皿·駝馬等進獻. 蘇泰太后率察哈爾汗二女弟及本國諸大臣妻朝見上, 蘇泰太后進前, 上起迎, 出幄以禮相見. 蘇泰太后者, 上母舅葉赫貝勒金台石之孫女, 台吉德爾格勒之女, 於上爲中表卑幼行. 是以優禮之見畢, 命坐於御座左側青幄內. 額哲率其國諸大臣遙跪, 稍前拜一次, 復近前跪拜, 行抱見禮, 次與諸貝勒相見畢. 上命額哲坐於御座左側. 蘇泰太后·額哲具筵恭進, 以表戚酌酒玉杯跪獻. 上飮之時, 皇后·三妃率諸貝勒福金等出營, 迎蘇泰太后, 俱相見畢, 皇后·諸妃率諸福金還坐黃幄內. 蘇泰太后旣謁上, 隨詣皇后前行禮, 遂設大宴. 宴蘇泰太后, 及察哈爾汗諸女弟併隨從婦人. 上大宴凱旋諸貝勒, 及額哲與其諸大臣. 宴畢, 上閱所獻禮物, 酌納之. 凱旋諸貝勒以馬一百七十四·駝八十, 籍以聞, 上酌收馬八十·駝四十, 仍分賜八貝勒家, 其餘駝馬, 俱分賞行間効力大臣有差.

○ 계축일(9.6), 묘시(卯時)에 주상이 어영(御營)에서 나와서 개선한 버일러들을 맞이했다. 그때 버일러들은 귀항(歸降)한 차하르 칸의 아들 어르커 콩고르 에제이와 그의 대신들을 이끌고 황상의 오른편에서 말을 달려 와서 알현했다. 주상은 무리를 이끌고 조금 앞으로 가서 어영(御營) 남쪽 언덕에 설치한 단(壇) 위에 황색 상을 설치하고 향을 피우고 나각(螺角)과 호적(號笛)을 불었다. 주상이 무리를 이끌고 하늘에 절한 후 옥좌로 돌아오자, 개선한 버일러들이 상을 설치하고 모전(毛氈)을 깔고 획득한 옥새를 받들어 그 위에 놓고 정황기 구사어전 남타이와 양백기 구사어전이자 이부승정 투르거이가 상을 들고 앞으로 나아갔다. 버일러들이 무리를 이끌고 멀리서 무릎을 꿇고 주상의 천막 앞에 황색 상을 설치하여 향과 초를 피워 바쳤다. 주상이 옥새를 친히 받아 들고 무리들을 이끌고 다시 하늘에 절하여 예(禮)를 행하고, 다시 자리하여 좌우에 유시했다. "이 옥새는 역대 제왕들이 사용하던 보물로 하늘이 짐에게 주신 것은 진실로 우연이 아니다."

이에 개선한 버일러들이 대신들을 이끌고 멀리서 무릎을 꿇었다. 호쇼이 머르건 다이칭 버일러 도르곤이 앞으로 나와 멀리서 무릎 꿇고 절하고, 주상 앞으로 가까이 와서 포견례를 행하였다. 그다음으로 병부 호쇼이 버일러 요토·예부 호쇼이 버일러 사할리얀·호쇼이 버일러 호오거가 모두 도르곤이 한 것처럼 예를 갖추어 알현한 후 버일러들이 자리로 돌아가 무릎을 꿇었다. 국구(國舅) 아시다르한에게 앞으로 오라고 명하자, 아시다르한은 무릎을 꿇고 주상의 안부와 버일러들의 안부를 물었다. 구사어전 암바장긴 아산이 대열에서 나와 답했다. "하늘의 보우하심을 받아 주상과 버일러들과 온 나라가 평안합니다." 또 개선한 버일러들의 안부를 물었다. 국구 아시다르한이 상언

했다. "하늘의 보우하심을 우러러 받들고, 또 황상의 넓으신 비호에 힘입어 차하르 칸의 아들 어르커 콩고르와 차하르 칸의 아내 및 그의 신하와 백성들을 복속시켰고, 또 역대 제왕들에게 전해 내려오던 옥새를 얻었으며, 명나라의 선부(宣府)와 대동(大同)의 경계로 들어가 산서(山西) 지방까지 이르렀는데 노획한 것이 많고 적병을 크게 패퇴시키니, 이번 행군은 이익이 많습니다." 상언을 마치고 대열로 돌아갔다.

이어 차하르 칸의 아내 수타이 태후(sutai taihoo, 蘇泰太后)와 그의 아들 에제이 · 차하르 칸의 여동생 타이숭(taisung, 泰松)[1] 공주 및 그의 신하 어르커 추후르 · 소놈 우이 자이상 등이 각각 금도장 · 옥허리띠 · 각종 염주 · 망단(蟒緞) · 금은그릇 · 낙타 · 말 등을 바쳤다. 수타이 태후가 차하르 칸의 두 여동생과 차하르국의 대신들의 처를 이끌고 주상을 알현했다. 수타이 태후가 앞으로 나오자 주상이 일어나 맞이하러 장막 밖으로 나가 예를 다해 만났다. 수타이 태후는 주상의 외삼촌인 여허 긴타이시 버일러의 손녀이자 타이지 덜거르의 딸로, 주상에게는 항렬이 낮은 조카였다. 이에 우대하는 예로 본 후 어좌(御座)의 좌측에 있는 청색 장막 안에 앉도록 했다. 에제이는 그 나라의 대신들을 이끌고 멀리서 무릎을 꿇고, 조금 앞에 나와 한 차례 절을 하고, 다시 가까이 와서 무릎을 꿇고 절하고 포견례를 행한 다음에 버일러들과 서로 보았다. 주상은 에제이에게 명하여 어좌(御座)의 좌측에 앉게 했다. 수타이 태후와 에제이가 술자리를 갖추어 바치고, 친척으로서 옥잔에 술을 따라 무릎을 꿇고 바쳤다. 주상이 그것을 마실 때에,

---

1 타이숭 공주: 泰松格格. 몽골 차하르부 릭단 칸의 둘째 여동생. 전남편은 나이만부의 지농인 군축 타이지. 1632년 군축 타이지는 릭단 칸의 막북 원정 시기에 漢南의 투바 지농에게 도피해 있다가 상가르자이 지농을 살해하고 명나라의 변경으로 도주한 후 실종되었다. 타이숭 공주는 릭단 칸이 사망한 후 1636년에 릭단 칸의 부인들과 함께 청에 귀부했고 예친왕 다이샨과 결혼했다. 『舊滿洲檔 天聰九年』, p.266에는 taisun gūnji로 기록되어 있다. gūnji는 公主의 몽골어.

황후와 3명의 비(妃)들이 버일러들의 푸진 등을 이끌고 군영을 나와 수타이 태후를 맞이했다. 서로 보는 것을 마치고 황후와 비(妃)들은 푸진들을 이끌고 황색 장막 안으로 돌아가 앉았다. 수타이 태후가 주상을 알현한 후에 황후 앞으로 가서 예를 행하자 이윽고 큰 연회를 열어 수타이 태후 및 차하르 칸의 여동생들과 그들을 따라온 부인들에게 베풀었다. 주상이 개선한 버일러들 및 에제이와 그의 대신들에게 큰 연회를 베풀었다. 연회가 끝나자 주상은 바친 예물들을 살펴보고, 헤아려 받았다. 개선한 버일러들은 말 174마리 · 낙타 80마리를 문서에 적어 주상에게 보고했고, 주상은 말 80마리와 낙타 40마리를 헤아려 받아서 여덟 버일러들의 집에 나누어 하사했다. 나머지 낙타와 말은 모두 전쟁에서 힘을 쓴 대신들에게 차등 있게 상 주었다.

○ 丙辰, 以鄂爾多斯濟農處所得察哈爾壯丁八百名, 補各旗之缺少者.

○ 병진일(9.9), 오르도스 지농이 있던 곳에서 얻은 차하르의 장정 800명으로 각 기(旗)의 부족분을 보충했다.

○ 大貝勒代善, 聞察哈爾汗女弟泰松格格饒於財, 奏欲娶之. 上俞其請, 於是代善以娶泰松格格禮. 於御營前設黃幄, 傍各設青幄, 又於上左側, 爲皇后 · 諸妃設黃幄, 傍設二白幄, 具盛筵獻上, 又獻鞍馬不納.

○ 대버일러 다이산이 차하르 칸의 여동생 타이숭 공주가 재물이 풍족하다는 것을 듣고 처로 삼고 싶다는 상주를 올렸다. 주상이 그 청을 허락하여 다이샨이 타이숭 공주를 처로 삼는 예를 행하였다. 어영

(御營) 앞에 황색 장막을 세우고 그 옆에는 각각 청색 장막을 세웠으며, 또 주상의 좌측에는 황후와 비(妃)들을 위해 황색 장막을 세우고 그 옆에는 두 개의 흰색 장막을 세우고, 성대한 연회를 구비하여 주상에게 바쳤다. 또 안장을 갖춘 말을 바쳤으나 받지 않았다.

○ 是日, 以兵部貝勒岳託有疾先遣之還.

○ 이날 병부 버일러 요토가 병들어 이전에 파견했던 자들이 돌아왔다.

○ 丁巳, 上以第二公主許妻林丹汗子額哲, 額哲行聘禮, 設盛筵進獻, 復獻蟒緞 · 黃金 · 金器 · 各色數珠 · 貂褂 · 衣服 · 甲冑 · 雕鞍 · 駝馬, 上酌納之, 賜額哲貂帽 · 貂裘 · 玲瓏玉帶 · 緞韃等物.

○ 정사일(9.10), 주상이 둘째 공주[2]를 릭단 칸의 아들 에제이(ejei, 額哲)에게 처로 주었다. 에제이가 빙례(聘禮)를 행하고 성대한 잔치를 열어 바쳤다. 또 망단 · 황금 · 금그릇 · 각종 염주 · 담비가죽 마고자 · 의복 · 갑옷과 투구 · 조각한 안장 · 낙타와 말을 바쳤다. 주상이 헤아려 받고, 에제이에게 담비가죽 모자 · 담비가죽옷 · 정교하게 장식한 옥허리띠 · 비단신발 등의 물건을 하사했다.

2 홍타이지의 둘째 딸 마카타 공주이다.

○ 董得貴等, 自朝鮮還. 朝鮮國王李倧報書曰, 承示敝邦邊民違禁採參, 乃至深入貴國, 距興京城纔五六十里, 及遇巡哨者, 猶未肯束手服罪, 反力抗之, 聞之來使不任惶悚. 夫敝邦商賈未入民籍, 隨意東西, 見利而趨如恐不及, 無利則違而去之, 官家號令不復及於此輩, 其來久矣. 且從前與江北之人往還貿易, 遂成積弊. 年來江北恪守貴國威令, 不敢冒禁相通, 此輩頓失生理, 乃爲竊參資生之計, 前後爲貴國縛至者, 非止一二次矣. 悉斬之境上, 其爲邊臣所發覺者, 亦比比有之. 然見利忘生之輩, 猶懷僥倖之心, 且邊臣心性不一, 往往掩匿其姦狀, 故覺輒拏治, 猶不能永絕其弊也. 每承貴國之訓, 不穀實無辭以對. 然貴國深念兄弟之好, 開示勤懇欣幸何如. 從前貴國人逃入我邊者, 一一押還, 邇來無一至者, 如有之, 寧敢一日留也. 貴國待我篤厚如此, 而我乃容隱貴國姦人, 以負貴國, 有此理乎.

○ 동득귀(董得貴) 등이 조선에서 돌아왔다. 조선국왕 이종(李倧)이 답서에서 말했다. 「서신을 받았습니다. 폐방의 변민들이 금약을 어기고 삼을 캐러 귀국에 깊이 들어가서, 흥경성(興京城)의 50-60리 인근에서 순찰하던 자를 만나서도 손을 묶고 죄를 인정하지 않고 도리어 힘써 항거했다는 것을 보내온 사신으로부터 들으니 황송하기 그지없습니다. 무릇 폐방의 상인들은 민적에 들어가 있지 않아서 제멋대로 오가며 이익을 보면 쫓으면서 미치지 못할까 두려워하고, 이익이 없으면 어기고 떠나가 버리니 관가의 호령이 이 무리들에게 미치지 못한 지 오래되었습니다. 또 종전에 강의 북쪽에 사는 사람들과 오가며 무역하던 것이 결국 뿌리 깊은 폐단이 되었습니다. 몇 년 전부터 강의 북쪽에서는 귀국의 명령을 지키며 감히 금지된 소통을 하지 않았습니다. 그래서 이 무리들이 살아갈 방도를 완전히 잃어서 삼을 훔쳐서 먹고 살 계책으로 삼은 것입니다. 전후로 귀국이 체포해서 보낸 자가 많

았는데 모두 변경에서 참살했고, 변방의 신하에게 발각된 자도 종종 있었습니다. 그러나 이익을 보고 목숨까지 버리는 무리들이 오히려 요행을 바라는 마음을 품고 있고, 또 변방 신하들의 심성이 모두 같지는 않아서 종종 그 간사한 행적을 감추어 주기도 하므로 발각될 때마다 붙잡아서 치죄하더라도 영구히 그 폐단을 끊어 낼 수 없습니다. 매번 귀국의 훈시를 받으니 저는 실로 대답할 말이 없습니다. 그런데도 귀국은 형제의 우호를 깊이 생각하여 정성을 보여 주시니 어찌 기쁘고 다행스럽지 않겠습니까. 종전에는 우리 변경으로 도망쳐 들어오는 귀국의 사람들을 일일이 붙잡아서 돌려보냈는데 최근에는 한 사람도 오는 자가 없고, 만약 있더라도 어찌 감히 하루라도 머물도록 하겠습니까. 귀국이 이렇게 저를 돈독히 대우하는데, 제가 귀국의 간인(姦人)을 숨겨 줌으로써 귀국을 등질 리 있겠습니까?」

○ 先是, 發帑銀與明國互市, 獲蟒素等緞疋. 是日, 賜諸公主大緞各三, 額駙楊古利蟒緞一 · 緞二, 額駙達爾哈 · 恩格德爾 · 明安貝勒及阿山 · 葉臣 · 葉克書 · 石廷柱 · 和爾本 · 光泰 · 普漢 · 察喀尼 · 遏必隆 · 馬光遠 · 塔什海庫魯克, 各蟒緞一 · 緞一, 蒙古八固山額眞各蟒緞一.

○ 이전에 탕은(帑銀)을 내어 명나라와 호시하여 망단(蟒緞)과 소단(素緞) 등을 얻었다. 이날 여러 공주에게 대단(大緞)을 3필씩, 어푸 양구리에게 망단(蟒緞) 1필과 비단 2필을 주고, 어푸 다르한(darhan, 達爾哈) · 엉거더르(enggeder, 恩格德爾) · 밍간(minggan, 明安) 버일러와 아산 · 여천 · 역슈 · 석정주 · 홀본 · 구왕타이(guwangtai, 光泰) · 푸한(puhan, 普漢) · 차카니(cakani, 察喀尼) · 어빌룬(ebilun, 遏必隆) · 마광원 · 타시하이 쿨룩(tasihai kuluk 塔什海庫魯克)에게 각각 망단(蟒緞) 1

필 · 비단 1필씩을 주었으며, 몽고의 구사어전 8명에게 각각 망단(蟒緞) 1필씩을 주었다.

○ 戊午, 上召蘇泰太后 · 額哲及其諸大臣入營賜宴, 復賜雕鞍 · 駝馬 · 貂裘 · 貂帽等物.

○ 무오일(9.11), 주상이 수타이 태후(sutai taihoo, 蘇泰太后)와 에제이, 그리고 그의 여러 대신들을 불러 군영에 들어오게 하여 잔치를 베풀고, 다시 조각한 안장 · 낙타와 말 · 담비가죽옷 · 담비가죽모자 등의 물건을 하사했다.

○ 貝勒豪格欲娶察哈爾伯奇福金, 貝勒阿巴泰欲娶察哈爾俄爾哲圖福金奏聞, 上命諸貝勒議. 諸貝勒皆以爲可覆奏, 遂定議. 令貝勒豪格娶伯奇福金, 貝勒阿巴泰娶俄爾哲圖福金. 時上姊哈達公主聞之曰, 吾女尚在貝勒豪格, 何得又娶一妻也, 遂懷怨望.

○ 버일러 호오거가 차하르의 버키(beki, 伯奇) 푸진과 결혼하고자 하고, 버일러 아바타이가 차하르의 올제이투(oljeitu, 俄爾哲圖) 푸진과 결혼하고자 한다고 상주하므로 주상이 여러 버일러들에게 명하여 의논하게 했다. 여러 버일러들이 모두 가하다고 복주(覆奏)하니 마침내 의논이 정해졌다. 버일러 호오거를 버키 푸진과 결혼하게 하고, 버일러 아바타이를 올제이투 푸진과 결혼하게 했다. 이때 주상의 누이인 하다 공주가 이를 듣고 말하기를, “내 딸이 버일러 호오거에게 시집을 갔는데, 어찌하여 또 하나의 처를 취한단 말인가?” 하고 마침내 원한을 품었다.

○ 庚申, 貝勒豪格娶伯奇福金, 設大宴. 獻雕鞍馬, 不納.

○ 경신일(9.13), 버일러 호오거가 버키 푸진과 결혼하고 큰 잔치를 베풀었다. 조각한 안장을 갖춘 말을 바쳤는데 받지 않았다.

○ 辛酉, 都元帥孔有德奏言, 竊觀自古受命之主, 必有受命之符. 昔文王時, 鳳凰鳴於岐山, 今皇上得傳國寶璽, 二兆畧同. 此寶實非尋常, 乃漢時所傳, 迄今二千餘年, 他人不能得, 惟我皇上得之. 蓋皇上愛民如子, 順時合天, 雖寶璽在千里之遠, 應運呈祥. 是天啟其兆, 登九五之尊, 而享天下之福無疑也. 不但臣一人喜而不寐, 即中外聞之, 莫不懽忻鼓舞, 以爲堯舜之治. 今得復見矣. 曷勝忭躍, 分當赴闕拜賀, 緣未奉命, 不敢擅離職守, 謹齋戒焚香, 遙拜具奏.

○ 신유일(9.14), 도원수 공유덕이 상주했다. 「삼가 살펴보건대, 예로부터 천명을 받은 군주에게는 반드시 천명을 받을 조짐이 있었습니다. 옛날 문왕(文王) 때는 봉황이 기산(岐山)에서 울었고, 지금 황상께서는 전국보새(傳國寶璽)를 얻으셨는데, 두 가지 상서는 대략 같은 것입니다. 이 보새(寶璽)는 실로 평범한 것이 아니며, 한나라 때부터 전해진 것으로 이제 2,000여 년에 이르도록 다른 사람은 얻지 못한 것을 오직 우리 황상께서 얻었습니다. 황상께서 백성을 자식과 같이 아끼시고 시운에 따르시며 하늘에 부합하시니 보새가 천리 밖에 있었어도 시운을 타고 상서로움을 드러낸 것입니다. 이는 하늘이 조짐을 열어서 보이고 천자의 고귀한 자리에 오르게 하시려는 것이고 천하의 복을 누리라는 것임을 의심할 바가 없습니다. 오직 신 한 사람만이 기뻐서 잠을 이루지 못하는 것이 아니라, 중외에서 이를 듣고 춤추며 기뻐

하지 않는 자가 없으니 요순(堯舜)의 다스림을 오늘날 다시 봅니다. 가슴 벅찬 기쁨이 그지없어 대궐로 나아가 절하고 축하드려야 마땅하지만 명을 받들지 못한 까닭에 감히 맡은 직책을 떠날 수 없어 삼가 재계하고 향을 태우며 멀리서 절하면서 갖추어 상주합니다.」

○ 總兵官耿仲明奏言, 夫玉璽者, 乃天子之大寶, 國家之上瑞, 有天下者所必用也. 今皇上合天心愛百姓, 故天賜寶璽, 可見天心之默佑矣. 惟願蚤正大統, 以慰臣民之望. 理宜赴闕拜賀, 因未奉命, 不敢擅行, 謹率諸臣, 遙叩以奏.

○ 총병관 경중명이 상주했다. 「무릇 옥새(玉璽)는 천자의 대보(大寶)이자 국가의 상서이니 천하를 가진 자에게 반드시 쓰이는 것입니다. 지금 황상께서 천심(天心)에 부합하고 백성을 아끼시므로 하늘이 보새(寶璽)를 내리셔서 천심(天心)이 묵묵히 도와주심을 보인 것입니다. 바라건대 대통(大統)을 바로잡아 신민의 바람을 위로하소서. 대궐로 나아가 절하고 축하드리는 것이 도리이지만 명을 받들지 못했으므로 감히 함부로 행할 수 없어서 삼가 여러 신하들을 이끌고 멀리서 고두하며 상주합니다.」

○ 是日, 蒙古巴特瑪, 自錦州來歸.

○ 이날 몽고의 바트마가 금주(錦州)로부터 와서 귀부했다.

○ 庚午, 皇后及諸妃, 召察哈爾汗妻蘇泰太后, 大宴之.

○ 경오일(9.23), 황후와 여러 비가 차하르 칸의 처 수타이 태후를 불러 큰 잔치를 베풀어 주었다.

○ 辛未, 賜蘇泰太后及其下寨桑十三人, 牛羊及酒.

○ 신미일(9.24), 수타이 태후와 그 속하의 자이상 13명에게 소와 양, 술을 하사했다.

○ 是日, 移營將還. 大貝勒代善, 以子尼堪祜塞病, 遂率本旗人員, 自行出獵, 離遠駐營. 時哈達公主怨上, 欲先還家, 經大貝勒營前, 大貝勒命其福金等, 往邀哈達公主. 比至, 大貝勒親迎入帳大宴之, 贈以財帛. 上聞之, 大怒.

○ 이날 군영을 옮기고 돌아가고자 했다. 대버일러 다이샨은 아들 니카후서(nikahūse, 尼堪祜塞)가 병이 났기 때문에 본 기(旗)의 인원을 이끌고 사냥하러 나가서 주둔한 군영으로부터 이탈했다. 이때 하다 공주가 주상을 원망하여 먼저 집으로 돌아가려다가 대버일러의 군영 앞을 지나는데, 대버일러가 그 푸진들에게 명하여 가서 하다 공주를 맞이하게 했다. 하다 공주가 이르자 대버일러는 친히 맞이하여 장막 안으로 들어오게 하고 큰 잔치를 베풀고 재물을 주었다. 주상이 듣고 크게 노했다.

○ 貝勒阿巴泰, 娶察哈爾俄爾哲圖福金, 設大宴. 獻雕鞍馬, 不納. 上自貝勒阿巴泰宴畢還營, 遣人詣大貝勒代善及其子貝勒薩哈廉詰之曰, 爾自率本旗人任意行止, 又將怨朕之哈達公主, 邀至營中設宴餽物, 復以馬送之歸, 是誠何心. 爾薩哈廉身任禮部, 爾父妄行又邀請怨朕之人, 爾旣知之, 何竟無一言諫阻耶. 時上怒甚, 遂不諭知衆貝勒, 先還盛京謁堂子, 入宮閉大內門, 不許諸貝勒 · 大臣進見.

○ 버일러 아바타이가 차하르의 올제이투 푸진과 결혼하고 큰 잔치를 베풀었다. 조각한 안장을 갖춘 말을 바쳤는데 주상은 받지 않았다. 주상이 버일러 아바타이의 잔치를 마치고 군영으로 돌아와서 사람을 보내어 대버일러 다이샨과 그의 아들 버일러 사할리얀을 꾸짖었다. "너희는 본 기(旗)의 사람들을 이끌고 제멋대로 행동했고, 또 짐을 원망하는 하다 공주를 군영 안으로 맞이하여 잔치를 베풀고 재물을 주었으며 또 말에 태워 돌려보내기까지 했으니 이는 도대체 무슨 의도인가. 너 사할리얀은 예부를 맡고 있는 몸으로 너의 아비가 망령되이 행동하고 또 짐을 원망하는 사람을 청해 들였는데, 너는 이를 알면서도 어찌 끝내 한 마디 말로 간하여 저지하지 않았는가?" 이때 주상의 노기가 심하여 끝내 여러 버일러들에게 유시하여 알리지 않은 채, 먼저 성경(盛京)으로 돌아와 당자(堂子)에 배례하고 궁에 들어가 궁궐의 문을 닫고 버일러들과 대신들이 알현하지 못하게 했다.

○ 壬申, 上御內殿召集諸貝勒 · 大臣 · 侍衛等諭之曰, 朕欲爾諸人知朕心事, 故召爾等面諭. 如朕言或有未當, 爾諸貝勒 · 大臣, 卽直陳其非, 勿面從也. 朕之心事, 首則欲天知之, 再則欲爾諸貝勒 · 大臣及在廷諸臣共知之. 爾等諸貝勒中, 有能體國愛民者, 亦有不能者, 安能一一指名言之. 夫各國人民, 俱戴我爲君, 呼籲來歸, 朕已將此歸順之人, 分給爾貝勒等愛養之矣. 爾諸貝勒果能愛養天賜人民, 勤圖治理, 庶幾得邀上天眷佑之恩. 若爾諸貝勒, 不留心撫育人民, 致彼不能聊生窮困呼天, 咎不歸朕而誰歸耶. 今汝等所行如此, 朕將何以爲治乎. 自古以來, 有力強而爲君者, 有幼冲而爲君者, 有爲衆所擁戴而爲君者, 皆君也. 既已爲君, 則制令統於所尊, 豈可輕重其間乎.

今正紅旗固山貝勒等, 輕肆之處甚多. 大貝勒昔從征明燕京時, 違衆欲返, 及征察哈爾時, 又堅執欲回, 朕方銳志前進, 而彼輒欲退歸. 所俘人民, 令彼加意恩養, 彼既不從, 反以爲怨. 夫勇畧者不進, 不肖者不黜, 則人無復肯向前盡力. 今正紅旗貝勒於賞功罰罪時, 輒偏護本旗, 朕所愛者而彼惡之, 朕所惡者而彼愛之, 豈非有意離間乎. 朕今歲託言巡遊, 欲探諸貝勒出師音耗, 方以勝敗爲憂. 而大貝勒乃借名捕蝗, 大肆漁獵, 以致戰馬疲瘦, 及遣兵助額爾克楚虎爾貝勒時, 正紅旗馬匹, 獨以出獵之故, 瘦弱不堪, 儻出師諸貝勒, 一有緩急, 將不往應援, 竟晏然而已乎. 誠心爲國者, 固如是乎.

且大貝勒諸子, 借名放鷹, 輒擅殺民間牲畜, 所行如此, 貧民何以聊生. 又伊子瓦克達彈射濟爾哈之姊, 又和碩貝勒濟爾哈朗, 因其妻亡, 以察哈爾汗妻蘇泰太后乃其妻之妹心欲娶之, 與諸貝勒商議, 諸貝勒以其言奏朕. 朕即以問諸貝勒, 諸貝勒皆言當允其請. 朕方許濟爾哈朗, 乃大貝勒獨違衆論, 而欲自娶, 以問於朕, 朕謂諸貝勒先已定議許濟爾哈朗矣. 兄知之而言乎. 抑不知而言乎. 彼諉以不知而止後復屢言, 欲強娶之, 有是禮乎. 朕曾遣滿達爾漢 · 祁充格往諭大貝勒, 令娶囊囊太后, 彼以其貧而不娶, 遂拒朕命. 凡人娶妻, 當以財聘, 豈有冀其財物而娶之之理乎. 往時貝勒阿濟格部下大臣車爾格有女, 額駙楊古利欲爲其子行聘, 大貝勒脅之. 且唆正藍旗貝勒莽古爾泰曰, 爾子邁達禮, 先欲聘之矣. 爾若不言, 我當爲我子馬瞻娶之. 夫阿濟格誼屬親弟, 豈可欺弟而脅其臣乎.

昔征大同, 攻克得勝堡時, 我國一新降蒙古, 奪門而入, 彼遂執而殺之, 如此殺降, 人將何以爲生, 爾薩哈廉, 乃統攝禮部貝勒, 知其事而匿不奏聞於朕, 理當如是耶. 額駙畢喇習者分給大貝勒贍養之人也. 每以衣食不足, 不能聊生來告於朕, 朕潛給衣食而遣之. 其餘屬下, 以不贍養而訴者, 何可勝數. 朕見其虐害愛塔, 奪其乘馬, 取其財物, 蚤料愛塔不能自存, 必至逃亡, 未幾而愛塔果逃. 誠心憂國者, 當虐人如是乎. 凡此特擧其重者言之耳. 其餘小事違悖者, 言不能盡.

至哈達公主, 自皇考在時, 專以暴戾讒譖爲事, 大貝勒與彼原不相睦, 但因其怨朕, 遂邀至營中宴之, 先時, 何嘗如此款贈耶. 又瑣諾木杜稜濟農, 屢在朕前佯醉言, 皇上不當惟兄弟是倚, 行將害上, 宜愼防之. 上在則我北邊蒙古得安其生, 不則我蒙古人不知作何狀矣. 朕若聽其言, 疑我兄弟之將害朕也. 而遽加誅戮, 則喪亂之端, 卽由此而起, 豈非誤國之言乎.

如爾德格類 · 岳託 · 豪格三貝勒, 偏聽哈達公主 · 濟農之言, 欲殺託古, 有是理耶. 夫託古何敢勸濟農殺哈達公主, 不過固濟農先娶託古之妹, 公主惡其妹, 以及其兄因成隙, 而欲殺託. 古耳語云, 避强陵弱是爲小人. 若朕不能教訓爾等, 又何以子萬民理國政乎. 且朕非自圖富貴, 而菲薄兄弟也, 欲纘承皇考遺業, 興隆國祚貽令名於後世耳. 爾等悖亂如此, 朕將杜門而居, 爾等別擧一强有力者爲君. 朕引分自守足矣.

厲辭諭畢, 遂入宮復閉朝門. 時召至諸臣聞上諭, 無不欽服. 於是, 諸貝勒 · 大臣 · 八固山額眞及六部承政, 審擬此案. 定罪畢, 諸貝勒 · 大臣至朝門外, 跪請曰, 惟皇上寬仁盛德, 故遐邇歸服邦國奠寧, 人民安樂. 今皇上爲一國之主, 百官萬民莫不仰賴, 大綱小紀俱待睿裁, 伏祈皇上臨朝, 親決萬幾, 上許之, 乃出朝聽政.

於是, 諸貝勒 · 大臣以會議, 大貝勒代善等罪狀奏曰, 皇上命諸貝勒出師, 必先議定, 遵諭而行, 大貝勒違背定議, 征察哈爾國時, 上遣孟阿圖還, 伊奏請於上, 亦欲先還, 自歸化城還. 至張家口濬壕駐守時, 又以欲還, 令貝勒岳託 · 薩哈廉奏請於上, 試思太祖在日, 大貝勒敢如此三次請還乎. 如不宜進取即當勸皇上率大軍同還, 而乃三次欲獨還者何意. 豈非輕慢皇上, 故違法紀耶. 罪一.

貝勒多爾袞等, 征取孔果爾額哲, 久無音耗適, 有遣兵牧馬之便, 皇上躬巡邊界, 因以偵探, 大貝勒故借捕蟶爲名奏請於上, 往清河肆行漁獵, 以致馬匹疲頓. 及令額爾克楚虎爾貝勒出兵錦州, 偵探出師諸貝勒消息, 大貝勒一旗, 馬獨羸瘦僅充數而行, 大貝勒身爲皇兄, 皇上篤於友愛, 凡所陳請必勉強俞允, 伊乃於軍旅倥傯之際, 奏請捕蟶, 豈非不欲偵探貝勒多爾袞等消息, 不欲隨皇上同行, 必懷異志, 以致離衆前行乎. 罪二.

諸貝勒收服察哈爾國, 擕察哈爾汗之妻子以來, 報至皇上遣人, 問大貝勒及諸貝勒當親出迎與否, 大貝勒奏言, 皇考在時, 遣征瓦爾喀者還時, 曾迎至鷹兒河 · 薩木唐阿地方, 今亦應以禮迎之此, 若不以禮迎, 更無可禮迎者, 既而以禮出迎. 大貝勒, 乃自違其言, 不隨皇上, 獨前行三日. 又賜貝勒豪格成婚時, 哈達公主怨望回家. 乃大貝勒遣福金等, 往邀哈達公主. 又復親自出邀迎 入其營宰牛羊設筵宴, 贈以財物而後遣之. 大貝勒與哈達公主原不相睦, 聞哈達公主怨望皇上, 乃反留飲饋贈, 罪三.

濟農在開原, 先於哈達 · 葉赫山上圍獵. 大貝勒云, 此奴因另給地方居住, 所以得肆行圍獵. 若以濟農從人付我, 我必射穿其脅也. 及議濟農第二次, 在哈達 · 葉赫山圍獵之罪, 大貝勒復庇濟農, 忽變前言謂, 彼未嘗上山, 實獵於野耳. 展轉回護, 反覆不常, 罪四.

有此四罪, 擬革大貝勒名號, 竝削和碩貝勒職. 奪十牛彔屬人, 罰雕鞍馬十匹 · 甲胄十副 · 銀萬兩, 仍罰九馬, 以與九貝勒.

伊子貝勒薩哈廉, 從征歸化城時, 遣瓦克達先還情節, 先已啟奏皇上,伊復私留, 奏皇上曰, 已留瓦克達矣. 又伊父自歸化城還, 至張家口, 濬壕駐守時, 三次欲還. 伊竟代爲奏請. 又往迎孔果爾額哲時, 一切輜重悉付伊父, 前行三日, 止以本身隨駕. 且伊父從征, 則三次欲還, 出迎則前行三日, 其意何在, 伊豈有不知之理. 臣等公議, 應罰貝勒薩哈廉雕鞍馬五匹·空馬五匹·銀二千兩, 奪二牛彔屬人.

至哈達公主及濟農, 原與大貝勒素不相睦. 故往迎孔果爾時, 皇上召哈達公主與代噶爾公主同至, 哈達公主於代噶爾公主前謂皇上曰, 大貝勒與小貝勒待我甚薄. 及賜貝勒豪格成婚時, 公主怨望而還. 大貝勒與皇上相左, 另在前行, 兩人俱懷怨望, 結黨宴會. 伊與大貝勒原不相和, 因大貝勒與皇上不睦, 遂爾反仇爲好, 兩惡相濟, 同毁皇上, 罪一. 託古無辜, 公主誣以謀害而欲殺之. 且向皇上詛曰, 不從吾言殺託古, 天必鑒之. 及審託古毫無罪狀, 罪二. 公主下嫁濟農時, 賜以開原地方, 又編給滿洲牛彔, 皇上之加恩於彼者, 可謂至深且厚. 乃濟農夫婦, 於皇上幸獵之葉赫·哈達山上, 擅自二次行獵, 罪三. 有此三罪, 應革去濟農之號·公主之名, 爲民. 仍罰濟農夫婦銀各百兩, 奪其滿洲牛彔及開原地方. 其濟農所帶蒙古, 皆沒入官.

至徇庇公主之貝勒德格類·岳託·豪格, 當哈達公主在開原時, 曾謀於濟農云, 爾當誣託古常勸爾害我, 若不從我謀, 吾即死矣. 及公主自開原來, 遂以此事告貝勒德格類·岳託·豪格. 三貝勒召濟農問之, 濟農實其言, 遂論託古死, 奏聞. 會上以公主自開原來, 親往視之. 公主曰, 何不殺害我之託古耶. 皇上曰, 凡人有罪, 不可以一人之言, 而遂殺之也. 當集衆審定是非, 然後, 誅之耳. 上遂還宮, 召集察哈爾·喀爾喀·諸蒙古貝子會勘. 濟農跪奏上前曰, 不殺託古, 公主必殺我. 若殺託古, 則託古之父與吾父同居, 託古與我, 又親如昆弟. 託古死, 我何以獨生. 時諸蒙古貝子皆在. 上爲不懌曰, 朕若聽爾三貝勒之言, 即殺託古, 是彼無辜而置之死也. 爾三貝勒, 奈何以親戚之故, 庇護公主, 乃爾耶.

臣等公議, 貝勒德格類·豪格, 各應罰銀五百兩. 貝勒岳託, 徇公主情, 欲殺託古, 罪一. 審託古時, 召之不至, 罪二. 往征察哈爾, 還至張家口, 瀋壕駐守時, 在上前代其父奏請先還, 罪三. 議應罰銀千兩·雕鞍馬五匹.

奏入, 上命從寬免革代善貝勒職, 并還代善十牛彔屬人·薩哈廉二牛彔屬人, 及濟農所擄蒙古. 遂集八家章京, 諭之曰, 嗣後一應親戚之家, 不許哈達公主往來. 親戚有私相往來者, 被旁人舉者, 照哈達公主之罪, 罪之.

○ 임신일(9.25), 주상이 내전(內殿)에서 여러 버일러들과 대신·시위들을 소집하여 유시했다. 「짐은 너희 여러 사람들에게 짐의 심정을 알리고자 너희를 불러 대면하고 말한다. 만약 짐의 말이 혹시라도 온당하지 않거든 너희 버일러들과 대신들은 곧바로 그 그릇됨을 말해야지, 겉으로만 따르려 해서는 안 된다. 짐의 심정을 우선 하늘에게 알리고 다음으로 너희 버일러들과 대신들과 조정의 여러 신하들에게 함께 알리고자 한다.

너희 버일러들 가운데 국가를 위하고 백성을 아끼는 자가 있는가 하면, 그러지 못할 자도 있는데 어찌 일일이 지명해서 말하겠는가. 각국의 인민이 모두 나를 추대하여 군주로 삼았고, 호소하면서 귀부해 오니 짐은 귀순한 사람들을 너희 버일러들에게 나누어 주고 아껴 기르게 했다. 너희 버일러들이 과연 하늘이 내려 준 인민들을 아껴 기르고 부지런히 다스림을 도모하면 하늘이 보우하시는 은혜를 받을 수 있을 것이다. 만약 너희 버일러들이 인민을 아끼고 기르는 데에 마음을 두지 않으면 저들이 의지하여 믿고 살지 못하게 되어 곤궁함을 하늘에 부르짖을 것이니 허물이 짐에게 돌아오지 않는다면 누구에게로 돌아가겠는가. 지금 너희의 소행이 이와 같으니 짐이 장차 어찌 다스리겠는가. 예로부터 힘이 강하여 군주가 된 자도 있고, 어린데도 군주가 된 자가 있으며, 여러 사람들이 추대하여 군주가 된 자도 있는데, 이들은 모두 군주이다. 이미 군주가 되어서는 제도와 법령을 그 존귀한 바로 통할하는 것이니 어찌 그 사이에 경중이 있겠는가.

지금 정홍기의 구사이 버일러들이 제멋대로 처신하는 경우가 허다하다. 대버일러는 예전에 명나라 연경 정벌에 참가했을 때 여러 사람들을 저버리고 돌아가고자 했고, 차하르를 정벌할 때에도 고집을 부리면서 돌아가고자 했으며 짐이 굳게 전진하려는 뜻을 가졌음에도 그는 번번이 돌아가고자 했다. 노획한 인민을 그로 하여금 각별히 유의해서 은혜로 기르게 했는데도 그는 따르지 않고 도리어 원망스럽게 여겼다. 무릇 용기와 재략이 있는 자가 나아가지 못하고, 어리석은 자가 물러나지 않으면 사람들이 다시는 앞장서서 힘을 다하려 하지 않을 것이다. 지금 정홍기의 버일러는 공적을 포상하고 죄상을 징벌할 때 번번이 노골적으로 자신의 기를 편드는데, 짐이 아끼는 것을 그는 미워하고 짐이 미워하는 것을 그는 아끼는 것이니 어찌 이간질하려는 의도를 가진 것이 아니겠는가. 짐은 올해 순유(巡遊)를 명목으로 삼아서 여러 버일러들의 출정 소식을 탐지하고자 했으니, 승패를 걱정했기 때문이다. 그런데 대버일러는 그때 조개를 채취한다는 명분으로 제멋대로 물고기를 잡고 사냥을 함으로써 전마를 지치고 병들게 하여, 어르커 추후르 버일러를 도울 군대를 파견할 때가 오자 정홍기의 말만 출렵으로 인해 수척해져서 감당할 수 없었다. 만약 출정한 버일러들에게 다급한 사태가 있을 때 응원하러 가지 못했다면 끝내 편안히 지낼 수 있었겠는가. 온 마음을 다해 나라를 위하는 것이 진실로 이러한 것인가.

또 대버일러의 아들들은 매를 놓아 사냥한다는 명분으로 번번이 백성의 가축을 함부로 죽이니, 하는 짓이 이러하면 가난한 백성들이 어찌 의지하고 살아가겠는가. 또 그의 아들 왁다(wakda, 瓦克達)는 지르하(jirha, 濟爾哈)의 언니를 활로 쏘았다. 또 호쇼이 버일러 지르갈랑은 처가 죽었는데, 차하르 칸의 처인 수타이 태후가 그 처의 동생이므로 내심 결혼하려고 버일러들과 상의하고 버일러들은 그것을 짐에게 상주했다. 짐이 버일러들에게 하문하니 버일러들이 모두 마땅하다고 말하여 그의 청을 들어주었다. 짐은 지르갈랑에게 주기로 했는데 대버일러가 홀로 중론을 어기고 자기가 취하고자 짐에게 물어서 짐은 "여러 버일러들이 먼저 지르갈랑에게 주기로 의논을 정했습니다. 형은 알고서 이런 말을 합니까, 아니면 몰라서 이런 말을 합니까."라고 했다. 그는 몰랐다고 변명하면서 그칠 듯하다가 나중에 다시 누차 말하면서 강제로 장가들고자 했으니 이런 예가 있는가. 짐은 일찍이 만다르한 · 키충거를 보내어 대버일러에게 가서 유시하여 낭낭 태후에게 장가들게 했는데, 그는 그녀가 가난하다는 이유로 취하지 않고 끝내 짐의 명을 거역했다. 무릇 사람이 처를 취할 때는 마땅히 재물을 내어 맞이하는 것이지, 어찌 재물을 바라서 장가드는 이치가 있단 말인가. 옛적에 버일러 아지거 속하의 대신 처르거이에게 딸이 있어서 어푸 양구리가 자신의 아들과 혼인시키려고 했는데 대버일러가 위협하고, 또 정람기의 버일러 망굴타이를 부추겨 말하기를, "너의 아들 마이다리(maidari, 邁達禮)가 먼저 혼인하려고 했지만 네가 말하지 않으면 나의 아들 마잔(majan, 馬瞻)에게 혼인하라고 하겠다."라고 했다. 아지거는 친동생인데, 어찌 동생을 속이고 그의 신하를 위협할 수 있는가.

예전에 대동(大同)을 정벌하면서 득승보(得勝堡)를 공격하여 함락했을 때, 우리나라의 새로 항복한 몽고인 한 사람이 문을 탈취하고 들어가자 그를 잡아 죽였다. 이렇게 항복한 사람을 죽이면 사람들이 장차 어떻게 살 수 있겠는가. 너 사할리얀은 예부를 통섭하는 버일러로서 그 일을 알고도 숨기고 짐에게 보고하지 않았으니 도리가 그렇다고 여겼던 것인가. 어푸 비라시(birasi, 畢喇習)는 대버일러에게 주어서 넉넉히 기르게 한 사람이다. 매번 옷과 음식이 부족하여 의지하며 살아갈 수 없다고 짐에게 와서 고하니 옷과 음식을 몰래 주어 보냈다. 그 나머지 속하로 넉넉히 보살피지 않는다고 호소하는 자는 이루 셀 수 없을 정도이다. 짐은 그가 아이타를 침해하여 타는 말을 빼앗고 재물을 취하는 것을 보고 일찍부터 아이타가 스스로 살아갈 수 없어 반드시 도망치게 될 것이라고 여겼는데 오래지 않아 과연 도망쳤다. 마음을 다해 나라를 걱정하는 자라면 이렇게 사람을 침탈하겠는가. 이는 특별히 심한 경우만 언급한 것이고, 나머지 작은 위반 사항들은 이루 다 말할 수 없다.

하다 공주는 황고께서 계실 때 오로지 포악한 참소를 일삼았는데 대버일러는 그녀와 원래 화목하지 않은데도 다만 짐을 원망하는 마음으로 군영 안으로 맞아들여 잔치를 베풀어 주었으니 그 이전에도 이러한 정성을 보여 준 적이 있었는가. 또 소놈 두렁 지농이 누차 짐의 앞에서 취한 체하며 말하기를, "황상께서 오직 형제에게만 의지하면 안 됩니다. 장차 황상을 해치려 할 것이니 삼가서 막아야 합니다. 주상께서 계시면 우리 북변의 몽고는 편안하게 살아갈 수 있지만 그러지 않으면 우리 몽고인은 어찌 될지 모릅니다."라고 했는데, 짐이 만약 그 말을 듣고 우리 형제가 짐을 해칠 것이라고 의심하여 갑자기 죽였으면 분란이 바로 그로 인해 일어났을 것이니 어찌 나라를 그르칠 말이 아니겠는가.

너 더걸러이 · 요토 · 호오거 세 버일러가 하다 공주와 지농의 말을 편벽되게 듣고 토구(togū, 託古)를 죽이고자 하는 것이 옳은 이치인가. 토구가 어찌 감히 지농에게 하다 공주를 살해하라고 권했겠는가. 사실은 지농이 이전에 토구의 누이에게 장가를 들자 공주가 그 누이를 미워하여 그 형과 틈을 만들어 토구를 살해하고자 한 것에 지나지 않는다. 옛말에 이르기를, "강한 자를 피하고 약한 자를 능멸하는 자는 소인(小人)이다."라고 했다. 만약 짐이 너희를 가르칠 수 없다면 어찌 만민을 자식으로 여기고 나라를 통치할 수 있겠는가. 짐은 스스로 부귀해지기를 도모하지 않고 형제를 하찮게 여기지 않으며, 황고께서 남기신 대업을 계승하여 국운을 흥기시키고 융성하게 하여 후대에 좋은 명성을 남기고자 할 뿐이다. 너희의 패란함이 이러하면 짐은 문을 닫고 지낼 터이니, 너희는 따로 한 명의 강하고 힘 있는 자를 뽑아서 군주로 삼으라. 짐은 분수를 지키며 살면 족하다.」

화난 어조로 유시한 후 궁에 들어가 다시 조문(朝門)을 걸어 닫았다. 이때 불려 온 신하들이 주상의 유시를 듣고 흠복하지 않는 자가 없었다. 이에 여러 버일러들과 대신들, 여덟 구사어전들과 육부의 승정들이 이 사안을 심리했다. 죄를 정한 뒤 버일러들과 대신들이 조문(朝門) 밖에 가서 꿇어앉고 청했다. "생각건대 황상께서는 너그럽고 어질고 덕이 높으시므로 먼 곳과 가까운 곳에서 복속해 온 나라들이 문안을 헤 오고 인민들은 편안하고 즐겁습니다. 지금 황상께서 한 나라의 주인이 되어 백관과 만민이 우러르고 의지하니 대체의 강령(綱領)과 세밀한 기율(紀律)을 갖추어 재가(裁可)하여 주시기를 기다립니다. 엎드려 바라건대, 황상께서는 조정에 임하시어 친히 정무를 결정해 주십시오." 이에 주상이 허락하고 조정에 나와서 정무를 보았다.

이에 버일러들과 대신들이 모여 의논하고 대버일러 다이샨 등의 죄상을 상주했다. 「황상께서 여러 버일러들에게 출정하라 명하신 것은 분명히 먼저 의논을 정하여 유시를 따르기로 한 것인데, 대버일러가 정해진 의논을 저버렸습니다. 차하르국을 정벌할 때 주상께서 뭉가투를 되돌아가게 했는데, 그는 주상께 주청하여 먼저 돌아가고 싶다고 하고 귀화성에서 돌아가 버렸습니다. 장가구에 참호를 파고 주둔하던 때에는 돌아가고자 버일러 요토·사할리얀을 시켜 주상께 주청하게 했습니다. 생각건대 태조께서 계셨을 때라면 대버일러가 감히 이렇게 세 차례나 돌아가자고 청할 수 있겠습니까. 만약 나아가 취할 수 없다면 곧 황상께 대군을 이끌고 함께 돌아가자고 권했어야 마땅한데, 세 차례에 걸쳐 홀로 돌아가고자 했으니 이는 무슨 의도이겠습니까. 황상을 업신여겨서 법기(法紀)를 어긴 것이 아니겠습니까. 이것이 첫째 죄입니다.

버일러 도르곤 등이 콩고르 에제이(konggor ejei, 孔果爾額哲)를 데리러 간 후 오랫동안 소식이 없자, 군사를 파견하여 말을 먹이는 편에 황상께서 몸소 변경을 순시하면서 정탐했는데, 대버일러는 조개를 캔다는 명분으로 황상께 주청하여 청하(淸河)에 가서 제멋대로 물고기를 잡고 사냥을 하여 말이 지쳐 쓰러지기에 이르렀습니다. 어르커 추후르 버일러가 금주(錦州)로 출병한 후 출정한 버일러들의 소식을 정탐하게 할 때 대버일러가 관장하는 1기(旗)는 말이 유독 지쳐서 겨우 수효를 채워 보냈습니다. 대버일러는 황상의 형이어서 황상께서 우애를 돈독히 하시므로 늘 주청한 것을 억지로 허락하시곤 합니다. 그는 군대가 바쁜 와중에 조개를 캐러 가겠다고 주청했는데, 버일러 도르곤 등의 소식을 정탐하지 않고자 하거나 황상을 따라 함께 가지 않으려는 것은 반드시 다른 마음을 품고 있기 때문에 무리에서 떨어져 앞서 간 것이 아니겠습니까. 이것이 둘째 죄입니다.

여러 버일러들이 차하르국을 거두어 복속시키고 차하르 칸의 처자를 데리고 온다는 보고가 이르자 황상께서 사람을 보내어 대버일러와 여러 버일러들에게 친히 나가서 맞이하는 것이 합당한지 여부를 물으셨는데, 대버일러가 상주했습니다. "황고(皇考)께서 계실 때 와르카를 정벌하라고 파견한 자가 돌아오자 응아하(鷹兒河)[3] · 삼탕가(samtangga, 薩木唐阿) 지방으로 나가서 맞으셨습니다. 지금도 예를 갖추어 이들을 맞이해야 합니다. 만약 예로써 맞이하지 않는다면 다시는 예로 맞는 자가 없을 것입니다." 이에 예를 갖추어 나아가 맞이했는데, 대버일러

---

3 鷹兒河의 만주어 이름은 giyahūn i bira이다.

는 스스로 자신의 말을 어기고 황상을 따라가지 않고 홀로 3일을 앞서 갔습니다. 또 버일러 호오거에게 결혼을 허락했을 때 하다 공주가 원망하며 집에 돌아가자, 대버일러는 푸진들을 보내 하다 공주를 맞이하게 했습니다. 또 다시 직접 스스로 맞이하러 나가 그 영에 들어가서 소와 양을 죽이고 연회를 베풀어 재물을 준 후 돌려보냈습니다. 대버일러와 하다 공주는 원래 서로 친하지 않았는데 하다 공주가 황상을 원망한다고 듣고 도리어 머무르며 음식을 대접해서 선물을 보냈으니, 이것이 셋째 죄입니다.

지농(jinong, 濟農)은 개원(開原)에 있을 때 앞서 하다 · 여허의 산 위에서 마음대로 포위해 사냥했습니다. 대버일러가 말하기를, "이 놈이 별도로 거주할 수 있는 지방을 받아서 마음대로 사냥한 것이다. 만약 지농의 종인(從人)을 나에게 보낸다면, 나는 반드시 그의 옆구리를 꿰뚫었을 것이다."라고 했습니다. 또한 지농이 두 차례 하다 · 여허 산을 포위해 사냥한 죄를 의논하면서 대버일러는 다시 지농을 감싸며 전의 말을 갑자기 바꾸어 말하기를, "그는 아직까지 산 위에 올라간 적이 없고 실제로 들에서 사냥했을 뿐이다."라고 했습니다. 입장을 바꾸어 옹호하고 에둘러서 비유하여 일정한 주장이 없으니, 이것이 넷째 죄입니다.

네 가지 죄가 있으므로 이를 헤아려 대버일러라고 높여 부르는 것을 중지하고, 호쇼이 버일러 관직을 삭직하십시오. 10니루의 속인을 빼앗고, 조각한 안장을 갖춘 말 10마리 · 갑옷과 투구 10벌 · 벌은 1만 냥을 부과하십시오. 이어서 말 9마리로 벌하여 버일러 9명에게 주십시오.

그의 아들 버일러 사할리얀은 귀화성(歸化城)으로 출정했을 때, 왁다를 파견하여 먼저 귀환시킨 상황을 황상에게 우선 상주하게 했고, 그는 다시 사적으로 왁다를 남기려고 황상에게 "왁다를 남겼습니다." 라고 상주했다. 또한 그 아버지가 귀화성에서 장가구(張家口)로 돌아와서 참호를 파고 주둔할 때 세 차례 돌아오려고 하자 그가 마침내 대신 주청했습니다. 또 콩고르 에제이(konggor ejei, 孔果爾額哲)를 맞이하러 갈 때 모든 치중(輜重)을 그의 아버지에게 주어 3일을 앞서 나아가게 했고, 그 혼자만 황상을 수행했습니다. 그 아버지가 정벌에 종군했을 때 세 차례 돌아오려고 했고, 에제이를 맞이할 때 3일이나 앞서 갔으니, 그 뜻이 어디에 있는지 그가 모를 리가 있겠습니까? 신들이 의논했는데, 버일러 사할리얀에게 조각한 안장을 갖춘 말 5마리 · 맨등말 5마리 · 벌은 2,000냥을 부과하고, 두 니루의 속인을 빼앗아야 합니다.

하다 공주와 지농은 대버일러와 본래 친하지 않았습니다. 그래서 콩고르를 맞이할 때 황상은 하다 공주와 다이갈 공주(daigal gege, 代噶爾公主)를 함께 오도록 불렀습니다. 하다 공주는 다이갈 공주 앞에서 황상에게 말하기를, "대버일러와 소버일러는 저를 심하게 박대합니다."라고 했습니다. 버일러 호오거에게 결혼을 허락할 때 공주는 원망하며 돌아갔고 대버일러는 황상과 틀어져서 별도로 앞서 갔는데, 두 사람은 함께 원망을 품어 결당하고 잔치를 벌였습니다. 그녀는 대버일러와 원래 친하지 않았으나, 대버일러가 황상과 친하지 않았기 때문에 그들은 원수였는데 도리어 잘 지내게 되어서 두 악인이 서로 도와 황상을 함께 헐뜯었으니, 이것이 첫째 죄입니다. 토구(togū, 託古)는 죄가 없으나 공주가 무고하여 죽이고자 했습니다. 다시 황상을 향해 욕하며 말하기를 "토구를 죽이라는 제 말을 듣지 않으면 하늘이 반드시 두고 볼 것입니다."라고 했습니다. 토구를 조사해 보았으나 조금도 죄상이 없었으니, 이것이 둘째 죄입니다. 공주가 지농에게 시집갈 때, 개원(開原) 지방을 주었고 또 만주 니루를 편성해서 주었으니 황상이 그녀에게 내리신 은혜가 깊고 두텁다 할 수 있습니다. 지농 부부는 황상이 가서 사냥하는 여허 · 하다 산 위에서 멋대로 두 차례 사냥을 했으니 이것이 셋째 죄입니다. 이 세 가지 죄가 있으므로 지농과 공주

명호(名號)를 없애고 민으로 삼아야 합니다. 거듭 지농 부부에게 각기 벌은 100냥을 부과하고 그 만주 니루와 개원 지방을 빼앗고 지농이 데리고 있는 몽고인들도 모두 관에 몰수해야 합니다.

공주를 비호한 버일러 더걸러이 · 요토 · 호오거는 당시 하다 공주가 개원에 있을 때 지농에게 모의하여 말하기를, "당신은 토구가 항상 당신에게 저를 죽이라 권했다고 무고해야 합니다. 만약 저의 계책을 따르지 않으면 저는 죽습니다."라고 했습니다. 공주가 개원에서 오자 이 일을 버일러 더걸러이 · 요토 · 호오거에게 고하니, 세 버일러는 지농을 불러 이를 물었고, 지농은 그 말을 사실이라고 하여 마침내 토구의 죽음을 논했고 함께 상주했습니다. 때마침 주상은 공주가 개원에서 오자 직접 가서 만났습니다. 공주가 말하기를, "어찌 저를 해친 토구를 죽이지 않았습니까?"라고 하자, 황상이 말씀하시기를, "사람이 죄가 있더라도 한 사람의 말을 듣고 죽이면 안 된다. 무리가 모여 시비를 살펴 조사해 정한 후에 죽여야 한다."라고 했습니다. 주상은 궁으로 돌아와 차하르 · 칼카 · 여러 몽고의 버일러들을 소집하여 함께 심문했습니다. 지농이 주상 앞에서 무릎 꿇고 상주했습니다. "토구를 죽이지 않으면 공주는 반드시 저를 죽일 것입니다. 만약 토구를 죽인다면, 토구의 아버지와 저의 아버지는 함께 살고 있고, 토구와 저 또한 친하기가 형제와 같습니다. 토구가 죽으면 제가 어찌 홀로 살겠습니까?" 이때 여러 몽고의 버일러들이 모두 있었습니다. 주상이 기뻐하지 않으며 말씀하셨습니다. "짐이 만약 너희 세 버일러의 말을 듣고 토구를 죽였다면, 이는 그가 무고함에도 죽는 것이다. 너희 세 버일러는 어찌 친척이라는 이유로 공주를 비호하여 마침내 이렇게 하느냐?"

신들이 의논하기에 버일러 더걸러이 · 호오거는 각각 벌은 500냥을 부과해야 합니다. 버일러 요토는 공주의 뜻을 따라 토구를 죽이려 했으니, 이것이 첫째 죄입니다. 토구를 조사할 때 불렀으나 오지 않았으니, 이것이 둘째 죄입니다. 차하르를 정벌하러 가서 장가구에 참호를 파고 주둔할 때, 주상 앞에서 그 아버지를 대신하여 먼저 돌아올 것을 주청했으니 이것이 셋째 죄입니다. 논하건대 벌은 1,000냥·조각한 안장을 갖춘 말 5마리를 부과해야 합니다.」

상주를 올리자 주상은 관대하게 다이샨의 버일러 직을 혁직하는 것과 다이샨의 10개 니루의 속인·사할리얀의 2개 니루의 속인과 지농이 이끄는 몽고인을 돌려보내는 것을 면해 주라고 명했다. 마침내 팔가(八家)의 장긴을 소집하여 유시했다. "이후에 모든 친척들이 하다 공주와 왕래하는 것을 허락하지 않는다. 친척 중 사사로이 왕래했다가 다른 사람에 의해 고발된 경우 공주의 죄에 따라 죄를 준다."

○ 先是, 正藍旗貝勒德格類奏言, 本旗根舒不聽使令, 與正紅旗瓦克達交善. 征察哈爾後, 共駕小船捕魚. 又瓦克達彈射翁阿岱妻時, 根舒亦與焉. 又往迎孔果爾時, 大貝勒設宴, 彼立瓦克達傍, 召之二次不至. 又往征大同時, 私行搶掠, 比至還家, 曾未一見. 因執根舒付刑部鞫審, 根舒首告, 瓦克達與色勒阿格子額爾得妻, 及鑲黃旗俄莫克圖牛彔下吳巴泰妻, 通姦. 皆其家僕羅沙指引. 又曾竊譚拜之鷹, 又於永平潛攜妓女歸. 因我知彼數大事. 故瓦克達與我親厚, 交相往來. 訊之俱實. 部議, 指引之羅沙, 竝二姦婦罪俱應死. 其同行之沙必圖·毛濟應各鞭一百, 穿耳鼻. 根舒和同通姦, 又不服事本貝勒, 反從別旗侍宴, 召二次不至, 罪應誅. 籍其家產給克什訥. 瓦克達姦人之婦, 竊人之鷹, 隱藏妓女, 彈翁阿岱妻. 又曾奪鰲拜所射鹿尾, 及阿爾薩蘭·侍衛巴泰二人所射之豕. 應奪瓦克達僕從滿洲一百五十八人·蒙古二十人, 并漢僕人一百九十六人·馬二百九十二·駱駝十三·牛二十·羊三百二十. 併庫中財物及在外所屬滿洲·蒙古·漢人牛彔, 俱給貝勒薩哈廉. 瓦克達夫婦, 止給侍妾竝現在衣服, 令其與貝勒薩哈廉同居. 仍罰瓦克達馬八匹·雕鞍馬二匹, 給色勒阿格. 其應入官銀四千兩·莊田二十三處·所有漢人一百九十九人·各色匠役人等三百四人, 竝其家口, 俱付戶部承政英俄爾岱·馬福塔·吳守進. 內還其匠役人等一百八十六人. 又瓦克達所彈翁阿岱之妻, 曾以無辜被彈之由, 白貝勒杜度. 杜度隱匿不告於衆, 應罰杜度銀五百兩. 奏聞, 上依議, 仍諭貝勒薩哈廉曰, 今將瓦克達永交於爾. 凡統大兵, 行大獵, 預大宴, 爾親率之同行. 即詣爾父府中, 爾亦率之同往, 不許令其獨行, 亦不許令他處閒遊. 儻不行約束, 以致瓦克達生事, 將給爾之瓦克達財產, 沒入官. 已照此諭, 各書一通, 令諸貝勒執之矣.

○ 이전에 정람기 버일러 더걸러이가 상주하여 말했다. "본 기의 건슈(genšu, 根舒)는 명령을 듣지 않고 정홍기 왁다와 사이좋게 지냈습니다. 차하르를 정벌한 후 함께 작은 배를 타고 고기를 잡기도 했습니다. 또 왁다가 웅가다이(unggadai, 翁阿岱)의 처에게 활을 쏠 때 건슈도 함께했습니다. 또 콩고르를 맞이하러 가서 대버일러가 잔치를 열었을 때 건슈가 왁다 곁에 서 있는 것을 두 차례 불렀으나 오지 않았습니다. 또 대동을 정벌하러 갔을 때 몰래 노략질을 했고, 집에 돌아올 때까지 한 번도 나타나지 않았습니다." 이 때문에 건슈를 잡아서 형부로 보내 심문하여 조사하니, 건슈가 먼저 고했다. "왁다는 설러 아거(sele age, 色勒阿格)의 아들 얼더(elde, 額爾得)의 부인, 양황기 오목투(omoktu, 俄莫克圖) 니루 속하 우바타이(ubatai, 吳巴泰)의 부인과 간통했습니다. 모두 그 집의 노복 로오사(loosa, 羅沙)가 인도했습니다. 또 탐바이(tambai, 譚拜)의 매를 훔쳤습니다. 또 영평(永平)에서 몰래 기녀를 데리고 돌아왔습니다. 제가 그의 많은 큰 사건들을 알고 있기 때문에 왁다는 저를 우대했고 서로 왕래했습니다."

심문하니 모두 사실이었다. 부에서 논의했다. 「인도한 로오사·간음한 부인 2명은 모두 사죄(死罪)에 해당하고, 함께 행동한 사비투

(sabitu, 沙必圖)·모오지(mooji, 毛濟)는 각각 100대씩 채찍질을 하고 코와 귀를 뚫어야 합니다. 건슈는 간통한 이들과 어울렸고 또 본 버일러에게 복종하지 않고 반대로 다른 기에서 여는 연회에 가서 두 차례 불렀으나 오지 않았으니, 그 죄는 사형죄이고 가산을 몰수해 커시너(kesine, 克什訥)에게 주어야 합니다. 왁다는 남의 부인과 간음했고, 남의 매를 훔쳤고, 기녀를 숨겼고, 웅가다이의 처를 쏘았습니다. 또 오보이(oboi, 鰲拜)가 쏜 노루의 꼬리와 아르살란과 시위 바타이 두 사람이 쏜 멧돼지를 빼앗았습니다. 왁다에 속한 노복 만주 158명·몽고 20명을 빼앗아야 하고, 한인 노복 196명[4]·말 292마리·낙타 13마리·소 20마리·양 320마리도 빼앗아야 합니다. 아울러 창고 안의 재물과 재외 소속의 만주·몽고·한인 니루는[5] 모두 버일러 사할리얀에게 주어야 합니다. 왁다 부부에게는 단지 시첩과 현재의 의복을 지급하고 그 버일러 사할리얀과 함께 살게 해야 합니다. 이어서 왁다는 말 8마리·조각한 안장을 갖춘 말 2마리를 벌하여 설러 아거에게 주게 해야 합니다. 은 4,000냥·장전(莊田) 23곳·소유 한인(漢人) 199명·여러 장역인(匠役人) 304명과 그 집의 식구들은 관에 들여서 호부승정 잉굴다이(inggūldai, 英俄爾岱)·마푸타(mafuta, 馬福塔)·오수진(吳守進)에게 모두 위임해야 합니다. 그 장역인(匠役人) 등 186명은 나라로 환수해야 합니다. 또 왁다에게 활을 맞은 웅가다이의 처가 죄 없이 활을 맞았다고 버일러 두두에게 고했으나, 두두는 무리에게 고하지 않고 숨겼으므로 두두에게 은 500냥을 벌해야 합니다.」

상주하자, 주상은 논의에 의거하여 버일러 사할리얀에게 유시했

---

4 "노복 만주, 몽고, 한인"은 내니루(dorgi niru)를 가리킨다. 내니루는 보오이 니루(booi niru, 包衣牛彔)라고도 했으며 주로 포로 노예나 매입한 노예로 구성되는 주인의 사유재산이다.

5 "재외 소속의… 니루"는 외니루(tulergi niru)를 가리킨다. 외니루는 입관 후 旗分佐領(gūsai niru)이라고도 불렸으며 구성원은 주로 평민이다.

다. "지금 왁다를 너에게 영원히 맡기겠다. 대병(大兵)을 통솔하거나, 큰 수렵을 행하거나, 큰 연회를 준비할 때 너는 그를 데리고 함께 가라. 너의 아버지의 부(府)에 가도 네가 데리고 함께 가야 하고, 혼자 다니지 못하게 하며, 다른 곳에서 한가로이 노는 것을 허락하지 말라. 만약 통제하지 않아서 왁다가 일을 벌이면 너에게 주었던 왁다의 재산을 관에 몰수한다." 이윽고 이 유시를 살피고 각각 한 통씩을 써서, 여러 버일러들에게 그것을 집행하라 명했다.

○ 召蘇泰太后及額哲進宮, 備陳樂舞, 賜宴, 仍令七旗貝勒各依次, 宴之.

○ 수타이 태후(sutai taihoo, 蘇泰太后)와 에제이(ejei, 額哲)를 불러 궁으로 오게 하여 주악과 가무를 갖추어 연회를 베풀었다. 이어서 7기의 버일러에게 차례대로 연회를 베풀게 했다.

冬十月 戊寅朔, 昂邦章京石廷柱, 率漢官·生員等進賀表云, 恭遇皇上親獲玉璽, 臣等誠懽誠忭, 稽首頓首, 謹奉表稱賀者. 伏以皇上, 興順天應人之師, 獲鎭國傳世之寶, 禎祥已見, 曆數將歸. 臣等久沐洪恩, 欣逢盛事, 謹拜首以颺言, 更齋心而入告. 伏願奉若蓍蔡, 頒示臣民, 符節遠合於百王, 詔誥通行乎萬國, 懸之象魏, 人人覩天子之光傳之雲, 仍世世霑祖澤之遠. 臣廷柱等, 無任瞻天仰聖, 踴躍懽忭之至, 謹奉表稱賀, 以聞. 上覽奏曰, 諸臣所言誠是. 朕亦知上天眷佑, 示以瑞兆. 但慮朕才德涼薄, 恐不能撫民圖治, 上答天心. 自後當益加兢業, 以祗承上天之寵命耳.

겨울 10월 무인일 초하루(10.1), 암바장긴 석정주가 한인 관원과 생원들을 이끌고 나아가 하례하는 표문을 올려 말했다. 「삼가 황상께서 친히 옥새를 취하셨으니, 신들은 진실로 기뻐서 머리를 조아리어 삼가 표문을 올려 경축합니다. 삼가 생각건대, 황상께서는 하늘을 따르고 인심에 부응하여 군사를 일으키셨고 진국전세(鎭國傳世)의 보새(寶璽)를 취해 상서로움이 나타났으니 하늘의 운수가 장차 찾아올 것입니다. 신들은 오랫동안 큰 은혜를 받았기에 성대한 일을 기쁘게 맞이하여 삼가 절하며 표양하는 말을 다시 마음을 가다듬고 아뢰니다. 엎드려 원하건대, 상서로운 징조가 나타났음을 신민들에게 보이고, 명령을 멀리 백왕(百王)에게 전하고, 조서(詔書)를 만국에 두루 통하도록 대궐의 문에 내걸어 모든 이가 천자의 빛이 구름을 비추는 것을 바라보게 하여 대대로 선조의 은택이 멀리까지 적셔지게 하십시오. 신 석정주 등은 하늘을 바라보고 성상(聖上)을 우러러 뛸 듯이 기뻐 삼가 표문을 올려 경축합니다.」

주상이 상주문을 살피고 말했다. "여러 신하들이 말한 것이 실로 옳다. 짐 또한 하늘이 도우시어 상서로운 징조가 나타났음을 안다. 다만 생각건대, 짐의 재덕(才德)이 적어 백성을 어루만지고 다스림을 도모하여 위로 천심(天心)에 보답하지 못할까 염려된다. 이후로 더 부지런하고 성실하여 삼가 하늘의 총명(寵命)에 미치고자 한다."

○ 己卯, 遣納海 · 俄莫克圖 · 巴雅 · 超哈爾 · 喀濟海 · 席唐阿 · 張屯 · 俄里喀等, 率每牛彔護軍各一名, 齎書赴明北邊長城界喜峰口 · 潘家口 · 董家口等處. 書曰, 滿洲國皇帝致書於明國執事大臣. 向日用兵原非我之本願. 邊外葉赫與我原係一國, 後彼無端啟釁, 爾朝廷乃力助之, 與我國遂多仇隙. 雖然予見百姓之死亡流離, 心甚惻焉, 每欲議和各享太平, 乃比年以來遣人致書不啻數次, 而爾朝廷大臣不顧人民疾苦, 竟無一言相報. 是爾國之人民憂苦死亡, 非予之咎, 乃爾君臣之過也. 夫予欲和之心, 不過爲百姓故耳. 今後凡我大軍所至, 有敢逆命拒戰者殺之, 避匿山林者俘之, 若安居不動輸誠款附者, 其本省地方一物不取, 室廬田產秋毫無犯. 此番進兵, 斷不似從前輕返也.

○ 기묘일(10.2), 나하이(nahai, 納海) · 오목투(omoktu, 俄莫克圖) · 바야이(bayai, 巴雅) · 초오하르(coohar, 超哈爾) · 카지가이(kajigai, 喀濟海) · 시탕가(sitangga, 席唐阿) · 장툰(jangtun, 張屯) · 올리카(olika, 俄里喀) 등을 보내 각 니루마다 호군 1명씩 이끌고 명 북변 장성 변계의 희봉구(喜峰口) · 반가구(潘家口) · 동가구(董家口) 등지에 서신을 가지고 가게 했다. 서신에서 말했다. 「만주국 황제가 명나라의 집사(執事) 대신에게 글을 보낸다. 종전에 군사를 일으킨 것은 원래 나의 본뜻이 아니었다. 변외(邊外)의 여허는 나와 원래 한 나라였다. 나중에 그들이 이유 없이 시비를 걸었는데 너희 조정은 그들을 무력으로 도와 우리나라와 원한을 많이 맺게 되었다. 비록 내가 백성이 죽고 유리됨을 보고 마음이 심히 측은하여 매번 화의를 맺어 각자 태평을 누리고자 근년 이래 사람을 보내 서신을 보낸 것이 몇 번뿐이 아니었으나, 너희 조정 대신은 인민의 고통을 돌아보지 않고 끝내 말 한마디 대답이 없었다. 너희나라 인민의 고통과 죽음은 나의 잘못이 아니라 너희 군신의 과오인 것이다. 내가 화의하고자 하는 마음은 백성을 위한 것일 뿐이다. 이후 우리 대군이 다다르는 곳에서 감히 명을 거역하고 항전하는 자가 있으면 죽일 것이요, 산림에 숨어 피한 자는 사로잡을 것이다. 만약 안거하여 동요하지 않고 항복한 경우 그 지역의 물건 하나 취하지 않고 가옥과 전산(田產)도 전혀 범하지 않을 것이다. 이번 진군에서는 결코 예전처럼 가벼이 돌아가지 않을 것이다.」

○ 是夜二鼓, 統攝戶部和碩貝勒德格類, 以疾薨, 年四十歲. 德格類上之弟也. 上聞之痛悼, 欲親臨其喪, 諸貝勒勸止, 不從, 往哭之慟. 諸貝勒·大臣皆力勸, 漏盡三鼓, 上方還, 於樓前設幄而居, 撤饌三日, 哀甚. 諸貝勒·大臣復進勸曰, 修短皆係天數, 彼考終而逝, 不必過傷懇切, 勸慰, 上乃允其請, 還宮.

○ 이날 밤 2경(更)에 호부를 통할하는 호쇼이 버일러 더걸러이가 병으로 사망했다. 향년 40세였다. 더걸러이는 주상의 동생이다. 주상이 그 소식을 듣고 애통해하며 친히 조문을 가려고 하자 여러 버일러들이 만류했지만 따르지 않고 가서 통곡했다. 버일러들과 대신들이 모두 힘껏 권하여 3경(更) 끝 무렵에 주상이 돌아와 누각 앞에 천막을 치고 거하며 3일간 음식을 물리고 심히 애통해했다. 버일러들과 대신들이 다시 권하여 말했다. "수명의 길고 짧음은 하늘에 달려 있습니다. 그는 편안히 서거했으니 지나치게 상심하지 마십시오."라고 위로하니 주상은 그제야 그들의 청을 윤허하고 궁으로 돌아왔다.

○ 癸未, 出征瓦爾喀. 每旗派官各三員·每牛彔兵各五名·舊蒙古各二名, 每兵二名用馬三匹, 每旗三眼鳥鎗五桿. 指授進兵地方, 兩旗合進一路, 共分四路. 兩黃旗, 以吳巴海爲帥, 副以昂金·默默里·叟塞·俄屯·伊禮布·孟格, 率兵二百九十七名, 進額黑庫倫·厄勒約鎖二處, 擕其地壯丁七百五十人, 及虎爾哈鄉導人艾道·嚴都里·張瑙·常提里·多爾周以往. 兩紅旗, 以多濟里爲帥, 副以方金·布爾薩海·雅爾堪·聶努克·戶什, 率兵三百五名, 進鴉藍·細林·戶野三處, 擕其地壯丁七百五十七人, 及虎爾哈鄉導人內莫里·傅祿·圖球·戚習納·益努喀以往. 兩藍旗, 以札福尼爲帥, 副以特木祿·諾木咸·多蘭·托密善·塞格, 率兵二百九十八名, 進阿庫里·尼滿二處, 擒其地壯丁四百八十人, 及虎爾哈鄉導人圖必善·齊布綽·馬喀達以往. 兩白旗, 以吳什塔爲帥, 副以湯糾·賀爾多·拜薩漢·胡心泰·滿代·宜爾海, 率兵三百三十七名, 進諾壘·阿灣二處, 擒其地壯丁一千一十四人, 及虎爾哈鄉導人, 自寧古塔來歸之哈斗·瓦禮察以往, 仍命更擒寧古塔數人隨征.

○ 계미일(10.6), 와르카에 출정했다. 각 기(旗)마다 관원 3명씩, 니루마다 병사 5명씩, 구몽고(舊蒙古) 2명씩 파견했다. 병사 2명당 말 3마리를 사용하고 각 기(旗)마다 삼안조총(三眼鳥銃) 5자루를 사용하게 했다. 진군할 지역을 알려 주었는데 두 기(旗)가 함께 1개 로(路)로 진격해 총 4개 로(路)로 나누었다. 두 황기는 우바하이(ubahai, 吳巴海)를 주장(主將)으로 하고, 부장 앙긴(anggin, 昂金)·머머리(memeri, 默默里)·서오서(seose, 叟塞)·오톤(oton, 俄屯)·일리부(ilibu, 伊禮布)·멍거이(menggei, 孟格)가 병사 297명을 이끌고 어허 쿠런(ehe kuren, 額黑庫倫)·얼러 요서(ele yose, 厄勒約鎖)[6] 두 곳으로 진격한다. 그 지역의 장정 750명과 후르카 길잡이인 아이도오(aidoo, 艾道)·얀두리(yanduri, 嚴都里)·장노오(jangnoo, 張瑙)·창티리(cangtiri, 常提里)·돌저오(doljeo, 多爾周)를 데리고 간다. 두 홍기는 도지리(dojiri, 多濟里)를 주장으로 하고 부장 팡긴(fanggin, 方金)·부르사하이(bursahai, 布爾薩海)·야르칸(yarkan, 雅爾堪)·니여누커(niyenuke, 聶努克)·후시(hūsi, 戶什)가 병사 305명을 이끌고 야란(yaran, 鴉藍)·시린(sirin, 細林)·후

6 어허 쿠런과 얼러 요서는 동해 연안에 있었다. 〈황여전람도〉에서 동해 연안에 Ele bira(얼러江)와 Yoose bira(요오서江)로 표기된 두 강의 연안이 얼러 요서로 추정되며 어허 쿠런은 그 인접 지역이다.

여(huye, 戶野) 세 곳으로 진격한다. 그 지역의 장정 757명과 후르카 길잡이인 노이모리(noimori, 內莫里) · 푸루(furu, 傅祿) · 투키오(tukio, 圖球) · 치시나(cisina, 戚習納) · 이누카(inuka, 益努喀)를 데리고 간다. 두 람기는 자푸니(jafuni, 札福尼)를 주장으로 하고 부장 터무루(temuru, 特木祿) · 놈치(nomci, 諾木戚) · 돌란(dolan, 多蘭) · 토미샨(tomišan, 托密善) · 서거이(segei, 塞格)가 병사 298명을 이끌고 아쿨리(akūli, 阿庫里) · 니만(niman, 尼滿) 두 곳으로 진격한다. 그 지역의 장정 480명과 후르카 길잡이인 투비샨(tubišan, 圖必善) · 칩초(cibco, 齊布綽) · 마카다(makada, 馬喀達)를 데리고 간다. 두 백기는 우시타(usita, 吳什塔)를 주장으로 하고 부장 탕기오(tanggio, 湯糾) · 홀도(holdo, 賀爾多) · 바이스갈(baisgal, 拜薩漢) · 후신타이(hūsintai, 胡心泰) · 만다이(mandai, 滿代) · 일가이(ilgai, 宜爾海)가 병사 337명을 이끌고 노로(noro, 諾壘) · 아완(awan, 阿灣) 두 곳으로 진격한다. 그 지역의 장정 1,014명 및 후르카 길잡이로 닝구타에서 귀부해 온 하두오(haduo, 哈斗) · 왈리차(walica, 瓦禮察)를 데리고 간다. 여기에 또 닝구타인 몇 명을 데리고 종군하게 했다.

其出征主帥, 各授以軍律一道, 律文曰, 兵部和碩貝勒岳託傳諭往征瓦爾喀大臣. 爾等所到之處, 身勿偷安, 心勿懈怠, 加意防備, 不可疏忽. 勿離人父子夫妻, 勿淫人婦女, 勿掠人家貲, 俘獲俱攜以還. 其從人或有一二逃走者與爾無涉, 若彼之首領率衆攜財物而逃者, 皆因離其夫妻, 濫行姦淫所致, 必罪其主帥. 以下諸將, 勿違主帥號令, 主帥亦不得隱匿部將功罪, 必登記於冊. 至於馬匹, 不可於駐營時即行牧放, 勿急飲以水, 待其汗乾飼草, 方可飲水. 既至分路進兵之地, 勿即以穀餧馬, 先飼以草, 方可飼穀. 爾等諸將勿忘此律, 當時時申飭爾部衆也. 其應帶取壯丁, 及鄉導姓名, 俱載四主帥軍律中, 又吳巴海·吳什塔軍律內, 另增一款云, 兀扎喇部落百壯丁家, 勿得搶掠. 現有伊等兄弟塞痕·卜克沙等在寧古塔, 可遣往招降之. 出征大臣, 既各受軍律及起行之日, 承政車爾格·伊孫, 率出征大臣等進見上, 諭曰, 凡諭爾等之言俱載軍律內, 爾等當熟記勿忘也. 昔正紅旗輝滿 恣淫所俘婦女. 此人若在, 必正典刑, 爾等切勿效彼所爲. 人同此心, 反觀自見, 試思若爾等之妻爲他人所淫, 爾心當如何耶. 至此番馬匹較前更肥, 爾等自京城以至出邊, 須令緩行. 至休息已久, 即急行, 勿疑. 四路進兵, 或有脫逃者, 回時, 當記其數. 爾多濟里所往之地, 島嶼甚多, 有可取者, 造船取之, 如不可取, 當識之以爲後圖. 至其中有從我國逃去者, 可遣人往招之, 諭以昔時因年歲不登, 故爾等逃亡, 今瓦爾喀·蒙古, 俱來內附, 爾等可速來歸. 如此開諭, 自可招復流亡也. 諭畢, 諸將出. 上復謂兵部承政車爾格·伊孫曰, 此番出師諸將離家遠征, 許於俘獲婦女內, 各量取一口, 不得概行淫亂. 車爾格等奉旨傳諭畢, 於是車爾格等往送集諸將, 謂之曰, 此番馬肥, 可令士卒步行, 酌量乘騎, 亦不可沿途圖獵. 遂遣之.

출정하는 주장(主將)에게 각기 군율을 1통씩 주었다. 군율에서 말했다. 「병부 호쇼이 버일러 요토가 와르카에 출정하는 대신에게 유시를 전한다. 너희는 가는 곳에서 몸은 안일함을 좇지 말고 마음은 해이해지지 말라. 더욱 유의해 방비하고 소홀해서는 안 된다. 아비와 자식을, 남편과 아내를 떨어뜨리지 말고, 부녀자를 간음하지 말며, 남의 가산을 약탈하지 말고 노획은 모두 가지고 돌아오라. 종인이 혹 한두 명 도주하는 경우는 너희와 상관없지만, 만약 그들의 수령이 무리를 이끌고 재물을 가지고 도망가는 경우는 모두 부부를 떨어뜨리고 간음을 함부로 저지른 소치이니 반드시 그 주장(主將)을 벌할 것이다. 그 이하의 여러 지휘관들은 주장의 호령을 어기지 말며 주장도 부장의 공과 죄를 숨기지 말고 반드시 책(冊)에 등기하라. 말은 군영에 주둔할 때 즉시 방목하면 안 된다. 급히 물을 먹이지 말고 땀이 마르기를 기다려 꼴을 먹인 후에야 물을 마시게 한다. 길을 나누어 진격하는 지역에 이르면 곡식을 말에게 먹이지 말고, 먼저 풀을 먹인 다음에 곡식을 먹여야 한다. 너희 장수들은 이 군율을 잊지 말고 항상 수시로 너희 속하 무리에게 신칙(申飭)해야 한다.」

데리고 가야 할 장정과 길잡이의 성명을 네 주장에게 준 군율에 모두 기재하고 우바하이·우시타의 군율에는 별도로 한 가지 사항을 더해 말했다. 「우잘라 부락의 100명의 장정의 집을 약탈하지 말라. 현재 닝구타에 있는 그들의 형제 서이헌(seihen, 塞痕)·북샤(bukša, 卜克沙) 등을 보내 그들을 항복시켜라.」

출정한 대신이 각기 군율을 받고 출발하는 날에 승정 처르거이와 이순이 출정하는 대신들을 이끌고 주상을 알현했다. 주상이 유시했다. 「너희에게 유시한 말은 모두 군율 안에 기록했으니 너희는 잘 기억하여 잊지 말아야 한다. 옛날에 정홍기의 호이만(hoiman, 輝滿)은 포로로 잡은 부녀자를 망령되이 간음했다. 이 인간이 살아 있었으면 반드시 사형에 처했을 것이다. 너희는 절대 그가 범한 행위를 본받지 말라. 사람의 마음은 다 같은 법이니 자기 자신을 돌아보고 한번 생각해 보아라. 만약 너희 아내를 다른 사람이 간음한다면 너희 심정이 어떠하겠는가. 이번 말은 전에 비해 더욱 살졌다. 너희는 경성에서 변경을 나갈 때까지 반드시 천천히 가라. 오래 휴식했으면 급히 가고 지체하지 말라. 4개 로(路)로 진군할 때 혹시 탈주자가 있으면 돌아올 때 그 수를 기록해야 한다. 너 도지리가 가는 지역은 섬이 매우 많다. 취할 만한 것이 있으면 배를 만들어 취하고 취할 수 없으면 그것을 알아 두었다가 나중에 도모하라. 그중에 우리나라에서 도망간 자가 있으면 사람을 보내 초무하며 이렇게 유시하라. "예전에 흉년이 들어 너희가 도망갔지만 지금 와르카와 몽고가 모두 내부해 왔으니 너희는 속히 내귀하라.” 이렇게 설명하고 권하면 유망자들을 저절로 다시 불러들일 수 있을 것이다.」 유시가 끝나자 장수들이 나갔다.

주상이 다시 병부승정 처르거이와 이순에게 말했다. “이번에 출정하는 장수들은 집에서 떠나 멀리 원정을 가니 포로로 잡은 부녀자들 가운데 각기 헤아려 1명씩 취해도 좋다. 모두를 범해서는 안 된다.”[7] 처르거이 등이 받들어 유시를 전했다. 또한 처르거이 등은 모여 있는 장수들을 보내면서 “이번에 말이 살졌으니 사졸들을 보행시키고 적절히 헤아려 때때로 말을 타게 하라. 길에서 수렵을 해서는 안 된다.”라고 하고 군대를 보냈다.

○ 戊子, 上率諸貝勒·大臣, 往祭和碩貝勒德格類, 慟哭之.

○ 무자일(10.11), 주상이 버일러와 대신들을 이끌고 호쇼이 버일러 더걸러이의 제사에 가서 통곡했다.

○ 庚寅, 諭曰, 我國原有滿洲·哈達·烏喇·葉赫·輝發等名. 向者無知之人, 往往稱爲諸申, 夫諸申之號, 乃席北超墨爾根之裔, 實與我國無涉. 我國建號滿洲, 統緒綿遠, 相傳奕世. 自今以後一切人等, 止稱我國滿洲原名, 不得仍前妄稱.

○ 경인일(10.13), 유시했다. 「우리나라는 원래 만주·하다·울라·여허·호이파 등의 명칭이 있었다. 예전에 무지한 사람이 종종

7 “不得概行淫亂”은 만문 사료에서 “sain be necirahū(좋은 여자를 범할까 염려된다.)”로 기록되어 있다. 『舊滿洲檔 天聰九年』, p.314.

주선이라 불렀는데 주선이라는 호칭은 시버(sibe, 席北)의 초오 머르건(coo mergen, 超墨爾根)의 후예로 실로 우리나라와 아무 관계가 없다. 우리나라의 건호(建號)인 만주는 계통이 장구하며 대대로 이어져 왔다. 지금 이후 모든 사람은 우리나라의 만주라는 원래 명칭만 불러야 한다. 이전과 같이 망령되이 부르면 안 된다.」

○ 辛卯, 固山額眞納穆泰病卒. 上聞之, 欲臨其喪, 諸貝勒·大臣諫止, 因以御服貂裏蟒朝衣賜之. 殮時上在馬廠, 不勝傷悼, 至夕, 方還宮.

○ 신묘일(10.14), 구사어전 남타이가 병사했다. 주상이 소식을 듣고 친히 조문하고자 했으나 버일러와 대신들이 말려 그만두고 주상이 입었던 담비가죽 안감의 망단 조의(朝衣)를 하사했다. 염할 때 주상은 마창(馬廠)에 있었는데 상심을 이기지 못하여 밤이 되어서야 환궁했다.

○ 壬辰, 上召朝鮮國來朝使臣禮部侍郎朴魯, 至內殿拜謁畢, 出所得蒙古察哈爾汗玉璽示之, 魯驚異稱賀曰, 眞天賜之寶也. 魯所齎朝鮮書曰, 六月十六日, 接來翰知察哈爾舉國歸附. 此貴國威行大漠也, 深用欣慰. 夫金得生等免葬魚腹, 已沐貴國再生之賜, 況過蒙憐恤, 至於各給銀兩而後遣之, 雖兄弟之國, 理宜一視, 然區區之心, 豈勝銘佩. 敢因使臣畧布謝悃, 竝別具薄禮另申芹敬, 幸惟亮察, 不宣. 又一書曰, 霪雨乍收, 秋序已至. 遠惟興居萬福駢臻, 區區瞻遡, 不能自已. 玆因賤使, 敢致候言, 敬將土物, 聊表微忱, 尚有商榷, 故遣重臣前去.

○ 임진일(10.15), 주상이 조선국의 내조한 사신 예부시랑 박로(朴

魯; 朴篙)[8]를 불렀다. 그가 내전(內殿)에 와서 배알한 후, 주상이 획득한 몽고 차하르 칸의 옥새를 꺼내 보이니 박로가 경이로워하며 "진정 하늘이 내리신 보배입니다."라고 경하했다. 박로가 가져온 조선의 서신에서 말했다. 「6월 16일에 보내온 서찰을 받고 차하르가 나라를 들어 귀부했음을 알았습니다. 이는 귀국의 위세가 몽고 사막에까지 미친 것이니 매우 기쁩니다. 김득생(金得生) 등이 물고기 뱃속에서 장사 지낼 뻔한 것을 면하고 귀국의 다시 살려 준 은덕을 받았습니다. 더욱이 큰 인휼(仁恤)을 베풀어 각기 은량을 주어서 돌려보내셨습니다. 형제 나라이니 두 나라의 백성을 똑같이 대하는 것이 당연하지만 저의 마음에 어찌 깊이 새기지 않을 수 있겠습니까. 감히 사신을 통해 감사의 뜻을 표하고 아울러 별도로 조그만 예물을 갖추어 작은 정성을 보이니 부디 헤아려 주십시오. 할 말은 많으나 이만 줄입니다.」 또 한 통의 글에서 말했다. 「장맛비가 그치고 가을의 계절이 왔습니다. 기거하심에 만복(萬福)이 깃들기를 멀리서 기원하며 우러르는 마음 금할 길 없습니다. 이에 저희 사신을 보내 안부의 말을 전하고 삼가 토산물을 보내 작은 정성을 표합니다. 또한 상의할 일이 있어 중신(重臣)을 보냅니다.」

○ 是日, 賜朴魯鞍馬·人參·貂皮等物, 其從官各賞貂皮·銀兩有差, 仍賜之宴.

○ 이날 박로(朴魯; 朴篙)에게 안장을 갖춘 말·인삼·담비가죽 등의 물품을 하사하고 수행 관원들에게 각기 담비가죽과 은량을 차등

8 본문의 朴魯는 朴篙를 가리킨다. 朴篙(?-?)의 字는 魯直, 號는 大瓠이다. 조선 인조 대에 활동했으며 벼슬이 承政院承旨까지 올랐다.

있게 상 내렸다. 또한 연회를 베풀어 주었다.

○ 癸巳, 遣朝鮮使臣朴魯還, 報書曰, 頃覽來翰, 惠儀已悉領矣. 其答書及候啟, 容續遣使齎上.

○ 계사일(10.16), 조선 사신 박로(朴魯; 朴簵)를 돌려보내며 답서를 보냈다. 「근래 보내온 서신을 보고 정성스러운 선물을 모두 받았다. 답서와 안부 인사는 이후에 사신을 보내 가져가게 할 것이다.」

○ 先是, 遣牛彔章京羅洛爲八旗統領, 查檢朝鮮來使, 羅洛與其同行人通謀, 私相交易. 至是, 以竊盜律, 罰銀, 革職, 以其弟席特庫承襲.

○ 이전에 니루장긴 롤로를 팔기통령(八旗統領)으로 삼아 보내 조선에서 온 사신을 조사하게 했는데, 롤로는 그의 동행인과 모의하여 사사로이 교역했다. 이때에 절도에 대한 율(律)로 벌은(罰銀)하고 혁직하고 동생 시터쿠에게 습직시켰다.

○ 是日, 上謂文館儒臣希福 · 剛林 · 羅碩 · 詹霸等曰, 朕夜夢河水微漲, 比往視, 見二獺縮項而行, 朕急索叉刺殺之, 後又捕得大魚甚多. 朕記往時凡夢此等事, 出兵必大有所獲.

○ 이날 주상이 문관(文館)의 유신(儒臣) 히퍼(hife, 希福) · 가린 · 로쇼 · 잠바 등에게 말했다. "짐이 간밤에 꿈을 꾸었는데 강물이 조금 불어나 가서 살펴보니 수달 2마리가 목을 움츠리고 가는 것을 보았다.

짐이 급하게 찾아내어 그것들을 찔러 죽이고 나중에 큰 물고기를 매우 많이 잡았다. 짐이 기억하기에 옛날에 이런 꿈을 꾸면 출병해서 반드시 얻는 바가 많았다."

○ 壬寅, 遣馬福塔·穆祜齎書, 往朝鮮曰, 前使臣還, 已附報書. 今特遣使訊安, 併致參·貂薄產, 用答秋信. 惟照亮, 不宣. 又一書曰, 吾兩國自和好以來, 王之渝盟爽約, 前曾屢書相告, 諒王亦已深知, 無俟更爲喋喋也. 王每次來書言, 我雖寡弱小邦, 原以信義爲尚. 近見王毀渝前盟, 縱民入我內地採參捕魚, 所謂信義爲重者, 固如是乎. 若予亦如王之渝盟違義, 縱民採獵橫行, 王以爲然歟否歟. 此雖無知孺子, 亦共見共知者, 而王明知故蹈, 是豈以我國寡弱, 而貴邦強盛, 故以是相陵耶. 王又禁止商民, 不許以佳貨市於我國, 豈篤兄弟之誼, 故出此乎. 王每諉言南朝禁市佳貨, 夫南朝漢人, 陣獲及歸順者, 此間俱有. 每一詢問, 立辨眞假, 予寧不蚤知之. 又累年禮物缺少額數, 以爲王必如數補完, 孰意至今尚屬懸虛, 此王所當速爲增補者也. 吾兩國結爲兄弟, 天所明鑒, 人所共聞, 巧言飾辭, 非善策也.

○ 임인일(10.25), 마푸타와 무후(muhu, 穆祜)를 보내 서신을 가지고 조선에 가게 했다. 서신에서 말했다. 「전에 사신이 돌아갈 때 답서를 부쳤다. 지금 특별히 사신을 보내 안부를 묻고 아울러 인삼·담비가죽 등의 보잘것없는 토산품을 보내어 추신(秋信)에 답한다. 잘 살피기를 바란다. 이만 줄인다.」 또 한 통의 서신에서 말했다. 「우리 양국이 화호한 이래 왕이 맹약을 저버린 것은 전에 누차 서신으로 알렸다. 왕도 이미 잘 알고 있으니 다시 구차하게 말하지 않겠다. 왕은 보내온 서신에서 매번 "우리는 비록 약하고 작은 나라지만 원래 신의를 숭상합니다."라고 말했다. 근래 왕이 전에 맺은 맹약을 저버리고 백성들이

우리 내지에 들어와 인삼을 캐고 물고기를 잡게 내버려두니 소위 신의를 중시한다는 것이 이런 것인가? 만약 나 역시 왕이 맹약을 저버리고 의리를 거스른 것처럼 백성이 채렵을 마음대로 하게 놓아둔다면 왕은 옳다고 여기겠는가, 그르다고 여기겠는가? 이는 무지한 어린아이도 다 아는데 왕은 사정을 잘 알면서 일부러 행하니 이 어찌 우리나라는 약하고 귀방은 강하다면서 고의로 능욕하는 것이 아니겠는가? 왕은 또한 상민(商民)을 금지하여 좋은 물품을 우리나라에 파는 것을 불허하고 있는데 어찌 형제의 의를 돈독하게 한다면서 이렇게 할 수 있는가? 왕은 매번 남조(南朝)가 좋은 물품을 파는 것을 금한다고 변명하지만, 남조의 한인 중에서 전장에서 잡히거나 귀순한 자가 이곳에 모두 있어 매번 물어보아 곧바로 진위를 판별하는데 내가 어찌 그 허실을 진즉 알지 못했겠는가. 또한 여러 해 동안 예물이 정해진 액수에 미치지 않았지만 왕이 필시 액수대로 보완할 것이라 여겼는데, 지금까지도 여전히 거짓에 얽매어 있을 줄 누가 생각이나 했겠는가. 이는 왕이 속히 채워 넣어야 할 것이다. 우리 양국이 형제의 의를 맺은 것은 하늘이 알고 사람들도 모두 들었으니 교언으로 말을 꾸미는 것은 좋은 방법이 아니다.」

○ 癸卯, 賜蘇泰太后子額爾克孔果爾額哲, 雕鞍馬匹 · 甲胄 · 撒袋 · 弓矢 · 黑貂裘 · 猞狸猻裘 · 鞓帶 · 鞾 · 帽 · 各種金銀器皿及貂皮等物.

○ 계묘일(10.26), 수타이 태후의 아들 어르커 콩고르 에제이에게 조각한 안장을 갖춘 말 · 갑옷과 투구 · 화살집 · 활과 화살 · 흑담비가죽옷 · 스라소니가죽옷 · 가죽띠 · 신발 · 모자 · 각종 금은 그릇 및 담비가죽 등의 물품을 하사했다.

○ 是日, 遣墨爾根戴青貝勒多爾袞往科爾沁國, 親迎其所娶福金即皇后之妹也.

○ 이날 머르건 다이칭 버일러 도르곤을 코르친국에 보내 그가 정혼한 푸진 즉 황후의 여동생을 맞이하러 가게 했다.

○ 召蘇泰太后進宮, 賜大宴.

○ 수타이 태후를 궁으로 들게 해 큰 연회를 베풀어 주었다.

○ 甲辰, 遣蘇達喇 · 蘇爾德 · 布顏 · 阿爾布尼 · 沙爾虎達 · 席特庫 · 鄂碩 · 昂古納 · 卦爾察尼堪 · 拜山等, 率兵七十名, 往錦州一帶捉生.

○ 갑진일(10.27), 수달라 · 술더이 · 부얀 · 아르부니(arbuni, 阿爾布尼) · 샤르후다 · 시터쿠 · 오쇼(ošo, 鄂碩) · 앙구나(anggūna, 昂古納) · 구왈차 니칸 · 바이산 등을 보내 병사 70명을 이끌고 금주 일대로 가서 정보제공 포로를 잡게 했다.

○ 丙午, 湯古代阿格, 訐大貝勒代善言, 昔我與布爾吉俱獲罪, 同時籍沒屬員. 今忽令布爾吉復管其屬員, 未聞布爾吉得罪以後立何功績, 乃獨給還, 顯屬徇私. 下所司質訊布爾吉仍管屬員事實, 擬削布爾吉屬員之半, 大貝勒將公議入官屬員, 私自斷理, 復令布爾吉管轄, 應罰銀四百兩, 和碩貝勒薩哈廉知父妄行不諫, 應罰銀四百兩, 和碩貝勒岳託, 爲總理各旗兵部之主, 知父妄行, 不以理諫, 亦應罰銀四百兩, 又固山額眞葉克書, 見貝勒徇私妄行, 不以義諍, 令給別牛彔管理, 亦應罰銀一百兩, 巴布賴, 諂媚罪廢之瓦克達阿格, 私告以湯古代阿格·塔拜阿格, 同赴兵部訐告之事, 應鞭一百, 離本貝勒撥歸牛彔. 奏聞, 上命免罰三貝勒銀一千二百兩, 布爾吉免沒一半屬員, 巴布賴鞭一百折贖, 湯古代阿格先籍沒之牛彔屬員及其家奴僕·牲畜·財物, 俱著取還, 許離紅旗, 仍照定例, 同其弟塔拜阿格聽所欲往. 於是湯古代阿格等, 往依鑲白旗和碩墨爾根戴青貝勒多爾袞居住.

○ 병오일(10.29), 탕구다이 아거가 대버일러 다이샨을 고발하여 말했다. "옛날에 나와 부르기가 모두 죄를 얻어 동시에 예속민들을 몰수당했습니다. 지금 갑자기 부르기에게 다시 그 예속민들을 관할하게 했는데 부르기가 죄를 얻은 이후 어떤 공적을 세웠다는 말을 듣지 못했습니다. 그런데도 그에게만 돌려준 것은 분명 공평하지 못한 처사입니다." 이 일을 해당 관사에 내려 심문하니 부르기가 예전대로 예속민을 관할하고 있는 것이 사실이어서 부르기의 예속민 절반을 삭감하고, 대버일러에 대해서는 공동으로 의논하여 예속민을 관에 몰수하기로 한 것을 자기 멋대로 처리하여 다시 부르기에게 관할하게 했으므로 은 400냥을 벌해야 한다고 의정했다. 호쇼이 버일러 사할리얀은 아비의 망행을 알고도 간하지 않았으므로 벌은(罰銀) 400냥에 처해야 하며 호쇼이 버일러 요토는 각 기(旗)를 총괄하는 병부의 주인인데도 아비의 망령된 행동을 알고도 이치로써 간하지 않았으므로 역시 벌은 400냥에 처해야 한다고 의정했다. 또한 구사어전 역슈는 버일러가 정리에 휘둘려 사사로이 망령되게 처리한 것을 알았으면서 의리로써 간하지 않고 별도의 니루를 주어 관리하게 했으므로 역시 벌은(罰銀) 100냥에 처해야 한다고 의정했다. 바불라이는 죄를 얻어 폐해진 왁다

아거에게 아첨하고자, 탕구다이 아거와 타바이 아거가 함께 병부에 가서 고발한 일을 사사로이 알렸으므로 채찍형 100대에 처하고 관할 버일러와 분리하여 니루에 귀속시키기로 의정했다. 상주하여 아뢰니 주상은 세 버일러에게 벌한 은 1,200냥을 면해 주고 부르기는 절반의 예속민을 몰수하는 것을 면해 주었으며 바불라이의 채찍형 100대를 은으로 속(贖)하게 했다. 탕구다이 아거에 대해서는 예전에 몰수된 니루의 예속민과 집의 노복 · 가축 · 재물을 모두 취해 돌려주도록 하고 홍기에서 분리할 것을 허락하여, 정례에 따라 그의 동생 타바이 아거와 함께 가고 싶은 곳으로 가게 해 주었다. 이에 탕구다이 아거 등은 양백기 호쇼이 머르건 다이칭 버일러 도르곤에게 가서 의탁하여 거주했다.

권26

천총 9년 11월 ~ 12월

天聰九年, 乙亥, 十一月, 丁未朔, 額爾格木習·塔布泰·俄東·達喇泰·託內·靜山等六人, 自錦州來歸.

○ 천총 9년 을해년 11월 정미일 초하루(11.1), 어르검시(ergemsi, 額爾格木習)·타부타이(tabutai, 塔布泰)·오동(odong, 俄東)·달라타이(dalatai, 達喇泰)·토노이(tonoi, 託內)·징산(jingsan, 靜山) 등의 6명이 금주로부터 내귀했다.

○ 是日, 命蘇泰太后·額爾克孔果爾額哲, 居孫島·習爾哈地方, 賜雕鞍馬·貂鑲女朝衣·貂裘·鞾·帽等物. 上與大貝勒代善率衆貝勒·皇后·諸妃, 出盛京五里外, 大宴遣之.

○ 이날 수타이 태후·어르커 콩고르 에제이를 손도오(sondoo, 孫島)·시르가(sirga, 習爾哈)[1] 지방에 거주하게 하고 조각한 안장을 갖춘 말·담비가죽 테 두른 여조의(女朝衣)·담비가죽옷·신발·모자 등

의 물품을 하사했다. 주상과 대버일러 다이샨은 여러 버일러들과 황후·비(妃)들을 이끌고 성경(盛京) 5리 밖으로 나가 큰 연회를 베풀고 전송했다.

○ 特木祿·甘代皆土默特部落人也. 後屬察哈爾居殺虎口, 我兵至即來歸附. 至是, 授特木祿爲三等甲喇章京, 甘代爲牛彔章京, 俱准襲三次.

○ 터무루(temuru, 特木祿)와 간다이(g'andai, 甘代)는 모두 투메트 부락 사람이었다. 나중에 차하르에 예속되어 살호구(殺虎口)에서 거주했는데 우리 병사가 가자 귀부해 왔다. 이때에 터무루를 삼등 잘란장긴으로, 간다이를 니루장긴으로 삼고 모두 3번 습직을 허락했다.

○ 庚戌, 先是, 遣納海·俄莫克圖·巴雅·超哈爾·喀濟海·席唐阿·張屯·俄里喀等, 齎書往喜峰口·潘家口·董家口等處, 送書畢, 還時, 擊敗明沿邊哨卒, 斬百餘人, 獲馬三匹, 生擒一人.

○ 경술일(11.4), 이전에 나하이·오목투·바야이·초오하르·카지가이·시탕가(sitangga, 席唐阿)·장툰·올리카 등을 보내 희봉구(喜峰口)·반가구(潘家口)·동가구(董家口) 등지로 서신을 가지고 가게 했다. 서신을 보내고 돌아올 때 명나라 변계의 초병을 격퇴해 100여 명

---

1 손도오(sondoo, 孫島)·시르가(sirga, 習爾哈)는 현재 내몽고 通遼市 庫倫旗를 중심으로 코르친 좌익후기 서북부 일부와 開魯縣의 遼河 이남 지역 일부와 나이만의 동북부 일부 지역을 포함한다.

을 참하고 말 3마리를 얻고 1명을 사로잡았다.

○ 癸丑, 有圖默特者, 於西拉木輪河地方, 遇黑狐, 爲犬所嚙, 獲之, 持以獻上. 黑狐產於長白山迤東濱海倭哲·虎爾哈部落之地, 土人歲以進貢, 非我國所產. 又遼河向無鱘鰉魚, 惟烏喇江·黑龍江有之. 是時遼河漁人, 復得之, 來獻.

○ 계축일(11.7), 투메트라는 자가 시라무렌 강 지방에서 검은 여우를 마주치자 개에게 물게 하여 잡아서 주상에게 바쳤다. 검은 여우는 장백산 동쪽의 연해지역 워저 후르카(weje hurka, 倭哲虎爾哈) 부락 땅에서 나며, 토착민들이 해마다 진공하는 것으로 우리나라에서 나는 것이 아니다. 또한 요하(遼河)에는 원래 철갑상어가 없고 오직 울라강(ulai ula, 烏喇江)과 흑룡강에만 있다. 이때 요하의 어민이 또 이것을 잡아서 바쳤다.

○ 丙辰, 蘇達喇·蘇爾德·布顏·阿爾布尼·沙爾虎達·昂古納·鄂碩·席特庫·卦爾察尼堪·拜山等, 自錦州捉生還. 生擒十一人, 斬二人, 獲馬二·騾二·驢二·牛二十一, 即以賜出師將士.

○ 병진일(11.10), 수달라·술더이·부얀·아르부니·샤르후다·앙구나·오쇼·시터쿠·구왈차 니칸·바이산 등이 금주에서 정보제공 포로를 잡아 돌아왔다. 11명을 사로잡고 2명을 베었으며, 말 2마리·노새 2마리·나귀 2마리·소 21마리를 노획했으므로 이를 출정한 장수와 병사들에게 하사했다.

○ 辛酉, 賜土默特部落托博克達賴 · 古祿格 · 塞冷喀爾札海 · 額參巴圖魯 · 多爾濟塔布囊, 鄂爾多斯部落濟農母之使臣綽爾濟喇嘛 · 濟農之使臣卓禮克圖 · 古魯台吉之使臣囊素喇嘛, 及其從人, 雕鞍馬 · 撒袋 · 貂鑲朝衣 · 鞾 · 帽 · 弓 · 刀 · 白金有差.

○ 신유일(11.15), 투메트 부락의 토복 달라이(tobok dalai, 托博克達賴) · 굴루거(guluge, 古祿格) · 서렁 카르자하이(sereng karjahai, 塞冷喀爾札海) · 에센 바투루(esen baturu, 額參巴圖魯) · 도르지 타부낭(dorji tabunang, 多爾濟塔布囊), 오르도스 부락 지농의 모친의 사신 초르지 라마(corji lama, 綽爾濟喇嘛) · 지농의 사신 조릭투(joriktu, 卓禮克圖) · 구루 타이지(guru taiji, 古魯台吉)의 사신 낭수 라마(nangsu lama, 囊素喇嘛) 및 종인들에게 조각한 안장을 갖춘 말 · 화살집 · 담비가죽 테 두른 조의(朝衣) · 신발 · 모자 · 활 · 칼 · 백금을 차등 있게 하사했다.

○ 癸亥, 辰刻, 上與大貝勒代善 · 貝勒阿巴泰 · 和碩額爾克楚虎爾貝勒多鐸 · 貝勒阿濟格, 率兵三千, 出撫近門往獵於長嶺.

○ 계해일(11.17), 진시(辰時)에 주상과 대버일러 다이샨 · 버일러 아바타이 · 호쇼이 어르커 추후르 버일러 도도 · 버일러 아지거가 병사 3,000명을 이끌고 무근문(撫近門)을 나가 장령(長嶺, golmin jidun)으로 수렵하러 갔다.

○ 甲子, 至福爾堅地方, 有卒六人擅奪屯民柴草, 各鞭三十.

○ 갑자일(11.18), 풀기얀(fulgiyan, 福爾堅) 지방에 이르러 병졸 6명이 함부로 촌민의 땔감용 풀을 약탈했으므로 각기 채찍 30대를 때렸다.

○ 丙寅, 傳諭從獵者曰, 凡甲喇章京該管汎地, 務宜申明約束. 遇野豕及熊, 勿射, 但向圍內逐之. 若遇虎, 遣人奏聞, 竝傳報諸貝勒, 其人隨後躡其踪. 若朕及諸貝勒已射之獸, 從人尾追, 勿因追獸脫走, 而奪他人所射之獸. 儻有奪取者, 許同赴驗傷官處察視. 遂由長嶺, 歷米鴉湖·蒙古莫洛科及鳩綠·哈達諸地, 計獵凡十有二日.

○ 병인일(11.20), 수렵에 수행한 자들에게 유시를 전하여 말했다. 「무릇 잘란장긴은 관할하는 곳을 힘써 확실히 통제하라. 멧돼지나 곰을 만나면 활을 쏘지 말고 포위망 안쪽으로 쫓아라. 만약 호랑이를 만나면 사람을 보내 상주하고 버일러들에게 전하여 보고하라. 본인은 호랑이의 흔적을 뒤쫓아라. 짐과 버일러들이 쏜 짐승을 뒤쫓는 사람들은 추격한 짐승이 달아났다고 해서 다른 사람이 쏜 짐승을 빼앗지 말라. 만약 빼앗은 경우에는 함께 짐승의 상처를 조사하는 관원에게 가서 살피게 하라.」 이윽고 장령(長嶺)부터 미야후(miyahū, 米鴉湖)·몽고 몰로코(monggo moloko, 蒙古莫洛科)·기오루(gioru, 鳩綠)·하다(hada, 哈達) 등지를 지나며 모두 12일간 수렵했다.

十二月, 丁丑朔.

○ 12월 정축일 초하루(12.1).

○ 己卯, 巳刻, 上還宮. 是獵也, 上射殪虎四, 鹿·麅·野豕, 共一百二十有八.

○ 기묘일(12.3), 사시(巳時)에 주상이 환궁했다. 이 수렵에서 주상은 호랑이 4마리와 사슴·노루·멧돼지 모두 128마리를 활 쏘아 잡았다.

○ 先是, 命布哈塔布囊·阿濟拜爲帥, 率兩黃旗蒙古護軍八十人, 由邊外入畧寧遠界, 擒獲七人·馬四十·牛一百一十二, 出邊六十里駐營. 次日黎明明兵以千人追至合戰, 布哈塔布囊·護軍校土勒蓀, 及巴鍾·莽塞代等陷於陣時, 哈談巴圖魯在前行, 知明兵追至合戰, 復還擊之, 餘兵相繼而進, 大敗敵兵. 至是, 論功, 賜哈談巴圖魯, 人一名·馬五·牛十, 阿濟拜·布顔·阿爾薩蘭, 人各一名·馬二·牛三, 吳納漢, 人一名·馬二·牛四, 鄉導叟塞, 馬一·牛一, 其護軍校希富·杭機爾代·波克朱爾·滿都戶·恩克·胡爾邁·阿海圖·額爾塞等八人, 每二人, 賜牛三, 僧格·達畢·馬齊克圖·阿哈尼堪·恩克·陶濟·納穆·阿爾薩拜·舒爾胡納克·布爾薩海·肯哲·額參·保席·託克退·達都戶爾·滿都蓀·額得·瑣寧·查薩克圖·門都·土濟·包托·昂阿等二十三人, 各牛一, 又賜陣亡布哈塔布囊, 人一名·馬五·牛十·銀四百, 土勒蓀, 人一名·馬一·牛一·銀二百, 巴鍾, 馬一·牛一·銀一百五十, 莽塞代, 馬一, 銀一百五十.

○ 이전에 부하 타부낭(buha tabunang, 布哈塔布囊)과 아지바이(ajibai, 阿濟拜)를 장수로 삼고 두 황기의 몽고 호군 80명을 이끌고 변외(邊外)로부터 영원(寧遠) 경역으로 진입해서 약탈하게 했다. 사람 7

명 · 말 40마리 · 소 112마리를 잡아 변경을 나와서 60리 밖에 주둔했다. 다음 날 새벽에 명나라의 군대 1,000명이 추격해 와서 전투했다. 부하 타부낭 · 호군교(護軍校) 툴러순(tulesun, 土勒蓀) · 바중(bajung, 巴鍾) · 망서다이(mangsedai, 莽塞代) 등이 적진에 포위되어 있을 때, 하탄 바투루(hatan baturu, 哈談巴圖魯)가 앞에서 가다가 명나라 군대가 추격하여 와서 전투하는 것을 알고 돌아와서 공격했고, 나머지 병사들이 잇따라 진격하여 적병을 대패시켰다. 이때에 공을 논하여 하탄 바투루에게 사람 1명 · 말 5마리 · 소 10마리, 아지바이(ajibai, 阿濟拜) · 부얀(buyan, 布顏) · 아르살란(arsalan, 阿爾薩蘭)에게 각각 사람 1명 · 말 2마리 · 소 3마리, 우나간(unagan, 吳納漢)에게 사람 1명 · 말 2마리 · 소 4마리, 길잡이 서오서(seose, 叟塞)에게 말 1마리 · 소 1마리, 그 호군교 히퍼(hife, 希富) · 항길다이(hanggildai, 杭機爾代) · 복줄(bokjūl, 波克朱爾) · 만두후(manduhū, 滿都戶) · 엉커이(engkei, 恩克) · 훌마이(hūlmai, 胡爾邁) · 아하이투(ahaitu, 阿海圖) · 어르서이(ersei, 額爾塞) 등 8명에게 2명당 각기 소 3마리, 성거이(senggei, 僧格) · 다비(dabi, 達畢) · 마칙투(maciktu, 馬齊克圖) · 아하니칸(ahanikan, 阿哈尼堪) · 엉커(engke, 恩克) · 토오지(tooji, 陶濟) · 나무(namu, 納穆) · 아르사바이(arsabai, 阿爾薩拜) · 슈르후낙(šurhūnak, 舒爾胡納克) · 부르사하이(bursahai, 布爾薩海) · 컨저(kenje, 肯哲) · 에선(esen, 額參) · 보오시(boosi, 保席) · 톡토이(toktoi, 託克退) · 다두후르(daduhūr, 達都戶爾) · 만두순(mandusun · 滿都蓀) · 어더이(edei · 額得) · 소닌(sonin, 瑣寧) · 자삭투(jasaktu, 査薩克圖) · 먼두(mendu, 門都) · 투지(tuji, 土濟) · 보오토(booto, 包托) · 앙가(angga, 昂阿) 등 23명에게 각각 소 1마리를 하사했다. 또한 전사한 부하 타부낭에게 사람 1명 · 말 5마리 · 소 10마리 · 은 400냥, 툴러순에게 사람 1명 · 말 1마리 · 소 1마리 · 은 200냥, 바충에게 말 1마리 · 소 1마리 · 은 150냥, 망서다이에게 말 1마리 · 은 150냥을 하사했다.

○ 辛巳, 先是, 莽古爾泰與其女弟莽古濟, 及莽古濟之夫敖漢部落瑣諾木杜稜與貝勒德格類·屯布祿·愛巴禮·冷僧機等, 對佛跪焚誓詞言, 我莽古爾泰已結怨於皇上, 爾等助我. 事濟之後, 如視爾等不如我身者, 天其鑒之. 瑣諾木及其妻莽古濟誓云, 我等陽事皇上而陰助爾. 如不踐言, 天其鑒之. 未幾莽古爾泰中暴疾不能言而死. 德格類亦如其病死. 冷僧機具狀首於刑部和碩貝勒濟爾哈朗時, 上方出獵未奏. 瑣諾木亦首告於達雅齊, 國舅阿什達爾漢隨以奏聞, 比上獵還, 和碩貝勒濟爾哈朗亦以冷僧機所訐奏聞. 上遣人告諸貝勒, 禮部貝勒薩哈廉聞之怒曰, 莽古爾泰·德格類所行若此, 宜其並遭天譴, 相繼而死也. 伊等於皇上敢圖不軌, 忍於悖亂, 不知視我輩又當何如. 皇上視濟爾哈朗·岳託·德格類三人過於己子, 恩養之厚, 逈異衆人. 伊等成立皆皇上之賜. 是三人自宜感戴皇恩, 不惜身命以圖報效. 况皇上自嗣位以來國勢口隆, 曾何所虧損於伊等, 而作此悖逆事耶. 貝勒阿巴泰·阿濟格·和碩額爾克楚虎爾貝勒多鐸聞之, 皆怒, 及告和碩貝勒岳託. 岳託變色曰, 貝勒德格類焉有此事. 必妄言也. 或者詞連我耶. 絕無忿意於是. 諸貝勒·大臣等研審得實會議, 莽古濟·瑣諾木陰蓄異謀大逆無道應寸磔, 莽古爾泰·德格類已伏冥誅, 其妻子與同謀之屯布祿·愛巴禮應闔門論死, 冷僧機以自首免坐, 亦無功, 其莽古爾泰等之人口·財產俱入官, 奏入. 上曰, 莽古濟謀危社稷, 可告於皇考兩宮母妃暨諸姑公主前. 共訊之至莽古爾泰等人口·財產入官之議, 殊覺未當. 設若兇逆狡計得成, 則朕之所有將盡歸於彼. 今彼逆謀敗露, 國有常刑, 人口家產, 自應歸朕. 但念諸貝勒同心佐理, 似應與諸貝勒均分. 至於冷僧機, 若不首告其謀, 何由而知. 今以冷僧機爲無功, 何以勸後. 且瑣諾木若不再首, 則我等亦必不信冷僧機之言, 似不應概予重刑, 漫無分別也.

遂召文館羅碩·剛林·詹霸等至, 上具以其言告之, 諭令集文館滿漢諸儒臣, 此事應如何處分, 可議定奏朕. 諸儒臣隨議奏曰, 莽古爾泰等負恩懷逆, 傾危宗社, 罪無可貸. 莽古濟雖婦人, 聞此亂謀, 理應爲國憂憤, 從中力阻, 乃反從逆同謀, 犯上危國, 不可逭誅. 按律兩貝勒妻子皆應論斬, 若皇上必欲寬宥, 亦當幽禁終身. 否則何以懲叛逆而昭國法. 至首告者予賞, 庶使效尤者不得逞志. 今若以冷僧機爲無功, 則人皆容隱, 遇此等事, 誰復首告. 爲後日計則冷僧機宜叙其功. 臣等又按瑣諾木曾佯醉痛哭而言曰, 皇上何故惟兄弟是信, 皇上在則我蒙古得遂其生, 不則我蒙古不知作何狀矣. 皇上亦微喻其意, 彼時皇上於莽古爾泰 · 莽古濟寵眷方隆, 德格類亦被恩遇, 瑣諾木, 雖欲直言, 豈容輕出諸口. 今瑣諾木先行擧首, 其心迹似有可原, 應否免罪, 伏候上裁. 至屯布祿 · 愛巴禮, 罪應族誅, 法無可貸. 若莽古爾泰等人口 · 財產分給七旗, 雖屬推恩臣下之意, 臣等以爲必宜全歸皇上. 蓋古人云都城過百雉國之患也. 都邑者, 貝勒也, 邦國者, 朝廷也, 國寡都衆患之階也. 伏惟皇上國之至尊, 上下之間, 自有差等, 如今二貝勒之屬人戶口, 宜歸皇上. 欲賜何人, 惟皇上命之. 疏上, 上曰, 爾等所言, 朕已悉知, 俟再思之. 及諸貝勒 · 大臣覆審, 以莽古濟等逆迹彰著, 應早正國典奏聞於上. 於是莽古濟伏誅, 屯布祿 · 愛巴禮, 并其親支 · 兄弟 · 子姪, 俱磔於市. 先是, 莽古爾泰子額必倫曾言, 我父在大凌河露刃時, 我若在必刃加皇上, 我亦與我父同死矣. 其兄光衮首告, 上隱其事不告於衆貝勒. 至是, 發覺乃誅額必倫. 莽古濟長女爲貝勒岳託妻, 次女爲貝勒豪格妻. 豪格曰, 吾乃皇上所生子, 妻之母旣欲害吾父, 吾豈可與謀害我父之女同處乎. 遂殺其妻. 岳託亦奏曰, 豪格旣殺其妻, 臣妻亦難姑容. 上遣人阻之, 乃止. 昂阿喇以知情處死. 莽古爾泰六子邁達里 · 光衮 · 薩哈聯 · 阿克達 · 舒孫 · 噶納海 · 德格類子鄧什庫等, 俱降爲庶人, 屬下人口 · 財產入官.

上賜豪格八牛彔屬人, 阿巴泰三牛彔屬人. 其餘莊田 · 貲財 · 牲畜等物, 量給衆人. 以正藍旗附入皇上旗分, 編爲二旗. 以一等公額駙楊古利弟譚泰爲正黃旗固山額眞. 宗室拜尹圖, 爲鑲黃旗固山額眞. 降正藍旗固山額眞覺羅色勒, 爲拜尹圖下梅勒章京. 後籍莽古爾泰家, 搜獲所造木牌印十六枚. 視其文, 皆曰金國皇帝之印. 於是攜至大廷, 召諸貝勒 · 大臣及庶民俱至, 以其叛逆實狀曉諭之. 遂授冷僧機爲世襲三等梅勒章京, 以屯布祿 · 愛巴禮之家産給之, 免其傜役. 并給以敕書曰, 爾冷僧機原係莽古濟家僕, 因莽古爾泰 · 德格類 · 莽古濟潛圖叛逆, 焚書告天. 爾密行擧首, 遂坐莽古濟等罪. 爾當元兇未殄, 卽行陳奏, 則效忠除逆, 厥功誠大. 今兩貝勒雖死, 而爾主莽古濟尚在, 終能擧首, 亦不爲無功. 是用給以屯布祿 · 愛巴禮家産, 授爾爲三等梅勒章京, 永免傜役, 世襲不替.

○ 신사일(12.5), 이전에 망굴타이와 그의 여동생 망구지와 그녀의 남편인 아오한 부락의 소놈 두렁(sonom dureng, 瑣諾木杜稜)과 버일러 더걸러이 · 툼부루(tumburu, 屯布祿) · 아이바리(aibari, 愛巴禮) · 렁성기(lengsenggi, 冷僧機) 등이 불상을 향해 무릎 꿇고 맹세문을 태우며 말했다. "나 망굴타이는 이미 황상과 원한을 맺었다. 너희가 나를 도와서 일이 끝난 후 내가 너희를 나보다 못하다고 여기면 하늘이 보실 것이다." 소놈과 그의 아내 망구지가 맹세하여 말했다. "우리는 겉으로 황상을 섬기고 속으로 그대를 돕겠다. 만일 약속을 지키지 않으면 하늘이 볼 것이다." 얼마 후 망굴타이는 갑자기 병에 걸려 말을 못하게 되고 죽었다. 더걸러이 역시 같은 병으로 죽었다.

렁성기가 고소장을 갖추어 형부의 호쇼이 버일러 지르갈랑에게 자수했는데 주상이 사냥을 나갔기 때문에 상주하지 못했다. 소놈 또한 다야치(dayaci, 達雅齊)에게 자수했고, 국구(國舅) 아시다르한이 즉시 상주했다. 그때 주상이 사냥에서 돌아오자 호쇼이 버일러 지르갈랑도 렁성기가 고발한 것을 상주했다. 주상은 사람을 파견하여 여러 버일러들에게 알렸다. 예부의 버일러 사할리얀은 이를 듣고 분노하여 말했다. "망굴타이와 더걸러이의 소행이 이와 같으니 하늘의 꾸짖음을 받아 연이어 죽었다. 저들이 황상께 감히 모반을 도모하고 패역을 저질렀으니 우리를 어떻게 보는지를 모르겠다. 황상은 지르갈랑 · 요토 · 더걸러이 세 명을 자신의 자식보다 더 돌보았고, 두터운 은혜로 기른 것이 여러 사람과 매우 달랐다. 저들의 성장은 모두 황상이 내리신 것이다. 이 세 명은 스스로 황은을 입었음을 감사히 여기고 신명(身命)을 아끼지 말고 보답하여야 했다. 하물며 황상이 계위한 이후 국세가 날로 흥성했으니 어찌 저들에게 손해를 입혔겠는가. 그런데도 역모를 저질렀다."

버일러 아바타이 · 아지거 · 호쇼이 어르커 추후르 버일러 도도는 이를 듣고 모두 분노하여 호쇼이 버일러 요토에게 말했다. 요토는 낯빛이 변하며 말했다. "버일러 더걸러이에게 어찌 그런 일이 있었겠는가? 반드시 망언일 것이다. 혹자는 내가 연루되었다고 말하는데, 이보다 더 분한 것이 없다." 버일러들과 대신들이 조사하고 실상을 파악하고 논의하여, 망구지와 소놈은 은밀히 역모를 꾀하고 대역무도했으므로 책형(磔刑)에 처해야 하며, 망굴타이와 더걸러이는 이미 하늘의 벌을 받았으니 그 처자 및 공모한 툼부루 · 아이바리는 일문을 사형시켜야 하며, 렁성기는 자수했으므로 죄를 면해 주지만 또한 공적도 없는 것으로 하고, 망굴타이 등의 사람과 재산은 모두 몰수하도록 상주했다.

주상이 말했다. "망구지가 사직을 위협하는 모의를 했으니 황고(皇考)와 두 궁(宮)의 모비(母妃)와 여러 고모와 공주(公主) 앞에 고할 만하다. 함께 심문하여 망굴타이 등의 사람과 재산을 몰수하자고 논의했으나 적절치 않음을 깨달았다. 만약 흉악한 역모와 교활한 계책이 성공했다면 짐의 소유는 모두 그들에게 귀속되었을 것이다. 지금 그들의 역모가 실패했고 나라에 일정한 형법이 있으니 사람과 가산은 자연히 짐에게 귀속될 것이다. 그러나 생각하니 여러 버일러들이 한마음으로 보좌했으므로 여러 버일러들에게 균등하게 나누어 주어야 한다. 렁성기에 대해서는, 만약 그가 모의를 고발하지 않았다면 어떻게 그것을 알았겠는가. 지금 렁성기의 공적이 없는 것으로 하면 어떻게 이후에 고발을 권장하겠는가. 또 소놈이 만약 자수하지 않았으면 우리는 필시 렁성기의 말을 믿지 않았을 것이니 포괄하여 중형에 처하면 안 된다. 그렇게 하면 분별이 없어진다."

마침내 문관(文館)의 로쇼·가린·잠바 등을 불러서 이들이 도착하자, 주상은 이를 글로 갖추고, 문관(文館)의 만주와 한인 유신(儒臣)들을 모이게 하고 유시했다. "이 일을 어떻게 처리해야 할지 의논하고 결정하여 짐에게 상주하라." 여러 유신(儒臣)들이 따라서 의논하여 상주했다. "망굴타이 등은 은혜를 저버리고 역심을 품었으며 종사(宗社)를 위태롭게 했으니 죄를 용서할 수 없습니다. 망구지는 비록 부인이지만 이 반란의 모의를 듣고 이치로써 마땅히 나라를 위해 근심하고 성내며 중간에서 저지해야 했음에도, 도리어 역도를 따라 함께 모의하여 주상을 범하고 나라를 위태롭게 했으니 처형을 면할 수 없습니다. 율(律)에 따라 두 버일러의 처자식을 모두 참형으로 논해야 하지만 만약 황상께서 반드시 용서하고자 하시면 또한 종신토록 연금해야 합니다. 그렇지 않으면 어찌 반역을 징벌하시어 국법을 밝힐 수 있겠습니까? 고발한 자에게 상을 주면 악한 일을 본받으려는 자가 뜻을 이루지 못하게 할 수 있을 것입니다. 지금 만약 렁성기의 공적을 없게 한다면, 사람들이 모두 죄를 숨길 것이니 이러한 일들을 마주함에 누가 다시 고발하겠습니까? 후일을 도모하기 위해서는 렁성기의 공적을 서훈해야 합니다. 신들이 생각건대, 소놈은 일찍이 술에 취한 척하고 통곡하며 말하기를 '황상께서는 무슨 까닭으로 형제만을 믿으십니까? 황상께서 계셔야 우리 몽고는 살 수 있고, 그렇지 못하면 우리 몽고는 어찌 될지 알지 못합니다.'라고 했습니다. 황상 또한 약간은 그 말의 의미를 아셨습니다. 그때 황상께서는 망굴타이와 망구지를 총애하셨고 더걸러이 또한 은혜를 입고 있었으니, 소놈이 비록 직언을 하려고 해도 어찌 쉽게 말할 수 있었겠습니까? 지금 소놈이 고발했고 그 본심이 이같이 용서할 만하니, 죄를 용서할지 말지는 주상께서 결정해 주시기를 삼가 바랍니다. 툼부루·아이바리의 죄는 일족을 멸해야 하며 법으로 용서할 수 없습니다. 만약 망굴타이 등의 인구와 재산을 일곱 기(旗)에 나누어 주고자 하면, 비록 신하들에게 은혜를 베풀어 주시려는 뜻일 것이나 신들은 반드시 전부 황상께 귀속되어야 한다고 여깁니다. 옛사람의 말에 '지방의 도성이 100치(雉)를 넘으면 나라에 근심이 된다.'[2]고 했습니다. 도읍은 버일러이고 나라는 조정이니, 나라가 적고 도읍이 큰 것은 근심의 시작입니다. 삼가 생각건대 황상께서는 나라의 지존이시며 상하 간에 차등이 있으니, 지금 두 버일러의 속인과 호구는 황상께 귀속되어야 합니다. 만일 누군가에게 하사하려면 오직 황상이 명하십시오."

상소가 올라가자 주상이 말했다. "너희가 말하는 바를 짐이 다 알았다. 후에 다시 생각하겠다." 이후에 버일러들과 대신들이 다시 심리하여, 망구지 등이 반역한 행적이 뚜렷하므로 일찍 국전(國典)을 바로잡아야 한다고 주상에게 상주했다. 이에 망구지가 처형되었고, 툼부루·아이바리와 그 친지·형제·자식과 조카 모두 저자에서 책형(磔刑)을 당했다. 이전에 망굴타이의 아들 어빌룬이 말했다. "아버지께서 대릉하에서 칼을 뽑았을 때, 만약 내가 있었다면 반드시 황상을 베었을 것이다. 나도 아버지와 함께 죽겠다." 그의 형 구왕군(guwanggun, 光袞)이 고발했는데 주상은 그 일을 숨기고 여러 버일러들에게 알리지 않았었다. 이때에 발각되어 어빌룬은 처형되었다. 망구지의 장녀는

2 출전은 『춘추좌씨전』이다. "都城過百雉, 國之害也." 『春秋左氏傳』 隱公 元年.

버일러 요토의 아내이고, 차녀는 버일러 호오거의 아내이다. 호오거가 말했다. "나는 황상의 소생인데, 장모가 나의 아버지를 해치고자 했으니, 내가 어찌 내 아버지를 해치려 한 여인과 함께 살 수 있겠는가?" 마침내 아내를 죽였다. 요토 또한 상주하여 말했다. "호오거가 그 아내를 죽였으니, 신의 아내 또한 용납하기가 어렵습니다." 주상이 사람을 보내어 저지하여 그쳤다. 앙가라는 정황을 알고 있었기 때문에 사형에 처했다. 망굴타이의 여섯 아들 마이다리(maidari, 邁達里) · 구왕군 · 사할리얀(sahaliyan, 薩哈聯) · 아커다(akeda, 阿克達) · 슈쇼(šušun, 舒孫) · 가나하이(ganahai, 噶納海)와 더걸러이의 아들 덩시쿠 등을 모두 서인으로 강등시켰고, 속하 인구와 재산을 몰수했다.

주상이 호오거에게 8개 니루의 속인을, 아바타이에게 3개 니루의 속인을 하사했다. 그 나머지 장전(莊田), 금전, 가축 등은 잘 헤아려서 여러 사람들에게 주었다. 정람기를 황상의 기(旗)로 편입시키고 두 기(旗)로 나누어 편제했다. 일등공 어푸 양구리의 동생 탄타이를 정황기 구사어전으로 삼았다. 종실 바인투는 양황기 구사어전으로 삼았다. 정람기 구사어전 기오로 설러(gioroi sele, 覺羅色勒)를 바인투 속하의 머이런장긴으로 강등했다. 후에 망굴타이의 가산을 적몰하고 나무로 만든 패자(牌子)와 도장 16매를 수색하여 압수했다. 도장의 글자를 보니 모두 '금국황제지인(金國皇帝之印)'이라고 적혀 있었다. 이에 도장들을 대정(大廷)에 가져가고 버일러들과 대신들과 서민(庶民)들을 불러 모두 모이게 하고 망굴타이의 반역의 실상을 그들에게 효유했다. 마침내 렁성기에게 세습 삼등 머이런장긴을 제수했고, 툼부루와 아이바리의 가산을 지급하고 요역을 면제해 주었다. 아울러 칙서를 주어 말했다. 「너 렁성기는 원래 망구지의 가복이었으나 망굴타이 · 더걸러이 · 망구지가 몰래 반역을 도모하여 글을 불사르며 하늘에 고한 것을 네가 고발했기에 망구지 등의 죄를 처벌할 수 있었다. 네가 원흉이 살아 있을 때 상주했다면 충성을 바쳐 역도를 제거한 것이라 그 공이 참으로 컸을 것이다. 고발할 때 두 버일러는 죽었으나 너의 주인 망구지는 아직 살아 있었는데 고발했으니 공이 없다고 할 수 없다. 이로 인하여 툼부루와 아이바리의 가산을 지급하고 너에게 삼등 머이런장긴을 제수하고 요역을 영원히 면제해 주며 교체 없이 세습하도록 한다.」

○ 癸未, 阿祿喀爾喀部落馬哈撒嘛諦塞臣汗, 及烏朱穆秦部落塞臣濟農·蘇尼特部落巴圖魯濟農·蒿齊忒部落葉爾登土謝圖·阿霸垓部落查薩克圖濟農等大小貝子, 遣衛徵喇嘛·畢切齊達爾漢吳巴什·達爾漢塔布囊·托博兌氷圖四頭目, 率一百三十二人, 齎書來朝貢駝馬·貂皮, 並鞍轡·鎖子甲·弓·刀等物. 書曰, 成吉思汗後裔馬哈撒嘛諦塞臣汗等, 書奉天下無敵天聰皇帝. 伏惟皇帝, 躬膺厚祉, 起居康泰. 曏者, 察哈爾胡土克圖汗, 居必不可敗之勢, 與大國抗衡, 今已旣滅其國矣. 現今安邇懷遠, 以圖太平之道, 天聰皇帝自有睿裁. 但今撫有大寶, 必聲名洋溢. 爲天下法, 使政令炳曜, 如日方升, 庶幾當時利賴, 萬世傳休. 儻蒙睿鑒, 以此言爲然, 願往來通問不絕, 共守盟約, 以享太平.

○ 계미일(12.7), 아루 칼카 부락의 마하 사마디 세첸 칸·우주무친 부락의 세첸 지농(secen jinong, 塞臣濟農)·수니트[3] 부락의 바투루 지농(baturu jinong, 巴圖魯濟農)·호오치트 부락의 열덩 투시예투

3 수니트: 다얀 칸의 손자 보디의 아들 쿠게추다 타이지 시기에 수니트 라는 부의 명칭이 만들어졌고 차하르 만호에 속했다. 쿠게추다의 증손인 타르바하이 다르한(수니트 東路 타이지)과 그 숙부 초르군(西路 타이지)은 차하르 릭단 칸을 피하여 칼카로 도주했다. 이후 숭덕 연간에 초르군의 아들 서오서, 타르바하이의 아들 텅기스가 청에 귀부하여 수니트 자삭기 2기로 편제되었고 시린골 맹에 소속되었다.

(yeldeng tusiyetu, 葉爾登土謝圖) · 아바가 부락의 자삭투 지농(jasaktu jinong, 査薩克圖濟農) 등 크고 작은 버일러들은 워이정 라마(wijeng lama, 衛徵喇嘛) · 비처치 다르한 우바시(biceci darhan ubasi, 畢切齊達爾漢吳巴什) · 다르한 타부낭(darhan tabunang, 達爾漢塔布囊) · 토보도이 빙투(tobodoi bingtu, 托博兌氷圖) 네 두목을 보내어 132명을 이끌고 서신을 가지고 내조하여 낙타와 말 · 담비가죽 및 안장과 고삐 · 사슬갑옷 · 활과 칼 등을 조공으로 바쳤다.

서신에서 말했다. 「칭기스 칸의 후예 마하 사마디 세첸 칸 등은 천하무적의 천총황제께 서신을 받들어 올립니다. 황제께서 큰 복을 받고 날마다 평안하시기를 엎드려 바랍니다. 이전에 차하르의 후툭투 칸(hūtuktu han, 胡土克圖汗)은 불패의 기세로 대국과 맞섰으나 지금 그 나라는 멸망했습니다. 이제 가까운 곳을 안정시키고 먼 곳을 회유하여 태평의 도리를 도모하니 천총황제께서는 통찰력을 갖추고 있습니다. 이제 대좌에 오르셨고 반드시 명성이 널리 퍼질 것이니 천하의 법을 만들어 정령이 빛을 발하고 태양처럼 솟아오르게 하면, 한때의 의지처가 될 뿐 아니라 만세토록 안녕을 전하게 될 것입니다. 만약 폐하께서 이 말을 통찰하시고 옳다고 여기시면, 저희는 끊이지 않고 왕래하며 안부를 여쭙고 함께 맹약을 지켜 태평성대를 누리고자 합니다.」

○ 丙戌, 馬福塔 · 穆祜等還自朝鮮. 先是, 馬福塔等沿鐵山縱掠, 所獲財畜甚多, 擒七人, 斬其五, 馘劓一人, 戒諭遣還. 至是, 以所俘獲至, 兼齎朝鮮國王李倧報書二函. 一書曰, 敝邦使旋, 始聞貴介弟仙逝, 傷悼何勝. 夫兩國誼同一家, 情難恝然. 玆因貴使之便, 附致賻儀, 兼申慰忱, 伏希心亮. 又一書曰, 敝价纔回, 盛使繼至, 前後椷音, 具悉悃款. 况蒙嘉貺, 猶切感銘. 歲且除矣. 惟冀珍重, 茂迓新休. 又來書縷縷開諭, 足仞盛心, 幸荷幸荷. 越境採參, 自有此等姦宄以來,蒙貴國之詰責者屢矣. 不穀誠痛惡之. 然猶妄意或失業遊民, 乘間而出, 冒利忘生, 故如是歟. 未敢遽謂地方官吏知情也. 且敝邦之法. 凡有死罪, 必加愼審, 每以輕殺爲戒. 往年, 青城僉使安德幹, 雖緣此被誅, 國人猶有餘議, 故厥後雖有犯者, 必分首從, 或誅或罰, 至所部之官吏, 例止削職發配耳. 今年七月間, 見咸鏡·平安兩道監司所報, 犯禁姓名, 幾至七十餘人. 遂將各處郡邑鎭堡等官細加查問, 其中固有失於覺查者, 亦有私縱土民強取參利者, 不穀始爲驚駭其情. 輕者, 已重責遠配, 重者, 累月囚禁, 方議處斬, 仍飭邊臣, 每當春秋採參時, 使於要津捷徑潛伏偵探, 俾無一夫得遺, 庶以此爲後日補過之地耳. 今承來示, 不任慙赧, 皆由不穀用法不嚴疆域之間, 有此愆尤, 貴國之見責固也, 更有何辭以辯. 至於禮幣增補之諭, 誠非敝邦所慮及矣. 初貴國所需數目極多, 決非敝邦物力所能辦者. 故前後具書, 往復詳辯, 業蒙貴國見諒, 照數收入矣. 此後循例致禮, 已經累年, 今何遽有此言耶. 向日結爲兄弟, 誓天講好也, 原不以贈幣爲重. 今我歲致品物, 雖若菲薄, 在敝邦已無遺力矣. 自黑雲龍行讒之後, 明國禁令愈峻, 其所出貨物, 明有規則, 凡不在禁限而市出者, 固已轉市於貴國矣. 豈有吝嗇上貨以違貴國之意者乎. 惟望貴國更加審聽焉, 夫義均手足, 故言出肝膈也. 其恕而諒之.

○ 병술일(12.10), 마푸타와 무후 등이 조선에서 돌아왔다. 이전에 마푸타 등은 철산(鐵山)을 따라 약탈하여 노획한 재물과 가축이 매우 많았으며,[4] 7명을 사로잡고 5명을 베었으며 1명은 귀와 코를 베고 훈계하고 돌려보냈다. 이때 포로와 노획물을 가지고 왔으며 겸하여 조

4 노획한 재물의 품목과 수량은 『舊滿洲檔 天聰九年』, pp.350-351에 상세히 기록되어 있다.

선국왕 이종(李倧)의 답서 2통도 가지고 왔다.

서신 한 통에서 말했다. 「폐방의 사신이 귀국해서 비로소 황제의 동생이 서거했음을 들었습니다. 슬픔을 어찌 이기시겠습니까. 양국은 우호가 한집과 같으니 정의상 내 일이 아닌 것처럼 가만히 있기 어렵습니다. 이에 귀국의 사신이 돌아가는 편에 부의를 보내며, 겸하여 심심한 위로의 말씀을 올리니 아무쪼록 마음을 굳게 하시기를 바랍니다.」

또 다른 서신 한 통에서 말했다. 「폐방의 사신이 이제 막 돌아왔는데 귀국의 사신이 잇달아 도착했습니다. 전후로 보낸 서신에서 정성어린 뜻을 모두 알았습니다. 게다가 후한 선물을 받고 깊은 감명을 받았습니다. 곧 선달그믐이 다가오니 몸조심하시고 새해에도 좋은 일 가득하시기를 바랍니다. 또한 보내신 서신에서 누누이 나열하여 깨우쳐 주신 것으로 족히 그 아름다운 마음을 헤아릴 수 있으니, 참으로 은혜를 입었습니다.

월경하여 삼을 캐는 것은 그러한 간사한 자들이 생겨난 이래로 귀국의 힐책을 자주 받았습니다. 저 역시 이들을 너무나도 싫어합니다. 그러나 이는 망령된 생각을 품거나 생업을 잃은 유민들이 틈을 엿보고 밖으로 나가 이익을 탐하여 목숨을 걸었기에 이렇게 된 것입니다. 무턱대고 지방 관리가 사정을 알았다고 말할 수 없었습니다. 또한 폐방의 법에는 모든 사형죄에 해당하는 범인들은 반드시 신중히 심리하고 매번 가벼이 죽이는 것을 경계합니다. 예전에 청성첨사(靑城僉使) 안덕간(安德幹)이 이로 인하여 주살되었는데도 국인들 사이에서 여전히 뒷말들이 있었기에, 그 후 죄를 범한 자가 있어도 수범과 종범을 나누어 주살하거나 벌했습니다. 해당 부(部)의 관리에 대하여서는 정례(定例)에 따라 삭직하여 귀양을 보내기만 했습니다. 금년 7월 중에, 함경도와 평안도 감사가 보고한 것을 보니, 금령을 어긴 자들이 거의 70여 명에 이르렀습니다. 마침내 각처의 군읍(郡邑)과 진보(鎭堡)의 관원들이 상세히 조사하고 심문하니, 그중에 검거 및 조사 과정에서 실수가 있었거나 또는 사사로이 토민을 풀어 주거나 삼을 판 이익을 강탈한 자도 있었습니다. 저는 처음 그 사실을 알고 놀라 죄가 가벼운 자들은 무겁게 처벌하여 멀리 유배를 보냈고 죄가 무거운 자들은 몇 달간 감금했다가 이제 막 처형으로 논의했습니다. 계속해서 변신(邊臣)들을 신칙하여 매번 봄가을 삼을 캘 때에 요지의 포구나 좁은 길에 잠복하여 정탐하게 하여 한 사람이라도 새어 나가지 못하게 함으로써, 후일의 과오를 보완하기를 바랐습니다. 이제 답신을 받고 부끄러운 마음을 이기지 못하니, 모두 제가 변강에 법을 엄히 적용하지 못하여 이러한 허물이 발생했고 귀국으로부터 엄히 견책을 받았으니 더 무슨 말로 변명하겠습니까.

예물을 늘리라는 유시에 대해서는 실로 폐방의 생각이 미칠 수 있는 바가 아닙니다. 처음 귀국이 필요로 하는 항목이 매우 많아서 폐방의 물력으로 처리할 수 있는 것은 결코 아니었습니다. 고로 전후로 서신을 작성하여 왕래하며 상세히 변론하여 귀국의 양해를 얻고 항목에 따라 거두었습니다. 그 후 정례(定例)에 따라 예물을 바치기를 벌써 몇 년이 되었는데, 지금 어찌 갑자기 이렇게 말씀하십니까. 예전에 형제가 되기를 결의하고 하늘에 맹세하여 강화할 때 폐백은 중요하게 여기지 않기로 했습니다. 지금 제가 해마다 바치는 물품은 약소하기는 하나 폐방은 이미 여력이 없습니다. 흑운룡(黑雲龍)이 참언한 이후 명나라의 금령은 더욱 엄하여져서, 밖으로 나가는 화물에 대해 분명한 규정이 생겼습니다. 금령의 제한 없이 팔려 나온 것들은 이미 귀국으로 다시 팔려 들어갔습니다. 어찌 상납할 물품을 아껴서 귀국의 뜻을 거스르는 일이 있겠습니까. 귀국께서는 더욱 자세히 들어주시기를 바랍니다. 의리는 수족과 같기에 진심으로 말합니다. 양해해 주시기를 바랍니다.」

○ 己丑, 科爾沁國大妃同額駙滿朱習禮·祁他特·桑噶爾寨·巴圖魯, 送其女至, 與和碩墨爾根戴青貝勒多爾袞爲婚. 皇后率諸貝勒福金, 迎於五里外, 大宴, 入城.

○ 기축일(12.13), 코르친국 대비(大妃)가 어푸 만주시리·키타트·상가르자이·바투루와 함께 그 딸을 데리고 도착하여, 호쇼이 머르건 다이칭 버일러 도르곤과 혼인시켰다. 황후는 여러 버일러들의 푸진들을 데리고 5리 밖에까지 나가 영접하고 큰 연회를 베푼 후에 입성했다.

○ 辛卯, 和碩墨爾根戴青貝勒多爾袞, 以納大妃女爲福金, 獻駝馬. 上納馬一匹.

○ 신묘일(12.15), 호쇼이 머르건 다이칭 버일러 도르곤이 대비(大妃)의 딸을 푸진으로 들인 일로 낙타와 말을 헌상했다. 주상은 말 1마리를 받았다.

○ 是日, 駐守攬盤邊城薩哈連, 及哨探官南都, 往皮島躡踪, 獲捕貉漢人六名送至, 鞫訊之, 發尙陽堡安置.

○ 이날 남반(攬盤) 변성에 주둔한 사할리얀(sahaliyan, 薩哈連)과 초탐관 난두(nandu, 南都)가 피도(皮島)에 가서 흔적을 뒤쫓은 끝에 오소리를 잡는 한인 6명을 보내왔다. 그들을 심문하고 상양보(尙陽堡)로 유배보내어 안치시켰다.

○ 科爾沁國大妃·額駙滿朱習禮, 以送墨爾根戴青貝勒多爾袞福金至, 設筵見上. 上出殿迎大妃, 行戚屬禮. 滿朱習禮·朗蘇喇嘛·祁他特·桑噶爾寨·巴圖魯額參等先遙拜. 復以次抱膝見, 大妃暨滿朱習禮獻貂鑲朝衣·貂皮·雕鞍·駝馬·羊隻, 酌納之.

○ 코르친국 대비(大妃)·어푸 만주시리는 머르건 다이칭 버일러 도르곤에게 푸진을 보내온 이유로 연회를 베풀고 주상을 알현했다. 주상이 전각을 나와 대비(大妃)를 맞이하고 친척의 예를 행하였다. 만주시리·랑수 라마(langsu lama, 朗蘇喇嘛)·키타트·상가르자이·바투루 에센 등이 먼저 멀리서 절했다. 다시 순서대로 무릎을 껴안고 알현했다. 대비(大妃)와 만주시리가 담비가죽을 두른 조의·담비가죽·조각한 안장·낙타와 말·양을 바치자, 헤아려 받았다.

○ 癸巳, 科爾沁國杜爾伯特部落額林臣台吉, 於嫩河岸得一石獻. 上視之, 石中隱隱有水色, 赤如琥珀, 大如指決, 蓋空青石也. 病目者, 以此水拭之, 卽愈.

○ 계사일(12.17), 코르친국 두르베트 부락 어린천 타이지가 논강(non i ula, 嫩河) 기슭에서 돌 하나를 주워서 바쳤다. 주상이 보니 돌 속에 희미하게 물기가 있었는데 호박(琥珀)처럼 붉고 반지 정도 크기에 공청석(空青石)인 것 같았다. 눈병이 있는 자가 이 물로 씻자 바로 나았다.

○ 甲午, 大內供佛水盂內氷結, 高盂寸許, 形如細箸.

○ 갑오일(12.18), 궁궐에서 불전(佛前)에 올린 물발우에 얼음이 얼었는데, 높이는 발우보다 몇 촌 높았고 모양은 가는 젓가락 같았다.

○ 丙申, 遣馬福塔 · 穆祜齎書往朝鮮國. 書曰, 覽王來書, 援天立言, 意謂盟誓之素, 確乎不渝. 然予思, 兩國自盟好以來, 祗有貴國縱爾人民, 擾害我地, 妄行生事, 我國何嘗有背違盟誓, 侵擾貴地, 妄行生事者乎. 貴國之民, 又與我逃民私易皮張等物, 我國之民, 曾有如此私相貿易者乎. 是釁端實自王始而豈自朕始耶. 以朕而援天立言則可, 王而援天立言則不可, 此乃人所共見者. 通好以來, 王宜謂兄汗, 蒙天眷佑, 大軍一出, 敵人摧敗, 所至之地, 無不奏捷. 孔 · 耿 · 尚諸人, 航海歸附. 東北濱海之國, 率皆效順, 師徒增益, 至萬餘人. 大軍再出, 而四十萬蒙古之主察哈爾汗之妻並其子孔果爾, 率其擧國兵民, 悉數來歸. 西北半壁, 皆爲我屬, 聲威愈盛, 理宜中心悅服, 倍加恭敬. 乃王往日來書, 俱稱奉, 而邇年以來, 不書奉而止書致. 豈數年之間, 我國頓成微弱耶. 蓋王有輕我之心, 故如是耳. 來書又謂, 向日結爲兄弟, 誓天講好, 原不以贈幣爲重, 今何遽有此言. 夫薄物何足齒數, 第幣帛所以將恭敬. 是以貴使來時, 回答書內頻頻言之, 已非一二次, 何謂遽有此言也. 王今不遵定額而故爲減少, 豈非重利而輕朕乎. 人參, 初議每斤價十六兩. 王誑云, 明人不用而減價, 頓至九兩. 又言, 歲致品物, 雖若菲薄, 在敝邦已無餘力. 頃執鐵山漢人詢之, 言皮島所駐漢人, 王與遼船五十艘每年春秋二次, 助米二萬六千包. 每參一斤, 售價二十兩. 由此觀之, 王之言皆誑我也. 王又謂, 自黑雲龍行譏之後, 明國每市, 禁出上等貨物. 王前遣使往明國, 歸途舟壞, 我軍撈取沉水緞疋視之, 雖已浥爛, 然皆上等貨物也. 王之心與口異, 言與行違, 種種如此, 猶謂義均手足, 義均手足者如是乎. 王無乃謂明國氣運未衰, 尙可永久弗替乎. 朕謂明國之傾覆, 可立而待矣. 臣欺君, 君疑臣, 賄賂公行, 讒邪日盛. 境內擾亂, 盜賊蜂起, 在在騷動. 明主不能掃除, 每至敗兵損將, 我軍又將從東而進. 此皆天運潛移, 欲覆明國也. 王其知之. 其明國以臣欺君姦邪用事之狀, 朕畧以所知者爲王言之. 昨年我軍入宣大, 攻城畧地, 破其疆土, 彼明國官軍, 曾未有一人敢出戰者. 及捉生至, 得其塘報內言, 大礮一擧, 擊死十王之子, 約年二十歲. 夫十王年甫二十二, 今誑謂其子二十, 豈子之年, 僅少於父二歲乎. 又言, 殺傷一王. 若事果眞, 諒王自聞之也. 又言, 與滿洲大戰, 擊殺無算. 得獲器械, 亦無算. 及閱後, 開所獲者, 止甲一副 · 梯叉一杆 · 火鐮袋一個. 所謂器械無算者, 安在哉. 朕嘗進攻明國, 所獲漢人, 俱令薙髮. 偶有思家逃回者, 明國官員反令人迎而執之, 割其首級, 以誑其君. 似此殺戮無罪, 妄報軍功, 其君且信而嘉悅之. 朕不知此孽果何人承受耶. 此其欺罔之最大者, 餘亦何能一一悉數. 由此而觀, 明國之臣, 奸詭橫行, 欺蔽君上, 其君, 亦聽信奸邪, 以致禍亂蜂起, 豈非亡國之兆耶. 王亦可顯然明知矣. 至若互市之事, 盡在使臣口中, 書不贅述.

○ 병신일(12.20), 마푸타와 무후에게 서신을 맡겨서 조선국에 보냈다. 서신에서 말했다. 「왕의 답신을 보니, 하늘을 두고 맹세한다고 했는데, 그 뜻은 맹세가 결코 변하지 않는다는 것이리라. 그러나 내가 생각하기에, 양국이 맹세하고 강화한 이래 오직 귀국에서 방치한 그대의 백성들이 우리 땅에서 함부로 행동하며 소란을 일으켰지, 우리가 맹세를 어기고 귀국의 땅을 침범하여 함부로 행동하며 소란을 일으킨 적이 있었는가. 또한 귀국의 백성들은 우리나라에서 도주한 백성들과 가죽 등의 물품을 몰래 무역했으나, 우리나라 백성 가운데 그렇게 몰래 무역한 자가 있었는가. 이 분쟁이 실로 왕에게서 시작했지 어찌 짐에게서 시작했는가. 짐이 하늘을 두고 맹세한다는 것은 가하

지만 왕이 하늘을 두고 맹세한다는 것은 불가하니, 이는 만인이 공통으로 생각하고 있는 것이다.

통호한 이래로, 왕은 형(兄)인 한(汗)이 하늘의 돌보심을 받아 대군이 출진하면 적이 패배하여 가는 곳마다 이기지 못한 적이 없다고 여겨야 마땅하다. 공유덕·경중명·상가희 등이 배를 몰고 와서 귀부했다. 동북 해변의 나라들도 모두 복종하여 병사가 1만여 명 늘었다. 대군이 다시 출진하자 40만 몽고의 주인 차하르 칸의 처와 그 아들 콩고르가 모든 나라의 군대와 백성들을 이끌고 전부 내귀했다. 그래서 서북의 반이 우리에게 속하게 되어 위세가 더욱 드높아졌으니 진심으로 탄복하고 더욱 공경해야 한다. 그런데 왕은 이전에 보낸 서신에서 모두 '봉(奉)'이라고 칭했는데, 근년에는 '봉(奉)'이라고 쓰지 않고 '치(致)'라고만 쓰고 있다. 몇 년 만에 우리나라가 갑자기 약해졌는가. 아마도 왕이 우리를 경시하는 마음이 생겼기 때문에 이렇게 한 것이라고 밖에 볼 수 없다.

보내온 서신에서 또 말했다. "예전에 형제가 되기를 결의하고 하늘에 맹세하여 강화할 때 폐백은 중요하게 여기지 않기로 했는데 이제 왜 갑자기 이런 말이 있습니까." 무릇 '하찮은 물건'이라고 말할 수 없는 것은 폐백이 공경하는 마음이기 때문이다. 이 때문에 귀국의 사신이 올 때에 회답 서신에서 말한 것이 한두 번이 아니었는데, 어찌하여 "갑자기 이런 말이 있습니까"라고 하는가. 왕이 지금 정해진 액수를 준수하지 않고 고의로 줄이면 이익을 중시하고 짐을 경시하는 것이 아니겠는가. 인삼은 처음 논의할 때, 근당 16냥으로 가격을 정했는데, 왕이 "명나라 사람들이 사용하지 않아서 가격이 내렸습니다."라고 속여서 9냥까지 깎았다. 또한 "해마다 보내는 물품이 약소하지만 폐방은 이를 마련할 여력이 없습니다."라고 했다. 근자에 철산(鐵山)의 한인을 붙잡아서 심문하니, "피도(皮島)에 주둔한 한인에게 왕이 요선(遼船) 50척을 주고 매년 봄가을 두 차례 쌀 2만 6,000포를 원조하고 있으며, 인삼 1근 값이 20냥"이라고 말했다. 이를 보건대, 왕의 말은 모두 우리를 속이고 있다.

왕은 또한 "흑운룡(黑雲龍)이 참소한 후에 명나라에 물건을 팔 때 좋은 재화의 반출을 금하고 있습니다."라고 했다. 왕이 전에 명나라에 보낸 사신이 돌아오는 길에 배가 부서졌는데, 우리 군대가 물에 젖은 비단을 건져 보니 비록 젖어서 찢어졌지만 모두 좋은 재화였다. 왕의 마음과 입이 다르고 말과 행동이 어긋나는 것이 이러한데도 오히려 의리는 수족과 같다고 말하는데, 의리가 수족과 같다는 게 이런 것인가.

왕은 혹 명나라의 기운이 아직 쇠하지 않았으며 오히려 영원히 멸망하지 않을 것이라고 생각하는가. 짐은 명나라가 곧 멸망할 것으로 본다. 신하가 임금을 속이고 임금이 신하를 의심하며, 뇌물은 공공연히 오가고 참언과 간사한 짓은 날로 성하고 있다. 나라 안에서 난이 일어나고 도적이 봉기하여 곳곳에서 소동을 벌이고 있는데도 명나라의 임금은 소탕할 수 없으며, 패배한 군대와 장수가 생길 때마다 우리 군도 동쪽에서 진군하고 있다. 이는 모두 천운이 서서히 변하여 명나라를 전복하려는 것이다. 왕은 이를 알아야 할 것이다.

명나라의 신하가 임금을 속이고 간사한 무리들이 국정을 담당하고 있는 정황에 대하여 짐이 대략 아는 바를 왕에게 말한다. 작년 우리 군대가 선부(宣府)와 대동(大同)에 들어가서 성을 공격하고 땅을 공략하며 강토를 파괴했을 때에도, 저 명나라 관군 중에 감히 출전하려는 자가 한 사람도 없었다. 정보제공 포로가 붙잡혀 왔을 때 명나라의 당보(塘報)를 입수했는데 그 안에는 "대포를 한 발 쏘아서 십왕(十王)[5]의 아들을 맞혀 죽였는데 나이가 대략 20세이다."라고 했다. 십왕(十王)의

5 십왕은 누르하치의 열다섯째 아들 도도(dodo, 多鐸, 1614-1649)를 가리킨다.

나이가 이제 겨우 22세인데 현재 그 아들이 20세라고 속이고 있으니, 아들의 나이가 아비보다 겨우 2살 어릴 수 있는가. 또한 "왕(王) 1명을 죽였다."라고 했는데, 이 일이 과연 사실이라면 왕도 직접 들었을 것이다. 또한 "만주와 크게 싸워 무수히 죽이고 노획한 군수품도 무수히 많다."라고 했는데, 읽어 본 후에 노획물을 보니, 갑옷 1벌 · 사다리 1개 · 부싯돌포대 1개에 불과했다. 이른바 무수한 군수품이 어디에 있는가. 짐이 명나라로 진격하여 포획한 한인은 모두 체발하게 했다. 체발한 한인이 고향이 그리워서 도망가면 명나라 관원은 오히려 사람을 시켜 고향에서 맞이했다가 붙잡아서 그 수급을 베어서 임금을 속였다. 이처럼 죄 없는 자를 죽이고 없는 군공을 멋대로 보고했는데도 임금은 또 그걸 믿고 칭찬한다. 짐은 이 재앙을 과연 누가 입을지 알 수 없다. 이것은 임금을 기망한 가장 큰 사례이고, 나머지는 일일이 헤아릴 수 없다. 이를 보건대 명나라의 신하는 간사한 거짓말을 멋대로 하여 군주를 기만하고 군주는 간사한 말을 듣는 대로 믿어 환란이 벌떼처럼 일어났으니 망국의 조짐이 아니겠는가. 왕도 분명히 알 것이다. 호시의 일은 모두 사신의 입을 통하여 전할 터이니, 서신에는 굳이 쓰지 않겠다.」

○ 丁酉, 上率諸貝勒 · 大臣, 詣太祖陵. 以察哈爾汗妻子擧國來歸, 兼獲玉璽上瑞, 及莽古爾泰 · 德格類 · 莽古濟等逆黨伏法. 焚楮祭告太祖. 將讀祝, 上跪令大貝勒代善獻爵畢, 上諭諸大臣曰, 自古以來, 凡國有吉慶及變亂之事, 俱有祭告之典. 今當祗遵典禮, 奉告皇考在天之靈. 於是讀喜慶祝冊曰, 維天聰九年, 歲次乙亥, 十二月二十一日, 孝子嗣皇帝皇太極, 敢昭告於太祖皇帝神位前曰, 自受命以來, 征討諸國, 所在克捷, 遐邇大小之邦, 罔不臣服, 謹以懽忭之忱上告, 用慰皇考神靈. 我兵前次出征, 蒙古察哈爾汗, 力不能支, 望風奔北,逃於湯古忒國, 其諸貝勒·大臣, 擧國來附. 所餘者, 止察哈爾汗之妻三人, 及其子孔果爾, 竝臣僚數人, 戶口千餘而已. 繼又進兵, 悉降其衆. 至於歷代帝王相傳玉璽, 久不知其所在, 今已爲我國得之, 共稱符瑞, 謂得受命之徵. 玆蒙古諸國, 盡歸一統, 惟有明國, 尙爲我敵. 更祈皇考英靈, 始終默佑, 以成大業, 以昌國運, 伏惟昭鑒. 祝不盡言, 抒誠上告. 繼讀靖亂祝冊曰, 維天聰九年, 歲次乙亥, 十二月二十一日, 孝子嗣皇帝皇太極, 敢昭告於太祖皇帝神位前曰, 臣自纂承丕緒以來, 夙夜兢兢, 恒恐不能仰副前命. 不幸有莽古爾泰·德格類, 及莽古濟等, 包藏禍心, 謀爲不軌. 荷蒙上天眷顧, 皇考英靈, 已將莽古爾泰·德格類陰殛於未發之先, 其同謀之莽古濟被瑣諾木及冷僧機訐發. 擧國諸貝勒·大臣, 會勘得實, 莽古濟及同謀諸犯, 俱已正法. 伏祈皇考神靈昭鑒, 默相丕基, 敢告. 上出享殿曰, 前此作亂者, 已伏法矣. 嗣後有若此者, 上天降威, 皇考默鑒, 必不容此包藏禍心之人也. 諭畢還宮.

○ 정유일(12.21), 주상이 버일러들과 대신들을 이끌고 태조의 능에 참배했다. 차하르 칸의 처자식이 나라를 들어 내귀하고 옥새를 바친 상서로운 일, 망굴타이·더걸러이·망구지 등의 역당이 처형된 일을 태조에게 종이를 불사르며 제사를 올려 고했다. 축문을 읽으려고 할 때 주상이 무릎을 꿇고 대버일러 다이샨에게 술잔을 올리게 했다. 제사를 마치자 주상은 여러 대신들에게 유시했다. 「예로부터 나라에 경사와 변란이 있을 때에 모두 제사를 올려 고하는 전례(典例)가 있었다. 지금 전례(典禮)를 준수하여 하늘에 계신 황고의 영령께 고해야 한다.」

이에 경사를 고하는 축책(祝冊)을 읽었다. 「유세차 천총 9년 을해년 12월 21일, 효자 사황제(嗣皇帝) 홍타이지는 태조 황제 신위 앞에 감히 밝혀 고합니다. 천명을 받은 이래로 여러 나라를 정벌하여 가는 곳마다 승리했고, 멀고 가깝고 크고 작은 방국들이 신복하지 않은 것이 없었습니다. 삼가 기쁜 마음으로 고하여 황고의 신령을 안위합니다. 이전에 우리 군대가 출정하자 몽고 차하르 칸은 견디지 못하고 바람에 쓸리듯이 패주하여 탕구트국으로 도망갔으며, 버일러들과 대신들은 온 나라를 들어 내부했습니다. 남은 것은 오직 차하르 칸의 처 3명, 아들 콩고르, 신료 몇 명, 호구(戶口) 1,000 남짓 뿐이었습니다. 계속해서 다시 진군하여 그 나라 사람들을 모두 항복시켰습니다. 역대 제왕들 사이에서 전해진 옥새는 오랫동안 어디에 있는지 몰랐다가 지금 우리 나라가 얻게 되었으니, 모두 상서로운 조짐이라고 칭하며 천명을 받을 징조를 얻었다고 말합니다. 이에 몽고 여러 나라들은 모두 귀부하여 하나가 되었고 명나라만이 여전히 우리의 적입니다. 더욱 바라건대 황고의 영령께서 언제나 묵묵히 보우해 주시어 대업을 이루고 국운을 성하게 하시옵소서. 삼가 살펴주시기를 바랍니다. 축문에서 말을 다하지 못했으니 진심을 고하여 올립니다.」

계속해서 난을 평정한 축책(祝冊)을 읽었다. 「유세차 천총 9년 을해년 12월 21일, 효자 사황제(嗣皇帝) 홍타이지는 태조 황제의 신위 앞에 감히 밝혀 고합니다. 신이 대통을 이어받은 이래 밤낮으로 전전긍긍하며 전대의 명(命)에 도움이 되지 못할까 늘 두려워했습니다. 불행히도 망굴타이·더걸러이·망구지 등이 나쁜 마음을 품고 무도한 짓을 꾀했습니다. 하늘의 보우를 입게 되어, 황고의 영령께서 역모가 발각되기도 전에 망굴타이와 더걸러이를 주살하셨고, 공모한 망구지는 소놈과 렁성기에게 고발당했습니다. 온 나라 버일러 대신들이 회동하여 조사하니 실상을 알게 되었고, 망구지와 공모 범인들은 모두 법에 따라 처형되었습니다. 엎드려 바라건대, 황고 신령께서는 살펴주시어 나라의 큰 기틀에 묵묵히 도움을 주십시오. 감히 고합니다.」

주상이 향전(享殿)을 나오며 말했다. 「이전에 난을 일으킨 자들은 이미 처형되었다. 이후 이러한 자들이 있으면 하늘이 위엄을 보이시고 황고께서 묵묵히 살펴주셔서 반드시 이런 나쁜 마음을 품는 자들을 용서하시지 않을 것이다.」 유시를 마치고 환궁했다.

○ 梅勒章京張存仁條奏曰, 我國開疆拓土, 遐邇嚮風, 今東西北三方咸禀聲教, 無纖芥之可虞, 止餘明國一路耳. 大軍一行自應膚功立奏, 是大業之成已在皇上掌握中矣. 但前有遵永宣大之擧, 恐明國人民不知非出皇上本意, 以爲兵皆類此, 或生疑畏之心耳. 望皇上行兵時, 預寫榜文, 遇城卽發, 曉諭官民謂, 前此燕京之役, 朕非欲久居爾土, 以圖大業也. 故僅率親軍, 以觀爾內地情形, 乃自得遵永等城後, 復因蒙古歸順者多, 是以統師還國, 安插其衆, 僅留將士, 令彼駐防, 不意將士棄而不守, 遂肆殺戮, 俾我旣撫之, 民罹於鋒鏑. 朕實憫之, 已將退歸官兵從重加罪矣. 又前此師行宣大, 再驚爾衆, 原非朕之本意, 緣有事察哈爾姑借糧於內地耳. 爾等勿視今日之來, 與前此無異也. 以此榜文在在曉示, 民必扶老攜幼, 踴躍來迎矣.

至燕京城大兵少, 明人禦我必有顧此失彼之虞, 攻之亦易, 儻煩我兵力. 攻圍日久, 彼城中客居旣多, 貧人更衆, 糗糧不繼, 則內變必生矣. 若彼城內危急, 必求講和, 以緩我師, 皇上不可輕許. 彼必多割疆土以禮議和, 儻不如意, 則或攻或困, 可得其城. 旣得之後, 彼明主走則不必追, 獲則不必殺, 姑留之. 俾各藩王瞻顧不前, 惟皇上所欲爲也. 俟天下一統, 人心大定, 然後除之, 以靖衆志, 未爲遲耳. 又曰, 撫輯黎元, 當令弗擾. 大內府庫所儲財帛已足上用, 必飭禁官兵, 勿取民間財物. 任其各安生理, 則黃河以北, 不勞兵力, 自聞風歸順矣.

又曰, 我軍所得之疆土, 其守土之官, 不可更易. 彼諳練民情嫻習舊規, 仍而不改, 可使民情相安. 仍加以滿官爲正掌印, 而以原官副之, 此元世祖之往事也. 又曰, 皇上釐綱飭紀, 法度脩明, 賞罰公當, 是以人心咸服, 衆志旣堅, 其大者均無可議. 惟是一二小節, 尙未盡善. 臣請爲皇上言之, 皇上乃一國之主, 出警入蹕宜有定制, 必令侍從人員, 前後翼衛, 庶官民知有天子之尊也. 又曰, 我國官制雖定, 然儀文未備, 行止坐立, 貴賤莫分, 非所以明體統也, 不可不別服色殊等威, 以彰國制. 又曰, 南朝以文臣內監專守各城, 其人未嘗不可招之使來也. 彼見我國不用文臣, 而文臣之心益堅, 不用內監, 而內監之志益固. 以臣之意, 皇上且立文官內監之名, 使彼之文臣內監聞風而動其貪慕之心, 則自然歸順矣. 況我國尚有燕京所得之內監, 并有自先帝時所遺者, 宜收而用之, 以示弗棄俾知向附焉.

又曰, 元旦朝賀, 大體所關, 雜劇戲謔, 不宜陳於殿陛. 臣亦知皇上未嘗好此, 不過因蒙古所無者聊與觀之. 何不於歲前二三日, 設宴迎春, 而佐以各項雜劇, 以示讌享慈惠之意. 至元旦之辰, 百官慶賀旣畢, 仍應照舊例, 八旗設宴止用雅奏, 使君臣共樂太平. 又曰, 多置諫官以廣耳目. 如孫得功之忠直者, 選擢數人爲科道, 專司參劾, 爲皇上布仁政彰國法, 使官民寃抑得伸. 又曰, 改文館爲內閣中書科, 以彰官制. 其筆帖式亦應加中書科名色, 分大小副·參·遊·守, 爲閣老·翰林等官. 又曰, 多收賢材以備任使. 今疆域益廣, 政事日繁, 臨期驅策, 不得其人, 未能奉皇上法度, 則地方又何賴焉. 又曰, 民間鼓樂, 不必禁止, 以昭國家太平之盛.

○ 머이런장긴 장존인이 조목조목 상주하여 말했다. 「우리나라가 땅을 넓히고 개척하여 멀고 가까운 곳이 모두 귀부해 오고 있습니다. 이제 동쪽, 서쪽, 북쪽 세 방향으로는 모두 성교(聲教)를 받들어 조금도 우려할 것이 없으며 다만 남은 것은 명나라 한 방향뿐입니다. 대군이 한 번 가면 즉시 저절로 공훈을 세우니, 대업을 이루는 것이 이미 황상의 손바닥 안에 있습니다. 다만 전에 준화·영평·선부·대동을 공격했을 때 명나라 인민들이 황상의 본뜻을 모르고 병사들이 모두

이러한 부류라고 여겨 혹여 의심하고 두려워하는 마음을 갖지 않을까 염려됩니다. 바라건대 황상께서는 병사를 움직이실 때 미리 방문을 써서 성을 지날 때마다 반포하여 관민들에게 깨우쳐 알리십시오.

〈이전에 연경을 공격한 것은 너희 땅에 오래 머무르려 한 것이 아니고 대업을 도모해서 한 일이다. 그러므로 친군만을 이끌고 너희 내지의 정세와 형편을 보았던 것뿐이다. 그리고 준화 · 영평 등의 성을 얻은 후부터 몽고에서 귀순하는 자들이 많아졌으므로 군대를 이끌고 본국으로 돌아갈 때 그 무리를 안착시키고자 약간의 장수와 병사들을 남겨 지키게 했는데, 뜻밖에도 장수와 병사들이 성을 버리고 지키지 않으며 함부로 살육했다. 내가 백성을 위무하라고 했음에도 백성들이 난리에 죽임을 당했다. 짐은 그들을 실로 불쌍히 여기며, 도망쳐 돌아온 관병들에게 무거운 죄에 따라[6] 벌을 더했다. 또한 전에 우리 군사가 선부 · 대동으로 가서 다시 너희를 놀라게 했던 것은 원래 짐의 본뜻이 아니었다. 차하르에 일이 있어 잠시 군량을 빌리려고 내지로 갔을 뿐이다. 너희는 이번에 내가 온 것을 그전과 같다고 보지 말라.〉

이 방문을 곳곳에 널리 보이면 백성들은 반드시 노소를 막론하고 뛸 듯이 기뻐하며 맞이할 것입니다. 연경은 성이 크고 병사가 적어 명나라 사람이 우리를 방어할 때 반드시 이쪽을 돌아다보다가 저쪽을 잃는 낭패를 겪을 것입니다. 공격하기도 쉽고 설령 우리의 병력을 번거롭게 한다고 해도 포위가 길어지면 저들 성 안에 외지에서 온 자들이 많고 빈민도 많으니, 식량이 이어질 수 없어서 분명히 내부에 변란이 발생할 것입니다. 만약 저들의 성 안 사정이 위급해지면 반드시 강화를 구해 우리 군사를 늦추려 할 것이니 황상께서는 가볍게 허락하지 마십시오. 저들은 반드시 많은 영토를 할양하고 예로써 화친을 의

6 원문의 '從重'은 두 가지 이상의 죄가 한꺼번에 드러났을 때에 그중에 무거운 죄에 따라 형률을 적용하는 것을 가리킨다.

논해야 합니다. 만일 여의치 않으면 우리는 공격하거나 포위해서 성을 얻을 수 있습니다. 성을 얻은 후 명나라 황제가 도망치면 쫓을 필요는 없고, 사로잡았을 때도 반드시 죽일 필요는 없으니 잠시 그대로 두십시오. 저들의 번왕들이 주저하며 전진하지 못하게 하면 황상께서 바라시는 바대로 될 것입니다. 천하를 통일하고 인심이 안정된 후에 명나라의 황제를 없애고 사람들의 뜻을 다스려도 늦지 않습니다.

하나, 백성을 위무하고 동요시키면 안 됩니다. 궁궐의 창고에 쌓인 재물과 비단은 주상께서 쓰시기에 풍족하니, 관리와 병사들이 민간의 재물을 취하지 못하도록 훈계하고 금해야 합니다. 백성이 각기 생업을 편히 누릴 수 있으면 황하 북쪽은 병력을 수고롭게 하지 않고도 자연히 풍문을 듣고 귀순할 것입니다.

하나, 우리 군사가 얻은 강역에서 그 땅을 지키는 관리를 쉽게 바꾸이선 안 됩니다. 그들은 민정(民情)을 알고 옛 습속에 익숙하니 그대로 두고 바꾸지 않으면 민정(民情)을 편안하게 만들 수 있습니다. 주가로 만주 관리를 정관(正官)으로 하고 원래 관리를 보조로 삼으십시오. 이는 원 세조가 했던 일입니다.

하나, 황상께서 조리와 규율을 세우시니 법도가 밝아지고 상벌이 공정하여 인심이 모두 복종합니다. 여러 사람의 뜻이 이미 굳으니 법도의 대강에 대해서는 더 의논할 것이 없습니다. 한두 개의 작은 일들만이 미진한 부분이 있을 뿐입니다. 신이 황상께 청하여 말하니, 황상은 일국의 주인으로서 출입할 때의 경필(警蹕)[7]에 정해진 제도가 있어야 합니다. 수행원이 반드시 전후로 호위해서 관민들이 천자의 존엄이 있음을 알게 해야 합니다.

하나, 우리나라의 관제는 정해졌지만 위의(威儀)는 갖추어지지 않

---

7 경필(警蹕)은 제왕이 출입할 때 시위가 길을 경계하고 일반인의 통행을 단속하는 것.

왔습니다. 행동거지와 기거에 있어 귀천에 따른 분별이 없어서 체통을 분명히 할 수 없습니다. 옷 색깔을 나누고 신분과 지위를 나누어 나라의 제도를 드러내야 합니다.

하나, 남조(南朝)는 문관과 내감(內監)들이 성을 지키니, 그 사람들을 내귀시켜야 합니다. 그들은 우리나라가 문관을 기용하지 않는다고 여겨 문관들이 굳은 마음으로 수비하고, 내감을 기용하지 않는다고 여겨 내감들이 굳은 뜻으로 수비합니다. 신이 생각건대 황상께서 문관·내감의 관직명을 만들면 저들의 문신·내감이 풍문을 듣고 부러워하는 마음을 가지게 되어 자연히 귀순해 올 것입니다. 게다가 우리나라에는 연경에서 얻은 내감과 선제 때부터 남은 자들도 있으니 그들을 거두어 써서 버리지 않음을 보여 저들에게 알리고 귀부시켜야 합니다.

하나, 원단(元旦)의 조하(朝賀)는 대체(大體)와 관련이 있으니[8] 잡극과 희학(戲謔)이 대궐 뜰에서 열리는 것은 옳지 않습니다. 신 역시 황상께서 이것들을 좋아하지 않고 몽고에 없는 것이므로 함께 보는 것에 지나지 않음을 알고 있습니다. 새해 2-3일 전에 연회를 열어 봄을 맞이하고 각종 잡극으로 분위기를 돋워 술잔치를 열어 자애롭게 베푸는 뜻을 보이는 것이 좋습니다. 원단(元旦) 때에 백관이 경하를 마치면 옛 관례에 따라 팔기가 연회를 열고, 다만 음악만을 써서 군신(君臣)이 함께 태평을 즐기게 하십시오.

하나, 간관을 많이 두어 눈과 귀를 넓히십시오. 손득공(孫得功)과 같이 충직한 자를 여러 사람 선발하여 과도(科道)로 삼아 탄핵을 전문으로 하게 하시고, 황상을 위해 어진 정치를 펴고 국법을 펼쳐 관민이 원통하고 억울함을 펼 수 있게 하십시오.

---

8 "대체(大體)와 관련이 있다"는 것은 국가의 대례(大禮)라는 의미이다. "emu amba doro kai"(하나의 大禮입니다) 『舊滿洲檔 天聰九年』, p.366.

하나, 문관(文館)을 내각중서과(內閣中書科)로 고쳐서 관제를 드러내십시오. 비트허시(bithesi, 筆帖式)도 중서과(中書科)의 이름을 더하고, 대소(大小) 부장 · 참장 · 유격 · 수비 등을 나누어 각로(閣老) · 한림관 등으로 삼으십시오.

하나, 어진 사람들을 많이 모아 임용에 대비하게 하십시오. 지금 강역이 더욱 넓어지고 정사는 날로 많아집니다. 때에 닥쳐 서두르다가 적임자를 얻지 못하면 황상의 법도를 받들 수 없을 것이니 지방은 또한 무엇을 믿겠습니까.

하나, 민간의 풍악은 반드시 금지할 필요가 없으니 이로써 국가의 태평성세를 밝게 비추십시오.」

○ 辛丑, 察哈爾格格 · 蘇泰太后及額爾克孔果爾額哲來朝, 皇后率諸貝勒福金, 迎於五里外, 至演武亭. 宴畢, 入城.

○ 신축일(12.25), 차하르의 공주 · 수타이 태후 및 어르커 콩고르 에제이가 내조했다. 황후가 여러 버일러들의 푸진들을 이끌고 5리 밖으로 맞으러 나가 연무정(演武亭)까지 이르렀다. 연회를 마치고 성으로 들어왔다.

○ 三等甲喇章京吳裕病故, 以其子常山保襲職, 仍准再襲五次.

○ 삼등 잘란장긴 오유(吳裕)가 병사하여 그 아들 상산보(常山保)에게 습직시키고 뒤이어 5번의 습직을 허가했다.

○ 牛彔章京吳沙蘭病故, 以其子吳齊爾海襲職, 仍准再襲二次.

○ 니루장긴 우샬란(ušalan, 吳沙蘭)이 병사하여 그 아들 우치르하이(ucirhai, 吳齊爾海)에게 습직시키고 뒤이어 2번의 습직을 허가했다.

○ 甲辰, 上諭記注儒臣曰, 凡外國文移, 及管蒙古各旗諸貝勒, 往來迎送, 獻酬贈答, 俱宜詳愼記載.

○ 갑진일(12.28), 주상이 기록하는 유신(儒臣)들에게 말했다. "외국과 서신을 왕래하며 몽고의 각 기를 관할하는 버일러들은 왕래하고 맞이하며 전송하는 일, 잔을 주고받고 화답하는 일들을 모두 자세하고 신중하게 기록해야 한다."

○ 先是, 諸貝勒·大臣以遠人歸附, 國勢日隆, 孔·耿·尙諸人, 率衆來降, 察哈爾之衆, 又全歸附, 邊外諸國, 俱奉聲敎, 定議, 令文館儒臣希福·剛林·羅碩, 禮部啟心郎祁充格奏上言, 上功隆德懋, 克當天心, 四方慕義之衆延頸擧踵, 喁然嚮風. 前者臣等廣集衆謀, 合辭陳奏, 請上進稱尊號, 乃上謙德彌尊, 虛懷若谷, 辭以未知天意, 不允衆請, 必待上天眷佑, 式廓疆圉, 大業克成之時, 然後郊禋踐阼, 躬受鴻名. 臣等伏思衆望不可以久虛, 大命不可以謙讓, 今察哈爾汗太子擧國來降, 又得歷代相傳玉璽, 是天心默佑, 大可見矣. 所當仰承天意, 早正大號, 以慰輿情. 上曰, 今雖諸國來附, 兼得璽瑞, 然大業尙未底定也. 大業未定, 豫建大號, 恐非所以奉天意. 譬有一賢者於此, 我將振拔之, 彼則不待朕命, 而輒自尊大, 亦朕所不許也. 固辭不允. 諸貝勒復遣希福等奏曰, 臣等思之, 不待上命而妄自尊大者, 固不爲上所許, 儻皇上欲振拔一人, 而其人輾轉遷延, 未肯受事, 上寧不以爲非乎. 儻不仰承天心, 膺受尊號, 恐天心亦以爲非也. 再三陳請, 上仍不允.

管禮部事貝勒薩哈廉, 復令希福·剛林·羅碩·祁充格等奏言, 臣等屢次陳請, 未蒙皇上俯鑒下忱, 夙夜悚惶, 罔知所措. 伏思皇上不受尊號, 其咎實在諸貝勒, 諸貝勒不能自修其身, 殫忠信以事上, 展布嘉猷, 爲久大之圖, 徒勸皇上早正大號, 是以皇上不肯輕受耳. 如諸貝勒皆克殫忠藎, 彼莽古爾泰·德格類輩, 又何以犯上而作亂耶. 今諸貝勒宜誓圖改行, 竭忠輔國, 以開太平之基, 皇上始受尊號可也.

上稱善曰, 貝勒薩哈廉開陳及此, 實獲我心, 一則爲朕深謀, 一則欲善承皇考開創之業. 其應誓與否, 爾身任禮部, 當自主之. 諸貝勒果誓圖改行, 彼時尊號之受與不受, 朕當再思之. 至晚滿·漢·蒙古諸文臣畢集, 上命希福·剛林·羅碩等, 傳諭漢儒臣曰, 諸貝勒皆勸朕早正尊號, 朕以土宇尚未統一, 未審天意所屬, 大號不宜輕受, 爾等以爲何如. 鮑承先·寧完我·范文程·羅繡錦·梁正大·齊國儒·楊方興等對曰, 人當順天而行, 天之欲皇上受此尊號也. 豈必諄諄然命之乎. 玉璽旣得, 諸國皆附, 人心效順, 是卽天意所在也. 今上宜順天應人, 早正尊號, 以承大統. 翼日, 薩哈廉復集諸貝勒於朝曰, 吾等各宜誓圖改行, 以慰上意. 衆皆從之, 各書誓詞奏上.

上覽之曰, 大貝勒年已邁, 其免誓, 薩哈廉誓詞暫存之, 待其病愈, 然後立誓可也. 其餘諸貝勒不必書從前並無悖逆事等語. 但書自今以後, 存心忠信, 勉圖職業, 遇有大政大議, 勿謀於閒散官員, 及微賤小人, 並其妻妾等, 卽以此言爲誓. 若謀及此輩, 彼言不及義, 必將私爲身謀, 不顧國家, 所失多矣. 至若莽古爾泰·德格類之邪逆者, 天已誅之, 可爲明鑑矣. 諸貝勒卽不似彼之逆狀顯然, 而陰懷異志者, 亦必遭譴, 迨遭譴之時, 朕豈不痛惜乎. 遂命誓詞內, 不必載入已往悖逆事. 大貝勒代善奏曰, 上念臣年老, 恐犯誓詞以致死亡, 然已往之事, 臣不載諸誓詞, 自今以後, 若不與諸貝勒同誓, 臣且食不下咽, 坐不安席矣. 儻皇上不令臣與議事之列, 臣亦何敢違背上命, 卽不與盟誓可也. 若皇上憐臣而仍令居議事之列, 臣性頑鈍善忘, 必出誓詞, 庶臣心不忘警惕, 或可免於皇上之譴責耳.

上曰, 國有大事, 當共議者, 寧獨不令與聞. 但念爾年老, 是以勸止. 若必欲與諸貝勒同誓, 聽爾可也. 於是諸貝勒各遵上諭, 更定誓詞, 焚香跪讀畢, 遂焚書. 代善誓詞曰, 代善誓告天地. 自今以後, 若不克守忠貞, 殫心竭力, 而言與行違, 又或如莽古爾泰·德格類, 謀逆作亂者, 天地譴之, 俾代善不得令終. 若國中子弟, 或如莽古爾泰·德格類謀爲不軌, 代善聞知, 不告於皇上者, 亦俾代善不得令終. 凡與皇上謀議機密重事, 出告於妻妾旁人者, 天地譴之, 亦俾代善不得令終. 若愚昧不知, 以致或有愆尤者, 亦惟天地鑑之. 代善若能竭盡其力, 效忠於上, 則天地庇我, 壽命延長. 諸貝勒亦誓告天地曰, 自今以後, 若有二心於上, 及已身雖不作亂, 而兄弟輩有悖逆之事, 明知隱匿, 或以在上前所議國事, 歸告於妻妾及不與議之閒員·僕從, 并云我意原欲如此, 因而謗訕者, 天地譴責, 奪其紀算. 若能竭力盡忠, 當荷皇上洪慈, 天地庇佑, 壽命延長.

時外藩諸貝勒總集京師, 請於我國諸貝勒曰, 我等思上功績隆盛, 宜早定尊號, 以統馭臣民. 諸貝勒曰, 爾等未至, 我國諸臣, 已先奏請於上矣. 未蒙見允. 爾有同心, 可復偕入告. 遂定議奏上. 上曰, 內外諸貝勒·大臣, 合辭勸進, 似難固讓. 朝鮮乃兄弟之國, 應與共議, 且外藩貝勒尚有未至者, 當遣使往朝鮮國, 以此事聞之. 諸貝勒皆懽忭曰, 誠如聖諭. 衆皆退. 薩哈廉奏曰, 上諭遣使朝鮮, 誠然. 蓋兄弟通好之國, 禮宜告知. 臣等內而八旗和碩諸貝勒, 外而各藩諸貝勒, 皆遣人與朝鮮王同議, 一則使聞內外諸貝勒勸進尊號之意, 一則使知各國來附, 兵力強盛之實也. 上曰, 善, 爾內外諸貝勒其遣人, 偕朕使臣同往.

○ 이전에 여러 버일러들 · 대신들은 먼 곳의 사람이 귀부하고, 국세가 날로 융성하여 공유덕 · 경중명 · 상가희 등 여러 사람이 무리를 이끌고 항복해 오고, 차하르의 무리 또한 전부 귀부하여 변외의 여러 나라가 모두 성스러운 교화를 받들었으므로, 의논을 정하여 문관(文館)의 유신(儒臣) 히피 · 가린 · 로쇼, 예부계심랑 키충거 등에게 상주하게 했다. 「주상의 공이 융성하고 덕이 넉넉하여 천심(天心)에 부합하니 사방에 그 의(義)를 흠모하는 사람들이 우러러 기대하고 화답하여 귀부합니다. 전에 신들이 사람들의 의견을 널리 모아 합동으로 상주하여 주상께 존호를 칭하시기를 청했습니다. 주상께서는 겸양의 덕을 더욱 높이시고 겸허하심이 마치 계곡과도 같이서 사양하여 말씀하시기를, '하늘의 뜻을 아직 모르니 사람들의 청을 받아들일 수 없고 반드시 하늘이 보우하시어 나라의 강역이 넓어지고 대업이 극히 성해질 때를 기다린 연후에 제사를 지내고 제위에 올라 홍명(鴻名)을 받겠다.' 라고 하셨습니다. 신들이 삼가 생각건대, 여러 사람들의 희망을 오랫동안 비워 둘 수 없고, 대명(大命)을 오랫동안 사양할 수 없습니다. 지금 차하르 칸의 태자가 나라를 들어 항복해 왔으며 또한 역대에 대대로 전해진 옥새를 얻었으니, 천심이 말없이 도우심을 확실히 볼 수 있습니다. 마땅히 하늘의 뜻을 우러러 받들어서 빨리 대호(大號)를 정하시어 사람들의 마음을 위로하십시오.」

주상이 말하기를 "지금 비록 여러 나라들이 귀부했고 또한 옥새를 얻었지만 대업은 아직 정해지지 않았다. 대업이 정해지지 않았는데 미리 대호(大號)를 세우면 하늘의 뜻을 받들지 못할까 두렵다. 비유하건대 여기에 한 현자가 있어 내가 그를 발탁하고자 하지만 그가 짐의 명을 기다리지 않고 스스로를 높인다면 짐은 허락하지 않을 것이다." 라고 하고 굳게 사양하며 윤허하지 않았다. 버일러들이 다시 히퍼 등을 보내 상주했다. "신들이 생각건대, 주상의 명을 기다리지 않고 망령되이 스스로를 높이는 자는 진실로 주상의 허락을 받지 못할 것입니다. 만일 황상께서 한 사람을 발탁하려고 하는데 그 사람이 망설이면서 일을 맡지 않으려고 하면 주상께서 잘못이라고 여기지 않겠습니까. 만일 천심을 받들지 않고 존호를 받지 않으면 천심이 주상을 잘못한다고 여길까 두렵습니다." 두 번 세 번 간청했으나 주상은 거듭 윤허하지 않았다.

예부의 일을 관장하는 버일러 사할리얀이 다시 히퍼·가린·로쇼·키충거 등에게 상주하게 하여 말했다. "신들이 누차 상주하여 청했으나 황상께서 저희의 마음을 살펴 주지 않으시니 밤낮으로 송구하고 두려워 어찌할 바를 모르겠습니다. 삼가 생각건대 황상께서 존호를 받지 않으심은 그 책임이 실로 버일러들에게 있습니다. 버일러들이 스스로 수신(修身)하지 않고 충성을 다하여 주상을 섬기지 않으면서도, 나라를 다스리는 계책을 말하고 그것을 장구한 대책으로 삼아 황상께서 빨리 대호(大號)를 정해야 한다고 권했습니다. 그러므로 황상께서 가볍게 받고자 하시지 않았던 것입니다. 버일러들이 모두 충성을 다 바쳤다면 저 망굴타이·더걸러이 무리가 어찌 주상을 범하고 난(亂)을 일으켰겠습니까. 지금 버일러들이 행동을 고치고자 서약하니 충성을 다하여 나라를 도와 태평(太平)의 기반을 연 후에 황상께서 존호를 받으심이 옳습니다."

주상이 좋다고 하면서 말했다. "버일러 사할리얀이 이렇게까지 말하니 실로 내 마음을 얻었다. 한편으로는 짐을 위한 생각이 깊고, 한편으로는 황고(皇考)의 창업을 잘 잇고자 함이다. 그 서약을 할지 하지 않을지는 네가 예부를 맡았으니 스스로 주관하라. 버일러들이 과연 행동을 고치겠다고 서약하면 그때 존호를 받을지 받지 않을지 짐이 다시 생각할 것이다."

저녁이 되어 만주 · 한인 · 몽고 문신들이 모두 모이니, 주상이 히퍼 · 가린 · 로쇼 등에게 명해서 한인 유신들에게 유시를 전하여 말했다. "버일러들이 모두 짐에게 빨리 존호를 정해야 한다고 권하는데, 짐은 천하를 아직 통일하지 못했고 하늘의 뜻이 어떠한지 확실치 않으니 대호(大號)를 가볍게 받을 수 없다. 너희는 어떻게 생각하는가?" 포승선 · 영완아 · 범문정 · 나수금 · 양정대 · 제국유 · 양방홍 등이 대답했다. "사람은 마땅히 하늘에 따라 행해야 하는데, 하늘이 황상께서 이 존호를 받기를 원하십니다. 어찌 반드시 자세하게 말로 할 필요가 있겠습니까? 옥새를 이미 얻었고 여러 나라가 귀부하여 인심이 순종하며 따르니 바로 하늘의 뜻이 여기에 있는 것입니다. 이제 주상께서는 마땅히 하늘에 따르고 사람에 부응하시어 빨리 존호를 정하시고 대통을 이으십시오." 다음날, 사할리얀이 다시 여러 버일러들을 조정에 불러 말했다. "우리가 각자 행동을 고치자고 서약해서 주상의 뜻을 위로하자." 모두 그대로 따라 각기 맹세하는 말을 써서 상주했다.

주상이 읽고 말했다. "대버일러는 나이가 많으니 맹세를 면해 준다. 사할리얀은 맹세를 잠시 미루어 두었다가 병이 낫기를 기다린 후에 다시 맹세하는 것이 옳다. 나머지 버일러들은 글에서 종전에 패역한 일이 없었다는 등의 말을 꼭 할 필요는 없다. 다만 지금부터 마음에 충성과 신의를 지키고 직업에 힘쓰며 큰 정치와 큰 논의가 있을 때에 직책이 없는 한산(閑散) 관원이나 미천한 소인들, 처첩들과 의논하지 않겠다는 말을 맹세하라. 만일 이러한 무리들과 의논한다면 저들은 의리를 말하지 않고 필시 사사로이 자신만을 위하며 나라를 돌아보지 않으니 잃는 것이 많을 것이다. 망굴타이 · 더걸러이는 그릇되게 역심을 가져 하늘이 이미 주살했으니 본보기로 삼을 만하다. 여러 버일러들이 그들처럼 역모의 상황을 드러내지 않는다 해도 다른 뜻을 몰래 품는다면 역시 벌을 받으리라. 너희가 벌을 받게 된다면 짐이 어찌 슬프지 않겠는가." 그리고 맹세하는 글에 과거의 패역한 일을 기록할 필요가 없다고 명했다.

대버일러 다이샨이 상주했다. "주상께서는 신(臣)이 연로함을 생각하시어 맹세한 말 때문에 천벌을 받아 죽게 될 것을 염려하십니다. 그러나 지난 일에 대해서는 신이 맹세하지 않는다 해도 지금부터 만일 여러 버일러들과 함께 맹세하지 않는다면, 신은 앞으로 음식을 먹어도 목으로 넘길 수 없고, 앉아도 편안히 앉지 못할 것입니다. 만일 황상께서 신이 국사를 논의하는 반열에 있지 못하게 하시면 신이 어찌 감히 주상의 명을 거스르겠습니까. 그렇다면 맹세를 하지 않아도 됩니다. 만일 황상께서 신을 가엾게 여기시어 여전히 국사를 논의하는 반열에 있게 하시면, 신은 성품이 완고하고 우둔하여 잘 잊어버리니 반드시 맹세하여 신의 마음이 경계하여 잊지 않게 할 것이고 혹시 황상의 책망을 면할 수도 있을 것입니다." 주상이 말했다. "나라에 큰일이 있으면 함께 의논하는 것이 마땅한데 어찌 홀로 참여하지 못하게 하겠습니까. 다만 그대의 연로함을 염려하여 하지 말라고 권했습니다. 만약 반드시 여러 버일러들과 함께 서약하고자 하면 그대의 청을 들어주겠습니다."

이에 버일러들이 각기 상유(上諭)를 따라 맹세하는 글을 다시 정하여, 향을 태우며 무릎 꿇고 읽은 후 글을 태웠다. 다이샨이 맹세하는 글에서 말했다. 「다이샨이 천지(天地)에 맹세하여 고합니다. 이제부터 만일 충정(忠貞)을 지키지 못하고 마음과 힘을 다하지 못하며 말과 행동이 다르거나, 혹은 망굴타이·더걸러이의 무리가 역모를 꾀하고 난을 일으키려 한 것과 같이 한다면, 천지가 이를 책망하여 저 다이샨은 좋게 죽지 못할 것입니다. 만일 나라 안의 자제(子弟)가 혹 망굴타이·더걸러이의 무리처럼 몰래 역모를 꾀하는데 다이샨이 이를 듣고도 황상에게 고하지 않는다면, 역시 저 다이샨은 좋게 죽지 못할 것입니다. 황상과 중요한 기밀을 의논하고 나와서 처첩이나 주변 사람들에게 말하면 천지가 책망할 것이며, 역시 저 다이샨은 좋게 죽지 못할 것입니다. 만일 우매함을 알지 못하고 혹 잘못을 저지르면 또한 천지가 보실 것입니다. 다이샨이 힘을 다해 주상께 충성을 다하면 천지가 저를 보호하시어 수명이 늘어날 것입니다.」

여러 버일러들 역시 천지에 서약하여 말했다. 「지금부터 만일 주상께 두 마음을 갖거나, 또한 자기 자신이 난(亂)을 일으키지 않는다 해도 형제 무리들의 패역한 일을 알고 숨긴다거나, 혹은 주상 앞에서 의논했던 국사(國事)를 돌아와서 아내나 의논에 참여하지 않았던 한산 관원이나 종복(從僕)에게 말하면서 '내 뜻은 원래 이러했다.'라고 비방하면 천지가 책망하며 그 수명을 빼앗을 것입니다. 만일 힘을 다해 충성을 다하면 황상의 큰 자애로움과 천지의 보호를 입어 수명이 늘어날 것입니다.」

이때 외번 버일러들이 모두 경사에 모여서 우리나라의 여러 버일러들에게 청하여 말했다. "우리가 생각건대 주상은 공적이 융성하니 빨리 존호를 정하여 신민(臣民)을 다스려야 합니다." 여러 버일러들이 말했다. "그대들이 도착하지 않았을 때 우리나라의 신하들이 먼저 주상께 아뢰어 청했으나 아직 윤허를 받지 못했습니다. 그대들의 마음이 같으니 다시 함께 들어가서 아뢉시다." 마침내 의논하고 정하여 상주했다. 주상이 말했다. "내외의 버일러들과 대신들이 함께 말하며 등극을 권하니, 완고하게 사양하기 어렵다. 조선은 형제의 나라이니 함께 의논해야 한다. 더욱이 외번 버일러들 또한 오지 못한 자가 있으니, 사신을 조선국에 보내어 이 일을 알려야 한다." 여러 버일러들이 기뻐하며 말하기를 "진실로 성유(聖諭)가 맞습니다." 하고 무리들이 모두 물러갔다.

사할리얀이 상주하여 말했다. "주상께서 조선에 사신을 보내라고 말씀하신 것은 참으로 옳습니다. 형제로 통호한 나라에게는 예로써 말해 알려야 합니다. 신들 내지(內地)의 팔기 호쇼이 버일러들과 각 외번의 버일러들이 모두 사람을 보내 조선왕과 의논하고자 합니다. 한편으로는 내외 버일러들이 존호를 올리기를 권하는 뜻을 알리고, 한편으로는 여러 나라가 내부하며 병력이 강성한 실상을 알려야 합니다." 주상이 말했다. "좋다. 너희 내외의 버일러들은 사람을 보내어 짐의 사신과 함께 가게 하라."

○ 扎薩克圖杜稜·桑噶爾寨·杜稜·蒙夸達爾漢和碩齊·噶爾圖台吉·滿朱習禮·商加布·宜爾札木·達爾漢巴圖魯·穆章·穆寨·喇嘛斯希·拜斯噶爾台吉獻駝馬·貂皮等物, 酌納之.

○ 자삭투 두렁·상가르자이·두렁·몽쿠와 다르한 호쇼치·갈투 타이지(galtu taiji, 噶爾圖台吉)·만주시리·샹기야부(šanggiyabu, 商加布)·이르잠(irjam, 宜爾札木)·다르한 바투루(darhan baturu, 達爾漢巴圖魯)·무장(mujang, 穆章)·무자이(mujai, 穆寨)·라마스히(lamashi, 喇嘛斯希)·바이스갈 타이지(baisgal taiji, 拜斯噶爾台吉)가 낙타·말·담비 가죽 등의 물건을 바치니 헤아려 받았다.

천총 10년

권27

천총 10년 정월 ~ 2월

天聰十年, 丙子, 春正月, 丁未朔, 黎明, 上率諸貝勒・大臣, 出撫近門, 謁堂子, 還宮, 拜神. 辰刻, 御殿大貝勒代善侍坐於右側, 和碩貝勒墨爾根戴青多爾袞, 率和碩貝勒額爾克楚虎爾多鐸・和碩貝勒岳託・豪格・貝勒阿巴泰・阿濟格等行朝賀禮. 次外藩各部落歸附蒙古諸貝勒, 滿洲・蒙古・漢軍各固山額眞, 率本旗官, 阿祿喀爾喀部落進表使臣・黑龍江虎爾哈部落頭目, 行禮畢, 大宴. 申刻, 上還宮.

○ 천총 10년 병자년 봄 정월 정미일 초하루(1.1), 날이 밝자 주상이 버일러들과 대신들을 이끌고 무근문(撫近門)을 나와 당자(堂子)에 배례하고 궁으로 돌아와 신에게 배례했다. 진시에 전(殿)에 가자 대버일러 다이샨이 오른쪽에 앉고 호쇼이 버일러 머르건 다이칭 도르곤이 호쇼이 버일러 어르커 추후르 도도, 호쇼이 버일러 요토・호오거, 버일러 아바타이・아지거 등을 이끌고 조하례를 행하였다. 다음으로 외번몽고 각 부락의 귀부한 여러 버일러들과 만주・몽고・한군 각 구사어전들이 본 기(旗)의 관리들을 이끌고 예를 행하였다. 아루 칼카 부락의 표문을 올리는 사신과 흑룡강 후르카 부락의 두목이 예를 행한

후 큰 잔치를 베풀었다. 신시에 주상이 궁으로 돌아왔다.

○ 戊申, 未刻, 上御殿賜外藩蒙古諸貝勒宴備陳樂舞.

○ 무신일(1.2), 미시(未時)에 주상이 전(殿)에 가서 외번몽고 여러 버일러들에게 음악과 가무를 갖추어 잔치를 베풀어 주었다.

○ 庚戌, 以科爾沁國二妃至, 皇后·諸妃, 出盛京, 郊迎五里外, 設大宴. 迎入宮, 復大宴之.

○ 경술일(1.4), 코르친국의 두 비(妃)가 이르자 황후와 여러 비(妃)들이 성경(盛京)에서 나와 교외 5리 밖에서 맞이하고 큰 잔치를 베풀었다. 입궁을 맞이하면서 다시 큰 잔치를 베풀었다.

○ 壬子, 科爾沁國二妃具筵獻上, 復獻貂裘·貂帽·貂被褥·猞猁猻皮·駝·馬·羊·鱘鰉魚·雕鞍等物. 俱納之.

○ 임자일(1.6), 코르친국의 두 비(妃)가 연회를 갖추어 주상에게 바치고 또 담비가죽옷·담비가죽모자·담비가죽요·스라소니 가죽·낙타·말·양·철갑상어·조각한 안장 등의 물품을 바쳤다. 모두 받았다.

○ 上命備陳諸祭物, 祀嘛哈噶喇佛於佛寺內. 又以已故沙爾巴胡土克圖，自孟庫地方送佛像至，命造銀塔一座塗以金，藏其骸骨於塔中，置佛殿左側，禮祀之．時奉佛之鞏格林臣喇嘛·阿木出特喇嘛獻駝馬．俱却之．

○ 주상이 명하여 사찰에 여러 제사 물품을 준비하여 늘어놓고 마하갈라 부처에 제사 지냈다. 또 죽은 샤르바 후툭투(šarba hūtuktu, 沙爾巴胡土克圖)가 뭉쿠(mungku, 孟庫) 지방에서 보낸 불상이 도착했으므로, 은탑 1개를 만들어 금으로 도색하고 그의 유골을 탑 가운데 안장하고 불전 왼쪽에 두어 예로써 제사 지내게 했다. 이때 불상을 모시는 궁거린천 라마(gunggerincen lama, 鞏格林臣喇嘛)·암추트 라마(amcut lama, 阿木出特喇嘛)가 낙타와 말을 바쳤으나 모두 받지 않았다.

○ 先是，大凌河王姓參將，有僕逃去復還，柯永茂不告於衆，私自銷案，坐革職，罰銀百兩，不令管民．至是，永茂所管民，爲之保留，吏部承政圖爾格等奏請於上．復令照舊管理．

○ 이전에 대릉하의 왕 참장(王參將)의 노복이 도망갔다 다시 돌아왔는데 가영무(柯永茂)는 사람들에게 알리지 않고 사사로이 사건을 파기했다. 이에 가영무를 혁직하고 벌은(罰銀) 100냥을 부과했으며 관리하던 백성을 관할하지 못하게 했다. 이때에 가영무가 관할하던 백성들이 그를 위해 관할하지 못하게 한 일을 보류해 달라고 하여, 이부승정 투르거이 등이 주상에게 상주하여 청하니 다시 예전대로 관리하게 했다.

○ 梅勒章京哈達克什訥, 因其祖母哈達公主獲罪, 坐革職, 令隨其母, 給與滿朱習禮.

○ 머이런장긴 하다의 커시너(kesine, 克什訥)를 그의 조모 하다 공주가 죄를 얻은 것에 연좌하여 혁직하고 그의 어머니를 따라 만주시리에게 보내게 했다.

○ 癸丑, 召科爾沁國二妃 · 國舅滿朱習禮及扎薩克圖杜稜布塔齊進宮, 命二妃上坐, 大宴之.

○ 계축일(1.7), 코르친국의 두 비(妃) · 국구(國舅) 만주시리 및 자삭투 두렁 부타치를 불러 궁에 들어오게 하여, 두 비(妃)를 위에 앉게 하고 큰 잔치를 베풀었다.

○ 丙辰, 察哈爾汗子額爾克孔果爾額哲, 以尚第二公主, 行納吉禮, 具盛筵以獻. 并進雕鞍馬 · 駝 · 琥珀數珠 · 緞衣 · 蟒緞 · 文綺等物. 上賜二妃各蟒衣一 · 緞二, 扎薩克圖杜稜布塔齊 · 國舅滿朱習禮各蟒緞一 · 緞二.

○ 병진일(1.10), 차하르 칸의 아들 어르커 콩고르 에제이가 둘째 공주와 결혼하게 되었으므로 납길례(納吉禮)를 행하고 성대한 연회를 갖추어 바쳤다. 아울러 조각한 안장을 갖춘 말 · 낙타 · 호박 염주 · 비단옷 · 망단(蟒緞) · 문기(文綺) 등의 물품을 바쳤다. 주상이 두 비(妃)에게 각각 망의(蟒衣) 1벌씩 · 비단 2필씩을, 자삭투 두렁 부타치 · 국구

(國舅) 만주시리에게 각각 망단(蟒緞) 1필씩 · 비단 2필씩을 하사했다.

○ 戊午, 大宴外藩諸貝勒. 時科爾沁貝勒圖美, 獻雕鞍馬 · 貂裘.

○ 무오일(1.12), 외번의 여러 버일러들에게 큰 잔치를 베풀었다. 이때 코르친 버일러 투머이(tumei, 圖美)가 조각한 안장을 갖춘 말 · 담비가죽옷을 바쳤다.

○ 賜朝正外藩台吉穆章 · 達爾漢巴圖魯塞本 · 宜爾札木 · 商加布 · 車根 · 巴林部落滿珠習禮 · 扎薩克圖杜稜布塔齊 · 蒙夸 · 台吉古木, 及木寨等緞 · 幣.

○ 새해 정월을 맞아 알현한 외번 타이지 무장(mujang, 穆章) · 다르한 바투루 서분 · 이르잠 · 샹기야부(šanggiyabu, 商加布) · 처건(cegen, 車根) · 바린 부락의 만주시리 · 자삭투 두렁 부타치 · 몽쿠와(mongkūwa, 蒙夸) · 타이지 구무 및 무자이 등에게 비단과 재화를 하사했다.

○ 己未, 遣科爾沁扎薩克圖杜稜布塔齊歸國, 賜貂裏蟒朝衣 · 松子石鑲鞍 · 甲胄 · 水晶壺 · 琥珀杯 · 綵緞 · 布疋等物甚厚. 命諸和碩貝勒等, 出城送之.

○ 기미일(1.13), 코르친의 자삭투 두렁 부타치를 귀국하도록 보내면서 담비가죽으로 안감을 댄 망조의(蟒朝衣) · 송자석(松子石)으로 테

두른 안장·갑옷과 투구·수정 술병·호박 술잔·채단(綵緞)·포필(布疋) 등의 물품을 매우 후하게 하사했다. 여러 호쇼이 버일러들에게 성을 나가서 배웅하도록 명했다.

○ 庚申, 工部承政孟阿圖奏言, 罪廢莽古爾泰·德格類二貝勒, 殉葬金銀器皿, 臣等已經收取, 當何以處之. 上怫然, 命希福·剛林·羅碩·詹霸, 傳諭諸貝勒曰, 前者爾諸貝勒, 欲拋棄莽古爾泰·德格類二人骸骨, 朕曾面諭爾等, 伊二人自作罪惡, 既分其旗人, 降謫其子. 國法已伸, 且天鑒厥辜, 已陰殛之. 今將已寒之骸骨復行拋棄, 彼豈因骸骨拋散而幽魂有所痛楚耶. 殊屬無謂. 此等罪廢之人惟不守護, 不祭奠而已. 當時之諭甚明, 爾等乃違命拋棄其骨, 意者以彼獲罪於朕, 故憤怒不已, 而出此耶. 夫與其拋已寒之骨, 以抒忠憤, 何如. 自今以後, 各殫實心, 勤於政事, 不致陽奉陰違, 以是效忠於朕, 庶有以慰朕之望耳. 諸貝勒奏曰, 誠如聖諭. 臣等原未敢違背上命, 私行拋棄. 但以其守塚無人, 而殉葬之具, 猶在恐被盜發, 以致暴露. 故收取其金銀諸器皿, 其骸骨仍葬之原所矣. 上曰, 彼枯朽之餘, 朕若罪而棄之, 是與死者爲仇, 非仁人所爲也. 既復葬之, 則亦已矣.

○ 경신일(1.14), 공부승정 뭉가투가 상주하여 말했다. "죄를 지어 폐한 망굴타이·더걸러이 두 버일러와 함께 묻은 금은 그릇을 신들이 거두어 취했는데, 어떻게 처치해야 하겠습니까?" 주상이 성내며 히퍼·가린·로쇼·잠바에게 명해 여러 버일러들에게 유시를 전하여 말했다. "이전에 너희 여러 버일러들이 망굴타이·더걸러이 두 사람의 유골을 버리려고 했기에 짐은 너희를 대면하고 유시하기를, '그들 두 사람은 죄악을 스스로 저질러서 이미 그들의 기인들을 분배시키고 아들들을 강등시켰다. 국법으로 다스렸으나 또 하늘이 그 허물을 굽

어보시고 그들을 가만히 죽이셨다. 지금 차가워진 유골을 다시 버리려는데, 어찌 유골을 흩어 버린다고 해서 영혼이 아프고 괴롭겠는가? 언급할 일이 안 된다. 이들 죄를 지어 폐한 사람들을 다만 수호하거나 제사 지내지 않으면 그만이다.'라고 했었다. 당시의 유시는 매우 명백한데 너희가 도리어 명을 어기고 그들의 유골을 버린 뜻은 그들이 짐에게 죄를 저질러서 분노가 그치지 않은 데서 나온 것이다. 이미 차가워진 유골을 버려서 충의로 인한 분노를 푼들 어찌하겠는가. 차라리 지금부터 각자 진실된 마음을 다하여 정사에 부지런하고 겉으로 섬기면서 속으로 어기지 말아서 짐에게 힘써 충성한다면 아마도 짐을 위로하는 뜻이 될 것이다." 여러 버일러들이 상주하여 말했다. "진실로 성스러운 유시와 같습니다. 신들은 본래 감히 주상의 명을 어겨 사사로이 버리는 짓을 하지 않았습니다. 다만 무덤을 지키는 사람이 없어서 유골을 담은 도구들이 오히려 도둑맞을까 봐 두려워 파헤쳤던 것입니다. 그래서 금은 그릇들을 거두고 유골은 다시 원래 장소에 묻었습니다." 주상이 말했다. "그들의 말라 썩고 남은 것을 짐이 만약 죄 때문에 버린다면, 이는 죽은 자와 원수를 맺는 것으로 자비로운 사람이 할 바가 아니다. 이미 다시 묻었다면 또한 그뿐이다."

○ 壬戌, 以第二公主, 下嫁察哈爾汗子額爾克孔果爾額哲, 設九帳幄於內廷丹墀, 大宴諸貝勒·大臣時, 額哲獻雕鞍馬·金盆·貂帽·黑貂鑲黃裝袍·貂鑲黃裝女衣·貂裘·金帶·蟒衣·蟒緞·文綺等物. 俱納之.

○ 임술일(1.16), 둘째 공주가 차하르 칸의 아들 어르커 콩고르 에제이에게 시집가게 되어 안뜰의 붉은 계단에 아홉 개 휘장을 설치하여 버일러들과 대신들에게 큰 잔치를 베풀 때, 에제이가 조각한 안장을

갖춘 말 · 금분(金盆) · 담비가죽 모자 · 흑담비가죽 테 두른 황포(黃袍) · 담비가죽 테 두른 노란 여자옷 · 담비가죽옷 · 금요대 · 망의(蟒衣) · 망단(蟒緞) · 문기(文綺) 등의 물품을 바쳤다. 모두 받았다.

○ 朝鮮國王李倧遣官齎書至. 書曰, 行人再至, 連詢動靜吉慶, 甚慰甚慰. 來書所言, 理皆至當. 第其中, 似猶有未悉本情者, 請畧言之. 貴國斂百戰百勝之兵, 而開兩國之好, 敝邦君臣, 豈不知貴國之大惠. 况貴國近來, 兵勢益張, 所向無敵. 蒙古諸部, 混而爲一, 威行大漠之外. 此皆敝邦所知. 敢有一毫輕視貴國者, 上天實臨我矣. 致與奉, 均爲鄰國相敬之稱. 點檢前後書牘, 貴國書亦有用奉字之時, 則敝邦何惜此一字乎. 近文所稱, 不過無心所致. 今承來示良可瞿然. 參價多少, 兩國之人, 計直買賣, 非可抑勒, 亦非不穀所知也. 大槪市道, 欲以求剩利耳. 若皮島與貴國價同, 則商人孰肯轉販乎. 然如來示所謂售價二十兩, 決無是理矣. 皮島在我境, 邊民被擾不少. 米斛船隻, 被其強爲索買者, 蓋往往有之. 至於二萬包之助, 五十隻之與, 則本無此事, 漢人妄言, 豈有極乎. 貴國奈何因一棍徒之幻舌, 而遽生怨於兄弟之國耶. 上等貨物明朝禁止出境, 近益嚴密. 其間, 或有姦商潛挾暗換者, 則亦間售價於貴國, 此皆貴國所知. 來書若疑敝邦吝惜貨物, 豈不冤哉. 當初告天立誓, 專以信義爲重, 全不問禮幣多少. 頃年道里之往來, 貴國所示物數, 除金銀弓角外, 其他土產, 亦甚浩大, 誠非敝邦所能辨. 故不免往復裁定. 蒙貴國領受賤价, 亦與貴價, 面約而還, 敝邦因遵以爲式. 而前書有所云云, 意謂特爲漫語. 今又專使見責. 我若一向堅執, 亦恐貴國不知我財力已竭, 反謂我輕兄弟之好, 於心甚爲未安. 故更與度支之臣, 另加裁量, 以其所增數目, 告之來使. 雖未盡准厥數, 在我更無餘力. 不穀所以致誠盡禮, 以承貴國之好意者, 於斯至矣. 北彝私商, 敝邦常所痛禁, 犯者罪輒至死, 近來此弊稍息. 惟是越境採參, 乃我民大利所在, 至上年, 則又加甚焉. 不穀誠痛之, 然自今更加申飭, 必痛斷乃已. 幸姑容恕, 以觀後日, 是區區之望也, 市易一款實涉未便. 來使自深悉之. 纔喪妃偶心甚悼傷, 言不能悉, 惟冀諒察. 又覽別紙所示, 益荷貴國不外之盛意. 十王子之言, 敝邦曾未聞知. 審如來示, 誠爲可訝. 漢人妄言, 大抵多此類, 實貴國所洞知. 乃獨於鐵山所獲人之言以爲實然者, 何也. 敝邦之臣事明朝, 非自今始. 君臣大義, 一定不移. 若以治亂而易其心, 則與市道無異, 罪不容於天壤間矣. 此義即推之兄弟亦然, 貴國可以見諒也. 如有人告其父母之過, 爲子者乃喜而揚之, 貴國將以爲何如人也. 前書之不欲明答, 意實有在. 勤示至此, 故畧布之.

○ 조선국왕 이종(李倧)이 보낸 관리가 서신을 가지고 도착했다. 서신에서 말했다. 「행인(行人)이 다시 와서 근황이 좋으시다는 것을 알려 주어서 매우 위로가 됩니다. 온 서신에서 말한 이치가 모두 옳습니다. 다만 그 가운데 실정을 다 알지 못하는 것이 있기에 대략 말하고자 합니다. 귀국이 백전백승하는 군사를 철수하고 양국의 우호를 열었으니, 폐방의 군신이 어찌 귀국의 큰 은혜를 모르겠습니까? 하물며 귀국은 요즘 군대의 위세가 더욱 커져 가는 곳마다 대적할 자가 없고, 몽고의 여러 부족을 통일하여 위세가 대막(大漠) 밖까지 떨치고 있습니다. 이것을 폐방도 모두 알고 있는데, 감히 조금이라도 귀국을 경시하는 뜻이 있겠습니까. 하늘이 실로 우리를 보고 있습니다. 치(致)자와 봉(奉)자는 모두 이웃 나라끼리 서로 존경하는 데 쓰는 명칭입니다. 최근의 서신들을 점검해 보니, 귀국의 서신에도 봉(奉)자를 쓴 적이 있습니다. 그러니 폐방이 어찌 이 한 글자를 아까워한 것이겠습니까? 요즈음 이렇게 쓴 것은 무심히 그렇게 된 것에 지나지 않는데, 지금 말씀하신 것을 보니 참으로 매우 두렵습니다.

인삼 가격의 많고 적음은 단지 두 나라 사람들이 가격을 따져 사고 파는 데 달려 있는 것이지 억지로 결정할 수 있는 것이 아니고 또 제가 아는 일도 아닙니다. 대개 상거래의 도리는 이익을 남기기를 바라는 것입니다. 만약 피도(皮島)와 귀국에서 그 값이 서로 비슷하다면, 상인 가운데 누가 가져다가 팔려고 하겠습니까. 그러나 말씀하신 판매하는 값이 20냥이라는 것은 결코 이럴 리가 없습니다. 피도는 우리 쪽 경계에 있어서 우리 변경 백성들이 적지 않게 괴로움을 받고 있으며, 곡식을 실은 배가 그들에게 팔기를 강요당한 일이 종종 있습니다. 그러나 2만 포를 보조했다느니 50척을 주었다느니 하는 것은 본래 이런 일이 없으니, 한인의 황당한 말이 끝이 있겠습니까. 귀국에서는 어찌하여 일개 무뢰한의 종잡을 수 없는 말로 인하여 갑자기 형제의 나라를 의심하는 것입니까.

명나라에서 상등품의 반출을 금지하는 것이 요즘 더욱 엄밀해졌는데, 그사이에 간사한 상인들이 몰래 가져다가 파는 경우가 있고, 또 귀국에 파는 경우도 있습니다. 이는 모두 귀국이 아는 바입니다. 보낸 글에 이 일로 폐방이 좋은 재화를 인색하게 아낀다고 의심한 것 같으니, 어찌 원통하지 않겠습니까. 당초 하늘에 고하고 맹세할 때는 오로지 신의(信義)를 소중히 여기고 전혀 예폐(禮幣)의 다소는 따지지 않기로 했는데, 지난해 바두리(baduri, 所道里)[1]가 왔을 때 귀국에서 제시한 물목(物目)에 금은(金銀)과 궁각(弓角)을 제외하고도 그 밖에 토산물이 너무나 많아서 진실로 폐방에서 처리하기 어려웠습니다. 이 때문에 서로 오가면서 조정하는 것을 면치 못하여, 귀국의 승낙을 받아 우리 사신과 귀국의 사신을 접대하는 사람이 서로 대면하여 약속하고 돌아왔습니다. 폐방은 실로 이를 믿고 앞으로 계속 이렇게 할 것으로 여겼

1 원문의 '道里'는 '所道里'의 오기이다. 『조선인조실록』 인조 13년 12월 30일조에 '所道里'로 기록되어 있다. 바두리(baduri, 巴都禮)를 가리킨다.

으므로, 보내온 글에 말한 것은 단지 괜히 해 본 말이려니 여겼습니다. 그런데 이제 또 일부러 보낸 사신에게 책망을 받았습니다. 우리가 계속 고집한다면, 귀국이 폐방의 재력이 이미 고갈된 것은 모르고 도리어 폐방이 형제의 의리를 가볍게 여긴다고 할까 두렵기 때문에 다시 재정을 담당한 신하와 별도로 조정하여 더 증가한 항목으로 방문한 사신과 협상하도록 했습니다. 비록 말씀하신 원래 수량에는 미달되지만, 우리에게는 다시 남은 힘이 없으니, 제가 정성과 예의를 다하여 귀국의 호의를 받드는 것은 여기까지가 한계입니다.

북쪽 백성들이 사사로이 장사하는 것은 폐방이 본래부터 엄금하여 범한 자는 사형까지 시키고 있으므로 요즈음 이 폐단이 약간 줄었습니다. 다만 국경을 넘어가 삼을 캐는 것은 우리 백성들이 큰 이익이 있기 때문에 그런 것인데, 작년에는 더욱 심했습니다. 저는 진실로 가슴 아프게 여깁니다. 그러나 이제부터는 다시 거듭 엄하게 단속하여 반드시 단호히 끊겠습니다. 요행히 잠시 용서를 받고 훗날을 지켜보는 것이 저의 구구한 바람입니다. 개시(開市) 무역에 관한 문제는 실로 어려운 점이 있는데, 그 내용은 온 사신이 잘 압니다. 지금 비(妃)의 상 때문에 마음이 상하여 말이 온전치 못하니 다만 양해해 주시기 바랍니다.

또 별지에서 알리신 것을 보니, 더욱 귀국의 외면하지 않는 두터운 마음을 입었습니다. 십왕(十王)의 아들에 대한 말을 폐방은 들어보지 못했습니다. 진실로 보내온 말이 매우 의아합니다. 한인의 망령된 말이 대체로 이러한 것은 실로 귀국이 잘 알고 있습니다. 유독 철산(鐵山)에서 잡힌 사람의 말만을 진실로 여기니 어째서 그러합니까? 폐방이 신하로서 명조를 섬긴 것은 오늘 시작된 일이 아니며 군신의 대의는 한번 정해지면 바뀌지 않습니다. 만약 혼란을 다스린다고 하여 마음을 바꾸면 저잣거리의 도리와 다를 바 없으니, 그 죄는 천지간에 용납할 수 없습니다. 이 의리는 형제 사이에서 헤아려 보아도 마찬가지이니, 귀국도 알아주실 것입니다. 부모의 잘못을 고발하는 사람이 있는데 자식된 자가 그것을 기뻐하고 떠벌린다면 귀국은 그런 사람을 어떻게 생각하겠습니까. 이전 서신에서 분명하게 답하지 않은 것은 이러한 생각 때문이었습니다. 이렇게 애써 서신을 보내시니 의견을 대략 말씀드렸습니다.」

○ 癸亥, 上以管禮部事貝勒薩哈廉病久甚憂之, 遣文館希福·剛林·羅碩論之曰, 朕欲爾病速起, 念之甚切, 爾則不可強圖速愈急思來見朕也. 若存此念, 則病反日增矣. 且爾勿以前事爲憂. 朕於前事毫無介意. 羣子弟中, 啟我所不及, 助我所遺忘, 整理治道, 惟爾是賴. 昔爾父與爾弟獲罪時, 朕念爾才德可用, 欲令爾效忠竭力, 輔理國政. 故以衷曲, 盡行告爾, 勿以此故, 過懷憂慮, 但當勤於調治, 以冀病痊. 薩哈廉對曰, 皇上之言及此, 臣雖死不忘. 儻若得生, 惟圖竭力報效, 更復何言. 向日獲罪之由, 臣本不敢稍懷怨望. 蒙皇上開誠誨諭, 彼時憐臣之意, 臣已銜感無地矣. 且臣先蒙皇上譴責, 適又遘疾, 自分祿盡當死. 今蒙皇上如此眷顧, 特降溫旨, 臣又竊冀, 以爲仰賴皇上恩育, 理應報效. 或猶可得生, 即不幸先塡溝壑, 亦復何憾. 所憾者, 當國家大勳垂就, 不能爲主盡力, 捐軀報國, 乃竟輾轉牀蓐, 死於婦人之手, 爲可恨耳. 希福等以其言奏聞. 上惻然曰, 國家豈有專事甲兵, 以爲政治者. 儻蒙天佑, 疆土日增, 克成大業, 彼時若無此等明哲之人, 何以整理國事乎.

○ 계해일(1.17), 주상은 예부의 일을 관장하는 버일러 사할리얀의 병세가 오래된 것을 매우 우려하여, 문관 히퍼·가린·로쇼를 보내 유시했다. "짐은 너의 병이 빨리 낫기를 바라는 마음이 매우 간절하지만, 너는 빨리 나아서 짐을 보고자 조급히 생각해서는 안 된다. 만약

그런 생각이 있다면 병세는 오히려 날로 심해질 것이다. 또 너는 이전의 일을 걱정하지 말라. 짐은 이전 일에 조금도 개의치 않는다. 여러 자제들 가운데 내가 생각하지 못하는 것을 일깨워 주고 내가 잊은 것을 거들어 주며 다스리는 방도를 정리하는 것은 오직 너만을 의지했다. 옛날 너의 아버지와 동생이 죄를 저질렀을 때, 짐은 너의 재덕이 쓸 만하다고 생각하여 너로 하여금 충성을 다하게 하고 힘을 다해 국정을 보좌하도록 시키고자 했다. 그래서 속마음을 모두 너에게 털어놓았다. 이 때문에 지나치게 뉘우치고 우려하지 말라. 다만 치료에 힘써서 병이 낫기를 바란다."

사할리얀이 대답했다. "황상의 말씀이 이러하니 신은 죽어도 잊을 수 없을 것입니다. 만일 살아나면 오직 힘을 다해 보답할 뿐 다시 무엇을 말하겠습니까? 지난날 죄를 지은 사정에 대해서 신은 본래 감히 조금도 원망을 품지 않았습니다. 황상께서 진심으로 깨우쳐 주시고 신을 불쌍히 여기셨으니 신은 감사함에 몸 둘 바를 몰랐습니다. 신은 이전에 황상의 꾸짖음을 받고 마침 병에 걸려 복이 다했으니 마땅히 죽을 것이라 여겼는데 지금 황상께서 이렇게 돌보아 주시고 특별히 온화한 지(旨)를 내려 주셨습니다. 신은 또 황상의 은혜로 기르심에 의지하니 보답해야 한다고 생각합니다. 혹시 살아난다면 먼저 구덩이에 묻히는 불행이 있어도 다시 무슨 한이 있겠습니까? 한스러운 것은 국가가 대업을 이루는 때에 군주를 위해 힘을 다하지 못하고 몸을 바쳐 나라에 보답하지 못하는 것입니다. 도리어 병상에서 뒤척이다가 부인의 품 안에서 죽을 것이 한스러울 뿐입니다." 히퍼 등이 그의 말을 상주했다. 주상이 슬퍼하며 말했다. "국가가 어찌 전쟁만 일삼는 것을 정치로 여기겠는가? 만일 하늘이 도와서 강토가 날로 늘어나고 대업을 이룬다 해도, 그때 이처럼 명철한 사람이 없다면 어떻게 국사를 정돈하겠는가?"

○ 己巳, 以科爾沁大妃歸國, 賜黑貂鑲女朝衣·貂裘·蟒衣·嵌東珠龍項圈耳墜, 并帽鞾·雕鞍·甲胄·金銀器皿·玉壺·玉杯·蟒緞·文綺等物甚厚. 皇后·諸妃, 送五里外, 大宴, 餞之.

○ 기사일(1.23), 코르친의 대비(大妃)를 귀국시키면서 흑담비가죽테 두른 여조의(女朝衣)·담비가죽옷·망의(蟒衣)·동주(東珠)를 박은 용 모양의 목가리개와 귀걸이·모자와 신발·조각한 안장·갑옷과 투구·금은 그릇·옥술병·옥술잔·망단(蟒緞)·문기(文綺) 등의 물품을 매우 후하게 하사했다. 황후와 여러 비(妃)가 5리 밖으로 배웅하여 큰 잔치를 베풀고 전송했다.

○ 是日, 上臨視貝勒薩哈廉疾. 見其羸瘦, 愀然淚下. 薩哈廉亦悲痛垂涕.

○ 이날(1.27), 주상이 버일러 사할리얀의 병세를 보러 행차했다. 그의 수척한 모습을 보고 근심하여 눈물을 흘렸다. 사할리얀 역시 비통해하며 눈물을 흘렸다.

二月, 丙子朔, 諭禮部曰, 朕與朝鮮國主, 締盟昆仲, 慶弔往來. 適聞王妃奄逝, 應備禮儀, 遣部臣齎往致祭.

○ 2월 병자일 초하루(2.1), 예부에 유시했다. "짐은 조선국왕과 형제의 맹약을 맺어 경사나 조사 때 왕래한다. 마침 왕비가 세상을 떴다고 하니 예물을 갖추어 예부의 신하가 가지고 가서 제사 지내도록 보

내라."

○ 丁丑, 命戶部承政英俄爾岱, 齎書一函往朝鮮, 備言一切事宜, 馬福塔齎慰書一函, 并祭文一道, 往弔王妃喪. 英俄爾岱所齎書曰, 時當新正, 遣官致賀, 兼充春使, 問候興居. 來書備細覽訖, 若照王書一一裁答, 往來不休, 恐無了期. 故不復啟, 惟遣重臣親赴, 一應事宜, 盡令口宣. 馬福塔所齎書曰, 使臣言旋, 兼覩來翰, 知賢妃仙逝, 不勝驚悼. 然人生祿壽旣盡, 奄歸物化, 不幸之事, 自古有之. 王勿過爲悲傷, 宜自珍惜也. 薄具菲儀, 用申奠祭, 特遣使奉慰. 祭文曰, 嗚呼賢妃, 國之母儀, 勛勤內政, 齊姜比懿, 夫何不壽, 倏登瑤池, 訃音一至, 爲我弟悲, 遣官馳祭, 聊布微私, 無以將意, 薄奠一巵, 靈如不昧, 尚其鑒之, 尚饗.

○ 정축일(2.2), 호부승정 잉굴다이에게 서신 1함을 가지고 조선에 가서 모든 일의 처리에 대해 상세히 설명하게 하고, 마푸타에게 위로의 글 1함과 제문(祭文) 1통을 가지고 가서 왕비의 상(喪)에 조문하게 했다.

잉굴다이가 가져간 서신에서 말했다. 「왕은 신년을 맞아 관리를 보내 하례하면서 춘사(春使)를 겸하여 안부를 물었다. 보내온 서신을 세세히 보았으나 왕의 서신에 일일이 대답하면 왕래가 계속되어 끝이 없을까 우려된다. 그래서 거듭 일깨우지 않고 다만 중신을 파견하여 직접 가서 모든 일을 전부 말로 전하게 한다.」

마푸타가 가져간 서신에서 말했다. 「사신이 돌아온 후, 보내온 서신을 보고 현비(賢妃)가 세상을 떴다는 것을 알게 되니 놀라고 슬픔을 금할 수 없다. 그러나 인생의 복과 수명이 다하여 자연으로 돌아가는 것은 불행한 일이지만 예부터 있던 일이다. 왕은 지나치게 슬퍼하지 말고 스스로를 아껴야 한다. 변변치 않은 예물을 갖추어 보내니 제사에 사용하라. 특별히 사신을 파견해 위로한다.」

제문에서 말했다. 「오호! 현비(賢妃)여, 국모로서 내정에 분주했는데, 제강(齊姜)[2]에 비견되는 아름다움이 어찌 수명을 다하지 못하고 갑자기 요지(瑤池)[3]에 올랐는가. 부음이 이르니 내 동생의 슬픔을 생각하여 관리를 보내 달려가 제사 지내게 하여 작은 마음을 보인다. 성의를 보이지 못하고 변변치 못한 제물로 한잔 술을 올리니 영혼이 모르지 않다면 또한 살펴 주소서. 적지만 흠향하소서.」

○ 先是, 八和碩貝勒及外藩蒙古四十九貝勒, 以上功德隆盛, 共議恭上尊號. 上堅拒不允, 內外諸貝勒等, 復屢表固請, 上命宜令朝鮮國王知之. 至是, 八和碩貝勒遣使, 遺朝鮮國王書曰, 滿洲國八和碩貝勒·十七固山大臣, 致書朝鮮國王. 我皇上, 躬承太祖丕基, 臨御十年, 功隆德盛, 天與人歸. 我國諸貝勒文武大臣, 暨外藩諸貝勒察曆數之攸歸, 驗輿情而竝協, 謹同集議恭奉尊號. 上秉德謙冲, 拒而不允. 今歲春正, 蒙古各部落諸貝勒俱來覲賀, 聚集盛京, 與我等復奉表堅請, 奉上諭, 汝等固我子弟, 朝鮮國王, 亦吾弟也. 此事宜令朝鮮王知之. 我等謹遵諭旨, 故遣使相聞. 伏思我皇上恩威所屆, 各國歸順, 兼獲玉璽. 適彰符瑞, 王夙締盟好, 當同慶幸, 親來稱賀, 固其禮也. 勸進尊號, 不更宜乎. 儻置若罔聞, 自安疎畧, 王必不出此也. 今敝使至, 王宜懽忻踴躍, 速遣親近子弟來同爲勸進. 且古人有言, 天下者, 非一人之天下, 乃天下人之天下, 惟有德者居之. 是以明洪武

2　齊姜은 齊나라 桓公의 딸이자 晋 文公의 부인.
3　瑤池는 신선이 사는 곳. 여기에서는 저승.

初, 收併羣方, 定號於金陵, 然後北逐大元, 以成一統. 我皇上寬仁厚德, 博施濟衆, 國中就治, 藩服傾心, 恩膏普被, 浹髓淪肌, 中心誠服, 無異父子兄弟之相親也. 以故東漸於海, 西抵湯古忒, 北至北海, 各國歸附. 內外諸藩, 承指嚮風, 無有背恩義, 違法令者, 大軍所指, 北討西征, 無不如志. 是皆合天意, 順人心之所致也. 我等亦仰承帝命, 俯合輿情, 竭誠推戴, 敬奉尊號, 王其協力, 爲我等助請焉.

○ 이전에 8명의 호쇼이 버일러 및 외번몽고 49명의 버일러는 주상의 공덕이 융성하기 때문에 함께 의논하여 주상의 존호를 높이고자 했다. 주상은 완강히 거절하고 윤허하지 않았으나, 내외의 여러 버일러들이 다시 누차 표문(表文)을 올려 굳게 청하니, 주상은 조선국왕에게 알리라고 명했다.

이때에 8명의 호쇼이 버일러가 사신을 보내 조선국왕에게 서신을 전해 말했다. 「만주국의 8명의 호쇼이 버일러 · 17명의 구사 대신이 조선국왕에게 서신을 보냅니다. 우리 황상께서는 몸소 태조의 기틀을 이어받아 10년간 재임하면서 공덕이 융성하여, 하늘이 나라를 주고 사람이 귀순했습니다. 우리나라의 여러 버일러들과 문무 대신들은 외번의 여러 버일러들과 함께 역수(曆數)의 귀착을 헤아리고 여론을 살피고 협력하여, 존호를 받들어 올리기로 삼가 논의를 모았습니다. 주상께서는 덕이 있고 겸양하시어 거부하고 윤허하지 않으셨습니다.

지금 새해 봄 정월에 몽고 각 부락의 버일러들이 모두 와서 하례하고 성경(盛京)에 모여서, 우리와 함께 다시 표문(表文)을 올려 완강히 청하여 상유를 받았습니다. "너희가 진실로 나의 아들 형제라면 조선국왕 역시 나의 동생이다. 이 일을 조선왕에게 알려라." 우리는 유지(諭旨)를 삼가 받들어 사신을 보내 알립니다. 생각건대 황상의 은혜와 위세가 이르는 곳마다 각국이 귀순하고 아울러 옥새를 얻으셔서 부서

(符瑞)가 뚜렷이 드러났습니다. 왕은 일찍이 우호를 맺었으니 함께 경사(慶事)로 여기고 직접 와서 하례해야 진실로 예인 것입니다. 존호를 받도록 나아가시기를 권하는 것이 더욱 마땅하지 않겠습니까? 만일 못 들은 것처럼 내버려두고 가만히 앉아 소홀히 하려 해도 왕은 분명히 여기에서 벗어날 수 없습니다. 지금 폐방의 사신이 이르렀으니 왕은 뛸 듯이 기뻐하며 속히 가까운 자제를 보내서 나아가시기를 권하는 데 함께해야 합니다.

또한 옛사람이 말하기를, 천하는 한 사람의 천하가 아니라 천하인의 천하이니 오직 덕있는 자만이 차지할 수 있다고 했습니다. 이 때문에 명나라 홍무 연간 초에 주변을 아우르고 금릉(金陵)에서 호(號)를 정했으며 그 후에 북쪽으로 대원을 축출해서 통일을 이루었습니다. 우리 황상은 인자하고 덕이 도타우시며 여럿에게 널리 베푸시니 나라 안은 다스려지고 번(藩)들은 복속하여 사모하고, 은혜가 풍성하게 널리 미쳐 골수와 피부에까지 이르니 마음속으로 복종하는 것이 부자(父子)와 형제가 서로 친한 것과 다르지 않습니다. 그래서 동쪽으로 바다에까지 나아가고 서쪽으로 탕구트에 맞닿으며 북쪽으로 북해[4]까지 각국이 귀부했습니다. 내외의 번(藩)들은 황상의 명령을 받들어 교화되고, 은의를 배신하거나 법령을 위반하지 않고, 대군이 향하는 곳은 북쪽으로 토벌하건 서쪽으로 정벌하건 뜻대로 되지 않는 것이 없습니다. 이는 모두 하늘의 뜻에 부합하고 인심에 순응하기 때문입니다. 우리 역시 천제(天帝)의 명을 우러러 받들고 여론을 굽어보아 그에 부합하게 정성을 다해 추대하고 삼가 존호를 받드니 왕도 협력하여 우리를 위해 청하기를 도우십시오.」

---

4 북해는 바이칼 호수를 가리킨다.

蒙古四十九貝勒亦遺以書曰, 滿洲國外藩諸貝勒, 奉書朝鮮國王. 我等與明國交好, 已二百餘年矣. 今非樂, 爲背離也. 祇因明之諸臣, 欺詐姦詭, 賄賂公行, 蒙蔽其主, 明國皇帝, 茫然不知, 以致人心解體. 兼以將懦兵弱, 內而縱寇殃民, 外而覆師喪地, 竊窺天意, 明之曆數將終矣. 今我滿洲國皇帝, 仁智兼全恩威竝濟, 招徠異國愛育黎庶, 立心行事動出公正, 法度號令整肅嚴明. 兼之將勇兵強所向無敵, 衆心願慕天眷有歸, 革命興邦知在此時矣. 我等故仰承天意而樂就之. 因念我蒙古各國, 散亂無統, 近蒙我皇上, 誕布寬仁弘敷教化, 照臨在上如日方升. 流膏沛澤淪浹萬方, 諸國奠寧羣生康樂. 是以感激上恩, 每思捐軀報效, 不憚勤勞. 聽上驅使, 以俟事機之至, 如有驅使, 卽擧國從王, 攖鋒冒刃, 亦所不辭也. 去年我蒙古各國貝勒朝集盛京, 俱以天意, 眷顧我皇上, 欲恭上尊號, 以答天心, 與在內諸貝勒, 合辭陳請, 上拒而弗允.

今四十萬衆蒙古太子孔果爾, 科爾沁國土謝圖濟農 · 卓禮克圖台吉 · 孔果爾秉圖 · 扎薩克圖杜稜 · 達爾漢巴圖魯 · 喇嘛斯希墨爾根台吉 · 東果爾伊爾都齊, 扎賴特部落蒙夸達爾漢和碩齊 · 昂阿伊爾都齊, 杜爾伯特部落塞冷達爾漢台吉, 郭爾羅斯部落古木哈談巴圖魯 · 布木巴伊爾登, 敖漢部落額駙班第 · 瑣諾木杜稜, 奈曼部落袞出斯巴圖魯, 巴林部落滿珠習禮台吉 · 阿玉石台吉, 土默特部落格根汗之孫俄木布楚虎爾 · 瑣諾木墨爾根台吉 · 耿格爾古英塔布囊 · 單把塔布囊, 札魯特部落達爾漢巴圖魯 · 內齊 · 坤杜倫戴青 · 喀巴海衛徵 · 郭畀爾圖杜稜 · 青巴圖魯際爾哈朗, 察哈爾國土巴濟農, 阿祿部落達爾漢卓禮克圖 · 宜爾札木墨爾根台吉 · 達賴達爾漢諾顏 · 穆章台吉, 翁牛特部落杜稜濟農 · 東額爾德尼戴青 · 達喇海寨桑台吉 · 班第衛徵台吉, 喀喇車里克部落噶爾馬台吉 · 阿喇納諾木齊, 喀喇沁部落古魯思希布杜稜 · 塞冷塞臣 · 萬旦衛徵 · 馬濟 · 都里戶, 吳喇忒部落土門達爾漢·土巴額爾赫台吉·塞冷伊爾登, 十六國, 四十九貝勒, 約於去年十二月內, 會於盛京, 與滿洲國諸貝勒議, 俱言皇上平服諸國, 兼之玉璽呈祥, 天意佑助, 信而有徵, 皇上宜建尊號以順天人之心. 今年新正, 復奉表奏聞, 上諭朝鮮王吾弟也, 亦宜令彼知之. 我等謹遵上諭, 遣使相聞, 王可卽遣親近子弟來此, 共爲陳奏, 我等承天意, 奉尊號, 事已確定. 推戴之誠, 諒王素有同心也.

몽고 49명의 버일러도 서신을 보내 말했다. 「만주국 외번의 버일러들은 조선국왕에게 서신을 올립니다. 우리가 명나라와 화호한 지 200여 년이지만 지금은 사이가 나빠서 서로 등진 채 멀어졌습니다. 이는 오직 명나라의 여러 신하들이 거짓으로 속이고 공공연히 뇌물을 주고받으며 그 주인을 기만했고, 명나라의 황제는 어떻게 해야 할지 몰라서 인심이 흩어졌기 때문입니다. 아울러 장수는 무기력하고 병사는 약하여 안으로는 도적들이 날뛰어 백성들을 괴롭히고 밖으로는 군사들이 전멸하고 영토를 잃었으니 삼가 하늘의 뜻을 살펴보건대 명나라의 운명이 다했습니다. 이제 우리 만주국 황제는 인의와 지혜를 겸비하고 은혜와 위엄을 베푸시며, 다른 나라를 초무(招撫)하여 백성을 사랑으로 기르시고, 뜻을 세우고 일을 행하면 공정함이 나타나며, 법도(法度)와 호령(號令)이 정숙하고 엄격합니다. 게다가 장수는 용맹하고 병사는 강하여 향하는 곳마다 적이 없고 사람들이 사모하여 하늘의 은혜가 깃들었으니 천명을 바꾸고 나라를 흥하게 하는 것이 이때임을 알았습니다. 우리는 삼가 하늘의 뜻을 받들어 기꺼이 이를 취하고자 합니다.

생각해 보면 우리 몽고 각국은 흩어지고 어지러워 통일되지 않았는데 근래에 우리 황상의 관대함과 인정의 베푸심을 두루 입어 교화가 널리 퍼지니, 주상께서 통치하심이 태양이 이제 막 떠오른 것과 같습니다. 은혜가 충만하여 만방에 스며드니 여러 나라가 터를 잡아 편안하고 많은 사람들이 안락합니다. 그러므로 주상의 은혜에 감격하여 매번 의를 위하여 몸을 버리고 은혜에 보답할 것을 생각하며 부지런히 일하기를 꺼리지 않습니다. 주상의 명령을 따라 기회가 이르기를 기다렸다가 지시하심을 따르며 일을 해야 할 시기에 이르기까지 기다리다가 명령하시면 온 나라가 왕을 따르며 적들을 맞아 칼날을 맞더라도 마다하지 않습니다. 작년에 우리 몽고 각국의 버일러가 성경(盛京)에 입조하러 모여서 하늘의 뜻이 우리 황상을 도우시므로 모두 삼가 존호를 올려 천심에 보답하고자 나라 안의 여러 버일러들과 함께 간청했지만 주상이 거절하고 허락하지 않았습니다.

지금 40만 몽고인들의 태자(太子) 콩고르(konggor, 孔果爾), 코르친국의 투시예투 지농(tusiyetu jinong, 土謝圖濟農)·조릭투 타이지(joriktu taiji, 卓禮克圖台吉)·콩고르 빙투(konggor bingtu, 孔果爾秉圖)·자삭투 두렁(jasaktu dureng, 扎薩克圖杜稜)·다르한 바투루(darhan baturu, 達爾漢巴圖魯)·라마스히 머르건 타이지(lamashi mergen taiji, 喇嘛斯希墨爾根台吉)·동고르 일두치(donggor ilduci, 東果爾伊爾都齊), 잘라이트 부락의 몽쿠와 다르한 호쇼치(mongkūwa darhan hošoci, 蒙夸達爾漢和碩齊)·앙가 일두치(angga ilduci, 昂阿伊爾都齊), 두르베트 부락의 서렁 다르한 타이지(sereng darhan taiji, 塞冷達爾漢台吉), 고를로스 부락의 구무 하탄 바투루(gumu hatan baturu, 古木哈談巴圖魯)·붐바 일던(bumba ilden, 布木巴伊爾登), 아오한 부락의 어푸 반디(efu bandi, 額駙班第)·소놈 두렁(sonom dureng, 瑣諾木杜稜), 나이만 부락의 군추스 바투루(guncus baturu, 袞出斯巴圖魯), 바린 부락의 만주시리 타이지(manjusiri taiji, 滿珠習禮台吉)·아유시 타이지(ayusi taiji, 阿玉石台吉), 투메트 부락의 게겐 칸의 손자 옴부 추후르(ombu cūhur, 俄木布楚虎爾)·소놈 머르건 타이지(sonom mergen taiji, 瑣諾木墨爾根台吉)·겅걸 구영 타부낭(genggel guyeng tabunang, 耿格爾古英塔布囊)·샴바 타부낭

(šamba tabunang, 單把塔布囊), 자루트 부락의 다르한 바투루·너이치(neici, 內齊)·쿤둘런 다이칭(kundulen daicing, 坤杜倫戴靑)·카바하이 워이정(kabahai weijeng, 喀巴海衛徵)·고빌투 두렁(gobiltu dureng, 郭畀爾圖杜稜)·칭 바투루 지르갈랑(cing baturu jirgalang, 靑巴圖魯際爾哈朗), 차하르국의 투바 지농(tuba jinong, 土巴濟農), 아루 부락의 다르한 조릭투(darhan joriktu, 達爾漢卓禮克圖)·이르잠 머르건 타이지(irjam mergen taiji, 宜爾札木墨爾根台吉)·달라이 다르한 노얀(dalai darhan noyan, 達賴達爾漢諾顔)·무장 타이지(mujang taiji, 穆章台吉), 옹니우트 부락의 두렁 지농(dureng jinong, 杜稜濟農)·둥 어르더니 다이칭(dung erdeni daicing, 東額爾德尼戴靑)·달라하이 자이상 타이지(dalahai jaisang taiji, 達喇海寨桑台吉)·반디 워이정 타이지(bandi weijeng taiji, 班第衛徵台吉)·카라처릭 부락의 가르마 타이지(g'arma taiji, 噶爾馬台吉)·아라나 놈치(arana nomci, 阿喇納諾木齊), 카라친 부락의 구루스힙 두렁(gurushib dureng, 古魯思希布杜稜)·서렁 세첸(sereng secen, 塞冷塞臣)·완단 워이정(wandan weijeng, 萬旦衛徵)·마지(maji, 馬濟)·둘리후(dulihū, 都里戶), 우라트 부락의 투먼 다르한(tumen darhan, 土門達爾漢)·투바 어르허 타이지(tuba erhe taiji, 土巴額爾赫台吉)·서렁 일덩(sereng ildeng, 塞冷伊爾登) 등 16국 49명의 버일러가 작년 12월에 성경(盛京)에서 모이기로 약조하고 만주국의 여러 버일러들과 의논하여, 함께 "황상께서는 여러 나라를 평정하고 복속시켰으며 옥새가 길조로 나타나 하늘의 뜻이 보우하시고 믿을 만한 징조가 있으니 존호를 세워서 천심과 인심에 따라야 합니다."라고 말했습니다. 올해 정월에 다시 표문을 올려 상주하니, 주상은 "조선왕은 나의 동생이니 그에게 이를 알려야 한다."라고 유시했습니다. 우리는 삼가 상유(上諭)에 따라 사신을 보내 알리니, 왕은 곧바로 가까운 자제(子弟)를 여기로 보내어 함께 상주하십시오. 우리는 하늘의 뜻을 받들어 존호를 올리고자 하니 일은 이미 정해졌습니다. 추대하려는 진심은 왕도 본디 우리와 같

은 마음일 것입니다.」

○ 是日, 遣衛寨桑·巴賴山津·伯布格, 齎敕往阿祿喀爾喀部落敕馬哈撒嘛諦塞臣汗曰, 天聰皇帝敕諭喀爾喀馬哈撒嘛諦塞臣汗, 爾曾謂朕欲圖太平之道, 自有睿鑒, 此言誠是. 不知朕凡征伐人國, 未有出無名之師, 而以貪得爲事者. 向因明國夙與我爲讐, 以兵征之, 察哈爾汗, 乃貪明國財幣, 助之以兵, 朕所以聲罪致討. 蒙天鑒佑, 以察哈爾汗爲非, 以察哈爾國與朕. 今爾又以馬鬻於明人, 貪其財物, 非助明而何, 爾之行事, 如此乖悖, 朕亦不以介懷, 其講和事宜, 專俟爾等音耗耳. 敕塞臣濟農·額爾德尼諾木齊等曰, 天聰皇帝, 敕諭塞臣濟農·額爾德尼諾木齊·扎薩克圖濟農. 來書所言, 朕已悉知至投入喀爾喀之人, 路程遼遠, 朕何能知其所在而言之. 凡爾等所行之事其機關, 惟爾知之耳. 上以托爾博圖, 棄喀爾喀來歸, 優恤之, 賜名達爾漢, 給以敕書.

○ 이날(2.2), 우이 자이상(ūi jaisang, 衛寨桑)·바라이 산진(barai sanjin, 巴賴山津)·버부거이(bebugei, 伯布格)를 보내 아루 칼카 부락의 마하 사마디 세첸 칸에게 칙서를 가지고 가서 말했다. 「천총 황제가 칼카의 마하 사마디 세첸 칸에게 칙유한다. 너는 일찍이 짐이 태평의 도리를 도모하고 통찰력이 있다고 했다. 그 말은 진정 옳지만 짐이 나라를 정벌하는 것이 명분 없이 군사를 일으켜 재물을 탐하는 것을 일삼는 데 있지 않다는 것을 모르고 있다. 이전부터 명나라가 나와 원수였기 때문에 그들을 정벌하려고 했는데 차하르 칸이 명나라의 재물을 탐하여 병사로 그들을 도왔으므로 짐이 죄를 밝히고 토벌한 것이다. 하늘은 짐을 보살피어 차하르 칸이 그르다 여기시고 차하르국을 짐에게 주셨다. 지금 너희가 명나라 사람에게 말을 팔고 재물을 탐한 것이

명나라를 도운 것이 아니면 무엇인가? 너희의 행동은 이렇게 그릇되었으나 짐은 또한 개의치 않을 것이니 강화의 일은 오로지 너희의 소식을 기다릴 것이다.」

세첸 지농(secen jinong, 塞臣濟農) · 어르더니 놈치(erdeni nomci, 額爾德尼諾木齊) 등에게 칙유하여 말했다.「천총황제가 세첸 지농 · 어르더니 놈치 · 자삭투 지농에게 칙유한다. 보내온 서신에서 말하기를, 짐이 칼카에 들어간 사람까지 모두 안다고 했다. 길이 먼데 짐이 어찌 그들이 있는 곳을 알고 말하겠는가? 너희가 행한 일과 그 속셈은 오직 너희만 알 것이다.」 주상은 톨보투(tolbotu, 托爾博圖)가 칼카를 버리고 항복해 왔으므로 그에게 은혜를 베풀어 다르한 호칭을 하사하고 칙서를 주었다.

○ 以阿祿喀爾喀部落, 初遣使來朝, 賜碩雷琥珀數珠 · 雕鞍 · 甲冑 · 撒袋 · 刀 · 鞓帶, 虎 · 豹 · 海獺等皮, 并金銀器皿 · 蟒緞等物甚厚, 仍賜其使臣畢車齊喇嘛蟒衣 · 緞布. 賜烏朱穆秦部落濟農蟒緞 · 甲冑 · 雕鞍 · 撒袋 · 刀, 仍賜其使臣綽爾濟喇嘛蟒衣 · 緞布等物. 賜巴臻土謝圖 · 塞木 · 濟農綽爾濟 · 額齊克綽爾濟 · 達爾漢噶布出 · 多爾濟台吉 · 祁他特台吉 · 恩克代巴圖魯 · 布雅戶古英 · 達爾漢吳巴什 · 揚愛達爾漢塔布囊 · 多博兌冰圖等, 雕鞍 · 鞓帶 · 銀器 · 蟒緞 · 布疋有差. 仍賜其使臣衣服 · 緞布. 以多爾濟濟農下俄木布 · 什巴漢察下古式二人, 往本國, 率其諸貝勒使臣至倍賞之.

○ 아루 칼카 부락에서 처음으로 사신을 보내 내조하니 숄로이(šoloi, 碩雷)[5]에게 호박 염주 · 조각한 안장 · 갑옷과 투구 · 화살집 · 칼 · 가죽띠와 호랑이 · 표범 · 해달 등의 가죽, 금은 그릇 · 망단(蟒緞) 등의 물건을 후하게 하사했다. 이어서 그의 사신 비처치 라마(biceci lama, 畢車齊喇嘛)에게 망의(蟒衣)·비단과 면포 등의 물건을 하사했다. 우주무친 부락의 지농에게 망단(蟒緞)·갑옷과 투구·조각한 안장·화살집·칼을 하사하고, 그의 사신 초르지 라마(corji lama, 綽爾濟喇嘛)에게 망의(蟒衣)·비단과 면포를 하사했다. 바붕 투시예투(babung tusiyetu, 巴琫土謝圖)·서무(semu, 塞木)·지농 초르지(jinong corji, 濟農綽爾濟)·어치커 초르지(ecike corji, 額齊克綽爾濟)·다르한 갑추(darhan g'abcu, 達爾漢噶布出)·도르지 타이지(dorji taiji, 多爾濟台吉)·키타트 타이지(kitat taiji, 祁他特台吉)·엉커 다이 바투루(engke dai baturu, 恩克代巴圖魯)·부야후 구영(buyahū guyeng, 布雅戶古英)·다르한 우바시(darhan ubasi, 達爾漢吳巴什)·양가이 다르한 타부낭(yanggai darhan tabunang, 揚愛達爾漢塔布囊)·도보도이 빙투(dobodoi bingtu, 多博兌冰圖) 등에게 조각한 안장·가죽띠·은그릇·망단(蟒緞)·무명을 차등 있게 하사했다. 뒤이어 사신들에게는 옷·비단과 면포를 하사했다. 도르지 지농(dorji jinong, 多爾濟濟農) 속하의 옴부(ombu, 俄木布)·시바한차(sibahanca, 什巴漢察) 속하의 구시(gusi, 古式) 두 사람은 본국으로 여러 버일러들의 사신을 데리고 갔으므로 그들에게 더 많은 상을 주었다.

○ 辛巳, 以科爾沁次妃歸國, 賜貂鑲女朝衣·蟒衣·黑貂裘·嵌東珠項圈·耳墜·帽·鞾·甲胄·玉杯·銀器·蟒緞·文綺等物甚厚. 仍

5 숄로이 ; 1577-1652. 칭기스 칸의 19대손. 다얀 칸의 아들 게레센제(1513-1549)의 증손자이고, 칼카에서 최초로 세첸 칸을 칭했다. 전체 호칭은 마하 사마디 세첸 칸이다. 칼카가 신속했던 차하르가 1634년 후금에 패배하자 숄로이는 우주무친·수니드와 공조하여 후금에 낙타와 말을 보내고 화친을 청했다. 숄로이 사후 세첸 칸부의 칸은 바부(1652-1685) — 노르부(1685-1687) — 일덩 아랍단(1687-1688) — 우머키(1688-1691)이다.

賜國舅滿朱習禮及際爾哈朗夫婦蟒緞·甲冑·雕鞍·蟒衣·銀器·玉杯等物. 皇后·諸妃, 率諸貝勒福金, 送五里外, 大宴, 餞之.

○ 신사일(2.6), 코르친국의 차비(次妃)가 돌아간다고 하여, 담비가죽으로 테를 두른 여조의(女朝衣)·망의(蟒衣)·흑담비가죽옷·동주(東珠)를 박은 목걸이·귀걸이·모자·신발·갑옷과 투구·옥술잔·은그릇·망단(蟒緞)·문기(文綺) 등의 물건을 후하게 하사했다. 이어서 국구(國舅) 만주시리와 지르갈랑(jirgalang, 際爾哈朗) 부부에게 망단(蟒緞)·갑옷과 투구·조각한 안장·비단옷·은그릇·옥술잔 등의 물건을 하사했다. 황후와 비(妃)들은 여러 버일러들의 푸진들을 이끌고 5리 밖까지 배웅하여 큰 잔치를 벌이고 그들을 전송했다.

○ 乙酉, 上以巴克什達海, 通漢書, 習典故, 爲國宣力, 注念不忘, 召其三子至, 賜饌及緞布·食物. 仍諭其次子陳德, 勤習漢書.

○ 을유일(2.10), 주상은 박시 다하이가 한문에 통달하고 전고(典故)를 익혀 나라를 위해 힘을 다한 것을 깊이 생각하고 잊지 않았으므로 그 아들 3명을 불러 음식과 비단과 면포·곡식을 하사했다. 이어서 둘째 아들 천더이(cendei, 陳德)에게 한문을 부지런히 익히라고 유시했다.

○ 敘諸將士出征功. 一等梅勒章京霸奇蘭, 病創潰卒, 贈三等昂邦章京, 以其子拜山襲職, 加世襲二次, 准襲十三次.

○ 여러 장수들에게 출정한 공을 서훈했다. 일등 머이런장긴 바키란은 상처로 인해 병사했으므로 삼등 암바장긴으로 추증하고 그 아들 바이산(baisan, 拜山)에게 습직시켰고 2번 습직을 더하여 13번 습직을 허락했다.

二等甲喇章京圖爾格, 當錦州焚糧之役, 因明總兵祖大壽之弟夜至, 令其率護軍, 於錦州·松山間駐守, 夜遇錦州兵二隊往松山, 擒斬二十人, 獲馬十有六. 我軍十人, 追敵哨卒, 星訥墮馬, 敵人漸逼, 圖爾格率三十人衝入, 敵乃退, 星訥復得乘馬. 又往偵大凌河築城時, 俘獲百有六十, 及圍大凌河, 敵兵來犯城南礮臺, 徒步追至城壕擊敗之. 又率左翼軍伏松山城下, 沿城縱畧, 殺敵哨卒十人, 生擒守備一員, 俘獲六十有二. 又率左翼軍畧錦州以南, 俘獲四十有二, 斬十六人. 出征大同時, 圖爾格駐守都爾鼻地方, 遣尼堪巴圖魯·席特庫領二十人往敖漢城下偵哨, 遇明兵百人, 擊敗之, 獲馬十有六. 招撫額哲之役, 入明邊界, 墨爾根戴青貝勒多爾袞·貝勒豪格, 分左翼軍爲三隊, 令其追擊哨卒, 遇敵哨百人, 正追擊間, 遇伏發即追至崞縣城, 盡殲其衆. 又迎擊明平魯衛兵, 敗之. 出邊時, 率左翼軍, 殿後, 即以所部軍設伏, 明兵不知, 躡我軍後, 將至還擊之, 追至城門, 敵兵壅塞, 斬殺甚多. 由二等甲喇章京, 陞一等梅勒章京, 准襲五次.

이등 잘란장긴 투르거이(turgei, 圖爾格)는 금주(錦州)의 양곡을 불태운 전투에서 명나라의 총병 조대수의 동생이 밤에 이르자 호군을 이끌고 금주와 송산(松山) 사이에서 머물며 지키다가 밤에 송산으로 가던 금주의 2개 부대를 마주쳐 20명을 잡아 죽이고 말 16마리를 얻었다. 아군 10명이 적의 정탐병을 쫓는데 싱너(singne, 星訥)가 말에서 떨어지자 적들이 점차 다가올 때, 투르거이가 30명을 이끌고 적진에 뛰어들어가자 적이 물러났고 싱너가 다시 말을 탈 수 있었다. 또 대릉하(大凌河)에 성을 쌓을 때 가서 정탐하면서 160명을 포로로 잡았으며, 대릉하를 포위하자 적병이 성의 남쪽 포대(礮臺)를 침범해 오니 걸어서 추격하여 성의 해자에 이르기까지 그들을 격파했다. 또 좌익군을 이끌고 송산성 아래에 매복하면서 성의 주위를 약탈하고 적의 정탐병 10명을 죽였으며 수비(守備) 1명을 생포하고 62명을 포로로 잡았다. 또 좌익군을 이끌고 금주의 남쪽을 약탈하여 42명을 사로잡고 16명을 죽였다. 대동(大同)으로 출정했을 때 투르거이는 두르비(durbi, 都爾鼻)에서 주둔하다가 니칸(nikan, 尼堪) · 바두리(baduri, 巴圖魯)[6] · 시터쿠(siteku, 席特庫)를 보내 20명을 이끌고 아오한 성 아래에 가서 정탐하게 했는데, 명나라의 군사 100명을 마주쳐 격파하고 말 16마리를 얻었다. 에제이를 초무(招撫)하는 전투에서 명나라의 변경에 진입하여 머르건 다이칭 버일러 도르곤 · 버일러 호오거가 좌익군을 3부대로 나누어 정탐병을 추격하도록 했는데, 적의 정탐병 100명을 마주쳐 한창 추격하던 중에 복병을 만났고 곽현성(崞縣城)에 이르기까지 추격하여 그들 무리를 모조리 섬멸했다. 또 평로위(平魯衛)의 병사들을 요격하여 패배시켰다. 경계를 나설 때 좌익군을 이끌고 후방을 엄호하며 부대를 매복시켰는데 명나라의 병사는 알지 못하고 아군의 뒤를 밟아왔고 그들이 이르자 되돌아서 그들을 격퇴하고 성문까지 추격하니 적병이 길이 막혀 참살된 자가 매우 많았다. 이등 잘란장긴에서 일등 머이런장긴으로 승진시키고 5번 습직을 허락했다.

牛彔章京蘇爾德, 當攻錦州未下時, 率本旗軍, 衝寧遠步兵營, 破之.

6 원문의 巴圖魯(바투루)는 巴都禮(바두리)의 오기로 보인다. 『만문노당』에 baduri로 기록되어 있다. 『만문노당역주』3, 권3, 숭덕 원년 2월 12일조, p.1473.

又追還貝勒明安屬下逃人八十三名, 馬十有五. 征北京時, 隨地哨探, 斬二十七人, 獲馬二十有七. 又同俄羅塞臣, 破明巡撫袁崇煥營. 大凌河之役, 貝勒阿濟格, 擊敗錦州兵, 蘇爾德率本旗精兵先進, 及畧明前屯衛. 還軍出邊時, 途遇寧遠兵, 即率前鋒軍衝入, 敗之. 又往明大同, 捉生三次, 生擒九人. 招撫額哲時, 率四十人往上都, 遇明哨卒, 斬四人, 生擒一人, 獲馬十有一. 又率四十人伏於忻口, 遇敵兵二百餘人, 擊敗之, 獲馬五十有一, 旗三桿, 生擒六人. 出邊之日, 伏於平魯衛, 斬敵兵二人, 獲馬二. 由牛彔章京, 陞三等甲喇章京, 准再襲二次.

니루장긴 술더이(suldei, 蘇爾德)는 금주(錦州)를 공격했으나 함락하지 못했을 때 본 기의 군대를 이끌고 영원(寧遠)의 보병 군영을 쳐서 격파했다. 또 버일러 밍간(minggan, 明安)에 속해 있다 도망간 사람 83명과 말 15마리를 추격하여 돌려보냈다. 북경을 정벌할 때 가는 곳마다 정탐하여 27명을 죽였고 말 27마리를 얻었다. 또 올로서천(olosecen, 俄羅塞臣)과 함께 명나라의 순무 원숭환의 군영을 격파했다. 대릉하 전투에서 버일러 아지거가 금주의 병사를 격퇴할 때 술더이는 본 기의 정예병을 이끌고 먼저 진격하여 명나라의 전둔위(前屯衛)를 약탈했다. 군사를 돌려 다시 변경에 나갈 때 길에서 영원의 병사를 만나자 군의 선봉을 이끌고 뚫고 들어가 패배시켰다. 또 명나라의 대동(大同)에서 세 번 포로를 붙잡으러 가서 9명을 생포했다. 에제이를 초무(招撫)할 때 40명을 이끌고 상도(上都)로 갔는데 명나라의 정탐병을 만나, 4명을 죽이고 1명을 생포했으며 말 11마리를 얻었다. 또 40명을 이끌고 흔구(忻口)에 매복했는데 적병 200여 명을 만나 격퇴했고 말 51마리와 깃대 3개를 얻었으며 6명을 생포했다. 변경을 나오는 날, 평로위(平魯衛)에 매복하여 적병 2명을 죽이고 말 2마리를 얻었다. 니루장긴에서 삼등 잘란장긴으로 승진시키고 2번 습직을 허락했다.

> 牛彔章京吳巴海初征察哈爾時, 追捕我國逃人, 遇察哈爾五人, 斬之, 獲馬十有九. 征旅順口, 破敵有功, 紀錄一次. 招撫額哲之役, 令追喀爾喀部落人時, 貝勒岳託·國舅阿什達爾漢謂之曰, 爾無違毛罕之言, 惟聽彼調遣, 後覺毛罕心懷異志, 即從間道往追, 毛罕先遣人報知, 敵人已潛遁, 吳巴海星馳追及之, 獲駝五十, 馬四十有七, 貂皮四百張, 銀百兩. 併獲明國使臣四人, 俱斬之. 復往追喀爾喀部落後隊, 全執以歸, 獲駝三十七, 馬百有八. 還軍時, 又往追俄爾綽克, 殺蒙古頭目一員, 兵二十一人, 獲婦女五十口, 馬二十, 牛十有八. 併獲兀山馬匹以歸. 由牛彔章京, 陞三等甲喇章京, 准再襲二次.

니루장긴 우바하이(ubahai, 吳巴海)는 처음에 차하르를 정벌할 때 우리나라에서 도망간 자들을 체포했는데, 차하르인 5명을 만나 그들을 죽였고 말 19마리를 얻었다. 여순구(旅順口)를 정벌할 때 적을 격파한 공이 있어 기록(紀錄) 1차를 주었다. 에제이를 초무(招撫)하는 전투에서 칼카 부락 사람을 추격했다. 버일러 요토·국구 아시다르한(asidarhan, 阿什達爾漢)은 그에게 "너는 모오한(moohan, 毛罕)의 말을 어기지 말고 오직 그의 지시를 따라 이동하라."라고 말했다. 후에 모오한이 다른 마음을 품었다는 것을 깨닫고 곧장 샛길을 따라 추격하니 모오한이 먼저 사람을 보내 알려서 적들이 몰래 달아났다. 우바하이는 빠른 속도로 그들을 추격해 따라잡아 낙타 50마리·말 47마리·담비가죽 400장·은 100냥을 얻었다. 아울러 명나라의 사신 4명을 붙잡아 모두 죽였다. 다시 칼카 부락의 후방에 있는 부대를 쫓아가 모두 생포해 돌아왔고 낙타 37마리·말 108마리를 얻었다. 군대가 돌아올 때 오르촉(orcok, 俄爾綽克)을 추격하러 가서 몽고인 두목 1명과 병사 21명을 죽였으며 부녀자 50명·말 20마리·소 18마리를 얻었다. 아울러 우산(usan, 兀山)의 말을 붙잡아 돌아왔다. 니루장긴에서 삼등 잘란장긴으로 승진시키고, 2번 습직을 허락했다.

三等甲喇章京納穆泰, 往大凌河築城時, 俘獲人口百有六十, 及克大凌河, 伏兵於錦州·松山間, 俘獲約百人. 從征大同, 四旗官兵攻王家莊, 納穆泰先墮其城, 克之. 招撫額哲之役, 入明境, 遇平魯衛兵, 擊敗之, 由三等甲喇章京, 陞三等梅勒章京, 准再襲四次, 因病故, 以其子阿哈廉襲職, 仍准襲三次.

삼등 잘란장긴 남타이(namtai, 納穆泰)는 대릉하에 축성하러 갔을 때 160명을 사로잡았고, 대릉하를 함락할 때는 금주(錦州)와 송산(松山) 사이에 병사를 매복하여 약 100여 명을 사로잡았다. 대동 공격에 종군하여 4기(旗)의 관병으로 왕가장(王家莊)을 공격할 때 남타이가 먼저 성을 무너뜨리고 함락했다. 에제이를 초무(招撫)하는 전투에서 명나라의 변경으로 들어가 평로위(平魯衛)의 병사를 만나서 격퇴했다. 삼등 잘란장긴에서 삼등 머이런장긴으로 승진시켰고 4번 습직하게 했는데, 병으로 사망했으므로 그 아들 아할리얀(ahaliyan, 阿哈廉)에게 세습시키고 3번 습직을 허락했다.

三等甲喇章京俄羅塞臣, 駐守永平時, 署固山額眞事, 往開平取草, 開平兵來犯, 葉赫扈什布不能敵, 俄羅塞臣隨擊敗之. 從攻大凌河, 令其圍城, 及城中兵出, 同圖賴衝入, 連戰二次. 招撫額哲時, 入明境, 與崞縣兵遇, 即於第三隊, 奮勇當先追敵及壕, 殺其四人獲馬四. 由三等甲喇章京, 陞二等甲喇章京, 加世襲一次, 准襲七次.

삼등 잘란장긴 올로서천(olosecen, 俄羅塞臣)은 영평(永平)에서 주둔할 때 구사어전의 일을 대리하여 개평(開平)으로 가서 풀을 베고 있었는데, 개평(開平)의 병사들이 쳐들어오자 여허 후시부(yehe hūsibu, 葉赫扈什布)는 대적하지 못했으나 올로서천이 즉시 그들을 격퇴했다. 대릉하(大凌河) 공략에 출정했을 때 성을 포위하도록 했는데 성에서 병사가 나오자 툴라이(tulai, 圖賴)와 함께 돌격해 들어가서 두 차례 전투를 벌였다. 에제이를 초무(招撫)할 때 명나라의 변경으로 들어갔는데 곽현(崞縣)의 병사와 마주지차 제3부대에서 용감하게 분투하여 앞장서서 적을 추격하여 해자에까지 이르러 4명을 죽이고 말 4마리를 얻었다. 삼등 잘란장긴에서 이등 잘란장긴으로 승진시키고 1번 습직을 더하여 7번 습직을 허락했다.

白身哈談巴圖魯訥門, 克大凌河之役, 上親督陣, 敗明錦州兵時, 訥門與其兄土墨特, 先纛衝入, 追至步營, 其兄中矢墮馬, 救之還. 明大凌河城中兵出, 訥門趨赴, 御前擒敵, 用鐵鉤牽曳一人敵衣裂脫去, 訥門復奮勇殺入, 生擒披甲蒙古一名. 又同布哈, 率二旗兵九十人, 往畧錦州, 獲人畜共三百. 及出邊, 距營六十里, 明兵千餘來追我軍, 訥門單騎衝入, 馬中矢仆, 會布顏·吳納海來援, 與之馬, 復率十人進擊. 及敵兵復來, 我軍迎戰, 仍先入擊敗之, 獲馬五十, 盡擄俘獲人畜以歸. 授三等甲喇章京, 准再襲四次.

백신(白身) 하탄 바투루 너문(hatan baturu nemun, 哈談巴圖魯訥門)은 대릉하(大凌河)를 함락시킨 전투에서 주상이 친히 전투를 지휘하여 명나라 금주(錦州)의 병사를 패배시켰을 때, 그와 그의 형 투메트(tumet, 土墨特)가 독(纛)의 앞에서 돌진했고 보병의 군영까지 추격했는데, 그의 형이 화살에 맞아 말에서 떨어지자 구하여 돌아왔다. 명나라의 대릉하성(大凌河城)에서 병사가 나오자, 너문이 달려 나가 황제 앞에서 적을 사로잡고, 쇠로 된 갈고리를 써서 한 명의 적을 끌어당겼는데 의복이 찢어져 달아났다. 너문이 다시 용맹히 돌진해 들어갔고 갑옷을 입은 몽고인 1명을 생포했다. 또한 부하(buha, 布哈)와 함께 2기(旗)의 병사 90명을 이끌고 금주(錦州)로 가서 약탈했고 사람과 가축 합쳐서 300을 얻었다. 변경으로 나가 군영과 60리 떨어진 곳에서 명나라의 병사 1,000여 명이 아군을 추격해 오자 너문이 단기(單騎)로 돌진했고 말이 화살에 맞아 쓰러졌는데 때마침 부얀(buyan, 布顏) · 우나하이(unahai, 吳納海)가 구해 주러 와서 말을 주니, 다시 10명을 이끌고 진격했다. 적병이 다시 와서 아군이 맞서 싸우자 앞장서 쳐들어가 그들을 격퇴하고 말 50마리를 얻었으며 포획한 사람과 가축을 모두 데리고 돌아왔다. 삼등 잘란장긴을 수여하고 4번 습직을 허락했다.

二等甲喇章京阿爾津, 招撫額哲之役, 令偕吳巴海, 追喀爾喀部落人, 功與吳巴海同, 由二等甲喇章京, 陞一等甲喇章京, 加世襲一次, 准襲五次.

이등 잘란장긴 아르진(arjin, 阿爾津)은 에제이를 초무(招撫)하는 전투에서 우바하이와 함께 칼카 부락의 사람들을 추격하도록 했는데, 우바하이와 공이 같기 때문에 이등 잘란장긴에서 일등 잘란장긴으로 승진시키고 1번 습직을 더하여 5번 습직을 허락했다.

三等甲喇章京哈寧噶征大同之役, 當兩黃旗攻小西城時, 率本甲喇, 先列攻具, 我軍遂以次登城. 又率二十人出畧, 擊敗敵兵三百, 獲馬五. 招撫額哲時, 入明境, 軍還遇敵, 同圖爾格擊敗之, 追至城壕斬敵甚衆, 由三等甲喇章京, 陞二等甲喇章京, 加世襲一次, 准襲七次.

삼등 잘란장긴 하닝가(haningga, 哈寧噶)는 대동(大同)을 정벌하는 전투에서 두 황기(黃旗)가 소서성(小西城)을 공격할 때, 본 잘란을 이끌고 공성기구를 앞세워 정렬하니 아군이 차례대로 성에 올랐다. 또한 20명을 이끌고 약탈하러 나가 적병 300명을 격퇴하고 말 5마리를 얻었다. 에제이를 초무(招撫)할 때 명나라의 변경에 들어갔다가 군대가 돌아오면서 적을 만나니 투르거이와 함께 그들을 격퇴했고 성의 해자까지 추격하여 죽인 적이 심히 많았다. 삼등 잘란장긴에서 이등 잘란장긴으로 승진시키고 1번 습직을 더하여 7번 습직을 허락했다.

牛彔章京布顏, 取東揆時, 爲貝勒岳託鄕導, 與敵遇, 身先衝入. 又征克西克騰部落, 遇瑣諾木諾木齊兵, 復奮身先入. 同布哈往畧錦州, 獲俘以歸. 出邊之日, 明兵千餘來追, 同哈談巴圖魯訥門擊敗之. 由牛彔章京, 陞三等甲喇章京, 加世襲二次, 准襲八次.

니루장긴 부얀은 둥쿠이(dungkui, 東揆)를 취할 때 버일러 요토의 길잡이를 했는데 적과 마주치자 자신이 앞장서 돌진했다. 또 케식텐 부락을 정벌하면서 소놈 놈치(sonom nomci, 瑣諾木諾木齊)의 병사를 만나자 다시 떨쳐 일어나 앞장서서 들어갔다. 부하(buha, 布哈)와 함께 금주(錦州)로 약탈을 가서 노획하여 돌아왔다. 변경을 나오는 날 명나라의 병사 1,000여 명이 추격해 오자 하탄 바투루 너문과 함께 격퇴했다. 니루장긴에서 삼등 잘란장긴으로 승진시키고 2번 습직을 더하여 8번 습직을 허락했다.

三等甲喇章京鄂碩, 往畧前屯衛時, 追斬敵哨卒二人, 獲馬一. 我軍征大同之後, 鄂碩駐守陽石木地方, 率十人捉生, 斬一人, 生擒一人.

招撫額哲時, 伏兵朔州, 斬四人, 獲馬四匹. 往崞縣捕敵哨卒, 斬二人, 獲馬二. 又同蘇達喇率六十人設伏, 斬敵一人, 生擒六人, 及爲前哨沿邊馳畧, 獲人十, 馬牛共二十有五. 出邊之日, 遇圖爾格所擊敗敵兵, 擁至城下時, 鄂碩徒步掩殺甚多, 由三等甲喇章京, 陞二等甲喇章京, 加世襲一次, 准襲二次.

삼등 잘란장긴 오쇼(ošo, 鄂碩)는 전둔위(前屯衛)에 가서 공략할 때에 적의 초병 2명을 추격하여 베고, 말 1마리를 획득했다. 우리 군대가 대동(大同)에 출정한 후에 오쇼는 양시무 지방에서 주둔하며 10명을 이끌고 포로를 잡으러 가서 1명을 베어 죽이고 1명을 생포했다. 에제이를 초무(招撫)할 때에 삭주(朔州)에서 매복하며 4명을 베어 죽이고 말 4마리를 획득했다. 곽현(崞縣)에 가서 적의 초병을 생포하고 2명을 베어 죽이고 말 2마리를 획득했다. 또 수달라(sudala, 蘇達喇)와 함께 60명을 이끌고 매복해서 적 1명을 베어 죽이고 6명을 생포했으며, 전초(前哨)가 되어서 변경을 따라 공략하여 사람 10명과 마소 총 25마리를 획득했다. 변경을 나오는 날 투르거이가 격파한 적병을 만나서 성 아래까지 몰아붙일 때에 오쇼가 도보로 가서 적을 습격하여 많이 죽였다. 이 때문에 삼등 잘란장긴에서 이등 잘란장긴으로 승진시키고 세습 1번을 더하여 2번 습직을 허락했다.

白身安達禮偕葉臣往鐵嶺舂粟時, 聞有蒙古至, 同葉臣往禦蒙古兵首先衝入. 戍守牛莊時, 追蒙古逃人, 於諸貝勒前徒步衝入斬之. 克永平時, 因登城功, 賞蟒緞一 · 素緞十九 · 布二百 · 馬十 · 牛十 · 駝一. 自永平還, 同碩翁科羅巴圖魯圖魯什, 前往建昌哨探, 夜遇敵兵, 赫夜訥牛彔下袞圖馬中矢仆, 奮力救之出, 及攻崞縣, 部下一人, 第二登城. 招撫額哲時, 入明境, 率四十人伏忻口, 遇敵兵二百餘, 擊敗之, 生擒六人, 獲馬五十有一, 旗三桿. 出邊之日, 遇圖爾格所擊敗敵兵, 我右翼軍俱未至, 安達禮追及之, 斬殺盈壕, 以此授牛彔章京, 准再襲二次.

백신(白身) 안다리(andari, 安達禮)는 여천(yecen, 葉臣)과 함께 철령(鐵嶺)에 곡식을 탈곡하러 갔을 때에 몽고인이 온다는 소식을 듣고 여천과 함께 몽고 병사를 막으러 가서 선두로 돌진했다. 우장(牛莊)에서 수비할 때 몽고의 도망자를 추격하여 여러 버일러들 앞에서 도보로 돌격하여 베어 죽였다. 영평(永平)을 함락할 때 성을 오르는 공적을 세웠기 때문에 망단(蟒緞) 1필 · 소단(素緞) 19필 · 면포 200필 · 말 10마리 · 소 10마리 · 낙타 1마리를 상으로 내렸다. 영평에서 돌아오는데 숑코로 바투루 투루시(šongkoro baturu turusi, 碩翁科羅巴圖魯圖魯什)와 함께 건창(建昌)에 앞서 가서 정찰하다가 밤에 적병과 만나 허여너(heyene, 赫夜訥) 니루 예하의 군투(guntu, 袞圖)가 말이 화살에 맞아 쓰러진 것을 힘을 다해 구출했다. 곽현(崞縣)을 공격할 때 부하 1명이 두 번째로 성에 올랐다. 에제이를 초무할 때 명나라의 변경으로 들어가 40명을 이끌고 흔구(忻口)에서 매복하여 적병 200여 명을 만나서 격파하고 6명을 생포하고 말 51마리와 깃발 3개를 획득했다. 변경을 나오는 날에 투르거이가 격파한 적병을 만났는데 우리의 우익군이 모두 도착하지 않아서 안다리가 추격하여 참호를 메우도록 베어 죽였다. 이 때문에 니루장긴을 수여하고 2번 습직을 허락했다.

白身巴賴山津, 初征察哈爾時, 身爲鄕導. 從征大同, 於未入邊之先, 同拜尹圖 · 巴都禮爲鄕導, 獲寨桑四員, 及招撫額哲, 復爲鄕導, 授牛彔章京.

백신(白身) 바라이 산진(barai sanjin, 巴賴山津)은 이전에 차하르를 정벌할 때 길잡이를 담당했다. 대동 공격에 종군했을 때 경계를 들어가기 전에 바인투·바두리와 함께 길잡이가 되어서 자이상 4명을 잡았다. 에제이를 초무할 때 다시 길잡이를 했다. 니루장긴을 수여했다.

白身薩蘇喀克廣寧時, 先衆衝入沙嶺軍, 又庫爾固里牛彔下杜幹被圍墮馬, 敵二人至, 將加刃, 薩蘇喀, 直前斬一人, 縱馬衝仆一人, 救杜幹出. 征北京時, 爲前哨, 生擒一人. 克大凌河時, 遇城內兵出, 率本甲喇護軍迎擊至壕邊, 獲馬一. 城內兵再出, 復率本甲喇護軍同喀喇古濟衝入擊敗之. 會薩壁翰從敵陣中取巴孫屍還, 遂發矢射敵, 擁之出. 往畧前屯衛時, 與碩翁科羅巴圖魯勞薩, 擊敗明寧遠兵, 獲馬二十有二. 從征大同, 率三十人往左衛偵探, 遇敵騎三百離城十里立營, 敗之. 追擊至城邊, 生擒一人, 獲馬二十. 及招撫額哲時, 我軍出邊, 遇圖爾格所擊敗敵兵, 薩蘇喀追及於城壕, 多所斬殺, 授半個牛彔章京, 准襲一次.

백신(白身) 사수카(sasuka, 薩蘇喀)는 광녕(廣嶺)을 함락할 때 사령(沙嶺)의 군대를 향해 앞서서 돌입했고, 쿨구리(kūlgūri, 庫爾固里) 니루 예하의 두간(dug'an, 杜幹)이 포위되어서 낙마했는데 적 2명이 다가와서 베려고 하자 사수카가 바로 나아가 1명을 베었고 말을 몰아서 부딪쳐서 1명을 쓰러뜨리고 두간을 구출했다. 북경으로 원정을 갔을 때 전초(前哨)가 되어서 1명을 생포했다. 대릉하를 함락시켰을 때는 성 안에서 적병이 나오는 것을 만나서 자신의 잘란의 호군을 이끌고 맞아 싸워서 참호의 옆까지 이르렀고 말 1마리를 획득했다. 성 안에서 병사가 다시 나오자 또 자신의 잘란의 호군을 이끌고 카라구지(karaguji, 喀喇古濟)와 함께 돌입하여 격파했다. 사비간(sabigan, 薩璧翰)과 합류하여 적의 진중에서 바순(basun, 巴孫)의 시신을 취하여 돌아올 때에 적에게 활을 쏘아서 탈출할 수 있게 했다. 전둔위(前屯衛)에 가서 약탈할 때에 숑코로 바투루 로오사(šongkoro baturu loosa, 碩翁科羅巴圖魯勞薩)와 함께 명나라의 영원(寧遠)의 군대를 격파하고 말 22마리를 획득했다. 대동(大同) 공격에 종군했을 때 30명을 이끌고 좌위(左衛)에 가서 정탐하는데, 적의 기병 300명이 성에서 10리 떨어진 곳에 군영을 세우고 있는 것을 만나서 격파했다. 성의 주변에 이르기까지 추격하여 1명을 생포하고 말 20마리를 획득했다. 에제이를 초무할 때에 우리 군대가 변경을 나가서 투르거이가 격파한 적병을 마주치자 사수카가 성의 참호까지 추격하여 많은 수를 참살했다. 반개니루장긴을 수여하고 1번 습직을 허가했다.

白身伊爾德, 於攻明錦州未下時, 當額駙楊古利之前, 衝入寧遠, 及征北京時, 當額駙楊古利之前, 衝入城北營, 斬殺敵衆, 遇錦州步兵, 復當額駙楊古利之前, 衝入敵陣. 出邊之日, 先至木城, 斬敵一人, 生擒一人. 大凌河之役, 遇城中兵出, 同譚布衝入, 射死一人, 斬一人, 敗明監軍張春時, 遇敵執弓者一人, 從御前突入, 斬之. 繼畧前屯衛, 同劉哈率十五人, 捕明哨卒, 值敵三人追噶思哈甚急, 伊爾德直前奮擊斬一人, 救噶思哈出, 授牛彔章京, 准襲二次.

백신(白身) 일더이(ildei, 伊爾德)는 명나라의 금주(錦州)를 공격하여 함락시키지 못했을 때 어푸 양구리의 앞에서 영원(寧遠)으로 돌진했다. 또 북경을 공격할 때에 다시 어푸 양구리의 앞에서 북경성의 북영

(北營)으로 돌진하여 적의 무리를 베어 죽이고 금주(錦州)[7]의 보병을 만나자 어푸 양구리의 앞에서 적진으로 돌입했다. 변경을 나오는 날 먼저 목성(木城)에 이르러 적 1명을 베어 죽이고 1명을 생포했다. 대릉하 전투 때에 성에서 나오는 적병과 마주쳐 탐부(tambu, 譚布)와 함께 돌입하여 1명을 활 쏘아 죽이고 1명을 베어 죽였다. 명나라의 감군(監軍) 장춘(張春)을 패퇴시킬 때 활을 가진 적병을 만나자 황제 앞에서 돌입하여 베어 죽였다. 이어서 전둔위(前屯衛)를 공략할 때에 리오하(lioha, 劉哈)와 함께 15명을 이끌고 명나라의 초병을 생포하고, 적병 3명이 가스하(gasha, 噶思哈)를 급히 추격해 오자 일더이가 곧장 전진해서 공격하여 1명을 베어 죽이고 가스하를 구출했다. 니루장긴을 수여하고 2번 습직을 허가했다.

白身博爾惠, 征東揆時, 有殺敵功. 從征北京, 於明總兵趙率教兵敗時, 斬胡副將. 攻錦州未下時, 隨上往寧遠, 遇敵前隊, 斬七人, 及征大同, 與星訥率每牛彔甲士一名, 偕往, 遇龍門城敵兵三千迎戰, 身先衝入擊敗之. 招撫額哲時, 入明國邊縱畧, 軍還殿後, 遇明右衛兵二百三十人邀擊, 我軍率二十人擊走之, 斬明兵十人, 生擒一人, 獲馬三, 適薩壁翰牛彔下撥什庫格巴庫被敵追迫, 力救之出, 授牛彔章京, 准襲二次.

백신(白身) 보르호이(borhoi, 博爾惠)는 둥쿠이(dungkui, 東揆)에 원정했을 때에 적을 죽인 공이 있었다. 북경 공격에 종군하여 명나라의 총병 조솔교(趙率教)의 군대를 패퇴시킬 때에 호 부장(胡副將)을 베어 죽

7 원문의 錦州는 문맥상 薊州가 맞다. 『만문노당』에 gi jeo(薊州)로 기록되어 있다. 『만문노당역주』3, 권3, 숭덕 원년 2월 12일조, p.1492.

였다. 금주(錦州)를 공격하여 함락시키지 못했을 때에 주상을 수행하여 영원(寧遠)에 가서 적의 전대(前隊)를 만나서 7명을 베어 죽였다. 대동(大同)에 원정하여 싱너(singne, 星訥)와 1개 니루에 갑사(甲士) 1명씩을 이끌고 함께 가서 용문성(龍門城)의 3,000명 병사가 응전하는 것을 만나서 앞장서서 돌격하여 패퇴시켰다. 에제이를 초무할 때에 명나라의 변경에 들어가 약탈하고 군사가 돌아올 때 후미를 맡았는데, 명나라의 우위(右衛)의 군대 230명이 요격하는 것을 만나서 우리 병사 20명을 이끌고 격파한 후 추격하여 명나라의 병사 10명을 베어 죽이고 1명을 생포하고 말 3마리를 노획했다. 마침 사비간 니루 예하의 보쇼쿠(bošokū)인 거바쿠(gebakū, 格巴庫)가 적에게 추격당하자 힘을 다해 구출했다. 니루장긴을 수여하고 2번 습직을 허가했다.

白身綽通, 征顧特塔布囊時, 敵十人衝出, 綽通迎擊之, 追斬一人. 往錦州時, 身爲鄉導率步兵八人潛行, 生擒敵哨卒二人. 大凌河之役, 明城內兵出戰, 額得里沒於陣, 綽通取其屍出. 又乘夜, 圍大凌河北于子章臺, 斬十人, 獲駝一, 馬十有六. 初征察哈爾時, 前行捉生, 斬哨卒一人. 征大同之後, 與碩翁科羅巴圖魯勞薩同往捉生, 入臺內, 斬一人, 又與席特庫 · 尼堪 · 巴圖魯, 往敖漢城躡踪, 遇明兵百人, 身先擊敗之, 授牛彔章京, 准襲二次.

백신(白身) 초퉁(cotung, 綽通)은 구터이 타부낭(gutei tabunang, 顧特塔布囊)을 공격할 때 적의 10명이 돌진하여 빠져나가자 초퉁이 맞받아 공격하고 추격하여 1명을 베어 죽였다. 금주(錦州)에 갔을 때에 직접 길잡이가 되어 보병 8명을 이끌고 몰래 가서 적의 초병 2명을 생포했다. 대릉하(大凌河) 전투에서 명나라의 성 안의 병사가 나와서 공격하여 어이더리(eideri, 額得里)가 전사했을 때 초퉁이 그 시신을 취하여 빠져나왔다. 또한 밤을 틈타서 대릉하(大淩河)의 북쪽 우자장대(于子章臺)를 포위하여 10명을 베어 죽이고 낙타 1마리와 말 16마리를 노획했다. 이전에 차하르를 공격할 때 포로를 잡으러 가서, 초병 1명을 베어 죽였다. 대동(大同)에 출병한 후에 숑코로 바투루 로오사와 함께 포로를 잡으러 가서 대(臺) 안에 들어가서 1명을 죽였다. 또 시터쿠 · 니칸 · 바두리(baduri, 巴圖魯)[8]와 함께 아오한 성에 흔적을 좇아가서 명나라의 병사 100명과 마주치자 직접 앞장서서 격파했다. 니루장긴을 수여하고 2번 습직을 허가했다.

白身阿濟拜, 克明撫順時, 遇廣寧兵, 當阿巴泰貝勒之前持戈奮擊, 又征寨費顏兵時, 亦在貝勒之前持戈進擊. 克廣寧時, 遇沙嶺兵身先衝入. 從征北京, 追斬通州哨卒五人, 獲馬四. 遇明巡撫袁崇煥兵馳擊敗之. 同布哈率兩旗兵九十人, 往畧錦州出邊時, 遇明兵千人, 與哈談巴圖魯訥門, 擊敗之, 獲馬五十, 盡攜所獲牲畜三百以歸, 授牛彔章京, 准襲二次.

백신(白身) 아지바이(ajibai, 阿濟拜)는 명나라의 무순(撫順)을 함락시킬 때에 광녕(廣寧)의 병사를 만나자 아바타이 버일러의 앞에서 창을 잡고 돌진했다. 또한 자이피얀(jaifiyan, 寨費顏)의 병사를 공격할 때에도 버일러의 앞에서 창을 잡고 돌진했다. 광녕을 함락시킬 때에 사령(沙嶺)의 병사를 만나자 앞장서서 돌진했다. 북경 공격에 종군하여 통주(通州)의 초병 5명을 추격하여 베어 죽이고 말 4마리를 획득했다. 명나라의 순무 원숭환의 군대를 만나 돌격하여 패퇴시켰다. 부하

---

8 원문의 巴圖魯(바투루)는 巴都禮(바두리)의 오기로 보인다. 『만문노당』에 baduri로 기록되어 있다. 『만문노당역주』3, 권3, 숭덕 원년 2월 12일조, p.1496.

(buha, 布哈)와 함께 2기(旗)의 병사 90명을 이끌고 금주(錦州)로 약탈하러 가서 변경을 나갈 때에 명나라의 병사 1,000명을 만나서 하탄 바투루 너문(hatan baturu nemun, 哈談巴圖魯訥門)과 함께 격파하고 말 50마리를 획득했고, 노획한 가축 300마리를 모두 가지고 돌아왔다. 니루장긴을 수여하고 2번 습직을 허가했다.

○ 戊子, 遣前鋒將領碩翁科羅巴圖魯勞薩·吳拜·蘇達喇·俄莫克圖·布顏·鄂碩·努山·席特庫等, 率每旗侍衛二員, 每牛彔前鋒一名, 齎書往明松棚路·潘家口·董家口·喜峰口四處. 書曰, 滿洲國皇帝, 奉書於明國皇帝. 數年以來, 干戈不息, 原非我所願也. 因貴國偏助邊外葉赫甘與我讐, 是以成此大釁耳. 夫葉赫與我原係一國, 於貴國何涉, 而貴國助之, 兵端之起. 職誰之咎, 雖然我見黎庶塗炭, 常以和睦爲心, 惟期共享太平, 致書遣使不啻數次, 不知在下臣工, 欺罔蒙蔽, 而未之達耶. 抑朝廷明知黎庶之塗炭人民之死亡, 漫不介意, 而不願太平耶. 我屢屢開誠布信冀成和好, 爾國大臣, 竟無一言回答, 是有意召亂貽禍黎庶也. 今我猶不忍逞我兵威, 復以書告爾. 凡各城大小官員, 得我之書, 若隱而不奏者, 是爲臣而不忠於君不慈於民, 專圖一己之私, 至姦至詭之人也. 又即以此書爲二函, 一與諸太監, 一與諸大臣. 上定諸臣冠飾, 各賜金頂以示別. 因賜超品公額駙楊古利宗室篇古, 嵌東珠金頂, 滿洲·蒙古·漢軍固山額眞·承政等官嵌寶石金頂.

○ 무자일(2.13), 전봉장령(前鋒將領) 숑코로 바투루 로오사·우바이(ubai, 吳拜)·수달라(sudala, 蘇達喇)·오목투(omoktu, 俄莫克圖)·부얀(buyan, 布顏)·오쇼(ošo, 鄂碩)·누산·시터쿠 등이 각 기마다 시위 2명씩과 각 니루마다 전봉 1명씩을 이끌고 명나라의 송붕로(松棚

路)·반가구(潘家口)·동가구(董家口)·희봉구(喜峯口) 4곳에 서신을 가지고 갔다. 서신에서 말했다.「만주국의 황제가 명나라의 황제에게 서신을 보냅니다. 몇 년간 전쟁이 끊이지 않는 것은 원래 내가 원한 것이 아닙니다. 귀국이 변경 밖의 여허를 편들어 원조하고 우리와 원수되기를 원했기 때문에 이렇게 큰 틈이 생겼습니다. 여허는 원래 우리와 한 나라인데 귀국과 무슨 관계가 있기에 귀국은 여허를 도와서 전쟁의 계기를 만들었습니까. 누구의 잘못인지를 알지만 나는 백성이 도탄에 빠질 것을 알고 언제나 화목할 것을 생각하고 오직 평화를 함께 누리기를 기약하며 서신을 보내고 사신을 보내기를 몇 번이나 했는데, 아래의 신하들이 황제를 속여서 서신이 도달하지 않은 것인지 아니면 조정에서 백성이 도탄에 빠지고 인민이 죽을 것을 잘 알면서도 전혀 개의하지 않고 평화를 원하지 않는 것인지 알 수 없습니다. 나는 여러 번 정성을 다해 믿음을 보이고 화친을 이루기를 바랐으나 그대의 나라의 대신들은 결국 한 마디도 회답하지 않았으니 이는 의도적으로 백성에게 난(亂)을 부르고 화(禍)를 남기는 것입니다. 지금 나는 차마 무력을 과시하지 않고 다시 서신으로 그대에게 고합니다. 무릇 각 성의 대소 관원들이 나의 서신을 받고도 숨기고 상주하지 않는다면, 이는 신하로서 군주에게 불충하고 백성을 아끼지 않는 것이며 오직 일신의 사익만을 도모하는 지극히 간악한 사람입니다.」이 서신을 두 개의 함에 넣어서 한 개는 여러 태감들에게 주고 한 개는 여러 대신들에게 주었다.

주상이 여러 신하들의 모자 장식을 정하고, 각기 금정(金頂)을 하사하여 차이를 표시했다. 이 때문에 초품공(超品公) 어푸 양구리와 종실 피양구(fiyanggū, 篇古)에게는 동주(東珠)를 박은 금정(金頂), 만주·몽고·한군의 구사어전과 승정 등의 관원에게는 보석을 박은 금정(金頂)을 하사했다.

○ 庚寅, 賜阿祿喀爾喀部落來歸台吉古魯思哈布 · 阿必達, 蟒衣 · 帽 · 鞾 · 玲瓏鞓帶 · 緞布等物.

○ 경인일(2.15), 아루 칼카 부락에서 내귀한 타이지 구루스캅(gurusk'ab, 古魯思哈布) · 아비다(abida, 阿必達)에게 망의(蟒衣) · 모자 · 신발 · 정교하게 장식한 가죽띠 · 비단과 면포 등의 물건을 하사했다.

○ 是日, 遣察漢喇嘛 · 額爾德尼囊蘇 · 艾松古 · 達代 · 邦孫率每家十五人, 擕貂皮各五十張, 人參各百觔, 往明邊殺虎口貿易.

○ 이날 차간 라마(cagan lama, 察漢喇嘛) · 어르더니 낭수(erdeni nangsu, 額爾德尼囊蘇) · 아이숭구(aisunggū, 艾松古) · 다다이(dadai, 達代) · 방순(bangsun, 邦孫)을 파견해서 한 집에서 사람 15명씩을 이끌고 담비가죽을 각기 50장씩, 인삼을 각기 100근씩 가지고 명나라의 변경 살호구(殺虎口)에 교역하러 가게 했다.

○ 先是, 寧完我原屬貝勒薩哈廉家人, 因通文史, 上擢置文館, 參預機務, 授二等甲喇章京, 准襲六次, 賜莊田奴僕. 大軍征燕京, 令完我留守永平, 以好博爲李伯龍 · 佟整所首, 審實, 上宥其罪. 然以其素行不檢, 屢誡諭之, 不改. 復與大凌河歸附甲喇章京劉士英博, 爲士英家人所首, 論罪, 革世職. 凡欽賜諸物, 俱沒入, 解任, 仍給與薩哈廉爲奴, 籍劉士英家, 發尚陽堡爲民.

○ 이전에 영완아(寧完我)는 원래 버일러 사할리얀의 가인(家人)이었는데, 문사(文史)에 박식했기 때문에 주상이 발탁해서 문관(文館)에

배치하고 기무(幾務)에 참여시키고 이등 잘란장긴을 수여하고 6번 습직을 허가했으며 장전(莊田)과 노복을 하사했다. 대군(大軍)이 연경에 출병했을 때 영완아에게 영평(永平)을 지키게 했는데 도박을 즐긴 일로 이백룡(李伯龍)과 동정(佟整)에게 고발당했다. 조사하자 사실이었으나 주상은 죄를 용서했다. 그의 품행이 검소하지 않아서 여러 번 훈계했지만 고치지 않았다. 다시 대릉하(大凌河)에서 귀부한 잘란장긴 유사영(劉士英)과 도박해서 유사영의 가인이 고발했다. 유지를 내려 죄에 처하고 세직(世職)을 혁파했다. 하사한 물건들을 모두 몰수하고 해임했다. 뒤이어 영완아를 사할리얀에게 노예로 주었다. 유사영의 가산을 적몰하고 상양보(尙陽堡)에 보내어 민인으로 삼았다.

○ 丁酉, 和碩貝勒濟爾哈朗, 以娶察哈爾林丹汗妻蘇泰福金, 具盛饌. 復獻甲胄·雕鞍馬匹·黑狐裘. 上納鞍馬一, 以雕鞍馬二·馱甲胄馬二, 賜額駙額哲. 餘俱却之.

○ 정유일(2.22), 호쇼이 버일러 지르갈랑이 차하르의 릭단 한(汗)의 처 수타이 푸진(sutai fujin, 蘇泰福金)을 아내로 맞이해서 많은 음식을 차렸다. 또한 갑옷과 투구·조각한 안장을 갖춘 말·검은 여우 가죽옷을 바쳤다. 주상은 안장을 갖춘 말 1마리를 받고, 조각한 안장을 갖춘 말 2마리와 갑옷과 투구를 실은 말 2마리는 어푸 에제이에게 하사했다. 나머지는 모두 돌려주었다.

○ 庚子, 先是, 上命阿賴達爾漢, 率外藩蒙古諸貝勒兵, 往追毛明安之逃人. 阿賴等, 至阿祿喀爾喀地方, 俱獲之. 計戶口二百三十, 人丁四百二十有一, 馬千七百九十有一, 駝百有二十. 又乘便俘獲喀木尼漢戶口三十有五, 人丁百有十, 馬三百有五, 席達里戶口五, 人丁十有六, 馬三十有七. 至是, 奈曼部落袞出斯巴圖魯部下阿邦和碩齊·四子部落達爾漢卓禮克圖部下綽濃古英來奏.

○ 경자일(2.25), 이전에 주상이 명하여 알라이 다르한(alai darhan, 阿賴達爾漢)은 외번몽고의 여러 버일러들의 병사를 이끌고 모오밍간(moominggan, 毛明安)의 도망자를 추격하러 갔다. 알라이 등은 아루칼카 지방에 이르러 모두 포획했다. 그 수는 호구(戶口) 230가(家)·인정(人丁) 421명·말 1,791마리·낙타 120마리였다. 또한 그 편에 노획한 캄니간(kamnigan, 喀木尼漢)[9]의 호구는 35가·인정 110명·말 305마리이고, 시다리(sidari, 席達里)의 호구는 5가·인정 16명·말 37마리였다. 이때에 나이만 부락의 군추스 바투루(guncus baturu, 袞出斯巴圖魯)의 부하인 아방 호쇼치(abang hošoci, 阿邦和碩齊)와 사자(四子) 부락의 다르한 조릭투(darhan joriktu, 達爾漢卓禮克圖)의 부하인 초농 구영(conong guyeng, 綽濃古英)이 와서 보고했다.

○ 辛丑, 上出閱昂邦章京石廷柱所管漢軍騎步各一隊, 分列畢, 上四面環視, 御演武場, 騎軍鳴礮一次, 俱下馬分八隊, 列旗纛, 陳軍容, 步軍肅立, 鳴礮二次畢, 諸將詣上前行禮, 賜茶, 仍賞諸將士銀兩.

○ 신축일(2.26), 주상이 나가서 암바장긴 석정주가 관할하는 한군

9 캄니간: kamnigan. 에벤크인. 喀木尼漢 외에 喀木尼干, 喀穆尼坎, 喀穆尼漢, 喀木尼坎 등으로 음사되었다. 아래 논문 참조. 沈一民, 「清初喀木尼堪部降叛考述—兼論清初的使鹿部」, 『黑龍江民族叢刊』 2011, 4期, pp.90-93.

의 기병과 보병 각 1대(隊)를 열병했다. 분열(分列)이 끝난 후 주상은 사면을 둘러보고 연무장에 갔다. 기병이 한 번 대포를 쏘고 모두 말에서 내려서 8개 부대로 나누고 기(旗)와 독(纛)을 정렬하고 군대의 위용을 보였다. 보병이 엄숙히 서서 두 번 대포를 쏜 후 여러 장수들이 주상의 앞으로 가서 예를 행하니 주상이 차(茶)를 하사했다. 뒤이어 여러 장병들에게 은량(銀兩)을 상 주었다.

○ 牛彔章京希福, 當征東揆時, 欲經科爾沁國軍營, 來與大軍會. 土謝圖額駙奧巴 · 札薩克圖杜稜布塔齊止之曰, 爾等止有四人重圍之內, 何以得達. 如以違命爲罪, 我等當爲爾受之. 希福答曰, 君命安得辭, 死則死耳, 事不可誤也. 遂於重圍內行兩夜, 方達大營. 其夜即令率八人調科爾沁兵. 行四夜, 路見一小屯, 有敵二十五家, 遂斬其壯丁三十人. 從征燕京, 於北門外, 先衆軍衝入. 大凌河之捷, 錦州兵爲上所敗, 復偕譚泰 · 譚布, 爭先衝擊. 軍還, 敵人來襲我後, 復二次還擊, 敗之, 以是陞三等甲喇章京, 加世襲二次, 准襲六次. 星訥, 原係白身. 初征察哈爾時, 率二十人往張家口, 探蒙古營, 見敵人約五十戶, 潛守四日三夜, 不令敵覺, 以俟貝勒阿濟格至. 阿濟格遂令率兵二百往取之, 盡獲其屯. 又攻多爾濟塔蘇爾海山寨, 方樹柵交戰, 即率護軍先入, 敗之. 從征大同, 值明參將一員, 率守備三員, 兵三千人, 自龍門來戰. 有兵三百先至, 即偕席特庫 · 博爾惠, 率每牛彔下護軍二人迎擊之. 敵人不戰而遁, 乘勝逐北, 會大兵繼至, 同擊敗之, 斬守備一員, 獲馬匹 · 甲冑 · 撒袋, 以是授半個牛彔章京, 准襲一次.

○ 니루장긴 히퍼는 둥쿠이를 정벌할 때 코르친국의 군영을 지나서 대군(大軍)과 합류하려고 했다. 투시예투 어푸 오오바와 자삭투 두렁 부타치가 말리며 말했다. "겨우 너희 4명이 겹겹이 포위되어 있는데

어떻게 목적지에 이르겠는가? 만약 명을 어긴 것이 죄가 된다면 우리는 너를 위해서 죄를 받겠다." 히퍼가 답하여 말했다. "주군의 명을 어찌 어길 수 있는가. 죽으면 죽을 뿐이다. 일을 그르칠 수 없다." 결국 겹겹이 포위된 안에서 두 밤을 새워 가서 대영(大營)에 도착했다. 그 밤에 곧바로 8명을 이끌고 코르친의 병사를 선발해 오도록 했다. 네 밤을 새워 가다가 길에서 한 작은 마을에 적(敵) 25가(家)가 있는 것을 보고 그 장정 30명을 베어 죽였다. 연경 공격에 종군하여 북문(北門)의 밖에서 많은 수의 적군에 앞장서서 돌격했다. 대릉하(大凌河)에서 승전했을 때 금주(錦州)의 군대를 주상이 격파했고, 다시 탄타이(tantai, 譚泰)・탐부(tambu, 譚布)와 함께 앞다투어 선두에서 돌격했다. 군대가 돌아올 때에 적이 우리의 후미로 와서 습격하자 다시 두 번 되돌아 공격하여 격파했다. 삼등 잘란장긴으로 승진시키고 세습 2번을 더하여 6번 습직을 허락했다.

싱너(singne, 星訥)는 원래 백신(白身)이었다. 이전에 차하르를 정벌할 때에, 20명을 이끌고 장가구(張家口)에 가서 몽고의 군영을 정탐하여 적인(敵人) 약 50호(戶)를 보고 3박 4일 잠복하여 적에게 발각되지 않게 하면서 버일러 아지거가 오기를 기다렸다. 아지거가 마침내 병사 200명을 이끌고 가서 취하게 하니 그 마을을 모두 획득했다. 또 도르지 타수르하이(dorji tasurhai, 多爾濟塔蘇爾海) 산채(山寨)를 공격할 때 목책을 세우고 교전하며 호군을 이끌고 앞장서 돌격하여 격파했다. 대동(大同) 공격에 종군했을 때 명나라의 참장 1명이 수비 3명과 병사 3,000명을 이끌고 용문(龍門)에서 와서 공격했다. 병사 300명이 먼저 도착하자 시터쿠・보르호이와 함께 1개 니루 예하의 호군 2명씩을 이끌고 응전했다. 적이 싸우지 않고 도주하자 승기를 타고 북쪽으로 추격하다가 대병(大兵)이 잇달아 오는 것을 만나서 함께 격파했다. 수비 1명을 베어 죽이고, 말・갑옷과 투구・화살집을 노획했다. 반개니루 장긴을 수여하고 1번 습직을 허락했다.

저자 소개

이훈

고려대학교에서 박사학위를 취득했다. 만주 지역과 만주족의 정체성에 대해 연구했다. 『만한사전』, 『만주족이야기』를 저술했고 「청대 건륭기 만주족의 근본지지 만들기」, 「청 초기 장백산 탐사와 황제권」, 「17세기 중엽 청-러시아의 충돌과 흑룡강 유역의 부족민」 등의 논문을 발표했다. 고려대학교 사학과 강사로 재직하고 있다.

김선민

듀크대학교에서 박사학위를 취득했다. 조선과 청의 변경 지역이 국경으로 전환되는 역사적 과정을 연구했고 만주의 환경사를 연구하고 있다. *Ginseng and Borderland: Territorial Boundaries and Political Relations Between Qing China and Choson Korea, 1636-1912*를 저술했고 「청대 길림의 팔기 관병과 호랑이 진공」, 「청대 길림지역의 기인과 토지 개간」 등의 논문을 발표했다. 고려대학교 민족문화연구원 교수로 재직하고 있다.

이선애

고려대학교에서 박사학위를 취득했다. 청대 만주-몽골의 관계를 연구했으며 「청대 몽골법 제정과 적용 양상—건륭 연간 재판사례 분석을 중심으로」, 「만문사료를 통해 본 후금시기 만·몽관계」, 「동맹의 代價에서 충성의 代價로—청대 외번몽고 봉작제도의 특징과 운영 양상」 등의 논문을 발표했다. 경상국립대학교 역사교육과 교수로 재직하고 있다.